江恩主控原理 1

——《圣经》中的自然法则

[美] 威廉 D. 江恩 著
何 君 译

地震出版社
Seismological Press

图书在版编目（CIP）数据

江恩主控原理 1，《圣经》中的自然法则/（美）江恩著；何君译．
—北京：地震出版社，2014.7
ISBN 978-7-5028-4368-7

Ⅰ.①江…　Ⅱ.①江…　②何…　Ⅲ.①证券交易
Ⅳ.①F830.91

中国版本图书馆 CIP 数据核字（2013）第 288933 号

地震版　XM3163

江恩主控原理 1——《圣经》中的自然法则
［美］威廉 D. 江恩　著
何　君　译
责任编辑：刘素剑
特约编辑：龚万军
责任校对：孔景宽

出版发行：地震出版社
北京民族学院南路 9 号　　邮编：100081
发行部：68423031　68467993　　传真：88421706
门市部：68467991　　传真：68467991
总编室：68462709　68423029　　传真：68455221
证券图书事业部：68426052　68470332
http：//www.dzpress.com.cn
E-mail：zqbj68426052@163.com
经销：全国各地新华书店
印刷：廊坊市华北石油华星印务有限公司

版（印）次：2014 年 7 月第一版　2014 年 7 月第一次印刷
开本：787×1092　1/16
字数：492 千字
印张：23.75
书号：ISBN 978-7-5028-4368-7/F（5058）
定价：68.00 元

译者序

国内的交易者对于江恩及其交易技术的观点算得上是泾渭分明。一些人痴迷于重现“何时见何价”的传奇；另外一些人则嗤之以鼻，将其归为荒谬的骗术。原因无他，尽管江恩一生勤于笔耕，留下了丰富的资料，但是由于多种原因，国内读者能够接触到的中文资料，要么是针对初级交易者公开出版的图书，要么是概括性的简单介绍性资料。在缺乏相对准确与充分的中文资料情况下，很难说得上能够给予江恩交易技术合理的评价。

江恩交易技术的资料分为两大部分。第一部分内容是针对初级交易者公开出版的图书，主要有《江恩股市定律》《江恩选股方略》《江恩测市法则》和《江恩华尔街45年》，以及专门针对期货市场的《如何从商品期货市场中赢利》[①]。第二部分内容则是江恩交易技术的高级教程，主要是江恩收费培训的讲义和图表。这部分内容由于培训双方签署了保密协议，当时只是在小范围内流传。几十年后，西方的江恩理论爱好者尽力收集整理留存于世的培训讲义，并将其放在互联网上，以供大家学习和研究。

江恩交易技术的基础是西方文化，其高级教程内容既有江恩反复强调的科学的一面，也有西方神学的一面，甚至涉及了神秘的西方占星术。尽管译者花费了大量的时间研究和翻译，也不能也不敢说本人在多大程度上理解了江恩交易技术高级教程中的内容。能够站在交易技术的角度，以相对专业的方式翻译成为中文，足以心安了。因此，出版“江恩主控原理高级教程”这套书的唯一目的，就是为国内江恩理论爱好者

---

① 在地震出版社的帮助下，译者于2012年翻译出版了上述5本书的中文译本。其中，因《如何从商品期货市场中赢利》一书中大量的篇幅是早期市场数据，在出版时仅保留了技术类文字，并根据内容将中文书名确定为《江恩趋势预测法》。图书出版后，为帮助读者更容易理解华尔街早期的古典技术，译者在“天涯论坛”的“股市论谈”板块中，以“hejun20120801”实名开帖《翻译完华尔街经典文丛谈感想》，结合A股盘势与读者进行实时交流一年多。

提供一套相对完整和译文准确的中文参考资料。

因果关系在西方逻辑思维体系中处于重要的基础地位。江恩时代的科学，就是在研究边界条件确定之后的可验证的因果关系。因果关系是指客观世界中普遍联系着的事物具有先后相继、彼此制约的一对范畴，先因后果是因果联系的特点之一，但原因和结果必须同时具有必然的联系，即二者的关系属于引起和被引起的关系。

江恩理论本质上就是试图在交易领域确定价格走势的时空因果关系。本套资料的“主控原理”一词来源于江恩内部培训讲义中图表的名称——Master Charts，译者统一采用了“主控图”这一术语。一定意义上讲，主控原理就是江恩理论中关于价格运动时空变化的因果关系。

江恩认为，万物都符合《圣经》阐述的自然法则，价格运动的时空关系完美地诠释了自然法则。但是，自然法则藏在《圣经》中各种隐喻性只言片语的背后，这样的表述方式不足以也不能够直接作为赢利交易行为的指导。因此，江恩就用各种主控图表来诠释自然法则，并将其具体化。江恩理论的根源就是“价格运动的时空关系符合自然法则的因果关系”，如果借助各种主控图表并能找到正确的起点，交易者其本质上就是在按照《圣经》阐述的自然法则做交易，理论上赢利就是必然和唯一的结果。从这个角度来说，江恩的高级理论就是如何在交易过程中使用基于自然法则的主控原理。换句话说，江恩的高级教程就是江恩的主控原理。当然，本套资料来源于当年的内部培训讲义，作为昂贵收费的培训教程，江恩也加入了一些非常管用的实战技法。

很明显，从自然法则到主控原理，再从主控原理到交易技术，这三者本身的内容及其三者之间的关系，都属于学习和研究江恩交易技术的范畴。基于这一观点，这套资料专门把江恩阐述自然法则的相关内容，合并为一本书——《江恩主控原理 1——〈圣经〉中的自然法则》；而《江恩主控原理 2——股票高级教程》和《江恩主控原理 3 ——商品期货高级教程》则是以达米安·吉尔曼编撰的江恩高级课程内部讲义翻译的中文版。

《江恩主控原理 1——〈圣经〉中的自然法则》

本书是江恩三本公开出版图书的合集，包括《在亏损之前要学习的知识与基于时间循环的预测法》、《空中隧道》和《圣语》三本书。

《在亏损之前要学习的知识与基于时间循环的预测法》的英文书名是，*Learn Before You Lose and Forecasting by Time Cycles*。这是一本1万多字的小册子，江恩简明扼要地阐述了自己基于《圣经》中自然法则的主控原理交易体系，是一份难得的学习江恩高级交易技术的指导性文件。本书由于文字量太少，一些江恩理论爱好者并不知晓该书的存在。此次是该书中文版的第一次出版，收录在《江恩主控原理 1——〈圣经〉中的自然法则》中，作为全套资料的引导性文献。

《空中隧道》的英文书名是，*The Tunnel Through the Air or Looking Back From 1940*。这是一部小说形式的作品，因此国内有翻译为《挚爱成就梦想》的译本出版。江恩在该书的序言中声称：

“你第一次阅读此书将是因为被书中的爱情故事所吸引，是为了消遣。这将激发你为了获得指导和知识而再次阅读的愿望。第二次阅读将显露出一些隐藏的含义，你将因为理解而获得知识，而这种理解又将刺激你把获得的知识付诸实践。你第三次阅读是因为你想要实现自己的梦想和理想，以及掌握如何把知识付诸实践。”

该书完全可以认为是江恩用小说的形式完整、细致地阐述了他从《圣经》中发现的自然法则，借助小说主角罗伯特的视角，解释了从“发现”到“理解”再到“使用”的整个过程，是理解江恩理论体系中“自然法则”这一术语的重要读本。

另外，该书充分体现了江恩的天赋，尤其是体现在对未来科技发展的预测上。当今科学领域的成就完全验证了江恩几十年前不可思议的洞察力。也正是基于这个原因，译者采用了《空中隧道》这个中文书名，毕竟这是打开江恩理论体系的关键词汇之一。

晚年的江恩，出版了另外一本所谓的“天书”，其英文书名是，*The Magic Word*。常见的中文译名为《魔词》，或是《神奇的词汇》。江恩在该书序言中明确指出：“我写作 *The Magic Word* 一书，目的就是向人们展示使用和遵循上帝的神的法则。”因此，无论是《魔词》还是《神奇的词汇》的译法都难以体现江恩的写作目的。作为国内该书的第一次中文版，仔细思量后决定采用《圣语》作为该书的中文名。原因是该书中的内容，主要是江恩从《圣经》中摘录的句子，但按照江恩的说法，他的理论来源于《圣经》中的自然法则。因此，该书或许就是打开江恩理论的钥匙。当然，前提条件是要熟悉《圣经》。

《江恩主控原理 2——股票高级教程》和《江恩主控原理 3——商品期货高级教程》

首先，我真诚地感谢达米安·吉尔曼辛苦而严谨的工作。这两本书是达米安·吉尔曼编撰的江恩高级培训课程讲义的中文版。在讲义中，江恩向学员们讲解了主控原理的各种交易技术。

从两本书所收集的大量讲义资料来看，完全体现了江恩的主控原理交易技术理论本身的一致性，而一致性在任何领域都是判断特定理论价值的标准之一。江恩在长达几十年的培训过程中，无论是早期的讲义还是后期的讲义，在理论阐述上基本上都是一致的。换句话说，江恩形成了自己的理论体系之后，多年的交易实践和培训工作并没有重大的理论突破。这个事实从另一个方面也证明了其理论的实战有效性和一致性。

其次，江恩在收取了学员的高额培训费之后，有义务和责任让学员掌握在实战中最有效的交易技术。因此，如果把每一份讲义作为针对特定学员的教学内容，那我们就应当清楚：任何一份讲义内容的编排和取舍都是江恩谨慎考虑的结果，这对于我们学习和理解江恩理论有一定的启发意义。

另外，吉尔曼编撰的英文版中，同一教程有时候会出现 AB 两种版本的情形。译者选择内容详尽的版本进行翻译，并在标题上保留 AB 版本的原始信息，以供需要查看英文的读者参考。

作为一名江恩理论的受益者，能够为国内读者提供一套相对专业的中文译本是译者的目的，也是译者的荣幸。但是，由于本人才学有限，本套资料难免会有各种不足，敬请读者朋友谅解。

何　君

2013 年 10 月于北京

目　录

在亏损之前要学习的知识与基于时间循环的预测法

在股市中，为什么绝大多数的人都会亏损

有三个主要原因：

1. 过度交易。他们买进或是卖出的数量超过了本金的承受范围。

2. 没有设置止损单或者说限制自己的损失。

3. 缺乏知识。这是最重要的原因。

大多数人买进一只股票是因为他们希望这只股票会上涨，希望自己会赢利。他们在没有任何可以判断该股即将上涨的具体知识的情况下，依据小道消息或是别人的看法买进。

因此，他们错误地进场，并且没有及时认识到这个错误，因而也就没有措施去纠正这个错误。

最终，他们因为害怕股价会走得更低而卖出，并且经常在低点附近卖出——在错误的时机离场。这样，他们就同时犯下了两个错误，即在错误的时机进场和在错误的时机离场。其中一个错误本是可以避免的：他们本可以在错误进场之后正确离场的。他们没有意识到，在股市和商品期货市场中操作是一项事业或一项职业，就像工程专业和医疗职业一样。

你为什么应当学习判断市场的趋势

你或许曾经努力跟随市场快讯，并且像其他许多人一样，要么赔钱，要么未能赢利，这是因为市场快讯给出的是可以买进或是卖出的股票数量太多了，而你挑选的偏偏是错误的那一只，因此赔钱。一个聪明人不可能盲目地跟随他人，即使这个人是正确的。在不知道他人建议的依据时，你就无法有信心地依据这个建议采取行动。当你**自己能够明白并了解股票为什么可能会上涨或下跌**时，你就能够自信地采取行动并且赢利。

为了不再盲从他人的意见，并且能自主采取行动，你应当参加（并学习）一门指导课程。

我为什么要教授我的方法

多年的市场交易实践和教学经验已经使我明白了“一个人要在投机中获得成功究竟需要什么”。在学习一整套交易规则（第二期课程）之前，他们必须先学会一条交易规则，以及如何运用这条交易规则。刚上学时，在能够阅读之前你必须先学会字母表，开始学习数学时你必须先学会加减乘除这四种运算法则。这样你才为开始学习更高级的数学、代数学和几何学做好了准备。

我的课程以同样的方式开始，它一步一步引导你，在你做好了准备并且能够理解时，再加入更多的交易规则。

我已经在华尔街取得成功，并且收入能够满足我所有的花销，这一点我的交易记录能够证明。我在帮助那些努力自助的人的过程中找到了真正的快乐。当我教导年轻人如何保护自己的本金时，我在教给他们宝贵的知识。这些知识是他们不可能赔掉的，也是没有任何人可以从他们那里窃取或是夺走的。

你永远不能从一个没有用某种方法赚到钱的人那里购买他的方法。

你如何才能赢利

如果你获得了知识，并且掌握了决定股票趋势和商品期货市场运动的数学规则，你就可以变成一名成功的交易者或投资者。

《圣经》有云：“你们必晓得真理，真理必叫你们得以自由。”当你知晓了关于股市的真相时，你将不再基于希望买进，也不会因为恐惧卖出。你将面对事实，依据交易规则做出判断，自由自在地采取行动，因为你知道这些交易规则过去一直很有效，未来也会一直很有效。

我为什么能够教导你成功

我用时间和金钱的代价，发现、试验和证明了这些实用的交易规则，并且获得了成功。你将认同，36 年的经验在任何一个行业里都是宝贵的。我在学习和研究上花费了这么长的时间之后，可以教给你一些交易规则。这将使得股市交易不再是赌博，并且是一项安全的、有利可图的职业。把所有时间都花在某个行业当中的人，将比那些只花很短时间的人了解到更多关于这个行业的东西。

一般人，哪怕只是愿意把他们第一次在市场中损失掉的几百美元，花在获取知识和学习在正确的时机买进和卖出的交易规则上，他们也能赢利而不是亏损。

你子女的未来

一个人可能会留给自己的儿子或女儿 100 万美元或是更多，但如果他们没有学会关于如何安全投资的交易规则，他们可能很快就把这笔钱亏掉。我的指导课程将教会任何一个人如何保护自己的本金并且赢利。但他们必须愿意学习并且努力学习。

行业预测：让研究者处于有利地位

因政府干预、各种法规和欧洲的变局使得每个生意人都有必要预测自己的行业，以便应对挑战。不管是原材料制造商还是产品销售商，他都必须能够尽可能准确地预测未来行业的状况和需求，以便自己在行业中获得成功。这为那些能够准确预测行业状况和行业变化的人创造了有利条件。有所准备并在预测行业、商品期货、股票和债券方面成为专家的年轻人将为自己的服务找到需求。房地产公司必须让一个专家来为公司进行投资，一旦有人证明了自己有能力增加一家大型房地产公司的赢利，他就会发现他可以自己开出工资条件。必须让智者和专家来提升金钱的赢利能力，大型房地产公司能够，也愿意付钱给一个能够保护本金并避免损失的人。投资顾问会发现，如果他了解自己的行业并且已经做了充分的准备，他的未来将一片光明。

你为什么能够在商品期货交易中获得比股票交易中更多的赢利

我的机械交易法和趋势指示器交易，或是我的 1936 年棉花、谷物、橡胶和其他商品期货新的高级预测法交易表明——（交易商品期货）相对于交易股票来说有更多的优势：

1. 商品期货遵循一种季节趋势，因而更容易预测。它们随供求关系的变动而变动。

2. 绘制商品期货的图表并进行计算需要做的工作会少很多。在纽约股票交易所挂牌交易的股票有 1200 只，你想要预测多少只股票的趋势就得单独绘制多少张图表；而棉花期货，你只需要 1～3 张图表；谷物和其他商品期货也是一样。

3. 当你为棉花期货或谷物期货做好了预测，如果你的预测是正确的，你就肯定能赢利，因为所有的期货合约都会跟随相同的趋势。（在商品期货）中不存在①股市当中的分化运动——一些股票下跌到了新低，另一些股票却创出了新高。

4. 交易期货时，没有做多②股票时沉重的利息费用；也没有做空股票时所需支付的股息。

5. 突然通过或宣布的分红将影响股票的价格。这种情形在商品期货中不会发生。

6. 炒作集团不能像操纵股票一样操纵商品期货。

7. 和商品期货有关的事实都是众所周知的，但许多股票却一直都是“神秘股”，并且有的股票还会受到一些虚假谣言的影响。

8. 相对于股票，商业周期所处的阶段能够提供更多（预测）商品期货价格的信息。

9. 商品期货（的价格）仅受供求关系支配，但股票却并非总是如此。

10. 商品期货投机比股票投机更合理，因为你交易的是必需品。

11. 商品会被消费掉，但股票不会。这对预测商品期货的价格有影响。

12. 股票价格趋向于以股票板块的形式运动，而商品期货则单独运动。

13. 像阿莫尔、巴顿、利弗莫尔和E. A. 克劳福德博士等著名投机者的长期经验表明：他们从商品期货中赢利的把握性更大。

14. 股票可能会由清算管理人接手并退市；但商品期货会永远运行下去。人们年年都会种植并收获庄稼。

15. 消费者总是会对商品期货有需求，但股票不是这样。

16. 自从《证券交易法》通过以来，股票的保证金要求比商品期货高得多。因此，同样多的本金用来交易棉花、小麦、玉米、橡胶或其他商品期货，比交易股票更赚钱。

17. 当你学会了预测和交易商品期货的交易规则时，（你会发现）这

---

① 此处原文是“存在一些”，但根据上文以及《江恩趋势预测法》中的内容，这里应当是“不存在”。

② 根据上下文，此处原文中的“loss of”要改成“long of”。

些规则永远不会改变，因为每年都会有小麦、玉米和棉花作物，这些作物会被消费掉。但是股票会变化，因此你必须研究新的股票，以便跟上市场环境的变化。

18. 我的商品期货（交易）课程的价格要比股票（交易）课程的价格低，因为教授这些方法需要的时间更少，需要的图表也更少。

知识就是力量

韦伯斯特说过："能为我师者，才是我想要认识的人。"或许你会认为我的价格高，但是停下来想一想，你终生都有机会使用这些方法，而我教给你的知识仅相当于在关键交易时期一周的资金波动额。你很容易就会在市场中赔掉这个课程的学费，同时市场不会在你亏损之后给你留下任何宝贵的知识。自己去学习并掌握商品期货即将如何运行的知识，这样你才会取得成功。

健康就是财富

健康对于在任何一个行业中取得成功都是不可或缺的条件，股市和商品期货市场也同样如此。保持健康与保护你的本金一样重要。

我为什么居住在迈阿密

我已经懂得了健康的价值，这就是我在佛罗里达州迈阿密有个冬日之家的原因。我每年的 10 月 1 日到次年的 5 月 1 日都会在迈阿密向个人或是学员提供我的个人指导。

如何交易

在进行交易之前确保你是正确的。永远不要猜测。只依据科学的标志进行交易。

你开始交易之前必须知道什么

你必须确切地知道如何运用所有的交易规则；如何以顶部和底部为

起点绘制几何角度线或移动平均线；如何使时间与价格形成正方形；如何绘制重要的45°线或代表了一个移动平均值的45°线。你必须知道把止损单设置在什么位置，必须查看某一年处在哪一个循环当中，也就是根据预测主控图表判断该年是一个牛市年还是熊市年，以及主要趋势可能向上还是向下。

在进行一笔交易之前，不管是买进还是卖出，你都要考虑每只个股在月线图表上的位置；接下来考虑周线图表，然后考虑日线图表。如果它们全部都证实了是上升趋势，那就应当买进，前提是你已经确定出止损单的位置。相反，如果循环显示此时是一个熊市年，并且月线图表、周线图表和日线图表都显示出了下降趋势，那就是应当卖空。但是此外你还必须寻找最重要的位置——即把止损价设置在什么位置才能不超过5个点，有可能的话距离再近一些。

交易之前应当查看什么？

以下是你在买进或是卖出一只股票之前必须考虑的要点：

1. 年度预测确定出当年在时间循环中是牛市年还是熊市年，整体市场的主要趋势是向上还是向下。

2. 个股自身的循环是上涨年还是下跌年。

3. 月线图表上（股票）在以顶部和底部为起点的角度线上的位置和在（从顶部和底部开始的）时间周期中的位置。

4. 周线图表上（股票）在从顶部和底部开始的时间周期中的位置和在以顶部和底部为起点的角度线上的位置。看一看自顶部或底部以来它是否即将使得时间（与价格）形成正方形。

5. 日线图表上（股票）在以重要顶部和底部为起点的角度线上的位置和所处的（从重要顶部和底部开始的）时间周期。看一看一只股票是否正接近（走完）最近的顶部或底部的正方形。

6. 价格阻力位。看一看该股是否正接近任何一个半路点或其他支撑位或阻力位。

7. 看一看该股是否已经在同一个水平附近维持了几天、几周或几个月，以及它是否已经差不多准备好了穿越或跌破以顶部或底部为起点的重要角度线。

8. 查看成交量。看一看一只股票在过去几天或几周的成交量是放大了还是缩小了。

9. 查看过去的空间运动和价格运动，不管是向上的还是向下的。找出过去几周或几个月的最大上涨或下跌。例如：如果一只股票已经好几次回调了 5 个点。查看时，如果你发现该股已经从上一个顶部下跌了 3 个点，月线、周线和日线图表显示趋势向上，同时价格又接近支撑角度线，你就可以利用 2～3 个点的止损单买进；随后如果该股回跌了 5 个点以上，这就显示出趋势即将变化，你则应当卖出。

10. 记住，在判断一只股票的强弱形态时，最重要的依据是几何角度线。一定要在最近的各个顶部和底部处从“0”开始绘制角度线。

11. 永远不要忽略一个事实：你在进行一笔交易之前必须拥有一个明确的标志。

12. 最为重要的是——一定要确定出在什么位置设置止损单，以便限制风险。

练习纸上交易

在确信自己已经掌握了所有的交易规则，并且确切知道了如何判断一只股票的趋势和进场点之后，为了使自己加倍确信并建立信心，你要先在练习纸上交易，直到你彻底懂得如何使用以及何时使用这些交易规则。如果你在进行纸上交易时犯了错，那么你在实际交易中也会犯同样的错误，因此你还没有准备好开始交易。当你感觉自己有能力开始交易时，就要运用所有的交易规则并且**只根据确切的标志进行交易**。如果你不确定趋势、买进价或是卖出价，也不确定应当把止损单设置在什么位置，那么就要等到你获得一个确切的标志。你始终可以通过等待机会来赢利。在一定程度上依据猜测进场并导致亏损毫无意义。

何时平仓

进入实际交易阶段，当你进行一笔交易时，是否平仓或是兑现赢利要依据交易规则无论是卖出、买进或是上移止损单都要有确切的标志，要等到止损单被触及再进行操作。取得成功的方法就是始终跟随趋势，并且等到趋势变化时再离场或是平仓。

何时等待而不交易

知道何时不要进场与知道何时进场一样重要。当你发现一只股票已经在一个狭窄的交易区间内（比如一个 5 个点或 3 个点的区间）停留了一段时间，但是还未跌破之前形成的各个底部，也未穿越之前形成的各个顶部时，这就不是应当进行交易的时候。一只股票可能会在一个交易区间内停留几周、几个月，甚至几年，期间不会指示出任何大的运动或趋势变化，直至它穿越之前的某个顶部或是跌破之前的某个底部。如果一只股票在这个位置不活跃，就绝不应当开始交易该股。

另外一个不应当进行交易的时候是当一只股票一直在两条重要的角度线之间收窄——既不跌破一条角度线，也不穿越另外一条角度线——的时候。在交易之前，要等到该股走出不受阻碍的状态并发出明确的标志。

股票几乎总是会在一轮长期下跌后收窄，并在一个交易区间内停留一段时间。这个时候你就应当等到以底部为起点的角度线被跌破；或是以顶部为起点的角度线被穿越，并且该股突破了某个老顶再进行交易。换句话说，任何时候你都要在获得了确切的、明确的趋势之后再进行交易。

交易所需本金

在进行交易之前，你必须知道交易成功需要多少本金，以及在任何一笔交易中你必须冒险的确切金额，以便始终剩下能够继续交易的本金。

你可以从10股、100股、1000股或是其他任意数量开始交易，重点是要适当划分你的本金并平均分散风险，以便保护自己的本金。

不管你使用多少本金进行交易，都要遵循这条交易规则：将自己的本金划分为10等份，在任何一笔交易中，永远不要拿超过10%的本金去冒险。如果你连续亏损了3次，就要缩小自己的交易单位，并且只拿你剩余本金的10%去冒险。如果你遵循了这条交易规则就一定会成功。

一般来说，我始终认为比较合理的是每交易股票的100股至少要使用3000美元的本金，并且把每笔交易的风险限制在3个点或是更小。这样，你就能用自己的本金进行10次交易，市场必须连续10次打败你才能扫光你的本金，而市场不可能做到这一点。你应当尽力在只需要使用1～2个点的止损单处进行交易，这将降低风险。

如果你打算以小单位开始交易，每10股就使用300美元的本金，并且最初的交易承担的风险不能超过3个点。如果可能的话，尽力在能够把止损单设置在（距离买进点或卖出点）不超过1个点或2个点。

始终要遵循以下交易规则：在开始交易之前解决这个最重要的问题。

如果你不打算严格遵循交易规则，就不要开始交易。永远不要允许猜测或是人性因素介入到你的交易之中。坚持“本金”规则，并且在任何一笔交易上绝不能拿超过 1/10 的本金去冒险。遵循各种数学规则，你就会获得成功。

加码

你应当只在成交量高于正常水平的活跃市场中加码或是扩大交易规模。股票在角度线上的位置和成交量的活跃性将向你表明何时应当加码。你绝不能在一只股票进入角度线上的一种强势形态或弱势形态之前开始加码，也绝不能在它以穿越老顶或是跌破老底的方式突破某个交易区间之前开始加码。

如何加码

如果你以 100 股（的单位）进行交易，同时你把风险限制在 3 个点或本金的 10%以内的情况下进行了第一笔交易后，你就要等到市场已经朝着对你有利的方向运动了至少 5 个点才加码或者说买进或是卖出第二笔；然后当你买进或是卖出第二笔时，要把两笔交易的止损单设置在距离（第二项的买进点或卖出点）不超过 3 个点的位置。

举例：我们假设买进第二笔之后趋势逆转，两笔交易的止损单都在距离你买进最后一笔的价格 3 个点的位置被触及。这将使你最后一笔交易亏损 3 个点，第一笔交易赢利 2 个点，净亏损仅 1 个点。相反，如果市场继续朝着对你有利的方向运动，你的赢利就会在你买进第二笔后翻倍。

如果市场再次朝着对你有利的方向运动了 5 个点，你就买进第三笔，同时把第一笔和第二笔的止损单上移，并把这三笔的止损单设置在距离第三次买进点不超过 3 个点的位置，如果可能的话距离再近一些。

只要市场朝着对你有利的方向运动了 5 个点就要继续加码，同时在上涨过程中始终要利用止损单跟进。当一只股价在 5～75 之间的股票已经朝着对你有利的方向运动了 15～25 个点时，你就要开始留意趋势的变化，并且小心买进或是卖出你可能必须遭受损失的另外一笔。[①]

快速运动应适合加码的运动

加码过程中的大钱是在吸筹与派发之间的快速运动中赚到的，也就

① 按照这套交易规则，最后一笔交易必然是亏损的。

是在一只股票走出了吸筹区域之后赚到的。应当在双重顶或三重顶被穿越，以及股票走出了吸筹区域后再开始加码。如果你介入了这轮快速运动，每上涨 5 个点就要买进一笔，同时利用距离最后一笔交易不超过 3 个点的止损单做保护。

在一轮正在下跌的市场中就要把这条交易规则反过来用：在双重底或三重底被跌破，以及股票走出了派发区域之后，每下跌 5 个点就要卖出一笔，同时利用位于最后一笔交易上方不超过 3 个点的止损单做保护。

快速市场和宽幅波动

当股票非常活跃，同时运动非常快速，并且价格高于 100 美元时，你会发现最好（利用）距离 7～10 个点（的止损单）进行交易。角度线、价格阻力位，以及老顶和老底，将决定设置止损单的安全点位。

在快速运动的市场中，如 1929 年 10～11 月恐慌，如果你在活跃股票中加码并且有了非常大的赢利时，你就应当利用距离市场大约 10 个点的止损单在下跌过程中跟进。随后，在一轮剧烈下跌之后就把止损单下移，把它们设置在低点上方大约 5 个点。当某个市场正在这样快速地运动时，你就不应当等到股票进入一种角度线上的强势形态（才卖出）。在一个正在上涨的市场中把这条交易规则反过来用。

最安全的加码规则

当股票的价格处在极其高的位置或是极其低的位置时，应当使用的最安全的加码规则是，以 100 股起步，当市场朝着对你有利的方向运动了 5 个点时，买进（或是卖出）另外 50 股；随后当市场再次运动了 5 个点时，买进或是卖出 30 股；接下来在市场再次朝着对你有利的方向运动了 5 个点时，买进或是卖出 20 股，同时利用这个数量继续在市场上涨或下跌过程中跟进，直到出现主要趋势的变化。

何时不要加码

在一只股票中开始或直接加码操作时，安全是第一考虑。如果在太接近吸筹点或派发点的位置买进或是卖出第二笔，你就会犯下错误。在一轮大的上涨或下跌之后，你在开始加码之前始终必须等待明确的趋势变化。

当一只股票正接近某个双重顶时，绝不要加码买进第二笔；当一只股票正接近某个双重底时，绝不要加码卖出第二笔。

一只股票经常在 10～12 个点的区间内停留几天或几周，区间（不断地）上下运动，但不会穿越最高顶部，也不会跌破最后的底部。只要它停留在这个区间内，你就不应当加码。在它穿越了最高顶部或是跌破了最低底部，走出了该区间时才是一轮更大运动的信号，此时你应当开始加码。

一定要检查再检查，遵守所有的交易规则，研究用于预测的大小时间循环、以顶部和底部为起点的角度线和顶部与底部之间的价格阻力位。如果你忽视了其中任何一个重要的点，你都有可能出错。记住，整体永远超不过各个部分之和，各个部分构成了整体。如果你忽略了其中一个部分或者说一条交易规则，你就不会获得一个完整的趋势指示器。

利用时间循环进行预测

时间是确定市场运动最重要的因素，通过研究平均指数或个股的历史记录，你将能够向自己证明历史的确会重演，而且你可以通过了解过去来判断未来。

古代的猎人在搜寻查找动物的巢穴时有一条规则，他们总是沿着动物的足迹倒退，认为这是到达动物的巢穴最短的路线。对于你来说，掌握如何判断未来的市场运动最快的方法就是研究过去。

“已有的事，后必再有；已行的事，后必再行。日光之下并无新鲜事。”（摘自传道书 1：9）

时间和**价格**之间存在着一种确切的关系。在前面的课程当中，你已经了解了各个老顶和老底附近的**形态**和**阻力位**。现在，通过研究时间周期和时间循环，你将了解到为什么顶部和底部会在某些特定的时间形成，在某些特定的时间为什么阻力位会如此强而有力，以及为什么会在这些阻力位附近形成底部和顶部。

大的时间循环

由于作用与反作用的自然定律，每件事物都会以周期循环的方式运行。通过研究过去，我发现了未来会重复什么样的循环。

(世间万物) 必定总是存在着主次、大小和正负之分。为了准确地预测未来，你必须知道大的循环。绝大部分钱都是在大循环的尾声阶段出现的快速运动和极限波动时赚到的。

为了确定大循环和小循环的位置以及判断这些循环会在未来的哪些年份重复，我已经尝试着审核了过去的市场。在多年的研究和实践测试之后，我发现使用以下循环是最可靠的：

10 年循环

用来预测的重要循环是 10 年左右的循环。性质大致相同并产生极限高点或极限低点的波动每 10 年出现一次。股票会在非常接近整 10 年循环时形成重要顶部和底部，不过在极端市场中，底部或顶部有时会在 10½～11 年左右出现。

10 年循环等于 120 个月。我们同样用划分 10 年与顶部之间的区间以获得阻力位的方式来划分该循环。该循环的一半是 5 年，即 60 个月。1/4是 2½年，即 30 个月。1/8 是 15 个月，1/16 是 7½个月。1/3 是 40 个月，该循环的 2/3 是 80 个月。所有这些时间周期对于观注趋势的变化都很重要。

7 年循环

该循环等于 84 个月。你应当注意从任意重要顶部或底部开始的第 7 年和第 42 个月，即该循环的一半。你将在第 42～44 个月左右发现许多顶点。21 个月是 84 个月的 1/4，也很重要。你会发现，许多底部和顶部都会相隔 21～23 个月出现。有时，一些股票和平均指数会在从前一个顶部或底部开始的第 10～11 个月形成顶部或底部，因为该时间周期是 7 年循环的 1/8。

5 年循环

该循环非常重要，因为它是 10 年循环的一半，也是市场最小的完整循环。

小循环

小循环指的是 3 年和 2 年。最小的循环是 1 年，它经常在第10～11 个月显示出趋势的变化。

预测未来循环的规则

股票按照 10 年循环来运行，其中又分两个 5 年循环来运行——一个上升的 5 年循环，一个下降的 5 年循环。要从极限顶部和极限底部开始计算所有的循环，不管是大循环还是小循环。

1. 一轮牛市行情通常会运行 5 年——2 年上升，1 年下降和 2 年上升，完成一个 5 年循环。一轮 5 年行情会结束于第 59 或第 60 个月。一定要在第 59 个月注意（趋势的）变化。

2. 一轮熊市循环会向下运行 5 年——首先是向下运行 2 年，然后向上运行 1 年，最后向下运行 2 年，完成 5 年的向下摆动。

3. 牛市行情或熊市行情很少会在不出现 3～6 个月或 1 年的反方向运动的情况下向上或向下运行 3～3½年以上，除非是在大循环的尾声，比如 1869 年和 1929 年。许多行情都会在第 23 个月达到顶点，而不会走完整的 2 年。要观察周线图表和月线图表，以便判断顶点会出现在这轮运动的第 23、第 24、第 27 还是第 30 个月；在极限行情中顶点会出现在第 34～35 个月还是第 41～42 个月。

4. 给任意顶部加上 10 年，你就得到下一个 10 年循环的顶部，下一个 10 年循环将重复大致相同的平均波动。

5. 给任意底部加上 10 年，你就得到下一个 10 年循环的底部，下一个 10 年循环将重复大致相同的平均波动。

6. 熊市行情经常会在从任意确切的底部开始的 7 年循环（即 3 年循环加上 4 年循环）内走完。首先给任意一轮循环中确切的底部加上 3 年就得到下一个底部；然后再加上 4 年就得到 7 年循环的底部。例如：1914 年的底部加上 3 年就得到 1917 年恐慌的低点；随后再给 1917 年加上 4 年就得到 1921 年另外一轮萧条的低点。

7. 给任意最终的主要或次要顶部加上 3 年就得到下一个顶部；随后给该顶部加上 3 年就得到第三个顶部；接下来给第三个顶部加上 4 年就得到这一轮 10 年循环的最终顶部。任意顶部之后的趋势变化有时会发生在标准时间周期数值之前，因此你应当在第 27、第 34 和第 42 个月开始留意（趋势的）反转。

8. 给任意顶部加上 5 年就得到下一个 5 年循环的底部。为了得到下一个 5 年循环的顶部，就要给任意底部加上 5 年。例如：1917 年是一轮大型熊市行情的底部，加上 5 年就得到 1922 年将是一轮小型牛市行情的顶部。我为什么说"一轮小型牛市行情的顶部"？因为大型牛市行情应当在 1929 年结束。

1919 年是顶部，给 1919 年加上 5 年就得到 1924 年作为一轮 5 年熊市循环的底部。参考规则 1 和规则 2，它们告诉你，一轮牛市行情或熊市行情很少会在一个方向上运行 2～3 年以上。从 1919 年开始的熊市行情下跌了 2 年——1920 年和 1921 年；因此，我们只能预计出现在 1922 年的 1 年反弹；然后是 2 年下跌——1923 年 1924 年，这就完成了这一轮 5 年熊市循环。

回顾一下 1913 年和 1914 年，你会发现 1923 年和 1924 年一定会是用来完成从 1913～1914 年的底部开始的 10 年循环的熊市年。接下来注意，1917 年是这轮熊市循环的底部，加上 7 年就得到 1924 年也是一轮熊市循环的底部。然后加上 5 年到 1924 年就得到 1929 年是一轮循环的顶部。

预测月线上的运动

可以使用判断年线上的运动的规则来判断月线上的运动：

给一个重要的底部加上 3 个月，随后加上 4 个月，一共是 7 个月，就可以得到次要的底部和回调的点数。

大型向上摆动中的回调通常不会持续 2 个月以上，第 3 个月就会向上；这与年度循环中的规则相同——2 年下降，第 3 年上升

在极端市场中，一轮回调有时仅持续 2 周或 3 周；随后上涨便重新开始。在这样的上涨方式中，市场可能会持续上涨 12 个月，期间每一个月的底部都不会被跌破。

牛市中的小型趋势可能会逆势向下运行 3～4 个月；随后掉头向上并再次跟随主要趋势。

熊市中的小型趋势可能会向上运行 3～4 个月；随后逆转并跟随主要趋势。不过一般来说，股票不会在熊市中反弹 2 个月以上，随后便会在第 3 个月开始崩跌并跟随主要趋势下跌。

自然的季节性时间变化

尽管我们不把日历月用于时间循环，除非某个极限高点或极限低点出现在 1 月份的 2～3 日附近。但是我们要使用季节性时间周期，因为它们更加重要，并且许多重要的高点和低点都曾出现在这些季节性时间周

期附近。这些周期如下：

任何一年的12 月 21 日

2 月 5 日

5 月 5 日

6 月 21 日

8 月 5 日

9 月 21 日

11 月 8 日

接下来在第 2、第 3 年重复 12 月 21 日，等等。

这些季节性时间周期把 1 年分成 8 等份，每份大约 45 天。你可以再把这些时间周期分成 2 等份，每份大约 22½ 天。举例：12 月 21 日到 1 月 5 日的 1/2 周期为 1 月 13 日，6 月 21 日到 8 月 5 日的 1/2 周期为 7 月 14 日。

这些时间周期的偏差大概是实际日期前后 3～4 天。谷物期货**最重要的变化**发生在 **2 月**、**5 月**、**8 月**和 **11 月**，因此这些日期和月份对于观察趋势的重大变化是最重要的。但是，始终要记住过去年份中的高点和低点出现的日期，并且注意这些日期附近可能出现的趋势变化。

空中隧道

序

“幸福就是一个人获得了智慧和聪明。”——箴言

一本值得阅读的书除了娱乐性和趣味性之外，还必须对读者具有真正有价值的指导作用。本书有三个目的：

第一，它是一本有趣的罗曼史。

第二，道德教育，同时证明了《圣经》中所阐述的自然法则。

第三，展示了科学、预测和提前做好准备的价值。

俗话说得好，事实比小说还离奇。这本小说基于各类事实和事件，它们很多都曾经发生过或是未来将发生。

《空中隧道》一书是神秘的，在暗示性的语言中包含了一个有价值的秘密。一些人将在第一次阅读时就发现这个秘密，一些人要在第二次阅读时才能发现，但绝大多数人都要在第三次阅读时才能发现其中隐藏的秘密。

你第一次阅读此书将是因为被书中的爱情故事所吸引，是为了消遣。这将激发你为了获得指导和知识而再次阅读的愿望。第二次阅读将显露出一些隐藏的含义，你将因为理解而获得知识，而这种理解又将刺激你把获得的知识付诸实践。你第三次阅读是因为你想要实现自己的梦想和理想，以及掌握如何把知识付诸实践。

当你第三次阅读时，黎明就在眼前。你将发现隐藏的秘密和含义，也将理解《圣经》为什么会说“寻找，你就会找到；敲门，门就会为你敞开”。届时你将想要深入地了解《圣经》，那么阅读三次《圣经》，你将明白它为什么是有史以来最伟大的书籍。它阐述了通往成功的关键过程，从中你可以知道所有想知道的，得到所有想得到的，满足自己的需求和愿望。你将领会到所罗门为什么会说“智慧是关键：因此要得智慧，在你一切所得之内，必得聪明”。这样，未来就是一本打开的书。你将了解到，通过遵循《圣经》中所阐述的法则，人类最大的敌人——死亡——

将被战胜，还将了解到为什么耶稣在第3天复活，第7天安息。只要你理解了这一点，罗伯特·戈登的“7天”就不再神秘了。

我相信最终结果将证明，这本书对于各个阶层和各行各业的人来说，都是有趣且有价值的。如果的确如此，你将对于指引我的力量心存感激，是这种力量指引我向你展示通往永恒真理的路。这样我的目的就达到了，我也就得到了应有的回报。

威廉D. 江恩

1927年5月9日

第一章 母亲的指引

德克萨斯州别名“孤独之星”。在它的东北角尽头，大约德克萨肯纳市以西 8 英里的地方，有一所孤零零的农场小屋。6 月 10 日，一个星期天的早晨，艾米莉亚·戈登在床上翻过身来，看着阳光透过窗户洒在她新生儿子的头上。她本希望第三个儿子在周日出生，不过他却在 1906 年 6 月 9 日，也就是周六的深夜就降生了。几个月前，艾米莉亚在 4 月份的旧金山大地震中失去了她的大儿子，可怜的母亲遭受了一次沉重的打击。她一度担心自己的第三个儿子可能无法活着出生。这个周日的早晨，她幸福地看着自己健康的儿子，梦想着他的未来，琢磨着应该给他起个什么名字。

孩子的父亲是卡尔文·戈登，一名曾驻西班牙的前陆军上尉，以勇气和胆略而闻名。美西战争结束之后，他从田纳西搬到了德克萨斯。在旧金山大地震中失去了大儿子之后，戈登上尉一直都很沮丧。第三个儿子的出生使他重新振奋起来，他希望这个小家伙能够实现他对大儿子的期望。

卡尔文和艾米莉亚一直保持周日早晨去乡村小教堂的习惯，但是这天早上戈登上尉陪伴着妻子，商量着给孩子起名的事情。戈登上尉提议叫“罗伯特”，这是他父亲的名字，妻子立即同意了。于是这个婴儿的名字就叫“罗伯特”。

艾米莉亚·戈登是一个虔诚的基督徒。她一直希望有一个将来成为牧师的儿子。她想，或许小罗伯特能够完成自己的心愿。

戈登上尉是个农场主，主要在红河下游岸边种植棉花。小罗伯特出生之后的 1907 年，戈登上尉的棉花几乎颗粒无收。那一年春天来得很迟，洪水泛滥又毁坏了棉花。同时整个国家的经济形势不好，引发了美国 1907 年秋季的恐慌。因此这个男孩出生之后的第一年光景并不是太好。

罗伯特两岁多一点儿的时候，母亲生下了一个女孩，这是她生下的第一个女孩。她依旧在罗伯特身上倾注了巨大的关爱；她经常谈论他的前途，花费巨大的精力教导他遵循《圣经》的教诲来生活。

大约5岁时，母亲开始教他字母表。在还没有上学之前，罗伯特很快就学会了如何阅读和书写。他总是很乐意跟着母亲一起去主日学校①，对布道和主日学校的老师讲解的创世说、上帝的伟大计划等表现出了极大的兴趣。

一天，小罗伯特去到教堂，牧师讲解了“帖撒罗尼迦前书”4：16～18的内容：“因为主必亲自从天降临，有呼叫的声音和天使长的声音，又有神的号吹响；那在基督里死了的人必先复活。以后我们这活着还存留的人必和他们一同被提到云里，在空中与主相遇。这样，我们就要和主永远同在。所以，你们当用这些话彼此劝慰。”

罗伯特对这次布道的内容非常感兴趣，请求母亲解释主怎么从天降临，以及如果真的到云里与主在空中相遇，我们乘坐的是什么样的车子。随后的几周甚至几个月内，他都沉迷在这件事情上，他渴望知道得更多。他说：“妈妈，我很想在空中与主相遇。”

母亲说：“孩子，有一天你会做到的。”

又有一天在主日学校里，牧师讲读“帖撒罗尼迦后书”1：7～8：“主耶稣和他那有能力的天使从天上显现在火焰中的时候，就使你们这些受难的人可以和我们同享安息；也将惩罚那些不认识上帝和不听从我们主耶稣福音的人。”牧师说道，主在天空中留下了彩虹作为见证，表明他永远不会再次用水摧毁这个世界；但是又解释说，上帝将再次出现在火焰中，惩罚那些不相信他的人，并且用火摧毁这个世界。罗伯特想要知道，那么爱我们的主是否会真的要摧毁这个世界以及世上的一切。母亲解释说，上帝将摧毁那些罪人、反抗他的人，以及不相信他的话的人。

罗伯特又有一次在主日学校里，听牧师讲读“提摩太前书”2：11～14：“女人要沉静学道，一味地顺服。我不许女人讲道，也不许她管辖男人，只要沉静学道。因为先造的是亚当，后造的是夏娃。且不是亚当被引诱，乃是女人被引诱，陷在罪里。”他请求主日学校的牧师解释“沉静学道”和“一味顺从”是什么意思。他还希望知道为什么“一个女人不

① 星期日对儿童进行基督教教育的场所。

应当讲道”，因为母亲就经常教导他，疼爱他，而父亲则不怎么关注他，也无意教导他。他想知道母亲教导他是否是错误的，上帝是否会因此而惩罚她。牧师回答道，主说：“你们让小孩子来吧！不要阻止他们到我跟前来，因为天国正属于这样的人。”牧师向他解释说，母亲更多的是利用她的爱和奉献而不是言语来树立了榜样；一个母亲的行为将比她所说的任何一句话都更能影响一个孩子，这就是伟大的身教。

罗伯特经常去种植园的黑人嬷嬷那里听鬼怪故事，因此一到晚上走路就害怕遇到幽灵鬼魂一类的东西。他经常害怕自己一不小心就被小妖怪抓住。一天在教堂里，牧师讲读“创世记”1：7[①]：“上帝赐给我们的不是胆怯的心，乃是刚强、仁爱、自律的心。”听到这里时，罗伯特感到迷惑不解，如果上帝没有赐给我们恐惧的心，也没有在我们心中制造恐惧，而是赐给了我们刚强、仁爱和自律的心，那我们为什么还会感到恐惧呢。母亲向他解释道，那些黑人嬷嬷讲述的鬼魂和对黑暗的恐惧不过是迷信，他不用放在心上。

几周之后，牧师讲读“提摩太后书”3：1：“你该知道，末世必有危险的日子来到。”罗伯特很想知道末世何时到来。母亲告诉他，末世就是世界末日，届时上帝将会再次降临，用火摧毁这个世界。

牧师继续讲读“提摩太后书”3：15：“你从小明白圣经；这圣经能使你因信基督耶稣有得救的智慧。”罗伯特想知道小孩子是否能够比大人懂得更多关于圣经的教义呢。母亲告诉他，《圣经》说过：“一个小孩儿将领导他们。”任何想要伤害小孩儿的人绝不可能进入天堂。

---

① 本处是《圣经》中“提摩太后书”1：7的内容，这里应当是作者失误。

第二章　少年罗伯特

1913年春天，罗伯特生了一场大病，连续好几个月生活在绝望之中，不过他很快就恢复了健康。恢复健康之后不久，父亲就带他到灵湖去钓鱼，老黑奴也一同前往。他把小虫子放到罗伯特的鱼钩上时，讲述了有关这个湖的故事以及“灵湖”这个名字的由来。老黑奴说，一个美丽姑娘的灵魂夜里会在湖面上行走，所以这个湖叫“灵湖”。

多年以前，一位富有庄园主的女儿爱上了一个诚实的穷少年。相恋的日子里，他们无数次在月夜下美丽的湖面上划船嬉戏，终于有一天他们感觉彼此再也不能分开。年轻的小伙子恳求她的父亲同意他们的婚事，被坚决拒绝了，并且威胁说，如果他再到他的家里来，就要杀了他。于是这对年轻的情侣计划在某个夜晚私奔。当她的心上人把梯子放在窗台下，帮助她逃下来时，她的父亲开枪打死了年轻人。姑娘目睹自己爱人的死亡后一路狂奔到湖边，纵身跳进了湖中。姑娘的家人打捞了好几天也没有找到尸体。在一个有月亮的晚上，他们看见姑娘在湖面上行走。他们拼了命地把船划过去，看见她的尸体漂浮在湖面上。老黑奴说，鱼总是会在满月时更容易上钩，但他不敢在那里钓鱼，因为这位美丽姑娘的灵魂会在湖面上行走。

罗伯特回到家中时非常兴奋，告诉母亲他们如何在灵湖上钓鱼，以及老黑奴讲述的关于灵魂在湖面上行走的故事。他告诉母亲，主日学校的牧师讲读的《圣经》里说，基督也能在水面上行走，他想让她解释这是怎么回事。母亲告诉他，所有这些事情都发生在那些神秘的时代，现在已经不再发生了。罗伯特很想在水面上行走或是骑车，而且很喜欢自行车。他对母亲说，他打算在将来制造一辆能在水面上骑的自行车。

1914年，战争爆发，曾经在美西战争中服过役的戈登上尉对这次战争十分关心，密切关注战况进展，每天都阅读报纸并谈论这次战争。罗伯特也跟着对这次战争感兴趣了，向父母询问了很多关于交战国的问题。他会数小时地坐着，听母亲讲读《圣经》，从启示录讲到伟大的战争预言，预言中讲到各国之间将会相互对抗。

母亲向罗伯特讲述他的祖父，祖父在南北战争中有杰出的表现；她的母亲在战争时期不得不度过艰难的时光；她的曾祖父在 1812 年战争中的战斗表现。母亲接着讲述了关于他的祖父罗伯特·戈登陆军上校——也就是罗伯特的名字的来源，戈登上校是如何在南北战争中获得声望的，以及后来罗伯特的父亲是如何跟随罗斯福上校，并在 1898 年的美西战争中成为上尉的。罗伯特的长兄赫伯特出生于 1894 年，他的第二个兄长拉尔夫出生于 1898 年，当时他的父亲已经上战场。当戈登上尉远在战场上时，母亲为孩子们担心好几个月。她每时每刻都在祈祷战争结束。

母亲对罗伯特说道："孩子，你的父系和母系都是军人，你是军人的后代，但是我希望你成为一名牧师，反对战争。尽管你哥哥赫伯特在旧金山的惨死对我来说是一次打击，我始终没有完全从中恢复过来，但我还是宁愿他以那种方式死去，也不愿意让他走向战场并死于战争。我清楚地记得你的父亲远在战场时我所度过的无数个不眠之夜，以及当他回家时我是多么地高兴。那时我就向上帝祈祷，战争应当结束，我的儿子再也不必上战场。"

"妈妈，"小罗伯特说，"等我长大后，我要成为一个牧师，告诉人们要爱好和平，停止战争。但是，为什么上帝不制止战争呢?"

"我的孩子，战争是恶魔的产物，不是上帝的。《圣经》上说，不得不放纵魔鬼撒旦一小会儿；但《启示录》上说，撒旦要被绑 1000 年。我希望我能活着看到那一天，我感觉你肯定能看到那一天。在你出生前的几个夜晚，我做了一个很奇怪的梦。在梦中，我看见旧金山和洛杉矶两天之内就被一种战争机器摧毁，而我的一个儿子差点儿死在那里，但他被救了。后来他拯救了祖国，给世界带来了和平。我曾以为自己梦到旧金山是因为赫伯特死在了那里，但是不知怎么地，我觉得这不仅仅是一个梦，或许你就是作为和平使者来到世上的。"

小罗伯特将母亲的梦和对他的希望和期盼铭记于心。他的哥哥在试图和他吵架或是打架时，小罗伯特会告诉哥哥，父亲希望他爱好和平，母亲希望他成为一名和平使者，所以他不会跟他打架。哥哥就叫他"棉花头"，因为他的头发很白，还指责他是个胆小懦弱的懦夫。小罗伯特很能容忍，不会因此而失控。母亲因此表扬他，并告诉他《圣经》上说过，要控制自己的脾气，不要让怒火燃烧起来。

大约就在这个时候，小罗伯特从祖父和父亲那里遗传来的一些负面特质开始显露出来。当时整个国家的经济形势不好，棉花的价格很低，这使得戈登上尉实际上一贫如洗。他和所有的孩子都必须辛勤劳动才能养活一家人。戈登上尉想方设法让小罗伯特到地里去干活儿，帮忙种植棉花，而小罗伯特却顽固地拒绝。他会在房子周围玩耍，玩弄父亲的工具，谈论着他打算进行的伟大发明。母亲总是支持小儿子，并鼓励他，但她也始终不能让他下地干活儿。罗伯特张嘴闭嘴都是要成为一名牧师，或是一些伟大的发明和发现，就是不愿意干重活儿。

1917 年，美国参加第一次世界大战，小罗伯特 11 岁，兄长拉尔夫已经参军了。年轻的罗伯特充满了参军上战场的伟大抱负。他说，如果不能为祖国去战斗，他就要留在家里全力以赴发明某种专利，用来帮助自己的国家赢得战争的胜利。由于他与兄长意见不一致，也相处得不好，当兄长远赴战场时，他很高兴。此时他的父母仍然很贫穷，但依然无法说服年轻的罗伯特在农场上从事任何工作。他继续四处鼓捣，试图利用父亲的工具制造一辆可以在附近湖面上骑行的自行车。他尝试着用不同的木材来做车轮，但没有一样成功的。最终母亲建议他使用雪松薄板，因为雪松耐用且轻盈，在水面上容易浮起来。最后他终于用雪松成功地造好了车轮。在把松香加热倒入不严实的细缝后，他成功地在湖面上骑行了。然而，车轮很快就漏气了，自行车与他一起沉到了水里，罗伯特扛着自行车游上了岸。

小罗伯特不是那种受点儿挫折就气馁的人，他很快就用机智战胜了困难。他先是尝试把自行车的内胎安放到水上自行车的轮子内部，结果失败了。最终，他从一辆汽车上取下了一些内胎放在水上自行车木轮的内侧，并给这些内胎打上了气。内胎充满空气之后就紧贴在轮子的内侧，并使得轮子能够浮于水面，这样他便能够骑着自己的自行车，顺利地湖面上行走了。

母亲非常以他为傲，对他说道："孩子，你要成为一名伟大发明家的梦想总有一天会实现。你鼓捣你爸爸的工具设法制造东西，并不是在浪费时间。"他的兄长拉夫尔继续叫他"蠢蛋"、"妈妈的梦想"，说他永远也无法取得什么成就，因为他都不愿意像家里其他人一样在农场上工作。母亲始终是小罗伯特忠实的听众。她帮助他的学习，以各种方式鼓励他，表明她相信他，相信有一天他将做出一番伟大的事业。这鼓舞着他做出更大的成就。

水上自行车的成功激起了他的雄心，罗伯特想完成更多已经有想法的新发明。他对母亲说，他曾梦到自己有一只白色翅膀的鸟，载着他飞过了大西洋，他到达异国时受到了热烈的欢迎和接待，回国时又受到了家乡人民的热烈欢迎。父亲把这些称作是“白日梦”；但母亲总是兴致勃勃地鼓励他。罗伯特很少跟父亲和兄长交谈，喜欢跟母亲讨论各种事情，吐露心声。母亲鼓励罗伯特，因为她认为他是上帝对她的祈祷的回应，或许是上帝在她的长子死后，另外给了她一个新生命，或许能够代替死去的长子实现她的愿望和期待。

罗伯特明显与其他的男孩子不一样，显得很孤僻，他好像从来不想跟他们玩，谈论的话题也跟别人不一样。母亲是他唯一的知心朋友。别人都不理解他，只有她看起来真正理解他。他遇到问题总是向母亲寻求解释，遇到麻烦总是向她寻求安慰。

母亲经常跟戈登上尉谈论他，告诉他的父亲，罗伯特是一个独特的与众不同的孩子。她认为罗伯特不愿意干体力活儿不是因为懒惰，而是因为他有着优秀的头脑，如果教育和训练得当，将来他会成为一个伟大的人物，成为父母的骄傲。她告诉丈夫，小罗伯特有一些观点至少超前了 100 年。因此作为父母应当好好教育他，并允许他按照自己的观点做事情。父亲尽管并不理解，但还是同意母亲的说法，并认为罗伯特差不多 13 岁了，让他在农场待着毫无意义，应当把他送到德克萨肯纳去上学，去学一些他自己感兴趣的东西。

在这个学校，罗伯特认识了第一个真正的好朋友，一个看似理解他的男孩，并且在学校里帮了他很多忙。沃尔特·肯耐渥是一位富有的木材商的儿子。他有着金钱能够带来的所有优势，学习上也遥遥领先，因此能够为罗伯特提供帮助。罗伯特对文法不感兴趣，但对历史和数学却极为感兴趣。沃尔特会在文法和地理方面帮助他。他们成为了可靠的朋友。罗伯特把自己对未来的规划告诉了沃尔特，说他希望成为一名伟大的发明家；希望接受教育，周游世界各国，了解各种事情，研究可以在战争时期帮助本国的策略。

他聆听了很多关于自己祖父在南北战争中的奇遇和父亲在美西战争中的经历的故事，渴望自己成为一名能够为祖国效力的伟大战士。罗伯特几乎把所有的时间都花在了阅读报纸和关注战争动向上，对我们的海外士兵的胜利极为兴奋，当美军开始扭转对抗德国的形势时，他及时告诉母亲：他坚信星条旗永远不会倒下，只要美国军队开战就一定会胜利。

沃尔特·肯耐渥也立志要成为一名军人，同时希望在化学领域获得新发现和新发明。他的理想是将来成为一名伟大的化学家。这两个男孩成长环境和家庭经济条件的巨大差异对他们的友谊并没有什么影响，随着时间的流逝，他们的友谊变得越来越坚固。罗伯特和沃尔特经常待在一起，沃尔特时常邀请罗伯特去自己的家里。沃尔特的父亲和母亲逐渐地喜欢上了罗伯特。

1918 年停战了，罗伯特与父母讨论，询问他们这是否是最后的战争。父母当然表示希望这是最后的战争；而罗伯特则说他阅读了《圣经》，他认为历史上最大的战争还未来临。随后他谈论了一些关于超越时代的新发明的观点。他恳求父母让他退学去一家汽车制造厂工作，在那里他可以学到与机械相关的知识，从而知道如何完成他一直在谈论的各种发明。

1919 年夏天，学校放假了。沃尔特的父亲 J. H. 肯耐渥先生在他的公司为罗伯特提供了一个暑假期间的职位。下班后，沃尔特和罗伯特经常会一起驾车出游。7 月份，罗伯特出了一场严重的车祸。汽车翻了，罗伯特的手臂骨折了，而且还受了内伤。他被送到医院，在那里躺了好几周才康复。母亲非常担心，完全被这次事故吓到了，认为罗伯特最好还是回到农场的好，不要继续留在城里工作。

他的兄长拉尔夫当时刚刚从法国回来，他在战争中经历了很多危险，但没有受什么严重的伤。罗伯特出事之后回家休息。他和兄长依旧是分歧和争吵，难以好好相处。问题的关键在于罗伯特不愿意在农场上工作，不愿意帮助他的兄长。

罗伯特说服母亲允许他秋天返回学校，因为他正在学校取得巨大的进步，并且他希望有朝一日能够在肯耐渥的公司里获得一个重要的职位。

1919 年秋天，他回到了学校，但在学习上进步很缓慢。他的身体状况也不太好，似乎无法集中精力，因而无法取得较大的进步。在年底的考试中，他几乎都没有通过，但他继续努力学习，并在数学和历史上取得了进步。在文法、写作和地理方面，他仍然总是达不到自己的目标，沃尔特·肯耐渥不得不帮助他。

1920 年春天，就在学校快要放假时，罗伯特的父亲在棉花种植上获得了别人的支持。他希望这个夏天罗伯特最好回家到农场帮忙耕种，但罗伯特再次拒绝了。他遭到了兄长的强烈反对和辱骂。他的兄长称他只是“愚蠢的发明家”，并且说他永远也无法取得什么成就，因为他拒绝在农场上耕种，还嘲笑他想要成为“罗伯特绅士”，讥讽他是“白领男孩”。罗伯特的母亲对两兄弟之间的分歧和争论感到非常沮丧，因为她希望孩子们和平相处。罗伯特对母亲说，因为兄长的关系，他再也不会回家住了，他会继续留在德克萨肯纳上学，直到完成学业，毕业后他会去肯耐渥先生那里工作。母亲对他很有信心，说她知道他会把一切都做得很好，他应当努力学习，充分利用自己的机会，为肯耐渥先生为他一毕业就提供的职位做好准备。

戈登上尉在战争期间种植棉花非常成功，棉花价格一路走高，他也有了不少积蓄。然而，1920 年棉花价格快速下跌，几无收益，他们再次变成了穷人。1920 年春天和夏天，罗伯特患了疟疾，再次病得很严重，因此即使想工作也是无能为力。这个阶段，他对任何工作都没有兴趣，只是设法用父亲的工具鼓捣一些东西，谈论各种发明以及他在未来几年里要做的一些大事。由于严重的疾病和车祸，母亲自然是很宠爱他；父亲则经常把他称作是他母亲的累赘。但是，母亲对年轻的罗伯特很有信心，因为他有虔诚的宗教信仰，相信《圣经》。罗伯特会花很多时间来阅读《圣经》，与母亲一起讨论，询问她一些关于《圣经》的问题和《圣经》的寓意。他非常渴望去环游世界，见识世界，也总是计划着去游览陌生的地方。尽管十分热爱自己的母亲，但罗伯特的愿望却是出去看看世界。

第三章　情窦初开

1921年春天，罗伯特开始在学习上取得明显的进步，这大大地鼓舞了他的好朋友沃尔特·肯耐渥。罗伯特从早到晚都在学习和阅读。沃尔特经常去他的房间，总是见到他全神贯注地阅读《圣经》，冥思苦想不同经文的含义。

6月初的一个周日，罗伯特和沃尔特到教堂去，牧师讲读了"哥林多前书"13：2："我即使有先知讲道之能，又明白极深的道理，而且学问渊博，更有足以挪移山岭的信心，却没有爱，我仍然一无是处。"接着牧师继续讲读了13：7："凡事包容，凡事相信，凡事盼望，凡事忍耐，"接着讲读了13：11，"我做孩子的时候，话语像孩子，心思像孩子，意念像孩子；但当成了人，就把孩子的事丢弃了。"牧师继续讲读13：13："如今长存的有信、望、爱这三样，其中最大的是爱。"接下来他讲读了"哥林多后书"5：7："因我们行事为人是凭着信心，不是凭着眼见。"结束时讲读了"加拉太书"5：14："因为全部的律法都在'爱人如己'这一句话之中了。"

牧师这次布道讲读了很多。罗伯特认为这是他听过的最好的一次布道，也是印象最深刻的一次。牧师谈到了信任的巨大作用，又谈论了信而无行则死；但是没有爱就没有信任，因为爱是最伟大的。上帝就是爱，爱完全了律法，"神爱世人，甚至将他的独生子赐给他们，叫一切信他的，不至灭亡，反得永生。"他还说道，上帝爱那些给父母带来荣誉并听从父母教导的孩子、热爱并遵从自己丈夫的妻子、疼爱并保护自己妻子的丈夫，并且告诫每个人要爱人如己。由于爱是和谐之法，是创造世界的力量，因此它是能够阻止灾难、战争和死亡的唯一力量，有了真爱，我们就能战胜最强大的敌人——死亡。

当人类像上帝爱我们一样彼此相爱时，就不会再有任何冲突和争端。

人类将不再觊觎属于他人的东西。真爱就是公正，就是己所不欲，勿施于人。牧师还讲到了抱负、对国家的爱和爱国主义思想，这些信念驱使人们走向战场，为保家卫国而献身。他说道："一个人为朋友牺牲自己的性命，这是人间最伟大的爱。"他还说道，那些热爱和遵从上帝的人一定会获得巨大的奖赏。牧师谈到上帝的至高指示时说；"如果你们爱我，就遵从我的戒律。"

这次布道唤起了罗伯特心中其他东西从未唤起过的雄心壮志，也使他意识到自己亏欠母亲的爱。母亲对他的极大信任和爱帮助他奠定了未来事业的基础。他还想到牧师所说，一个人为了陪伴自己的妻子而离开父母，这是再自然不过的事情。他之前一直感受着自己对母亲最大的爱，但现在他有生以来第一次开始考虑自己对另外一个女人的爱。

罗伯特想到了他经常在主日学校遇到的许多美丽女孩子和他班里的那些女孩子。在这之前，罗伯特的好朋友沃尔特已经与学校里一个名叫凯若琳·奥格尔索普的女孩子有过一段短暂的恋情。罗伯特曾因为这件事取笑过沃尔特，认为可笑至极。但是现在他却开始意识到，或许爱情中包含着自己从前从未理解过的更深的意义。沃尔特·肯耐渥的家族是德克萨肯纳最富有、最显赫的家族之一，这些家族致力于各种社交，罗伯特也因此认识了这个城市中所有的青年才俊和名媛淑女。

牧师宣讲关于仁慈和爱的这次布道后的几个星期。一天早上，在主日学校结束之后，罗伯特在教堂与凯若琳·奥格尔索普交谈，与她一起的是她的好朋友玛丽·斯坦顿。沃尔特把罗伯特介绍给了玛丽。玛丽出生在一个富有而显赫的家族。她的父亲斯坦顿上校因修建铁路赚了大钱。他现在是一个大的木材商，也是德克萨肯纳最著名的人物之一。罗伯特认识玛丽时，她是一位大约 13 岁的年轻美丽的女孩。她有着褐色的肤色，光亮的黑发，乌黑的眼睛像宝石一样发亮。

这个时期，罗伯特开始阅读小说和爱情故事，并且乐此不疲。他总是坚定地支持英雄，厌恶反面人物。在这之后他经常去见玛丽，因为她与罗伯特和沃尔特上同一所学校。罗伯特每次见到玛丽都感觉她看起来更加美丽了。罗伯特心里想着玛丽，很快开始失眠，并且意识到爱是世界上最美好的东西。他把这个秘密告诉了他的朋友沃尔特。

由于害羞，他从未向玛丽表白过自己的爱慕。有一天晚上，他终于决定写信告诉她。他在信中写道：

亲爱的玛丽：

你或许还记得，几个星期之前，我在教堂被介绍与你相识。当时牧师在布道提及来自于圣保罗的观点："世界上最伟大的就是爱情。"我同意圣保罗的说法，这也是我给你写信的原因。

第一次见到你我就喜欢上了你。自那之后，每见你一次我就喜欢你更多一些。我觉得既然知道自己如此爱你，我就必须告诉你，希望有一天你也会爱上我。

你的朋友罗伯特

于星期三晚上

玛丽如下回复道：

亲爱的罗伯特：

我收到了你温馨的来信。这是第一次有人写信向我表达爱意，我对此激动不已。我从未想过你会喜欢我，罗伯特。我一直以为你在向学校里的基蒂·安德森暗送秋波。我确实也喜欢你，认为你是一个好男孩。

你的玛丽

罗伯特读到最后一句时，他感觉心都跳到了嗓子眼儿。他的希望和雄心骤然上升到前所未有的程度。他开始梦想着玛丽成为自己妻子时他们之间的狂热。他跟沃尔特说了自己的打算，说他希望将来能成为一名伟大的发明家，赚很多的钱，以便可以娶一位像玛丽这样富有的女孩为妻。

接下来的一个星期天，他回到乡下去看母亲，并且把这个新的爱情故事告诉了她。"孩子，"母亲说道，"你才刚满了15岁，这只是少男少女间短暂的情愫，也就是别人所说的小学生之间的爱情。它很快就会消失，但它对你们没有什么害处。爱情是伟大的，有一天你会遇到合适的女孩。现在不用着急。"

罗伯特对母亲说，玛丽是他心中唯一的恋人，他要为她而活，为她而工作；如果他不能娶玛丽为妻，他将永远不会与其他任何女孩结婚。母亲笑了，并且告诉他所有人初恋时都会这样想。但随着时间的推移，他会遇到真正的爱人，到时一切都会过去的。不过，她也告诉罗伯特，她从未忘记自己的初恋。因为初恋虽然短暂，但终身难忘。

"好好学习，"她说，"不要让你对玛丽的爱妨碍了自己的进步。"

她发现这次的恋爱对罗伯特是一次巨大的激励，激发了他从未有过的雄心壮志。他告诉母亲，他会每周日都去主日学校，他也正在努力学习，阅读《圣经》，学习很多东西，正在为成为一个伟大的人做准备。母亲说道："罗伯特，我一直对你有信心，而且我知道我的梦想总有一天会实现，你会做出让我非常引以为傲的成就。"

1921 年 6 月，罗伯特・戈登和沃尔特・肯耐渥已经是毕业班的学生了。尽管沃尔特比罗伯特小一岁，但他早期的优势使他能够 14 岁就毕业，而罗伯特则是 15 岁才毕业，并且如果没有沃尔特的帮助，他无法通过所有的考试。玛丽・斯坦顿当时 13 岁，接下来的一年，她也毕业了。

罗伯特毕业之后，先是决定找一份工作，在与沃尔特商量后，他决定最好还是去上高中并争取尽快毕业。就这样，1921 年秋天，他和沃尔特一起进入了高中。此时他的天分充分展现出来了。他对物理和高等数学产生了极大的兴趣，日以继夜的学习，并且在这两门课程上取得了很好的成绩。对于沃尔特所擅长的化学，他也产生了兴趣，因为他知道这将对自己至今仍旧停留在口头上的各种发明和计划很有帮助。

时间飞逝，1924 年，罗伯特・戈登和沃尔特・肯耐渥一起以优异的成绩从德克萨肯纳的高中毕业了。在此期间，罗伯特与玛丽之间虽然时常出现这个年龄的年轻人之间常见的分手、误解和争吵的小闹剧，但他们仍然相爱着。

1924 年秋天，沃尔特最终决定到纽约的哥伦比亚大学继续求学。罗伯特的父母没有能力供他上大学，因此罗伯特决定去肯耐渥先生的公司工作。罗伯特不愿意和老朋友沃尔特分开，但他们认为这是最好的选择。他们谈论着在纽约的未来，希望将来罗伯特能够到纽约与沃尔特汇合。

接下来的 1925 年，玛丽・斯坦顿以最优异的成绩从高中毕业了。在毕业典礼上，罗伯特觉得玛丽越发漂亮，他急切地盼望着有一天能够娶她为妻。玛丽高中毕业后不久，关于她可能进入哪所大学众说纷纭。最终她的父母决定让她就读位于德克萨斯谢尔曼的基德学院，因为这所学院离家较近，玛丽可以偶尔回家。

临近玛丽走的时候了，罗伯特变得越来越焦虑，他担心玛丽会爱上其他人。他跟她谈到了将来，并且第一次谈到了婚姻。他跟她谈到了他们身份地位的差异，说他母亲认为一个富家女与一个穷小子之间的婚姻永远不会和谐和幸福。他向玛丽说起了那次钓鱼时老黑奴讲述的那个故事，关于贫穷的乡下男孩与富有的种植园主的女儿之间的爱情以及他们的悲惨死亡。玛丽认为她的父亲永远也不会同意他们的婚事，但她说她真的很爱罗伯特。在时机成熟的时候，如果有必要，她会和他私奔。这极大地宽慰了罗伯特的心，也使得他在玛丽离开去上大学之后的日子相对好过了许多。

她上大学的第一年期间，他们经常互通情书，一切都很好。罗伯特在肯耐渥先生的公司里努力工作，是一名自动自发的工作人员，一名称职的速记员和秘书。罗伯特继续展示着熟悉机械方面的能力，能够修理好汽车上出现的任何故障。

沃尔特经常与罗伯特通信，也会写信给他父亲询问罗伯特的近况。肯耐渥先生回复说罗伯特正在快速进步，他是一个非常优秀的孩子，他将尽一切所能帮助他，因为他认为罗伯特前途远大。

1926 年是罗伯特·戈登一生当中最多变故的一年。这年春天，他的父亲突然死亡。在与母亲商量后，他决定离职回家帮助打理农场。他依旧与兄长合不来，原因在于他对耕种一无所知，当然也不喜欢耕种。结果是，他把自己所有的积蓄都花在了帮忙种植棉花上。尽管是一个大丰收年，但 1926 年秋天棉花的落价却使他们欠下了债务。

回到农场，他先是染上了疟疾，随后又患上了严重的未知疾病。在这期间，他收到了很多来自玛丽的安慰信。他回到肯耐渥先生的公司工作后不久，又遭遇了另外一场严重的车祸，右臂折断，不得不在医院休养 6 个星期。打击一个接着一个，但罗伯特已经学会了忍耐。他阅读《圣经》，尤其仔细阅读了“约伯记”，也坚持去教堂。在遭遇这么多考验和苦难时，他的思维也开阔了。他无法接受牧师们所宣扬和讲授的理论，因为他认为他们所教授的东西是错误的。

玛丽放假回家了，她这时已经 18 岁了，出落得更加美丽，也开始吸引更多年轻男士的注意了。由于肯耐渥家族和斯坦顿家族已经有多年的交情，因此沃尔特建议他的父母为玛丽·斯坦顿举办一个派对。当时有一个叫爱德华·梅森的年轻男士到场，他出生于一个非常富有的北方家庭，对玛丽表现出了极大的关注。罗伯特非常妒忌，派对结束之后与玛丽吵了一架。接下来痛苦的几周内，罗伯特和玛丽之间通过好多封信。

当 8 月份快要结束时，罗伯特知道玛丽很快就要返回学校了，他急于在她离开之前弥补，于是写了下面这封信：

我最亲爱的玛丽：

我十分悲伤。我感觉你拒绝与我和好的原因是你爱上了爱德华·梅森。除了你我从未爱过任何人，以后也不会再爱任何人。如果我们不在你返回学校之前重归于好，我担心我们永远也不会和好了。我要送给你两首诗，《离别》和《昨天》，借此表达我内心的感受。

悲伤的罗伯特

离 别

亲吻我吧！
情缘淡去，
我们梦想已经幻灭；
剩下的只是回忆——
回忆，一直到黎明。

亲吻我吧！
紧握亲密爱人的手，
难道你没有感受到我们的心跳吗？
这是我们脉动的节奏，
永不放弃。

它是生命的歌谣——
是心心相映——
小径相逢嫌路窄，
嘴唇相碰不分开。

昨 天

梦——昨日的梦，
昨日的爱甜蜜温馨，
今日的浪漫迷迷失了方向，
但我绝不会移情别恋。

爱不够——我的小浪漫，
爱不够——上帝呀——爱是如此美好！
如舞蹈般舒畅，
没有人能够拆开我们。

但却有人做到了——可是我原谅他，
他像我过去一样爱她。
我曾只愿为她而活，
而现在——为了她我愿意去死！

玛丽收到这封信时回复道：

亲爱的罗伯特：

我已经收到你的信和诗。你再一次错误地指责我。你是完全错误的，除非你能承认自己的错误，否则我永远也不会考虑与你和好。

真诚的玛丽

1926年9月，玛丽回到了德克萨斯谢尔曼的学校，留下了罗伯特一颗破碎的心，因为她拒绝和好。她对罗伯特说，他的妒忌完全没有依据，可他却固执地指责她爱上了爱德华·梅森。这样的误解让她无法心甘情愿地与他复合。于是她走了，失望地走了，留下了同样失望的罗伯特。

玛丽回到学校之后的很多个星期内，罗伯特都十分焦虑不安，极其抑郁和沮丧。他们通了好多次信。他为玛丽写了很多诗，但都没有用。最终他写信告诉她，这将是他最后一次给她写信，他知道她爱着爱德华·梅森，因此没有必要再继续下去了。

亲爱的玛丽：

这将是我写给你的告别信，因为我已经放弃希望。自我最初遇见你以来，你一直是我理想的恋人和鼓舞我前进的人。我为你而生，为你而工作，脑子里想的全部都是你，你的爱激励我前进。而现在我意识到自己已经失去你了，你的爱已经给了另外一个人。我会永远爱你，期望你有一天能够回心转意，重新爱上我。

你的悲伤的罗伯特

他还在信中附上了两首诗，《爱过的和失去的》和《告别》。

献给玛丽：

爱过的和失去的

失去了你曾勇敢追寻的女孩
并不是失败，
即使受到了打击和暴风雨似的颠簸，
你还是未能赢得你追求的女孩。
这不是失败，

尽管别人登上了领奖台；
如果死亡使一个英雄免受羞辱，
他通常都会选择死亡。

向更优秀的男人致敬，
请原谅我不能做这件最糟糕的事。
成功不是能够做好什么事，
而是心灵的永远忠诚。
失败比赢得一个不值得的女孩更需要勇气。
忍受流言蜚语的嘲讽，
比改变自己需要勇气。

当一个女孩不高兴地皱眉，
希望正在逐渐衰落时，
要忠贞、忠诚、有耐性。
失败会演变为拥有。
如果你的目标远大且正直，
最终将取得胜利。
因为在获得珍珠之前，
必须把贝壳打碎。

写给玛丽：

告　别

我飞速地让我的伤口愈合，
或许在未来我能治愈自己的伤痛，
尽管我现在还在剧烈地疼痛，
但我已经把荣誉作为了自己的铠甲。

最后的话语和美丽的姑娘将埋在我心中：
在这之前，因为你的愚弄，另外一颗心被你打碎，
深藏对女性来说是很珍贵的胜利，
放过你的受害者，哪怕仅仅是为了我残存的尊严。

罗伯特写完这封信之后，继续给身处纽约的老朋友沃尔特写了一封

信，告诉他自己给玛丽写了一封告别信，一切都结束了。沃尔特回复说：

亲爱的罗伯特：

我收到了你满是忧郁的信件。振作起来吧，老朋友，太阳会再次照耀大地，玛丽或是其他某个像她一样好的女孩会对你微笑的。你还太年轻，不要让一个女孩毁了你。你应当好好工作，继续好好学习。

我也随信附上了一首诗，我认为它很适合你现在的情况，事情很可能会按照这样的方式发展。

你的朋友沃尔特

破碎的誓言

这是一个心已破碎的男孩，他曾许下庄严宣誓，
无论如何，我都不会再写信给那个美丽的小女孩；
我不会做那样可怕的事情，
给骄傲的公主留下笑柄。

他为自己的誓言加上了备注，
就像对待遗嘱一样严肃认真，
然后他坐下来，用他所有的力量微笑，
哦，我不用再写什么情书了。

但是一两天之后，他却感到奇怪，
一种不安的东西填满了他的脑海，他渴望改变；
他问医生这是怎么了，医生给了他一颗药丸，
并且写下了备忘和一张二十美元的账单。
随后他想起了所认识的所有女孩的模样；
玛丽那可爱的天使面孔像火车一样闪过，
每一个女孩和所有的女孩迫使他去思考，
如同一个男人戒烟或戒酒时一样。

最后，一张令人失望的小纸条出现，于是他说道：
我就再写一封告别情书；
它不会是严肃的，而会是别致而轻松的。

于是他写了一封情书，
就像说他已经发誓戒烟戒酒的男人一样；
啜了一口加糖的威士忌什么的来止咳。
为什么要制造这个遗憾的故事呢？
为什么要诉说他做了什么呢？
这就像把酒瓶或烟盒都扔掉之后，
又喝了一口或是抽了一口。

他写下她曾写过和说过的事情，
写下心底甜美的爱的记忆；
他写下她比任何一个南方女孩都要好，
写下她美丽的眼睛和红宝石一样的小嘴。

他写下对她的爱，
写下她的可可粉和清炖肉汤是如何的好；
他写下已失去的和绝望的爱情，
直到天亮。

当医生们来到时，发现他生病了，
他们设法照顾他，
他们说道："来尝一尝这鸡汤，
她亲手做的，对你有好处。"

罗伯特变得非常沮丧，他不再对自己的工作感兴趣。肯耐渥先生最终给身在纽约的沃尔特写了一封信，告诉他罗伯特对工作缺乏兴趣，他想知道是什么让他发生了这样的变化。当然，由于沃尔特收到了罗伯特的信，知道他和玛丽分手了，因此他直率地将实情告诉了父亲，告诉他要对罗伯特有耐心，他确信等这段爱情过去之后，罗伯特会恢复正常的。

一收到罗伯特的信，玛丽就立即回复道：

我亲爱的罗伯特：

这将是我写给你的告别信。我引用了"雅歌"2：5的内容："求你们给我葡萄干增补我力，给我苹果畅快我心，因我思爱成病。"罗伯特，正如所罗门所说，我宁愿拥有绿色的苹果，宁愿胃痛，因为我因你称之为爱的东西病了。我希望你再去读一读圣保罗，看一看你现在的行为是不是一个爱人的行为。保罗说过："爱是恒久忍耐，又有恩慈；爱是不妒忌，不做失礼的事，不求自己的益处，不轻易发怒，不计算人的恶。"罗伯特，如果爱是建立在信任的基础之上的，它就不能有妒忌。爱是理解的基础，如果你理解我，我也完全理解你，那么我们就会仍然相爱，仍然快乐。

"爱追求的不是自己的快乐，
爱从不在乎自己，
却为别人献出自己的宁静，
在绝望的地狱建造一座天堂。"

既然你固执地妒忌，并且错误地指责我，我如何能够继续爱你，你已经不是最初爱上我的那个罗伯特了。他这些年来教会我如何去爱，并且从未妒忌。建立在多年的信任之上的爱情不可能顷刻之间就变了，我并没有像你所认为的那样，移情别恋于爱德华·梅森。我依然爱你，但你却一直错误的指责我。

我随信附上了一篇短文《爱》，希望有一天你可以明白自己错得有多离谱儿。等你明白时，如果你还那样认为，写信告诉我。

我很遗憾！

玛丽

爱

爱情是世界上最光亮的的火花，超过宇宙间的真理。真理蕴于爱情当中，为了实践真理，你必须让爱变成真理，因为你要记住，若是正确理解，哪怕只是一次友好的握手或是一个天真的孩子的吻和爱，都比最激烈、最聪明的辩论更加能够使灵魂发光。

爱无处不在，没有任何思维能够超出爱的界限。爱是自由的预言，它那美妙的歌曲即使在大海的涛声中也能被听到。

空中的鸟，海里的鱼，陆地上的动物，都是爱的证明。在它们生存的过程当中，爱曾经说过："我生我就养。"因此在所有你能想到的有形状或是无形状的、和谐的或是不和谐的事物当中，都能证明有爱的存在。

爱是每种植物、每个日落、每个灵魂的生命。它是快乐心灵的灵动，是我们受到诱惑时提醒我们的声音。

爱是一切智慧的基础，它超越了所有的理智，因为它是最伟大的实践。

爱给予世界万物信任，因为爱就是信。

爱象征着永恒，因为它鼓舞你开始，它那美妙的光辉色彩点缀着每一次日出日落。

爱是吹散疑云的微风，绘成因快乐而光芒四射的灵魂的画卷。每颗心都与爱的韵律同步，心心相映。

爱无形，给予世界以生命。生命让爱所绘成的画卷流光溢彩。

第四章　爱情的花园

收到了玛丽的来信，罗伯特开始从不同的角度来审视自己。他再次阅读了“约伯记”，并且充分了解了约伯所说的“你越害怕某事就越会发生在你身上”这句话的真正含义。罗伯特意识到，正因为他一直害怕失去玛丽，所以一旦出现了可能吸引她的人，他就开始害怕，这使他变得毫无理由地妒忌，认为自己已经失去或是即将失去比他的生命还要重要的玛丽了。于是他给玛丽回信说道：

我最亲爱的玛丽：

我已经收到了你甜蜜的来信。它让我打开自己的心胸去理解，使我看到了本来的自己。我阅读了圣保罗所写的关于世界上最伟大的事情，意识到自己没有耐心、不够宽宏大量，尤其还毫无理由的妒忌。所有这些都不应该是真爱里存在的东西。保罗说过：“信任、希望、爱情，其中最伟大的是爱情。”如果我拥有基于爱情的永恒信任，我就不会妒忌。我一直自私地寻找着自己的快乐，没有充分考虑到你。

我把我写的一首小诗送给你，题为《爱情的花园》。我想借此向你表达我现在的感受和看待事情的角度。我曾经试图通过错误的门进入爱情的花园，现在我希望通过正确的门进入。我将开心幸福，信任你、爱你、忠实于你。

我再也不会怀疑和妒忌，因为有爱存在，而这些杂草永远也无法在有爱的地方生存。

玛丽，我需要你，只需要你。请你原谅我，忘记我曾经的过错，重新让我快乐。

用我所有的爱期待着。

你的罗伯特

送给玛丽・斯坦顿，是她给了我灵感。

爱情的花园

爱情的花园只有一道正确的门，许多人从错误的门走了进来。杂念经常让我们误入歧途。

自　私

从自私的门进入爱情的花园就会陷入黑暗的怀疑之谷，那里布满了欺骗、自卑、怨恨、贪婪和妒忌这些杂草。怀疑之谷的旁边躺卧着妒忌的山脉，它起源于信任、理解和遗忘的缺失。妒忌的山脉上流淌着怨恨的河流，它起源于怀疑之谷，这条河流流向了忧愁、悲伤、绝望、死亡的海洋。

无　私

现在，我们通过正确的门进入爱情的花园，门上高悬着一块“无私”的金色牌子，这是通向爱情的唯一路径。我们通过理解之门进入花园，那里到处生长着美丽的白色百合花，散发着浓郁的芳香。迅速地摘下一支，终生携带着，因为它们是信任的百合，足以清除花园中的一切杂草。

接下来你会看见一汪清泉。饮一口纯净的泉水，这是遗忘之水，可以浇灌信任的百合。在这之后，你就能进入花园，欣赏那些由爱情之水浇灌而盛开的花朵。其中，自我奉献是真爱的基础。之后你将发现世人罕见的美丽的花朵——自信。她美丽芳香，紧紧依靠着快乐之花。

你还可以在宽容的蔷薇旁边看到盛开的友好之花，然后在花园的最边上看到独自绽放的一朵小小的花朵。她苍白而纤弱，极少人能在晚年之前去欣赏她——她就是不求回报的友善。但是，就在进入到满足的山谷之前，我们确实触碰到了这朵小花，我们意识到了，只有帮助我们的同伴穿过满足的田野，我们才能找到通向爱和幸福的路径。

当走到这一步时，我们再回过头去寻找花园的另外一个入口，这时会发现自私这道门消失了，怀疑的山谷也被信任的百合覆盖了，妒忌的山脉也已经融化成了自我奉献的峡谷。我们发现，怨恨的河流经过的地方现在也变成了友善的海洋，汇入了幸福的大海之中。当来到花园的尽头时，我们见到了花中之王，她的美丽和光彩远胜过了中午的太阳。不用再寻找了，她就是爱情之花。把信任的百合放在她的旁边，用友善之水浇灌她，她将永远盛开。

罗伯特

这封信赢得了玛丽的心，因为她认同圣保罗的说法，即爱是世界上最伟大的东西。她等不及写信，直接给罗伯特发了一封电报：

你甜蜜的来信收到了。你又是我过去的罗伯特了，我也是你的玛丽，永远都是。

玛丽

然后玛丽写信说道：

亲爱的罗伯特：

我之前给你发电报是因为我从未像此刻这么幸福，而且我知道我们会一直幸福下去。你会是我理想中的罗伯特，会是我期望你成为的样子。我会爱你，让你感到非常幸福，这样你就会永远是我期望中的你。

我自始至终都很清楚，除非你以正确的眼光看待事物，并且意识到自己的妒忌毫无理由，我多年的付出已经证明了我的爱，否则我们的和好是毫无意义的。在你明白这一点之前的和好只会在将来惹出更多的麻烦。

我也没有别的要说的，就让过去的成为过去吧，让我们好好生活，彼此相爱，一起实现我们的未来，因为爱可以创造一切事物，并且创造了世界。上帝就是爱。

你送给我的小诗《爱过的和失去的》现在看起来恰如其分，因为其中你说到，在获得珍珠之前，必须先打碎贝壳。罗伯特，你打碎了贝壳，现在我们要修补它。我相信你的目标远大而正直，未来将证明这一点。

我几乎迫不及待地想要见到你，罗伯特。我希望你下周六下午能过来，周六晚上和周日和我待在一起。我想再次凝望你那充满信任的双眼，感受你仍然像以前一样爱着我。我想让你知道我从未爱过爱德华·梅森或是其他任何人，而是一直爱着你，信任你。

给你我所有的爱！

你的玛丽

附言：我附上了一首诗——《重新开始的地方》。我们真的要重新开始了，对吗罗伯特？是不是从未如此开心？

重新开始的地方

我希望有一个美丽的地方

叫作重新开始的地方，
在那里，我们所有的过错和心痛，
我们所有因自私微不足道的的忧伤，
都可以被放下，就像破旧的大衣被放在门口，
永不再穿上。

我希望我们可以不知不觉地来到这样的地方，
就像发现了走失的猎物的猎人一样；
我希望我们的盲目所导致的最不公平的后果，
可以被留在门外，
就像等待着他最好的老友重逢。

我们曾忘记和忽略了太多的梦想和重要的事情，
还没有来得及说出口的小赞扬被分手的誓言阻隔。
经历过的所有事情，
能够让人变得完美。

在重新开始的地方良善永在；
我们曾错过人怨的人将在这里重新握手，
这远胜过苍白的解释。

我们将懂得，
曾经苦难的其实也是最好的，
曾经看似是一种失去的将是一种得到；
笑对人生，
所有的刺痛都会消失；
在重新开始的土地上
快乐是我们心的追求。

所以我希望有一个美丽的地方
叫作重新开始的地方，
在那里，我们所有的过错和心痛，
我们所有因自私微不足道的的忧伤，

都可以被放下，就像破旧的大衣被放在门口，

永不再穿上。

路易莎·弗莱切·塔金顿

1926年10月23日，一个令人愉快的、阳光明媚的星期六下午，在火车穿过大草原开往德克萨斯谢尔曼的过程中，罗伯特一直望着窗外，笑容满面，他正想着与玛丽的相见。他数着车轮转动的次数，因为他知道它们正把他带到她的身边。

当晚到达谢尔曼时，玛丽张开双臂迎接他。他们一起度过了周六周日，感到前所未有的开心。他向玛丽诉说了自己未来的计划，说他正在从事一项发明，也正打算从股市和商品期货市场投机中赚点儿钱。他说他希望赚很多钱来证明他配得上她，这样她的父亲就会同意他们的婚事了；还说他将带着一个男人对一个女人最大的希望和信任回去，有了这种信任和她的爱，他就不可能会失败，因为世界上将没有他做不成的事情。玛丽向他保证一定会信任他，并且也对他有信心。玛丽知道，既然他拥有了对她的信任和她的爱，他就一定能够做一些大事。她说她很乐意等待他成功。

罗伯特回来后花费在研究《圣经》上的时间更长了，并且依据科学来解决事情。他阅读了“以西结书”，计划根据“以西结书”总结的思路建造一架飞机。他相信一定有办法可以建造一架有史以来最好的飞机，并感觉将来自己的祖国会需要这个划时代的伟大发明的保护。以《圣经》上的内容来看，战争似乎无可避免，罗伯特认为下一场战争将会是空中战争。

他开始阅读所有与科学和发明有关的期刊，并研究《圣经》，以便了解自然法则以及掌握如何运用自然法则。

罗伯特写信给沃尔特，告诉沃尔特他去谢尔曼看过玛丽了，他们已经和好如初，自己非常幸福。他把自己伟大发明的设想告诉了沃尔特，同时还告诉沃尔特，有了玛丽对他的爱和信任，就没有他做不成的事情。

根据《圣经》，他估计世界上前所未有的多事之秋将开始于1927年，持续到1932年。届时将有一场席卷全球的战争，同时伴随饥荒和瘟疫，从《圣经》来看，除非这段时间被缩短，否则人类或地球将被毁灭。他急切地想挣钱来完成自己的发明，以便保卫自己的祖国，因为他知道美国即将面临有史以来最大规模的战争，所有国家都将起来对抗美国。美国在一战中聚集的大量黄金已经引起了其他所有国家的妒忌，不久之后

美国就会卷入战争。除非美国用最现代的发明武装自己，否则将会下一次战争中失败。罗伯特知道即将来临的究竟是什么，因而迫切地想要为即将到来的危机做一些准备。

1926 年下半年，罗伯特和玛丽之间频繁通信。玛丽的情书和鼓励帮助罗伯特在工作上取得了进步，他则努力攒钱为他们的将来做打算。

1926 年的圣诞节是罗伯特有史以来最开心的日子。为了让玛丽分享他的喜悦，他送给她一枚漂亮的戒指，并且写信告诉她，他已经攒够了钱，可以买下这枚戒指了。他说，这枚钻戒代表纯洁、坚贞、信任，象征着她身上拥有的这些品质和他对她的绝对信任。他告诉玛丽，他希望快些做好准备去纽约继续学习、工作、挣钱，并能够距离老朋友沃尔特近一些。沃尔特一直给予他极大的支持，以各种方式鼓励他。

为了感谢罗伯特送给她戒指，玛丽写信说道，只要她活着，就会戴着这枚戒指，以表示对他的尊敬，同时也象征着她对这个世界上最伟大的人的信心和信任；还说她知道没有他做不成的事情。她随信附上了一首题为《你做得到》的小诗。这首诗是罗伯特随后几年面对考验、灾难和障碍时的巨大鼓舞。

你做得到

有人说你做不到，
但是你微笑着回答说
或许吧。
你是一个努力之后才会这么说的人，
于是你立即倾注全力去做，脸上带着笑容。
即使你有担忧，也会隐藏起来，
当你完成这件不可能做到的事情时，
你开始唱歌，你终于做到了。

有人说你永远也做不到，
因为从未有人做到过。
你脱下自己的外套和帽子，
我们首先知道的事情就是你已经开始做了，
你抬起下巴，脸上挂着一丝笑容，
没有任何犹疑和放弃，

当你完成这件不可能做到的事情时，
你开始唱歌，最终你做到了。

有无数个人告诉你你做不到，
有无数个人都预言了你的失败；
无数个人，一个接一个地，
向你指出等待着攻击你的危险；
但你只是带着一丝笑容倾注全力去做，
然后脱下你的外套着手去做；
当你完成这件不可能做到的事情时，
你只要开始唱歌，最终你会做到。

1927 年 1 月 1 日，罗伯特收到了一封来自他的雇主肯耐渥先生的表扬信，同时有每月工资上涨 50 美元的通知。信中附上了一张 500 美元的支票作为奖金。这使罗伯特感到非常高兴，他感觉自己正在进步，一个像肯耐渥先生这样成功的人一定一直在密切观察他，距离比他想象的还要近。他相信肯耐渥先生看到了他进步的潜力，因此他唯有更加努力工作来表达自己的感激之情。他给身在纽约的朋友沃尔特写了一封信，告诉他父亲的慷慨大方，他对此非常感激。他一直努力工作，并在为将来做打算、正在攒钱，希望很快就能与身在纽约的沃尔特汇合。在那里，他可以开始投机交易，赚很多钱，这样便能完成自己的伟大发明，做一些造福世人的事情。

罗伯特写信告诉玛丽在这新的一年里降临到他身上的好运，这些好运激发了他希望在未来做出更大成就的愿望。他确信有了她的爱，他将继续实现每一个愿望。玛丽给他写了很多鼓励性的甜蜜信件，信中充满了爱和她对这个男人的崇拜，她为他而活，他就是她的偶像。她告诉他，她正在学习上取得巨大的进步，有望几年内毕业，然后成为他的荣耀，在工作上帮助他。她附上了一首小诗，题目为《像男人一样面对困难》。

像男人一样面对困难

如果生命突然出现了狂风暴雨，
或是道路变得灼热且布满灰尘，
不要放弃，让脸上挂满了阴郁；
男人，高兴起来吧，解决困难。

如果你加倍努力，
前方会有更加闪亮的日子在等着你。

抱怨、呻吟，或是把时间浪费在唠叨上有什么用，
这些东西还从未让一个人走出困境，
当你有麻烦时，你必须面对它，
这才是正确的态度，
始终要记住，结果由你决定。

永远不要在意失败者喋喋不休地唠叨，
重要的是正确的行为，
这才能穿越云层——最艰难的路途，
如果你像男人一样处理事情和面对事情，
所有的困难都会变得更容易对付，
你会发现前途更加光明。

如果你想要克服困难就必须尽快处理。
你必须像男人一样面对事情；
处理困难，勇敢地与困难斗争。
逃避永远无法解决问题。
勇敢地面对，你就会击败困难。

玛丽在信中讲述了她对未来的计划。她是如何期望能够活着看到他成为世界上最伟大的人，她是如何希望有一天把他带到她父亲的面前，向她父亲表明她对一个穷小子的爱和信心对他产生了什么样的影响。她想让她的父亲像她一样以罗伯特为自豪。在所有的成功之后，她希望他们能够一起平静地享受晚年，此时他们可以追忆曾战胜过的考验、困难和阻碍，是它们带来了胜利，而这胜利一直是永恒的真爱的果实。接下来是一首诗《岁月沉淀之后——平静》。

岁月沉淀之后——平静

——伊迪丝 M. 托马斯

最终——当岁月在你身上锻造了它的意志之后，
去为你自己建造一座舒适的房屋；

房间里装满了让你快乐的东西——
打开温暖的灯光，
在你的书架上摆一个玫瑰罐。

书架上有一些你再也不会阅读的书籍，
因为你已经对它们的神奇了解得如此透彻；
还有一把不再被弹奏的琵琶，
你心中所有的音乐都来自于它金色的曲调。

梦想已经与你的激情无关；
梦想这个客人此时不再来访——但是他就在那里，
你宁静的灵魂就是梦想的化身，
这是梦想本身的意愿。

房间里有你算作自己的东西的所有东西。
那些你本该拥有的——就让它待在那里吧。
而在岁月在你身上锻造了它的意志之后，
那些你不该拥有的，就让它默默流走吧！

不要再给你自己的心增加负担，
熊掌鱼肉要自己斟酌；
你已经是最好的自己；
整个人弥漫着感恩。

这样，平静就会包裹着你，
你的房屋会充满了上帝的存在，
但不要因此怀疑或是甚至不再祈祷，
因为或许胡搅蛮缠的言语会碾碎这样的快乐。

在看不见的地方建造一座舒适的房屋，
门上和窗台上都挂上装饰品，
烦恼将不再打扰你。这是你的权利——
最终——在岁月在你身上锻造了它的意志之后。

罗伯特寄给玛丽一篇克里斯汀 D. 拉森所写的题目为《标准》的文章。他告诉她，这将是他未来的准则，带着她的爱和信任遵守这样的标准，他将实现她希望他实现的一切。

标　准

——克里斯汀 D. 拉森

坚强，任何事情都不能打乱你内心的宁静。

让你所有的朋友发现他们自己身上的价值。

看着所有事情有趣的一面，乐见自己的梦想成真。

朝最好的方面想，朝最好的方面努力，朝最好的方面期待。

对于别人的成功就像对待自己的成功一样热心。

忘记过去的错误，努力争取未来更大的成就。

脸上始终挂着愉悦的表情，遇到的每一个生命都给予一个微笑。

花费大量时间提高自己，以至于没有时间批评别人。

强大到不用忧虑，高贵到不会发怒，强壮到不需恐惧，幸福到允许烦恼出现。

用伟大的行动而不是高昂的声音尊重你自己，并且让世界看到你的存在。

带着这样的信念生活，相信只要你忠实于内心最好的自己，全世界都会站在你的一边。

玛丽持续给他写鼓励信。他们的爱情一帆风顺，没有出现麻烦，中途也没有分手。玛丽是一个伟大的读者，正在仔细地学习，总是收集一些她认为对罗伯特有帮助的、可以鼓励罗伯特的诗歌和文章。其中一篇叫作：

圣人为什么会圣人

因为他们在很难高兴起来时还是很高兴；

很难有耐心时还是很有耐心；

因为他们在想要停下来时还是在继续前进；

想要说话时还是保持沉默，

想要发脾气时还是和蔼可亲。

另外，还有一篇赫伯特·考夫曼所做的文章，如下：

不要让忙碌的身体让你在已经选择的路上回头，
怀疑是前进道路中必然会出现的观众，
众人指责你该怎么办？
傻瓜们试图改造你怎么办？
如果坦然面对这些，
挫折就无法控制你。
一些人会怀疑你，
许多人会嘲笑你，
不止一个人会不承认你，
他们会嘲弄你，
会评判你，
你需要一个“老”手来指引你。
不要听信聒噪之人的话——一旦开始，就要坚持到底。
如果你遇到反对意见的袭击，要反击。
我们所知道的所有大事都是自信的人做成的。
半途而废的人从来都不能成为成功者。

第五章 以西结的预言

玛丽对罗伯特的爱和付出正在开花结果。他夜以继日地研究《圣经》，为将来的计划而努力，同时继续他的科学研究，因为他相信在人类掌握应当了解的东西的过程中，《圣经》是关键。他意识到，通过研究《圣经》，他或许能够预测未来并因此而受益。他最感兴趣的是飞机，发明和改良在未来战争中有帮助的飞机。他在“以西结书”1：4～16 中发现了制造大型飞机的方案：

我观望，看见有狂风从北方刮来，随后有一大朵闪耀着火光的云，云的四周环绕着灿烂的光芒，火的中心好像有发光的金属。

火中又有四个像人形的活物；它们的样子是这样的：它们都有人的形状。

各有四张脸，四只翅膀。

它们的腿是直的，就像人腿一样，脚掌却像牛犊的蹄；它们像磨光了的铜般发亮。

除了各有四张脸，四只翅膀，它们还有四只人的手，每只翅膀下面一只手。

它们的翅膀彼此连接，行走时不必转身，各自朝着自己的前面行走。

至于脸的形状，四个活物都各有四张脸，前面的像人，右边的像狮，左边的像牛，后面的像鹰。

它们的脸孔就是这样；它们向上展开翅膀，各自用两只翅膀相互连接，还有两只翅膀遮蔽着身体。

它们各自向前面直行；灵往哪里去，它们就往哪里去；它们行走时并不转身。

至于活物的形相，样子像燃烧着的火炭，又像火炬：火炬不断地在四个活物之间上下移动；火炬很明亮，有闪电从中发出。

这些活物来回奔走，好像闪电。

当我观看这些活物的时候，看见靠近那些活物的四面各有一个触地的轮子。

四个轮子的样子和构造都像闪耀的绿宝石。它们四个是一个样式：其形状和构造像轮中套轮。

罗伯特确信这是“以西结书”对飞机的预测和描述。他认为，一架飞机可以建造成四只翅膀，这样的飞机会比现有的任何一种飞机都更有力量，也更有用处。建造一架这样的飞机就是他的伟大愿望。

罗伯特阅读了“以西结书”5：2和5：12：

城被围困的日子一满，你就要拿须发的1/3在城里焚烧；拿1/3到城外用刀剁碎；最后1/3要扬在风中，因为我要用我的剑去追赶。

你的人民1/3将死于瘟疫、亡于饥荒；还有1/3将被刀剑击毙；其他1/3我将把他们分散到各地，并且拔出剑来追赶他们。

他还阅读了“以西结书”7：2和7：12：

“人子啊，”主耶和华对以色列这样说，“结局到了，以色列全境的结局到了。”

时候到了，日子近了；买主不必欢喜，卖主也不必忧愁；因为上帝的烈怒将同样地倾注到每一个人身上。

罗伯特认为，他从其中看到了即将由于周期循环而爆发的全球性的战争和饥荒，届时地球的绝大部分都将被战争和饥荒毁灭，世界末日即将到来。

“以西结书”7：13说道：

卖主虽然还活着，却不能得回所卖的。因为上帝的烈怒将降临到所有人的身上，谁也不得归回；因为罪孽的缘故，也没有人能保全自己的性命。

“以西结书”8：1和8：14：

第6年6月5日，我坐在家中，犹太的众长老坐在我面前，在那里主耶和华的灵降在我身上。

他领我到耶和华殿朝北的门口。谁知，在那里有妇女坐着，为搭模斯哭泣。

“以西结书”10：9～11：

我又看了看，只见基路伯旁边有四个轮子；这一个基路伯旁边有一个轮子，那一个基路伯旁边也有一个轮子；轮子的形状像绿宝石那么闪耀。

至于其形状，四个多是一个样式，好像是轮中套轮。

轮子行走的时候，向四方都能直行，并不掉转。头向何方，它们也随向何方，行走的时候并不掉转。

罗伯特确信，这就是“以西结书”所说的飞机，它将在未来被制造出来。他认为，其中被提及的“像鹰一样的脸”指的就是美国政府。他希望有一天能够建造一架这样的飞机，帮助打赢这场空中大战，同时在世界末日来临之际，也就是空中大战爆发之时创造和平。

“以西结书”10：19 和 10：21 说道：

基路伯出去的时候，就展开翅膀在我眼前离地上升。那些轮子也跟它们一道；它们停在耶和华殿的东门口，在它们上面有以色列上帝的荣耀。

它们各有四张脸，四只翅膀；翅膀下面还有人手的形状。

“以西结书”12：22 说道：

人子啊，关于以色列地，你们怎么会流传着“日子一长，一切异象都落了空”这句俗语呢？

“以西结书”14：14、14：16 和 14：21 说道：

其中虽有挪亚、但以理、约伯这三人，但他们也只能因自己的义而援救自己的性命，这是主耶和华说的。

虽有这三人在其中，但我指着我的永生起誓，他们，连儿女也不能救，只能救自己，那地必将荒芜。这是主耶和华的宣告。

主耶和华这样说：我若把战乱、饥荒、猛兽、瘟疫这四大灾难降临到耶路撒冷，毁灭所有的人畜，情况岂不更加严重？

“以西结书”16：1 和 16：44 说道：

主耶和华又对我说：看哪，凡说俗语的必用俗语攻击你说：有其母，必有其女。

“以西结书”17：3 和 17：7 说道：

说，主耶和华如此说：有一大鹰，翅膀大，翎毛长，羽毛丰满，彩色俱备，来到黎巴嫩，将香柏树梢拧去。

又有一大鹰，翅膀大，羽毛多；这葡萄树从栽种的苗圃中把根和叶子都伸向这只鹰，好得它的浇灌。

“以西结书”20：46说道：

“人子啊，你要面向南方，向南面发言，对着南地田野的森林说语言。”

罗伯特对此的理解是：这一天即将来临，届时一场空中大战将爆发于美国南部。

“以西结书”20：47：

对着南方的森林说：要听主耶和华的话，主耶和华这样说：看哪！我要在你们那里点火，烧尽你们那里所有的绿树和枯木；燃起的火必不熄灭，它将从南到北，烧焦地面上的一切。

罗伯特认为，这意味着当战争爆发时，南方将被带有燃烧弹和有毒化学品毁灭。

罗伯特阅读了“以西结书”21：14、21：16和21：30：

所以，人子啊，你要拍手说预言，要接二连三地使用这杀人的刀，这刀就是重伤大人物、进入密室的刀。

主耶和华这样说：你当除去头巾，脱下冠冕！现在情形不同了，卑微的要升高，位高的要降卑！

你收刀入鞘吧！在你受造之处、生长之地，我必刑罚你。

“以西结书”28：3说道：

看，你比但以理更有智慧，任何秘密的事都瞒不过你！

罗伯特对“以西结书”中的预言深信不疑，因为上帝说过：“看，你比但以理更有智慧，任何秘密的事都瞒不过你！”他对“以西结书”中的这个预言的理解是，一场大战即将爆发，而且这场大战将像“以西结书”32：1和32：2中所描述的那样，会是一场利用大型飞机进行的空中大战。

12年12月初一日，主耶和华来对我说：

“人子啊！你要为埃及王法老作一首哀歌，对他说：‘你曾自比列国中的壮狮，其实你更像在河中翻腾、用爪子搅动河水、使江河浑浊的海怪。’”

根据“以西结书”的这些预言，以及《圣经》中其他一些罗伯特认为是在反复说明之前的战争的内容，他认为这可以理解为1927年间将有一场大的洪灾。他预计密西西比河谷一带将发生可怕的洪灾，它将摧毁棉花作物，毁坏大片大片肥沃的土地。他写下说这将是史上最严重的洪灾之一。

“以西结书” 32：7 说道：

我将你扑灭的时候，要把天遮蔽，使众星昏暗，以密云遮掩太阳，月亮也不放光。

罗伯特把这理解为 1927 年 6 月将出现两次大的日食。

“以西结书” 33：21 和 33：33 说道：

我们被俘虏之后第 12 年 10 月 5 日，有人从耶路撒冷逃到我这里说：“城已攻破。”

看吧，这事必定应验，到那时候，他们就知道在他们中间有先知了。

罗伯特认为，他已经了解了《圣经》，已经准备好了预测未来，以及提醒人们饥荒、瘟疫和战争的到来。

“以西结书” 35：1 和 35：8 说道：

主耶和华来对我说：“我必使西珥的众山遍地尸首；你的冈陵、山谷、溪流都必有被刀剑所杀的人倒毙于其中。”

“以西结书” 36：1 和 36：34 说道：

人子啊，你要对以色列众山预言说：以色列山哪，要听耶和华的话！

在所有过路之人眼中看来，这地已是荒废之地，但这荒凉之地可以再被耕种。

“以西结书” 37：9、16、17、19 和 22 说道：

主对我说：“人子啊，你要发预言，向风发预言说：‘主耶和华如此说：风啊！你要从四面八方吹过来，吹在这些被杀的人身上，使他们复活。’”

“人子啊，你要取一根木杖，上面写上：‘代表犹大和他的同族以色列子民’；又取一根木杖，上面写上：‘代表约瑟（以法莲）和他的同族以色列子民。’”

“你要使这两根木杖接连为一，在你手中成为一根。”

“然后你（你本国的子民）说：‘主耶和华如此说：我要将约瑟和他的同族以色列子民的木杖，就是在以法莲手中的那根木杖，与犹大的木杖一同接连为一，在我手中成为一根。’”

“我要使他们在以色列山上成为一国，有一个王做他们众民的王；他们不再为两国，决不再分为两国。”

罗伯特把这理解为：大战即将爆发，届时美国将成为统治世界的唯一大国；届时将不再有分开的王国，不再有各个国家，美国将是世界的美国，将是充满自由的自由之邦。

“以西结书”38：19说道：

我在妒恨和怒火之中说：在那一天，以色列地必有大地震。

罗伯特把“妒恨和怒火”理解为将被运用在即将来临的战争中的化学物质和飞机的运用。

“以西结书”39：2说道：

我必调转你，领你往前进，带你从极北之处上来，领你去攻击以色列的众山。

罗伯特把这理解为：战争的最后大决战将发生在美国北部。

“以西结书”39：8和39：9说道：

主耶和华说：看吧！那日子临近了，事情必定应验，这就是我所说过的那一天。

“那时，以色列城的居民必出来，把武器当柴焚烧，包括大小盾牌、弓箭、枪和矛；这些东西多得足够烧7年。”

罗伯特认为，以上39：9中所说的所有东西将可以焚烧7年，意指战争将持续7年或是7天。他还读到了“我将把一年指定为一天，一天指定为一年”这一内容。

“以西结书”39：11、12和14说道：

到那日，我必将以色列一块有名的地方，就是死海东边的亚巴琳平谷，给歌革做坟地；这坟地必将截断过路人的去路，因为那里埋葬了歌革和他的众军。因此，那地必称为哈们歌革谷。

以色列人必将用7个月的时间去埋葬他们，好使得国土洁净。

他们必派人时常巡查遍地，与过路的人一同埋葬那剩在地面上的尸首，好洁净国土。过了7个月，他们还要巡查。

罗伯特认为，所有这些都暗指战争即将来临，届时美国将扮演决胜角色和主角，飞机也将会最大程度的运用。

“以西结书”43：1、2、3、4和10说道：

后来，他领我到了一座门，一座朝东的大门。

看哪！以色列上帝的荣光从东路而来；他的声音如同大水澎湃的声音，大地也因他的荣光而发光。

其状如从前他来灭城的时候我所见的异象。那异象和我在迦巴鲁河边所看见的异象一样；于是我伏地掩面。

耶和华的荣光从朝东的门照入殿中。

人子啊，你要向以色列人描述所看见的圣殿、它的形状和设计，使他们为自己的罪孽感到羞愧。

“以西结书”44：1、4、5 和 26 说道：

然后那人又领我回到圣殿朝东的外门；那门关闭着。

他又带我由北门来到殿前；我一看，只见耶和华的荣光充满着他的圣殿；于是我伏地掩面。

耶和华对我说：“人子啊，我对你所说的耶和华殿中的一切典章法则，你要放在心上，用眼看，用耳听，并要留心谁可以被准许进殿，谁当要被拒绝于圣殿之外。”

祭师洁净之后，还要再等 7 日。

罗伯特认为这指的是空中大战结束时的最后 7 天。

“以西结书”45：25 说道：

从 7 月 15 日开始的 7 天期间，君王要按照逾越节的条例天天献赎罪祭、烧化祭、素祭和橄榄油。

罗伯特认为这指的是 1932 年 7 月 15 日。

“以西结书”46：1、2 和 17 说道：

主耶和华如此说：内院朝东的门，在办理事务的 6 日之内必须关闭着，唯有安息日和月朔必须敞开。

人君要从这门的门廊进入，战争门框旁边。祭司们要为他预备燔祭和平安祭，他要在门槛那里敬拜，然后出去；因而这门不可关闭，直到晚上。

倘若人君将他一部分产业作为恩物赐给他的一个臣仆，那这产业就要归于那臣仆，到自由之年，再归还给人君。至于人君的产业，必须归与他的儿子。

“以西结书”47：5、6、8 和 9 说道：

他又量了 1000 肘，水已经成了一条我蹚不过去的河；因为水势已经高涨，成了可供游泳的水，不能走过去的河。

他对我说：“人子啊！你看见了吗？”然后他带我回到岸边。

然后他对我说："这条河向东流，下到亚拉巴[1]，流入死海。河水流入死海，会使咸水变成淡水。"

那时，这河流过的地方，所有滋生的动物都可以存活。这水流到那里，那里就会有许多鱼；因为这河流到那里，海水就会变淡，一切都可以存活。

"以西结书" 48：14 和 48：15 说道：

这地不可变卖，不可交换，这地上的初熟之物也不可转让给别人，因为它是归耶和华为圣的。

剩下之地，宽 5000 肘，长 25000 肘，要做俗地，供城市、居民和郊野之用，城要建在地的中央。

① 亚拉巴是约旦河边的低地。

第六章　循环原理

罗伯特写信给身在纽约的沃尔特，讲述了他未来的计划，新的发明进行得非常顺利，以及他是如何从《圣经》中知晓了未来。他征询沃尔特的意见，问自己是否可以给沃尔特的父亲写一封信，说明自己根据《圣经》所做出的预测。沃尔特认为，他的父亲向来对罗伯特很有信心，此时是一个恰当的时机。

在根据《圣经》创立了循环理论之后，罗伯特认为自己能够预测市场并且从中获利了。于是他给雇主肯耐渥先生写了一封信。

我敬爱的肯耐渥先生：

我想告诉您，我多么感激您今年的第一天就给我发奖金。尽管我打算好好利用这笔奖金与我所存的其他一点儿资金，但我认为自己有义务告诉您我打算如何使用这笔钱。

多年以来，我一直在夜以继日地研究《圣经》，我相信自己已经从中发现了所有预测的关键——对本国历史中将发生的大事和发明的进展进行预测的各种规则，以及对未来股市和商品期货市场进行预测的各种规则。我一直在读书，也一直在研究商品期货和股票，并且将从《圣经》中领悟到的一些规则运用到了（市场分析当中）。我确信自己能够预测股票市场和商品期货市场即将发生什么，我也非常渴望从中赚到一些钱，这样我就能够去纽约与沃尔特汇合了。在那里，我将有更多的有利条件，学习并试验我脑中已有的一些新发明设想。

根据《圣经》的启示和我所制定出的方法来看，我确信今年春天棉花的价格将走得非常高。我认为，密西西比河沿岸将出现一些严重的洪涝灾害；这个春天将来得较晚，而且雨水较多；届时对棉花的需求将大幅增加，这将有助于刺激价格走得更高。因此，我已经决定用您给我的500美元和我自己存的500美元来买进棉花，一直持有到春天甚至是夏天。我希望您能就我此次的尝试给出建议。

您若能对此给出建议，我将万分感激！

真诚的罗伯特·戈登
德克萨斯州德克萨肯纳
1927年1月15日

大概就在同时，J. H. 肯耐渥先生收到了他的儿子从纽约的来信。

敬爱的父亲：

我刚刚收到了我的好朋友罗伯特写来的一封信。他告诉我，他希望几个月后能到纽约与我汇合；他已经根据《圣经》的启示想出了一些新发现和新发明；他打算做一些投机交易挣一些钱。他问我是否可以告诉您他的一些发现并征询您的意见。我写信告诉他说，我确信您一定会赞同他的想法，并建议他毫无顾忌地把自己的计划告诉您。

父亲，我希望您能为罗伯特提出最好的建议并积极配合，因为我对他很有信心。他很有才华，前程远大。您知道的，他忠诚且正直，同时也是一个努力工作的员工，我不希望看到他离开您的公司。与此同时，我又希望尽快在纽约见到他。

目前我学业进展顺利，希望在两三年内毕业。

代我向母亲和大家问好。

您的儿子沃尔特
纽约市
1927年1月12日

肯耐渥先生收到罗伯特的信时，他向自己的速记员口述了以下回复：

亲爱的罗伯特：

我收到了你十分有趣的来信。我完全相信你的能力，也相信如果有谁能从《圣经》中发现有价值的东西，那个人就应该是你。我曾非常仔细地观察过你的毅力，也对你的忠诚和决心印象非常深刻。你对自己的信心和信任，以及对最伟大的书籍《圣经》的巨大信心令人敬佩。

但是谈到市场投机，罗伯特，我打算就自己的经验给你一些建议。这是一种非常危险的游戏。罗伯特，它或许很有吸引力，但它不是一项事业，而是一种赌博。当然，我知道有一些人把它当作一项事业。绝大多数人一旦介入，就无法控制自己，结果他们赌博，并最终输掉一切。

下面谈谈我自己的一些经验。多年以前，我去了纽约，听从一些朋友的建议和信息，禁不住诱惑买了某只石油股。此事发生在1919年秋天，当时石油股快速上涨。接下来的 10 月份，我的朋友们建议我再次买进。我当时已经有了可观的赢利，于是再次买进。我承认，我当时对石油股甚至其他任何股票一无所知，仅仅是听从朋友的建议而买进。1919 年 11 月，市场彻底崩盘，石油股下跌了 50～100 个点。在市场顶部时，我拥有大额赢利，但是崩跌还未结束，我就已经失去了所有的赢利，而且还亏损了大概 5～6 万美元的本金。

这件事情给了我一个教训。我曾经在木材生意和铁路建设上赚过钱，但我却介入了自己一无所知的领域，遭遇了巨大的损失。我的朋友和经纪人设法说服我继续持有并追加保证金，说最终结果一定会很好，但我接受损失，把这当作是一次经历。如果当时我继续持有这些股票，我将赔掉自己所有的钱，因为这些股票在 1920 年和 1921 年间继续下跌，比我卖出时的价位还低了 50～60 个点。罗伯特，由此你可以看出，这是一次代价多么高昂的经历，而我及时收手又是多么的明智。

我能给你的最好建议，就是在开始之前就停止行动。这样既节省你的时间也节省你的精力，同时也避免赔掉你存起来的那一点点钱。我希望尽可能在各个方面鼓励你、帮助你，我认为我给你这个建议就是在帮助你。

祝你所有的研究都成功！

十分真诚的 J. H. 肯耐渥

罗伯特给肯耐渥先生回信说道：

敬爱的肯耐渥先生：

我从您的来信中获得了巨大的收益，感谢您如慈父般的忠告。我知道您内心深处与我有着相同的兴趣。感谢您告诉我您在投机领域的经验。我知道，如果只是在市场上赌博或是听信他人之言，失败就是必然的结果。我阅读了一些来自纽约的书籍，也阅读了大量关于市场的文献。我认为自己已经了解到投机游戏中存在许多诱惑和陷阱，但如果我能把投机变成一门科学，并且遵循《圣经》中所阐述的各种规则，就一定会成功并获利。

威廉·克鲁克斯先生说过："在进行任何有望拓宽知识大门的研究中半途而废，或是因害怕困难和批评而退缩，都是让他人的责备凌驾于科学之上。"我认为我应该过自己的生活，走自己的路；我必须相信自己，最重要的是我必须坚守因研究《圣经》而渐渐植入内心的信念。我必须既不畏惧困难，也不害怕批评。我必须让我的理论和发现得到验证，而唯一的方法就是跟随我认为正确的思想去行动。

我已经做好了安排，把我的资金寄给了纽约的经纪人，今天已经以13.80美元的价格买进了200包7月棉花。我打算持有这批棉花。如果它如我确信的一样，在春天和夏天上涨，那么随着赢利的增加，我将在上涨过程中买进更多。

我相信《圣经》中所说的“验证每件事，善美的要坚持”。

雅各说过：“我曾在天堂上的文献中看到过，任何事情都会同时降临在你和你的孩子身上。”

我相信星象，相信占星术，我也计算出了自己的命运。《圣经》也清楚表示，（命运）的确受星象的支配。“诗篇”147：4说道：

“他数点星宿的数目，一一给它们起名。”

但丁说过：“顺从你的星宿，最终你将看见一个光辉灿烂的第二天堂。”

拿破仑和许多其他古代的伟大领袖都顺从自己的星宿，并且相信星宿学。

肯耐渥先生，通过反复阅读《圣经》，我获得了大量知识。我常常到隐秘的地方独自祈祷，我的发现也没有与人分享过。我相信这样一种说法：

“在沉默中保持沉默，沉默着完成所有事。”

“但以理”清楚表明，星宿有其影响：

“他改变时候，日期，废王，立王，将智慧赐予智慧人，将知识赐予聪明人。”

“他显明深奥隐秘的事，知道暗中所有的，光明也与他同居。”

我始终遵循所罗门的教诲和告诫，并且意识到了知识是最重要的财富。我曾设法获得知识，也相信我已经从《圣经》中获得了知识，因而我必须运用它。

这里我引用“但以理”的话：“当那些王在位的时候，天上的上帝必建立另一个永不灭亡的王国。这王国绝不会被征服，反而要彻底毁灭所有的帝国而永远存在。”

肯耐渥先生，我相信这个预言还有待实现。我相信美国就是这个永不毁灭的王国，我们最终将看到世界的美国，这个国家是爱和自由之邦，它将英明统治其他所有国家。

这里我引用“但以理”的话：“守望者既然吩咐要留下树根的余干，

就说明在你承认上帝统治全世界以后，你将再度为王。”

我把这理解为行星支配我们的命运。我们按照但以理的方式去理解行星，并证明其中的秘密和隐藏的东西是正确的。

我相信东方的智者们，耶稣基督出世之前，占星家们通过观星象就知道了他将出生在何时何地。“马太福音”2：2说道：

“他们问，那生下来做犹太人的王的在哪里？我们在东方看见了他的星，特来朝拜他。”

这向我表明，智者们认为某些星宿的出现将预示着某个伟大的人物即将出生，他将是世界的救世主。“马太福音”6：6和6：8说道：

“但是当你们祷告的时候，要进你们的内屋，关上门，向在隐秘中的天父祷告。这位天父在隐秘中察看，一定会答允你们的。”

“你们不要跟他们一样；因为在你们祈求以前，你们的天父就已经知道你们所需要的。”

我也曾暗地里祈祷和学习，我相信我会获得回报。我相信我们的天父——宇宙的统治者和缔造者，的确了解我们的需求，并且通过我们能接受的方式赐给了我们聪明才智。

我在阅读“马太福音”6：33时印象非常深刻：

“但是你们要先寻求他的国和他的义，然后他就会把这一切都赐予你们。”

我也曾寻求那样的王国，并且我在《圣经》中所说的地方找到了它：“天国就在你的内心。”《圣经》又说：

“如果你们信任我，你们将做比这更大的事。”

我相信我能，而且也会做一些伟大的事情。

当我还是一个小孩子的时候，经常跪在母亲的膝盖旁，她教会我第一次祈祷。自那之后，我一直相信这本伟大的书籍，也相信上帝的力量将正确地引导我，赐予我理解所有事情的能力。我的父亲从来都不理解我也不认同我，不赞同理解的那些遥遥领先的思想；我的兄长是我最大的敌人，我意识到，是《圣经》让我在这种境况下坚持了下来。

“人的仇敌，就是自己的家人。”

我的父亲和兄长反对我是因为他们不理解我。

我坚信，《圣经》是所有知识的关键，一个人要做的仅仅寻找，并且他一定会找到，然后只要敲门，门就会为他敞开。我认为我最好还是尽快去纽约，远离我的家人，因为《圣经》上说：

“预言家除了在自己的国家和家庭里之外，没有不受人尊敬的。”

《圣经》指出了解读神迹和星象的方法。“马太福音”12：38、12：39和12：40说道：

“当时，有几个经学士和法利赛人对耶稣说：‘老师，我们希望你显个神迹给我们看看。’”

“但耶稣却回答说：‘在这个邪淫的时代，还想看什么神迹呢？除了约拿先知的神迹之外，你们再也看不到别的神迹了。’”

“如约拿曾在大鱼腹中三天三夜，人子也在地的深处三天三夜。”

我非常认真地读完了“约拿书”，我相信我理解救世主所说的“除了约拿的神迹之外，再也没有别的神迹给你们看”是什么意思。

我相信他的话当中有隐藏的含义：人子应当在地的深处三天三夜。我相信理解这句话的人就会如《圣经》中所说的一样，拥有天地之间的一切力量。我相信这句话是解释未来的关键。我确信自己已经发现了它，并且知道如何运用它。

肯耐渥先生，我不想因这封长信而增加您的负担。我非常热衷于研究关于未来循环的理论，如果您对此感兴趣，我将很乐意把它们寄送给您看一看。我已经计算出了未来战争的循环图。我相信小麦的价格预示着战争即将来临。通过对《圣经》的研究，我已经能判定国家、人类和市场的历史中不断出现的大小时间因素。

我相信您会理解我。当我开始进行投机交易时，您不会认为我没有对您的建议心存感激。如果我的新发现能够如我所希望的一样发挥作用，我期待有一天您能与我一起加入到挣钱的操作中去。

非常感谢您所有好心的建议！

真诚的罗伯特·戈登

1927年1月24日

就在同一天晚上，也就是1月24日晚上，罗伯特在纽约的经纪人发来电报，说已经以13.80美元的价格买进了200包7月棉花之后，罗伯特预计他所交的保证金将允许价格下跌到12.80美元。从他的研究来看，他确信7月棉花绝不会下跌到13.25美元。

他坐下来写信说道：

我亲爱的玛丽：

爱是世界上最伟大的东西。爱是最强大的动力，你对我的爱将使我成为世界上最伟大的人。今天我已经踏上了通往名声与财富的路。我们上一次在一起时，我向你讲述了我根据《圣经》做出的关于循环的发现，说我确信自己可以预计股票、棉花和谷物市场的未来走势，还说到我一拿到钱，就将开始投机交易。

你当时劝阻我。最近我就这件事给肯耐渥先生写了一封信，他也劝阻我。他告诉我这是一件多么危险的事情。我希望你不要责备我，因为我已经以 13.80 美元的价格买进了 200 包 7 月棉花，并且缴纳了 1000 美元的保证金。我确信自己会获利，这将是带给我们巨大快乐的途径。如果我能够获利，我就能够完成自己的发明和发现；也可以去纽约，在那里我将拥有各种有利条件；此外我们也可以很快就结婚并实现我们的梦想。

自去年秋天我们和好、我对你和你的爱有了信心以来，我一直满怀雄心，未曾浪费过一分一秒，一直夜以继日地学习。我想向你证明，你对我的信任将不会没有回报。我相信，一直以来，很多人的巨大成功都是因为一个优秀的小女人把一只手放在他们的肩上说："我相信你，我爱你。"我阅读了很多取得了巨大成就的男人的奋斗史。我发现，成功人士的背后都有一个好女人的爱。正是我母亲的爱和你的爱鼓舞着我做出更伟大的事情。我确信，我的努力一定会换来成功。你会在我刚踏上成功之路时给予我美好的祝愿吗？

永远全心全意爱你的罗伯特

我亲爱的罗伯特：

我刚刚收到你甜蜜的来信。不会的，罗伯特，我不会责备你的，因为我相信你。我知道你正在做你认为正确的事情，不管别人怎么想。我更加爱你了，因为你对自己有信心，最重要的是，你对《圣经》有信心。罗伯特，我希望你了解，即使赔掉了钱，即使事情不顺，你变得失望，我也绝不会停止爱你。我对你有着极大的信心，我期待有一天可以把你带到我父亲的面前，向他表明我的信任没有放错地方，你已经证明了我的信任和希望。

罗伯特，即使你一分钱也挣不到，我也爱你，而且会永远爱你。对我来说，重要的不是金钱；但对我的父母来说，金钱却很重要。我希望你向他们证明，没有任何人的帮助，你也可以挣到和我父亲一样多的钱。我知道你可以，我将永远爱你，支持你。

挚爱你的玛丽

德克萨斯州谢尔曼

1927 年 1 月 26 日

1月27日，肯耐渥先生写信给罗伯特说道：

我亲爱的罗伯特：

我带着极大的兴趣和理解阅读了你写的信。你是一个有深度的思想家，一个伟大的读者。成功一定会光顾一个解析事物本源的思想家。我将很高兴你能写信告诉我你对未来循环的解释，也将带着极大的兴趣去阅读。

罗伯特，既然你已经采取了行动，开始了投机交易，那么我祝你成功。我佩服你跟随自己的信念行事的勇气和你的自信。尽管你只是有可能成功，我也相信和希望你会成功。

真诚的J. H. 肯耐渥

罗伯特回复说：

我敬爱的肯耐渥先生：

我希望您理解的是，我强烈的挣钱欲望是因为想用金钱做一些有益的事情，并希望在祖国最需要的时候能够提供力所能及的帮助。请您仔细阅读“以西结书”，因为我认为以西结是最伟大的预言家。他完美地描述了我试图制造的飞机，这种飞机将在战争时期大有帮助。我认为以西结清楚地预言了即将来临的空中大战，届时美国将处于巨大的危险当中，最终美国将胜出。因此您就会知道，我的投机并非完全是出于自私的动机，还有帮助他人和我的祖国的目的。

以下的文字表明以西结当时正在预测未来将发生的某件事，正在执行上帝的指示。“以西结书”13：2和13：3说道：

“人子啊，你要说预言攻击那些在以色列说预言的先知，向那些随心所欲说预言的人说：‘你们要听耶和华的话。’”

主耶和华这样说：“那些愚顽的先知有祸了！他们随心所欲，却一无所见。”

“以西结书”14：14、14：16、14：18[①]和14：21说道：

“其中虽有挪亚、但以理、约伯这三人，但他们也只能因自己的义而援救自己的性命，这是主耶和华说的。”

“虽有这三人在其中，但我指着我的永生起誓，他们，连儿女也不能救，只能救自己，那地必将荒芜。这是主耶和华的宣告。”

主耶和华这样说：“我若把战乱、饥荒、猛兽、瘟疫这四大灾难降临

① 本处原文未见有引用14：18的内容。

到耶路撒冷，毁灭所有的人畜，情况岂不更加严重吗?”

“以西结书”17：3 说道：

“说主耶和华如此说，有一大鹰，翅膀大，翎毛长，羽毛丰满，彩色俱备，来到黎巴嫩，将香柏树梢拧去。”

“以西结书”21：30 说道：

“你收刀入鞘吧！在你受造之处、生长之地，我必刑罚你。”

由此我认为，将有更多的饥荒、地震、瘟疫和战争出现，而猛兽则指的是飞机。如果从我们出生时的日期和地点开始计算，我认为可以确定一个人的未来将是什么样子。这样就能够根据因果关系这一上帝的神律来生活。

我说我认为以西结是最伟大的预言家，这点可以在“以西结书”28：3中找到依据：

“看，你比但以理更有智慧，任何秘密的事都瞒不过你!”

但以理是有名的伟大的预言家和占星家。在他的预言书当中，他预言世界上即将发生战争、瘟疫和饥荒。通过仔细研究周期的重复，我们可以确定未来发生重大事件的时间。

我将随信附上一篇我写的关于未来循环的文章，该文章也涉及到了交通工具的周期。

感谢您对我的研究感兴趣！

真诚的罗伯特·戈登

第七章　未来的周期循环

1927 年 1 月 28 日，正如天文学家所进行的预测一样，我也运用几何学和数学这些永恒不变的法则来进行预测。

我是《圣经》的信仰者。《圣经》是有史以来最伟大的著作，是一本关于科学、哲学和宗教的书籍。我敢断言，只要读者去寻找，就会发现《圣经》中阐述了所有的科学法则。“马太福音”7：7 中这样写道：

“凡祈求的，必有所得；寻找的，必有所见；叩门的，必给他开门。”

我认为，如果坚持不懈地寻找《圣经》中所阐述的各种法则，他就会发现，《圣经》包括了人类所有需要了解未来一切所需要的钥匙。

我的预测以循环理论和数理逻辑为基础。历史会重演，这就是我一直强调的观点——要想了解和预测任何事情的未来，你只需要查看过去发生过什么，并且站在一个正确的基点或是起点上。未来不过是过去的重复，我的这一说法可以在《圣经》当中找到依据。

请读“传道书”1：9：

“已有的事，后必再有；已行的事，后必再行。日光之下，并无新鲜事。”

请再读“现今的事早先就有了”。

这清晰表明，任何事情都会按照过去周期循环运动。在人类的生活当中，国家当中，以及股票市场当中，历史都会重演。

我们都知道，历经数个世纪沉没到了大西洋之下的亚特兰蒂斯大陆，曾经拥有比今天的人类更多的文明。当时亚特兰蒂斯的人们拥有电话、无线电、收音机和飞机。这个叙述当中包含了大量的真相。根据数理逻辑，那些为亚特兰蒂斯带来了舒适和便利的了不起的发明即将再次出现，我们现在正处在另外一个伟大时代的开端。

记住：宇宙万物都处在周期性循环运动当中；这点无论对于抽象的

还是具体的、精神的还是物质的都适用。你的每一个想法都会转一个圈，最终回到你身上。这可能需要很多年，但你最终将得到其结果，好的还是坏的，这取决于你当初想法是好的还是坏的。这正是我们应当掌握的真理，有了这个真理，世界就会变得更加美好。

在对股票市场或是任何未来事件进行预测时，我都会先获得过去的历史记录，并且找出我们正处在哪个循环当中，然后预测出未来的轨迹。未来不过是过去市场运动的重复。伟大的波动法则基于波的相似性原理。什么样的原因导致什么样的结果。无线电报、留声机和收音机都是建立在这一法则之上的。利用准确的数学法则对未来进行预测，唯一的制约因素就是，缺乏正确的并且可以用来预测的历史数据方面的资料。如果你有正确的起点，并且知道即将重复的循环，那么计算未来 100 年或是 1000 年就和计算未来 1 年或是 2 年一样容易。

几年前，不只是公众，即使是研究科学的人也会嘲笑并且不愿意相信这样的事。但是，数理科学，唯一被整个文明世界认可的真正的科学，明白无误地证明了历史会重演，并且表明了循环理论或者说调和分析是我们在探知未来时唯一可以依靠的东西。

一段时间以前，一篇评论亚瑟·埃文斯作品的文章出现在了《纽约美国人》上。亚瑟是最早的英国考古学家，他出版了《弥诺斯宫殿》一书。这是一本关于弥诺陶洛斯古城的书籍。作者描述了在地中海的克里特岛上的挖掘经历。他们在这里发现了现代的公寓大厦、浴缸和紧身胸衣，这些东西与今天人们所使用的一模一样。他们所发现的水管装置极好，以至于几千年后的今天仍然可以使用。他们估计，这座古城是在 5000 多年以前，也就是大致在公元前 3500 年被毁灭的。很长一段时间后，公寓大厦再次流行起来，这一事实再一次证明了历史会重演，也表明了“日光之下没有新鲜事”，我们只不过是在重复过去。

你或许会问：“我如何才能预测未来循环?”要想预测未来循环，最重要的是有一个正确的开始，因为如果我们有了一个正确的开始，就会有一个正确的结尾。如果我们知道结果的起因，我们必定就可以预测未来事件或者说结果。

我总是会寻找原因，一旦确定了原因，我就总是可以确定结果或是我所预测的未来事件。我的目标不是为了解释周期循环的原因。公众还不能接受这一点，即使我解释，他们也很可能不会理解，也不会相信。

在所有的自然法则当中，都有主次、正负和中性之分。因此，在循环当中，也一定有小型循环、中型循环和大型循环，或者说循环中有循环。如同以西结所说的："轮中轮。"

时间是证明所有事情最重要的因素。时间的度量最初起源于，也就是基于地球围绕地轴的自转。最小的循环或者说时间因素之一，就是 4 分钟循环，它是非常活跃的且波动很大的事物经常重复的循环。其原因在于地球每 4 分钟自转 1 度。接下来就是 24 小时循环，也就是地球绕地轴自转一周所需要的时间，也是人类定义一天的循环。接下来重要的是 1 年循环，也就是地球绕太阳公转一周所需要的时间，这产生了一年的四个季节。这些都属于小型循环。

大型循环运行 100 年，甚至 5000 年，期间伴有基于各个小型循环的波动。为了确认世界性的大事件和重要变化，我们必须至少回溯 1000 年以证明这种循环的存在。我们可以在《圣经》中发现 1000 年循环的大量证据。

"人数稀少的要变成千人的大国，最弱的一国也要成为强国。我耶和华必按期迅速成就这些事。"

再有：

"主看一日如千年，千年如一日。"

另外一个证明 1000 年循环存在的证据是：

"他捉住那龙，就是古蛇，又叫魔鬼，也叫撒旦，把他捆绑 1000 年。"

如果追溯 1000 年，我们就会发现大量的证据，证明过去几年历史一直在重演。公元 916～923 年的欧洲所经历的情形与 1000 年之后的 1914～1920 年左右的欧洲所盛行的情形大致相同。对于这里提及的前一个时期，欧洲当时经历了战争、恐慌和作物欠收。历史表明，公元 916 年，大不列颠群岛的农业衰落到了极点，出现了小麦和玉米的极度短缺。由于战争，当时很少有人耕种土地。同样的情形出现在了 1000 年之后的 1916 年和 1917 年，当时我国被迫为饥馑的欧洲人提供食物，同时提供人力和财力去挽救他们的失败。917 年，君士坦丁堡被保加利亚围困，战争持续到了 919 年。我们都知道，1914～1919 年期间，土耳其和整个欧洲战争盛行。923 年，法兰西爆发了内战；1000 年之后的 1923 年，法国再次出现了问题，而且该问题至今存在。

证明1000年和2000年循环存在的另外一个证据是柏林大学的汉斯·德尔布吕克教授在伦敦大学所做的演讲，演讲时间恰好就在1914年世界大战爆发之前。他当时说道：

“在比较历史上不同时代的战争现象时，他最早的发现之一，就是瑞士战胜英勇的查尔斯公爵和希腊战胜波斯这两起战争之间的相似性。这两起战争相隔2000年，但所使用的武器竟完全相同，相互攻击的政治体制也完全相同。”

比较100年前和最近几年所发生的事，我们获得了证明100年循环存在的哪些证据？美国1814～1822年曾发生过作物欠收、战争和黄热病，尤其是在1819～1822年；1821年，亚细亚霍乱光顾了波斯；1823年，地中海沿岸的几个港口爆发了霍乱。100年后的同一时期，美国出现了严重的流感疫情；欧洲、俄罗斯则被饥荒、霍乱和各种各样的疾病光顾，造成了数百万人的死亡。1822年，爱尔兰出现了饥荒；100年之后，他们则在清理各种麻烦并设法与英格兰讲和。1922年，中国和俄罗斯都遭遇了饥荒，这是证明100年循环存在的又一个证据。在回溯100年前的历史时，我们发现了证明该循环的一个更加重要的证据——我们发现，1819年，第一艘汽船穿越了大西洋；100年后的1919年，英国的R－34号飞船成功地从苏格兰飞行到了纽约长岛的米尼奥拉。

我们从《圣经》中的什么地方发现了证明世界大战即将爆发的证据？

《圣经》中明确给出了可以证明我们有可能提前几千年预测战争、饥荒、瘟疫和全球性事件的证据。“启示录”中就预言了世界大战。

我们在《圣经》中发现了哪些证据可以证明战争之后将出现什么样的事件和情形？关于神职人员圣约翰在“启示录”当中所预言的世界大战，《圣经》当中又是怎么说的？

“民要攻打民，国要攻打国；多处必有饥荒、瘟疫和地震。”

《圣经》上又说：

“那些日子的灾难一过去，日头就变黑了，月亮也不放光，众星要从天上坠落，天势都要震动。”

《圣经》上还说：

“上帝耶和华已经让饥荒降临，接着饥荒就将降临地上达7年之久。”

世界大战结束后的7年之内，欧洲出现了严重的作物欠收、罢工、经济萧条和1923～1926年出现的各种灾害。

一些已经验证的长期预测吸引了大众的注意力，这些预测的证据出现在了1922年1月29日的《纽约美国人》杂志上。该杂志上刊登的一篇文章讲述了传教士马拉奇于公元1139年所做的一个关于12世纪的惊人预测。他使用警句和数字的方式，对罗马教皇继承人的特征做了准确的预言。他预言了爱尔兰将不得不经历的长期的战争，以及最终的和平——最近才签署了和平协议。他对未来的罗马教皇人选做的预言是数字266。庇护十一世，意思是“坚定的信念，面对危险时无法撼动的信仰，以及不变的忠诚”。对于那些懂数字的人来说，“266”揭示了新的罗马教皇当选之后将发生的某些引人注目的事件。它表明，战争还未结束，欧洲将出现种种困难情形；事实上，1926～1932年期间，整个世界都必将度过一个非常痛苦的时期。该数字还证实了大小循环的存在，这些循环预示着，1928年和1930～1932年，不光是欧洲，还有美国，都将出现饥荒、萧条的商业环境和恐慌。大的1000年循环将在1932～1934年结束，其最大的坏处就是给美国带来严重的问题。美国的另外一个困难时期将是1940～1944年。

问题在于：如果我们可以了解未来，这对我们有什么价值吗？有句话说得好：“有备无患。”不过我更喜欢从《圣经》当中寻求理由和证据。埃及法老曾经做了一个非常奇妙的梦，于是他去向约瑟寻求解释，约瑟说：

“那随后出现的7头又干瘦又丑陋的母牛指的是7年，那7个被风吹焦的虚空的穗子也指的是7年，都是7个荒年。”

让我们听一听约瑟给出的建议：

“叫他们把将来那些丰收年的所有粮食聚敛起来，积蓄五谷，收存在各城里做食物，归于法老的手下。全国上下的人们都应该收到提醒，为即将来临的不利年份做准备。”

《圣经》是书中之书，是最伟大的书籍。即使我们只研究《圣经》，读懂《圣经》，我们也可以对所有的事情有一定的了解。我认为，对于任何一个懂得科学、数学和循环理论，并且知道即将发生什么的人来说，告诫人们为即将出现的问题做好准备都是一种责任。许多对此持嘲讽拒绝态度的人，最终醒悟时才发现一切都太迟了。只要我们愿意相信，《圣经》中就充满了上帝给我们的提示，据此我们可以知道即将发生什么。上帝说道：

“假冒为善的人哪，你们知道分辨天地的气色，怎么不能分辨时代的征兆呢?”

《圣经》还说道：

“上帝说，天上要有光体，可以分昼夜，做信号，定节令、日子和年岁。”

愿意研究《圣经》，以便解读这些信号、识别未来并据此获利的人太少了。

第八章　交通工具的周期循环

即将出现的交通工具将会是飞机，而且我确信飞机将被运用于接下来的大战中。《圣经》告诉我们，亚当的七世孙以诺——7这个数字通常都被认为是神圣的——在365岁时因其信仰被调往了天堂。这件事情大约发生在公元前3017年。我相信，那时他们已经有了所有的现代发明，以诺就是坐着飞机上去的。《圣经》的作者很可能之前没有见过飞机，因此看见以诺上天时，就认为他是去了天堂。我们现在处于自以诺被调往天堂开始的5000年循环当中，这预示着此时飞机将出现进展。以利亚也于公元前896年在一朵火云当中被调往了天堂。我认为这也是一架飞机。由于看见这战车因某种火或是气体而发光，因此作者认为这就是带以利亚到天堂的工具。

人类首先是在陆地旅行，然后征服水域，最后最伟大的壮举就是征服天空。《圣经》清晰预言了这一点。

1602年，英格兰的纽卡斯尔建成了一条轨道，用马力拉动火车。1776年，第一条铁路铺成，这是通向铁路运营重要的第一步。1801年7月，一条从英格兰的克里登到旺兹沃斯的有轨电车建成。1802年，第一辆蒸汽机车被发明出来。1813年，威廉·赫德利建造了一辆火车头。1824年，第一辆由乔治·斯蒂芬森建造的火车头每小时运行6英里。1829年，火箭牌火车头每小时运行15英里。1834年，宁静号火车头每小时运行20英里。1839年，北极星火车头每小时运行32英里。

在梦想利用飞机旅行之前很多年，人类就已经运用风作为帆船的动力了。用蒸汽做动力航行这个概念是由乔纳森在1713年第一次提出的。到了1783年，费奇提出了蒸汽船的构想。1793年，富尔顿发明了第一艘真正的蒸汽船。1803年8月9日，富尔顿的蒸汽船“克莱尔蒙特”在哈德孙河上进行了第一次航行。1807年，富尔顿在哈德孙河上开发了一条蒸汽船的航线。1819 年 7 月 15 日，第一艘蒸汽船在 26 天之内从纽约航行到了利物浦。1829 年 10 月，第一辆靠蒸汽机驱动的火车在利物浦开始运行。1838 年 6 月，“大西方”蒸汽船在 18 天之内从英国的布里斯托尔航行到了纽约。下一个航海记录是在 1851 年创下的，当时“和平”号蒸汽船在 9 天零 19 小时又 25 分钟之内穿越了大西洋。1917 年，一艘德国潜艇成功地从德国航行到了巴尔的摩。

1877 年，汽车或者说内燃机开始出现，当时奥托发明了第一台内燃机。1879 年，塞尔登发明了第一台汽油发动机。1892 年，杜里埃·查尔斯·埃德加装配了第一辆汽车。注意，这是 500 年周期的循环，在开始修建铁路的第一次尝试之前 100 年，即 1783 年，第一次气球载着乘客飞上了天。

近现代，人类第一次尝试利用飞机或气球征服天空是在 1783 年 6 月，当时约瑟夫和斯蒂芬·孟高尔费建造了第一个气球，但是该气球没有载人。1783 年 11 月，人类第一次乘着气球飞上巴黎的上空。1859 年，约翰·崴斯乘着气球在 20 小时内从圣路易斯飞行到了纽约的汉德森，创造了当时的最远距离的飞行记录。1900 年，齐柏林伯爵驾驶了第一艘飞艇。1903 年 11 月，威尔伯·莱特和奥维尔·莱特驾驶飞机进行了首次飞行。这架飞机起飞依靠的是自身的动力。注意，这是在富尔顿的第一艘蒸汽船在哈德孙河上航行 100 年之后，再一次重复了 100 年循环。1908 年 7 月，格伦·哈蒙德·寇蒂斯试飞了他的第一架飞机。1909 年 7 月，查尔斯 K. 汉密尔顿从纽约飞行到了费城，共 24 英里。注意，在这之前的 100 年，即 1807 年，富尔顿开发了哈德孙河上的第一条蒸汽船的航线。

1914～1918 年，飞机被用于一战当中；100 年前，蒸汽船开始第一次穿越大西洋。1919 年 6 月，第一次（有飞机）从纽芬兰的圣约翰连续飞行到了爱尔兰。1919 年 7 月，R－34 号飞船成功地从苏格兰飞行到了纽约长岛的米尼奥拉。R－34 号飞船这次的飞行时间是 64 小时又 13 分钟。在这之前 100 年，第一艘高速蒸汽船穿越了大西洋。

1923 年 5 月，海军上尉麦克雷迪和凯利从纽约连续飞行到了加利福尼亚的圣地亚哥。1923 年 7 月，日出时从纽约出发，日落时飞行到了旧金山。这次飞行是由拉塞尔 L. 莫恩进行的。1924 年 3 月 17 日至 9 月 28 日，L. H. 史密斯和李伟德第一次绕全球飞行。1926 年 5 月，理查德 E. 伯德利用飞艇绕北极飞行了一圈。1927 年 5 月 21 日，查尔斯 A. 林德伯格第一次成功地穿越了大西洋，从纽约飞行到了巴黎。

注意，飞机是如何在高速蒸汽船穿越了大西洋之后的100年后紧接着就出现的。正如铁路运输和海洋运输在1807～1838年期间快速发展一样，航空运输也正在快速发展。我预测，1938年，飞机就将能以每小时1000英里的速度、载着乘客和货物飞行到世界各地。我对周期循环会在未来重复进行的解释表明，1928～1932年，世上最大的一次战争将会在空中作战。在接下来的几年里，飞机将成功载着乘客在世界各地飞行。

人类已经成功地利用蒸汽、汽油和电力在地球上旅行，汽车解决了非轨道的运输问题。水域先是被天然的独木舟征服，随后是帆船，接下来是高速蒸汽船，然后是人类在水底秘密航行的潜艇。这之后的，也是最后的伟大征服就是天空。由于各国已经在陆地上和水上进行过战斗，也已经利用潜艇在水底成功作战，因此接下来最后的重要一步将是在空中交通系统。预期最大规模的战争将发生在空中是再自然不过的事，届时所有的现代发明都将被用来摧毁人的生命。正如《圣经》中所说，除非时间被缩短，否则没有人可以幸存于世；不过《圣经》也已经断言，时间将被缩短。《圣经》中说道，各国将尝试用这种新的方式来征服彼此，直至建立联合王国。

第九章　良好的开端

作为对上一封信的补充，罗伯特·戈登写道：

敬爱的肯耐渥先生：

我渴望在棉花交易上挣一些钱，也希望可以介入小麦市场，我预计今年春天和夏天小麦市场将迎来大幅上涨。接下来我希望能够买进一些莱特航空股，同时卖空美嘉汽车和其他一些股票。因为我相信，通过买进莱特航空股和卖空美嘉汽车，我可以在接下来的几年里大赚一笔。

正如铁路机车在1834～1839年间大幅提速；大型蒸汽船也缩减了从纽约到欧洲的时间一样，飞机也将在100年之后缩减环绕世界的时间和到世界各地的时间。正如汽车替代了客运列车把乘客运往全国各地一样，空运也将替代铁路运输和汽车运输，因为空运将更加快速和安全得多。我相信，以西结所描述的飞机将是未来的大型飞机的模型。我也希望可以挣足够多的钱，以便自己成为根据《圣经》当中所描述的方案建造第一架飞机的人。

肯耐渥先生，我想要为您做点儿事情以感激您的一片好意。我希望可以帮助您挣回您在1919年秋天的股市大崩跌中赔掉的钱，也相信如果您愿意立即买进一些7月棉花和10月棉花并一直持有，您将挣到一大笔钱。为了表明您对我的信任，您至少要买进100包。大概到了4月5号的时候，我们将获得一笔大赢利，那时我们就可以买进一些小麦和玉米，因为我预计小麦和玉米将在4月初开始上涨，并且会上涨25～30美分每蒲式耳。难道您对我没有足够的信心、对《圣经》没有足够的信心吗？您不相信用几百美元去冒险，就可以挣回您曾经赔掉的所有钱吗？当然，肯耐渥先生，您并不需要这笔钱，但是不管怎么说，看到您挣些钱我会非常开心。

真诚的罗伯特

读完罗伯特的信件和他对周期循环的解释之后，肯耐渥先生回信说道：

我亲爱的罗伯特：

我已经收到了你令人惊奇的来信和你对未来循环的预测。我很惊讶发现了一个这么年轻就掌握了这么多知识的人。这表明你是一个学得很深的学生，你一直在寻找隐藏的秘密。你会获得回报的。

罗伯特，我对《圣经》有信心，对你也有信心。1919 年，我听从了别人的意见，损失了很多钱。现在，我必须对你有足够的信心，为你根据《圣经》所做出的预测而拿一点儿钱去冒险。因此，我今天给我在纽约的经纪人打了电报，以 13.70 美元的价格买进了 500 包 7 月棉花。如果价格上涨，我将继续持有。至于我因此而挣到的钱，我将在你和玛丽结婚时当作结婚礼物送给你们；或者如果你需要这些钱来推动你的发明，我也可以让你把它用于该目的。

请随时让我了解你的研究和新发现。你也可以随时来和我讨论你的事情。我始终对你需要写信告诉我的或是需要当面和我谈论的任何事情都有兴趣。我对你有信心，也相信你对即将来临的大战的看法是正确的。

很明显，欧洲各国正在迅速备战，而且无疑战争中将使用飞机。尽管我不愿意去想美国又将被卷入战争，但是我又意识到，其他所有国家都妒忌我们，因为我们拥有如此庞大的黄金，并且已经发展得如此繁荣。美国现在是世界银行，之前的一战导致其他国家的黄金都流向了我国，使得我们因此而受益。尽管这绝不是我们的错，但他们却心生妒忌，对美国恨之入骨。

因此，你准备建造一架可以用来保卫祖国的大型飞机或许是对的。孩子，这样高尚的意图让我感到骄傲。如果能挤出时间的话，下周日我将开车去农场见见你的母亲。我想跟她谈一谈，把你杰出的成就告诉她。每一个母亲知道自己的孩子正在努力有所作为都会非常高兴。罗伯特，我确信你将达成目标，我会一直支持你。

真诚的 J. H. 肯耐渥

1927 年 2 月 1 日

收到肯耐渥先生的来信之后，罗伯特非常高兴，当然也情不自禁与玛丽分享他的喜悦。

亲爱的玛丽：

这周六晚上我非常高兴，没有什么比跟你在一起更开心的事情。我感觉自己已经获得了巨大的胜利。我把自己的理论告诉了肯耐渥先生，尽我所能地解释了我在《圣经》中对周期循环的各种发现，并且推荐他买进一些棉花，挣回他在 1919 年损失的钱财。他说他对我和《圣经》都有信心，因此他听从了我的建议，以 13.70 美元的价格买进了 500 包 7 月棉花。

尽管自我买进后市场还未大幅上涨，但市场保持稳定，我确信它即将上涨。我相信肯耐渥先生将在棉花上挣到很多钱，我也希望看到他挣到这笔钱，因为他是一个可靠的、热心的人，他曾尽其所能地帮助我。他在 1 月份给我的 500 美元奖金使我能够有足够的保证金去买进棉花。如果我取得了巨大的成功，我会觉得自己欠了他很大一个人情债，因为实际上是他帮助我获得了一笔启动资金。

不要认为我没有对你所做的一切和你对我的信任心存感激，我的小宝贝。我期待着有一天能够让华尔街对我大加赞赏，届时你将站在我的身边。除了希望拥有你和你能给我带来的快乐，没有任何事情可以让我为之努力。金钱并不代表什么，只是用来达成我的目标，帮助我的祖国，以及购买能够使你感到高兴的东西。

爱的确是世界上最伟大的东西，而你则是世界上最伟大的女人。有了你的爱，就没有什么是我做不到的。我晚上睡觉之前想的最后一个人是你，早晨醒来想的第一个人也是你。我始终认为，我所做的一切都是为了你。你那些甜蜜而简短的信总是那么鼓舞人心，你对我的极度信任促使我做出更伟大的事情。

给你我所有的爱，我一直是你爱的！

你亲爱的罗伯特

1927 年 2 月 5 日

我亲爱的罗伯特：

我今天上午收到了你的来信。这是我所有过的最开心的星期一早上。很高兴知道肯耐渥先生支持你的看法。如果我有钱的话，我肯定也会把钱寄给你，让你帮我买进一些棉花。或许几个月之后我就有钱了，因为我现在每周都会从爸爸给我寄的生活费里面存一些。

罗伯特，每天晚上当我跪着祈祷时，我都会祈求上帝赐予你力量和信心。我知道上帝能够帮助你，而且也会帮助你。知道你把我考虑到了你未来所有的规划里，我非常开心。我会设法证明自己值得这样伟大的爱。你是如此的高尚、纯洁、无私；你总是为他人着想，总是考虑自己能够做什么来帮忙在战争时期保卫自己的祖国。

我也像你的母亲一样，希望和祈祷战争可以过去；人类可以停止战争，能够相互了解和理解，在爱的基础之上求同存异。我渴望那一天的到来，也希望没有战争时，我们所爱的人不用再上战场时，我可以站在你的身边。

常给我写信，要知道你拥有一个小女人的心所能给予的全部的爱。

你的玛丽

1927年2月7日星期一

2月份逐渐过去了。棉花表现得十分缓慢和沉闷，但是到了2月23日，它开始上涨并快速上涨。3月2日，7月棉花已经上涨到了14.80美元，此时罗伯特有了1000美元的赢利，肯耐渥先生则有了2500美元的赢利。罗伯特对于自己的进步和肯耐渥先生的赢利感到非常兴奋。他写信告诉玛丽，市场正在如何按照他的预测运行；金钱正在如何不断累积；他将很快就有钱可以开始他的发明和新发现了。玛丽对罗伯特的成功感到非常高兴，并且写了一些鼓舞人心的信。肯耐渥先生也非常高兴，对罗伯特能够于1月份在非常靠近最低价的位置买进棉花表示祝贺。

3月份让罗伯特有一些失望。棉花开始下跌，到该月中旬时已经下跌到了13.75美元左右，这扫光了罗伯特和肯耐渥先生的所有赢利，不过他们的本金还完好无损。罗伯特并没有因此而气馁。他对肯耐渥先生说，4、5月期间，密西西比河谷一定会发生洪涝灾害，春天也会晚到，届时价格一定会上涨。他不打算卖出手中的棉花，同时也力劝肯耐渥先生继续持有，而肯耐渥先生听从了他的建议。

玛丽已经对市场非常感兴趣，正在每天阅读报纸和观察价格。她看到价格下跌到了13.75美元左右，知道此时罗伯特的赢利将被一扫而光。她为他感到非常惋惜，写信对他说：

我亲爱的罗伯特：

我已经好几天没有收到你的来信了。我看到市场下跌到了你进场的位置。不要灰心，我对你很有信心，我相信最终结果一定会很好的，你会挣到很多钱。你为什么不继续持有你的棉花，同时也叫肯耐渥先生继续持有呢？因为我的直觉告诉我，你肯定是对的。

我每周都会从我的生活费当中存起来一些钱。几个星期之前，我写信给爸爸，告诉他我已经额外有了一些钱，问他能不能再给我 300 美元。他立即把钱汇给了我，所以我现在有 400 美元了，我会把这些钱汇给你。我要你替我买进 100 包 7 月棉花。我几天前跟一个来自达拉斯的经纪人交谈时，他说他相信棉花会上涨，虽然暂时可能会上涨得很慢。拿着这些钱，如果你能够让经纪人替我买进 100 包，那就让他替我买进。这是我对你和《圣经》的信任。所以，罗伯特，不要不敢替我买进。我与你一样勇敢。

一如既往地全心全意爱你！

祝你好运！

你的玛丽

1927 年 3 月 15 日

这封信对罗伯特来说是一个巨大的安慰和鼓励。他之前已经开始感觉有点儿沮丧了，因为棉花下跌了。并不是他认为棉花不会再次上涨了，而是他为自己未能获利而感到遗憾。

他收下玛丽的钱，并在 3 月 17 日以 13.90 美元的价格替她买进了 100 包 7 月棉花。在 3 月份剩下的日子里，棉花市场一直很疲弱，但是没有下跌，罗伯特因此大受鼓舞。4 月份，市场仍然很疲弱，但价格保持稳定，并没有下跌，罗伯特因此感觉受到了鼓舞。4 月 20 日，密西西比河谷开始了一场洪涝灾害。春天迟到了，种植也被延迟了。棉花开始上涨，并且是快速上涨，到 4 月 25 日，7 月棉花上涨到了 15.40 美元。此时罗伯特的赢利快速增加，玛丽的 100 包棉花也有了 700 多美元的赢利。肯耐渥先生一直持有棉花，其赢利也在快速增加。他因罗伯特令人惊奇的预测对他表示祝贺，洪涝灾害如他所预测的一样出现了。玛丽当时正在看报纸，因此她给罗伯特发电报说：

你就是一个奇迹！市场正在恢复，我们即将赢利。我永远与你同在！

爱你的玛丽

此时罗伯特开始看到了梦想实现的可能性，认为自己几个月之后就可以辞职去纽约，继续进行投机交易了，以便挣到足够多的钱来建造自己的飞机，并实现自己其他发现的想法。于是他给玛丽写了这封信：

我亲爱的玛丽：

上帝一直对我们很好，命运正在朝我们微笑。棉花正在上涨，未来几周之内将上涨大概17美分每磅，到时我们将挣到很多钱。我今天又买进了100包，肯耐渥先生又买进了500包。很快我就有足够的钱可以去纽约了。等我去时，我希望你跟我一起去，因为我无法在没有你的情况下独自去那里取得成功。我需要你的爱和鼓励，希望你嫁给我，一起出发去纽约。当然，我并不想让你在毕业之前离校，但是我认为你最好跟我一起去。

回信告诉我你的想法。

全心全意爱你的罗伯特

1927年4月30日

玛丽回复道：

我亲爱的罗伯特：

我刚刚收到了你的来信，很高兴知道棉花正朝着对你有利的方向运动。我知道你爱我、信任我，我想让你知道，我也爱你、信任你，所以请试着理解我。尽管我对你有着最大的信心，也知道你会成功，但是我感觉现在嫁给你可能会阻碍你，妨碍你的成功。罗伯特，一旦我成为了你的，你将意识到你最大的希望，可能还包括你的抱负，都可能会消逝。如果你仍然紧紧抓住想要赢得我的希望，你就会为了赢得我而更加努力地奋斗。罗伯特，人们说希望和预期总是大于现实。永远不要停止希望，因为我与你同在。即使我不在你身边，也要像我信任你一样信任我，因为我只爱你。

我要告诉你我几天前做的一个梦。在梦中，我看见你获得了巨大的成功，命运正在朝着你微笑，世界就在你脚下。但我好像看见这之后发生了一个极大的悲剧，好像是我先用某种神秘的方式离开了你，然后又同样神秘地回到了你身边。罗伯特，不要以为我不想跟你一起去，也不要以为我相信梦境，只是不知怎么地，这个梦给我留下了深刻的印象。

当然，你也知道，父亲绝不会同意我退学与你结婚的。即使我们结婚了，我们也不得不私奔。你自己按照计划去纽约，继续致力于你的发明，让我的爱和信任指引你成功，这样不是最好吗？你可以为我的爱而活，你不是总说爱是这个世界上最伟大的东西吗？你拥有我所有的爱，而且会一直拥有。

我可以先继续待在学校。以后如果你感觉沮丧或是没有我不行的时候，记住，我对你的信任和爱将足以使我放弃父母和其他所有事情去找你。罗伯特，我想做我认为对你的将来最好的事情，我希望你能相信我，同意我的看法。我希望你下周日过来看我，这样我们可以讨论一下你未来所有的计划。

永远全心全意地爱你！

你的玛丽

1927 年 5 月 1 日星期日

罗伯特收到玛丽的信时很失望，但他认为，等见到她，跟她讨论了各种事情之后，他就可以让她改变主意，放弃学业，如果有必要的话，还会跟他结婚并和他一起去纽约。他已经听说了，也通过阅读了关于纽约这个大城市的各种诱惑，感觉若是没有玛丽作为他的妻子与他一同前往，他不愿意独自去那里进行投机。尽管他的老同学兼老朋友沃尔特·肯耐渥在纽约可以与他一起努力，也可以为他提供巨大的帮助和安慰，但他感觉玛丽作为他唯一的巨大鼓舞，对于他的成功必不可少，他必须说服她与他一起去纽约。

5 月 1 日，星期天，罗伯特去看望了住在乡下的母亲。他发现肯耐渥先生已经去过家里了，并且还把自己的成功和他对自己的信心告诉了母亲。罗伯特告诉母亲，棉花正在上涨，他正在快速获利，肯耐渥先生也正在获利，母亲听后非常高兴；他还说玛丽对他非常有信心，以至于拿出了自己仅有的 400 美元，买进了 100 包棉花，现在已经获利 1000 美元左右。

罗伯特把自己的计划告诉了母亲，说他希望几个月内去纽约，在那里定居并从事投机交易，以便挣钱后根据以西结的描述来建造自己的大型飞机，为在战争时期报效祖国做准备。了解自己孩子的成功之后，戈登夫人非常高兴。当他开始谈论战争时，她感到很难过。罗伯特向她保证，《圣经》清晰预测了即将发生的空中大战，帮忙保护自己的国家是他的职责。尽管母亲欣赏他的爱国主义精神，但她还是再次提到了自己多年前曾做的一个梦。这个梦是关于即将发生的一次大战的，她以为罗伯特在战争中丧生于旧金山。

她与罗伯特谈论了他的未来，告诉他她希望他成为一名牧师。罗伯特告诉母亲，他可能永远也成不了一名正统的牧师，因为他无法讲道，也无法教授正统的牧师们所教授的东西。他不相信魔鬼的存在，也不相信地狱的存在，只相信有爱和正义的上帝。他不相信上帝会把永恒的惩罚降临到自己的任何一个孩子身上，而是认为一个人播种什么就收获什么，我们会在这个世界上获得应有的回报。

他告诉母亲，《圣经》清楚表示，天堂就在我们心中，而他相信这一点。他相信，如果我们让自己的道德意识保持高尚，并且己所不欲，勿施于人，我们就会在这个世界上找到自己的天堂和获得应有的回报。罗伯特说，时代和环境都在迅速改变；各种新发明和新发现促使人们的想法与过去不同了；老的宗教思想将消失，被更加开明、先进的思想所替代。他希望活着见到人类不仅骄傲得不屑于战斗，而且会因充满了对同胞的爱而不愿意用武力解决争端的那一天。这是上帝的希望，它将通过这种方式来实现。罗伯特相信自己可以成为一股巨大的和平力量，也希望活着见到一个和平的世界，那时所有的国家都团结在一个王国、一个上帝、一个充满爱和正义的上帝之下。

戈登夫人认为，她一直以来对罗伯特有信心是有原因的，她比他的父亲和长兄更加了解他。罗伯特告诉母亲，他希望和玛丽早婚，等他去纽约时，他想要玛丽以妻子的身份与他一同前去。母亲不赞同私奔。她希望他正确行事，以一种值得尊敬的方式采取行动，首先请求斯坦顿同意他与玛丽的婚事；但是她又觉得此时斯坦顿先生不会同意此事，因为他希望玛丽完成自己的学业，而这是正确而合理的。母亲问他，是否最好继续在肯耐渥先生那里工作几年取得一定的成就之后，再去纽约这个可能失败的陌生城市。罗伯特下定决心要去纽约。他渴望成功，也知道自己会成功，因为他阅读了《圣经》，了解了如何取得成功。

5 月 7 日结束那一周，是罗伯特·戈登有生以来最美好的一周。棉花快速上涨了大约 4 美元每包，截至 5 月 7 日，罗伯特的赢利大约是 2500 美元。罗伯特替玛丽买进的 100 包也有了 1000 多美元的赢利，肯耐渥先生此时则有了大约 7000 美元的赢利。

5 月 7 日，星期六的早上，肯耐渥先生把罗伯特叫进了他的私人办公室，问他是否知道棉花当天早上的表现。罗伯特说他还没听说价格是多少。肯耐渥先生告诉他，此时 7 月棉花的价格大概是 16 美分每磅；尽管他有了不错的赢利，但钱不是他所看重的，而是罗伯特在市场上是正确的这一事实让他自己对他的信心很欣慰，并且再次鼓励了他。

罗伯特向肯耐渥先生透露，他非常渴望尽快去纽约。他一直在阅读关于有人计划驾驶飞机从纽约飞越大西洋的信息；他希望在 1927 年 6 月他的生日之前到达纽约，因为他估计到那时，飞机将成功飞越大西洋了，届时纽约将处于极度兴奋当中。他想在那里竭尽所能地收集关于飞机的信息，因为他希望一有足够的钱就开始建造自己的飞机，并且也认为自己做得到。他就自己短时间内辞职去纽约一事询问了肯耐渥先生的看法。肯耐渥先生对他说，失去他的帮助，他将感到非常遗憾，但他对罗伯特对《圣经》的研究和他认为自己能够做的有着极大的信心；如果他想这么做，他不但会放他走，还会在经济上帮助他。罗伯特吐露了自己想要带上玛丽一起的愿望。肯耐渥先生不完全赞成这一点，但是告诉他，这是他必须自己解决的问题。如果玛丽对他采取这一步有足够的信心，那么他确信这个愿望将得到很好的实现。另外，如果罗伯特想回来工作，任何时候都可以回到原来的岗位工作，而且到了纽约，他也将尽其所能地为他提供帮助。

在与肯耐渥先生讨论之后，罗伯特给玛丽发了一封电报：

期待周日与你在一起，搭今天下午的火车过去。

罗伯特在星期六晚上到达了德克萨斯州谢尔曼，玛丽去了火车站接他。她对罗伯特的成功感到高兴万分。他们一起度过了星期六晚上和星期天。这似乎是他们生命当中最快乐的日子。罗伯特谈论了他的计划，玛丽对他的未来表现出极大的热情。他告诉她，如果市场如他所预期的一样运行，他就打算在不久的将来交易小麦和玉米；他希望在 6 月初之前去纽约，因为他对从纽约穿越大西洋到达巴黎的飞行非常感兴趣，对开始他的研究和发明也充满了热情。玛丽愿意把自己所挣到的所有钱都给他，为他提供帮助。但他却告诉玛丽，他只想要她和她的爱，他想要她跟他一起去纽约。

她知道父亲绝不会同意他们的婚事，唯一的办法就是私奔。尽管她认为最好还是完成自己的学业，之后再与他在纽约汇合，但她却说如果他坚持，她就跟他一起去。5 月 8 号，星期天下午，罗伯特动身回到了德克萨肯纳。玛丽承诺如果他决定几周之内去纽约，他们就私奔，然后一到达圣路易斯就在那里结婚。罗伯特身上带着《圣经》，在星期天晚上回家的路上，花了几个小时阅读《圣经》，重温了一下以西结所做的预测和以西结所概述的飞机轮廓。罗伯特期望自己能在不久的将来建造一架这样的飞机。

接下来的10天当中，棉花表现缓慢，并且回调了40～50个点。但是这完全没有使罗伯特气馁，因为他确信5月下旬和6月初将出现一轮大幅上涨。

5月19日，7月棉花再次上涨到了16美分左右的水平。罗伯特感觉现在是开始买进小麦和玉米的时候了。他给身在纽约的经纪人发电报，要求买进1万（蒲式耳）的7月小麦和1万（蒲式耳）的7月玉米，同时把他设置在棉花上的止损单上移，此外在小麦和玉米上也设置了止损单以保护自己和经纪人。随后经纪人发来电报说，他已经以1.38美元的价格买进了1万蒲式耳的7月小麦，以92美分的价格买进了1万蒲式耳的7月玉米。5月20日，罗伯特以92美分的价格为玛丽的账户买进了1万蒲式耳的7月玉米。他告诉肯耐渥先生，他预计小麦和玉米即将出现一轮大的上涨，因此建议他买进一些，肯耐渥先生照做了。

第十章 私 奔

5 月 21 日是罗伯特·戈登生命当中一个值得纪念的日子。当天小麦、玉米和棉花全都上涨到了这个季度的最高水平。罗伯特在报纸上阅读了关于查尔斯 A. 林德伯格已经开始了从纽约到巴黎的独自飞行的报道。下午，他去到电报局，询问有没有关于林德伯格飞行成功的消息。接线员说还没有消息通过电报传来，但已经有报道说林德伯格在当天一大早就越过了爱尔兰。罗伯特一直在电报局等到了下午 5 点左右，此时一则短讯通过电报传来，说林德伯格已经在巴黎着陆。这点燃了罗伯特的激情，他非常兴奋。他当场就决定尽快去纽约，并开始按照自己的计划建造飞机。随后他立即去了肯耐渥先生的家中，把自己的计划和尽快去纽约的愿望告诉了肯耐渥先生。

肯耐渥先生也对林德伯格飞越大西洋一事充满了热情。他告诉罗伯特，他计划去纽约，在那里迎接林德伯格返回，此外他也想去看看沃尔特，至少看看他最近怎么样。于是，罗伯特向肯耐渥先生递交了 1927 年 5 月 31 日生效的辞呈。肯耐渥先生表示理解，也获得了罗伯特的许诺，答应如果在纽约遇到了什么问题，赔了钱，或是遭遇了挫折，他将立即回去担任他原来的职位。罗伯特对肯耐渥先生的好意表示感谢，并且告诉肯耐渥先生，他将随时去拜访他，但他感觉自己永远也不必回去再次担任这个职位。考虑到他在《圣经》中对周期循环的发现，他能够在市场当中挣到钱，但他的目标不单单是为一己之私而挣钱，而是为了用钱去帮助他人，以及在即将发生的空中大战中保护祖国。

5 月 22 日，星期天，罗伯特给玛丽写信说道：

我最最亲爱的玛丽：

过去一周对我们来说是很重要的一周，而 21 日，即昨天，是史上最重大的一天。林德伯格，这个独一无二的飞行员，穿越了大西洋并在巴黎安全着陆。小麦、玉米和棉花上涨，我们挣到了更多的钱。赢利正在快速累积，我很快就会有很多钱来建造我的飞机。

昨天下午收到了关于林德伯格飞行的消息之后，我与肯耐渥先生进行了一次长谈，我辞去了工作，5月31日正式离职。我希望在6月初的某个时候去纽约，当然我希望你作为我的妻子与我一起去。有了我们现在在市场中所挣到的钱，我们完全可以在纽约过得很好，而且我确信自己将挣到更多得多的钱。

棉花将在6月初快速上涨，小麦也将在5月下旬和6月初涨得非常高。届时我将卖出兑现一部分赢利，以便我们能够以良好的状态开始。我下周日会去看你，与你讨论一下这件事情，并商量出最好的计划。

到目前为止，你的爱和信任一直支撑着我，帮助成就了现在这样成功的我。有了这样的爱，就没有我无法企及的高度。

此时我比以往任何时候都更加爱你，你就是我的所有、我的一切。

钟爱你的罗伯特

在5月28日结束那一周，罗伯特非常密切地关注着市场，因为他预计小麦和玉米将在5月28日至6月1日左右到达顶部。他打算全部卖出兑现赢利，以便可以去纽约。棉花在那一周上涨到了最高水平，7月棉花在周六上涨到了16.40美元。此时罗伯特在棉花上有了3000多美元的赢利。于是，他在5月28日以1.50美元的价格卖出了全部的7月小麦，以1.03美元的价格卖出了玉米，总共获利大约2300美元。这些赢利加上他在股票上的赢利一共大约是6000美元。此外，他也把玛丽的玉米以1.03美元的价格全部卖出了，获得了大约1000美元的赢利。玛丽在棉花上也有了大约1200美元的赢利，不过，她仍然持有棉花，因为罗伯特相信棉花将走得更高。此时玛丽的赢利总共大约是2300美元。

罗伯特打算星期六下午去德克萨斯州谢尔曼，而由于星期一是阵亡将士纪念日[①]，因此他要等到周一晚上才返回。离开之前他与肯耐渥先生谈论了一番，肯耐渥先生告诉罗伯特，他一直在上涨过程中一路买进玉米和棉花；他此时已经有了大约25000美元的赢利，这全部都要归功于罗伯特的建议。

罗伯特说他要去看玛丽，同时吐露他打算设法让她跟他一起私奔到纽约。肯耐渥先生对罗伯特说道，他打算把10000美元，也就是自己不

① 美国人传统上在每年5月的最后一个星期一举行各种纪念活动，向为国捐躯的军人表达哀思和敬意。

到一半的赢利送给他们做结婚礼物，罗伯特可以把这个好消息带给玛丽。他打算继续持有棉花，直到罗伯特认为该卖出的时候。

5 月 28 日下午，罗伯特搭乘火车去了德克萨斯州谢尔曼，心情比以前任何时候都轻松。由于他的梦想真的就要实现了，他的心情从未如此愉快。他计算了一下，他挣到的钱，加上玛丽的钱，再加上肯耐渥先生将给他们的那 10000 美元，他一共将有大约 18000 美元，这使他有了继续在市场中进行投机交易的本金，也有了实施他的大型飞机计划的资金。

那个星期六下午，随着火车经过德州平原，罗伯特看着大草原的太阳，梦想着自己像林德伯格一样驾着自己的大型飞机飞过这个国家的那一天。除了林德伯格的伟大飞行和这次飞行对世界的意义，他别的什么都不想。他意识到，以西结关于即将来临的空中大战的预言就要实现了，以西结所描述的大型飞机，即有着轮中轮的鹰将来一定会成为现实。他此时就能看到梦想实现的可能性，他确信自己一定会成功。

玛丽张开双臂热烈地迎接了他。她为他感到非常的骄傲，为他在市场上所取得的成功感到十分高兴。他是如此体贴地替她买进了棉花和玉米，以及在获利 1100 美元的情况下替她卖出了玉米。她对罗伯特说，他是一个奇迹；他是这个世界上最优秀的年轻人之一，是一个天才；等他与林德伯格年龄一样大时，他将成为一个比林德伯格更伟大的人。

罗伯特说，6 月 9 日，他就 21 岁了，他想在那一天结婚，并以一个真正的男人的身份开始自己的事业。他打算在假期之后回德克萨肯纳去处理完自己的事情，并为去纽约做准备。他希望她与他一起去，他们可以 6 月 4 日星期六出发，这样他们 6 月 5 日星期天就能到达圣路易斯，在那里结婚，然后立即继续前往纽约。罗伯特询问了玛丽的想法，问她是否打算去她父亲那里告诉他他现在已经成功了，已经有足够的金钱可以开始了，同时就他们的婚事请求他的同意。玛丽说，这样没有用；她的父亲绝不会同意她退学结婚，不管她即将嫁的这个男人有多少钱可以用来照顾她。她的父亲一心想让她完成学业，她知道此事毫无希望，跟她的父亲谈论这件事是没有用的。

她问罗伯特，他是不是不认为她最好应该继续在学校待一两年以完成自己的学业，然后再与他在纽约汇合并结婚。她认为，暂时没有她，他可能会进步得更快。但是罗伯特听不进去，说他绝不在没有她陪同的情况下去纽约。他未来的快乐和成功都取决于她的爱和鼓励。

到目前为止，她的爱可靠地指引着他，而且还将引导他做出更伟大的事情。他曾梦想着自己晚上下班或是学习后回到家，看见她在那里，看见她美丽的眼睛，这是指引他成功的光亮。她可以使他成为这个世界上最幸福的男人，抑或是最悲惨的男人。他的整个未来和命运都掌握在她的手中，她可以随心所欲地对待他。玛丽允诺一定会遵守她很久以前向他许下的承诺，也就是不管贫贱富裕，她都将离开她的父母和兄弟姐妹，与他一起去到任何地方，哪怕是世界的尽头；如果他坚持，她就与他私奔，因为她知道她的父亲不会同意他们的婚事，私奔是唯一的办法。

5 月 29 日，星期天，罗伯特和玛丽去了德州的达拉斯。他们在为私奔做准备时就已经计划好，玛丽将在 6 月 4 日下午从达拉斯乘坐“阳光特别号”列车离开。她要对自己的计划绝对保密，罗伯特则将在当天晚上在德克萨肯纳乘坐同一辆火车，待火车驶出德克萨肯纳之后，他就去找她，接着一起去圣路易斯，然后星期天上午在那里结婚，星期天中午动身去纽约。罗伯特开心至极，一直谈论着他们即将取得的成功、他即将建造的大型飞机，以及该飞机将在他确定即将发生的空中大战中保护国家时所扮演的角色。届时其他国家将出于妒忌而从空中袭击美国，并对全国造成巨大损害。他告诉玛丽，最终美国将胜出，星条旗将庄严地飘在纽约各大建筑的上空，他们将活着见到这一天；他希望他的大型“航天器”帮助他的国家赢得胜利时，她会陪在他的身边。沃尔特·肯耐渥当时也在纽约，他们打算一起致力于发明和发现，这些将有助于在罗伯特知道一定会发生的战争中获胜。

这是他们一起度过的最有趣最愉快的星期天。他们驾着车在达拉斯四处转悠，谈论着他们未来的计划。星期天下午，他们回到了谢尔曼。星期一上午，罗伯特也与玛丽一起度过。他们去了墓地，在保卫国家时失去生命的士兵们墓前放了一些花。

罗伯特谈到了林德伯格的伟大壮举和他将从世界获得的荣誉。他告诉玛丽他们将度过一个多么美好的时光，因为肯耐渥先生打算去纽约，等到林德伯格回国时，他们全都将出现在盛大的欢迎会上。星期一下午，他与玛丽告别，动身返回德克萨肯纳。他知道下次见她将是在开往圣路易斯的火车上，而在圣路易斯，她将成为他的妻子。

从这一刻起，罗伯特就一分一秒地数着时间，期待着下周日他们在圣路易斯结婚时的巨大幸福。他被圣路易斯强烈地吸引，因为林德伯格就是驾着“圣路易斯之魂”从那里离开，开始自己的飞行壮举的。他认为在圣路易斯结婚并从那里启程去纽约度蜜月将会带来好运。

5 月 31 日，星期二早上，罗伯特一早就出发去了肯耐渥先生的公司，因为这将是他在这个公司里的最后一天，他希望处理完所有必需处理的事务，并且在离开之前为肯耐渥先生提供他所能提供的一切帮助。他向肯耐渥先生透露了他与玛丽之间的私奔计划。肯耐渥先生告诉罗伯特，他将在 6 月 11 日左右去纽约，因此很抱歉不能与玛丽和罗伯特一起去，也不能看到他们在圣路易斯结婚。不过他又对罗伯特说道："那是两个年轻人希望独处的时候，恐怕旅途当中有我陪伴不太好。所以，这样是最好了，没有我你们会相处得更愉快。"

罗伯特告诉肯耐渥先生，根据他的循环理论，他预计应当在 6 月 1 日或 2 日左右全部卖出棉花，届时将出现一轮回调。此外他还预计，此时也应当卖出小麦和玉米以等待回调了。

6 月 1 日，罗伯特以 16.80 美元的价格将他的 7 月棉花全部卖出，同时也将玛丽的棉花全部卖出。此时罗伯特的赢利和本金加起来一共是 7000 美元。罗伯特于 6 月 1 日以 1.48 美元的价格卖空了 2.5 万蒲式耳的 7 月小麦，以 1.06 美元的价格卖空了 2.5 万蒲式耳的 7 月玉米。那一周他都会到经纪人公司去关注市场，因为他知道接下来的几天对他来说是十分重要并且焦虑的日子。他心里想着自己出发去纽约并娶玛丽为妻那一天的每一分每一秒。这将是他一生当中最好的开端，因为他即将有很多的钱，并且在一切顺利的情况下开始。他知道成功是必然的，成功从未如此有希望。

6 月 4 日，星期六，他以 1.43 美元的价格平掉了在 7 月小麦上的空头合约，以 1.02 美元的价格平掉了在玉米上的空头合约。此时他已经在小麦上获利超过 2000 美元，这使他的本金增加到了 9000 美元。肯耐渥先生也采纳了罗伯特的建议，于 6 月 1 日卖出所有棉花之后卖空了小麦和玉米。棉花正如罗伯特所预计的一样，自 6 月 1 日便开始下跌。星期六早上，他告诉肯耐渥先生，他打算回补小麦和玉米进行平仓操作，因为他准备当天下午离开，并且在到达纽约之前都不会再做任何交易。他将把所有的交易变现，为蜜月之后有一个新的开始做准备。

听从了罗伯特的建议，肯耐渥先生重仓卖空了小麦和玉米，获利超过了 50000 美元。至此他挣回了在 1919 年石油股的暴跌中所损失的全部资金，并因此非常感激罗伯特。他递给罗伯特一张 10000 美元的在纽约可兑换的汇票作为结婚礼物。他对罗伯特说，有任何其他需要帮助的都可以去找他，同时他也希望为罗伯特的飞机建造或其他任何用途提供资金支持。罗伯特向他保证，他不会再需要其他帮助了；他想要多少钱就可以挣到多少钱，他一定会成功。

罗伯特告诉肯耐渥先生，他用玛丽开始时区区 400 美元的本金为她挣到了 4000 多美元，肯耐渥先生对此感到非常高兴，这是他第一次听说玛丽拿出了 400 美元来买进棉花。他告诉罗伯特，她是一个值得娶的女人，她信任他，并且用自己的资金和其他的一切支持他。他相信这是一种正确的爱——成功一定会接踵而至。当天下午罗伯特非常高兴，于是他给玛丽打了长途电话，把自己在小麦市场上的巨大成功和肯耐渥先生已经挣了多少钱告诉了她；还说他们此时已经有了大约 25000 美元的交易本金，有了这笔钱，他在纽约只需要几年就可以成为一名百万富翁。不过，最主要的并不是钱，而是这笔钱的用处——他想用它来完成自己的发明。玛丽非常开心，说她正在为去达拉斯做安排，将在当天下午乘坐“阳光特别号”列车离开，火车驶出德克萨肯纳之后，他就可以在火车上找到她；还说他应该对一切保密，不能让任何人知道关于这些私奔的任何消息，因为她的父亲可能会设法阻止她。在德克萨肯纳，除了罗伯特的母亲和肯耐渥先生，没有人知道这次秘密的私奔。罗伯特完全没有透露他从肯耐渥先生的公司辞职和去纽约的事，因为他担心可能会在某个环节有所泄露，斯坦顿先生可能会发现并阻止玛丽私奔。

第十一章　失　踪

1927年6月4日下午7点，罗伯特走进了德克萨肯纳火车站，买了一张前往圣路易斯的车票，在“阳光特别号”列车上预留了座位。这是他生命当中最重要最开心的时刻。他知道玛丽已经在路上了，几个小时之后火车就将到达，他将搭火车去圣路易斯。在那里，他将娶她为妻。买票之后，他去了哈金丝酒店，与肯耐渥先生进行了最后的谈话和告别。他告诉肯耐渥先生，他预计星期一早上将是趁小幅回调买进棉花的时机，也是再次买进小麦的时机。肯耐渥先生向他保证，他将把自己的赢利全部投入，这样即使是赔了，也只是赔了赢利而已；他将在去纽约之前介入市场并设法挣到更多钱。罗伯特则说他打算在圣路易斯给他的经纪人发电报，要求他在星期一早上替他买进棉花和小麦。

与罗伯特告别时，肯耐渥先生献上了一切美好的祝愿，祝愿他成功，说他确信罗伯特会成功，但是如果出现了失败和挫折，罗伯特应当始终记住还可以依靠他；一个年轻人在达到目标之前，经常会遇到问题和挫折并且犯下许多错误，如果在市场上出了什么问题，罗伯特始终可以去他那里寻求帮助，只要他能够做到，他都很乐意为他提供帮助。他关心罗伯特与关心自己的儿子沃尔特一样，希望他们在纽约一起努力，他确信他们将取得巨大的成功。他希望罗伯特鼓励沃尔特继续他在化学领域的各项研究，因为他相信沃尔特将能够在这一领域做出一些伟大的发现，他们一起努力将有很大的优势。

6月4日星期六晚上，“阳光特别号”列车晚点了一小会儿，罗伯特的心都跳到了嗓子眼儿。他急切地盼望着列车到来。终于，汽笛响了，德州太平洋集团火车站的信号灯显示，“阳光特别号”列车正在驶入，列车车头灯那刺眼的光是罗伯特有生以来所目睹过的最美风景。他以最快的速度登上火车，坐下后紧张而焦急地等待着火车驶出德克萨肯纳大约

20英里之后，他就可以回去寻找玛丽。

时间过得很慢，好像过了好多年火车才越过了红河。罗伯特决定还是回到玛丽所在的车厢去见她比较安全。他发现玛丽也正非常焦急而紧张地等着他的到来。她猛扑进他的怀里，看起来像是世界上最幸福的女人，罗伯特也高兴得不知道说什么。他们坐下来，谈论着他们未来的计划一直到午夜后。

玛丽告诉罗伯特，她知道如果她的父亲发现她要私奔，将千方百计地阻止她以及他们的婚姻，因为她还未成年，并且父亲希望她完成学业。罗伯特问她是否对目前所走的路有一丝后悔。她对罗伯特说，她不后悔，如果她后悔了，就绝不会出发。她认为，罗伯特能够如此迅速地挣到钱实在是太好了，她十分高兴罗伯特一直坚守《圣经》并且十分努力地学习，现在该是他的信念和努力获得回报的时候了。她表明对他和他打算从事的工作绝对有信心。罗伯特希望他们到达圣路易斯时会是一个阳光明媚的星期天早晨，这样他们就可以在那里结婚，然后继续出发去纽约。

玛丽看起来对到达圣路易斯充满了憧憬。罗伯特为她准备了一个小小的惊喜，她让罗伯特告诉她是什么惊喜，但罗伯特却说必须等他们到达圣路易斯再说。“罗伯特，你就假设火车即将出事，我即将死去，或是即将发生其他什么事，导致我再也见不到你，这样你也不认为最好现在就把这个惊喜告诉我吗?”罗伯特说：“不会的，不会出现什么事的。好运正跟随着我们，等到明天早上我再把这个惊喜告诉你。”玛丽说道：“罗伯特，我可能无法入睡。我想在经历了所有这些兴奋和幸福，以及未来的前景后，我无论如何也睡不着。”罗伯特清楚他自己也无法入睡，但他还是要回到自己的车厢躺下，尽量在第二天早晨到达圣路易斯之前休息一下。他们同意第二天一早再见，然后在到达圣路易斯之前先去餐车吃早餐。

罗伯特回到他的铺位试图休息，但却发现自己无法入睡。他回想玛丽所说的“假设火车出事，或者发生了什么其他事，导致你再也无法见到我”。他实在想不出有什么事能够把他和玛丽分开，但正如玛丽所说，或许有可能会发生什么事。与玛丽分开之后，他感到寂寞。她就在后面两节车厢，但他却感觉赋予了他信心的善良上帝将保护玛丽，她不会受到什么伤害；“阳光特别号”列车上没有出事故的风险，灿烂的阳光正在等待着他和玛丽。在凌晨的几个小时中，罗伯特有了睡意，美美地睡了几个小时。早上他早早地就起床穿好了衣服。大约 8 点钟的时候，他匆匆回到玛丽所在的车厢带她去吃早餐。当他到达她的铺位时却发现没有人。他往回走到餐车去找玛丽，但在那里也没有找到她，然后他一直走到了火车的尽头，仍然没能发现玛丽。卧铺车上的列车员告诉他，早上就没有见到她，他最后一次见到她就是前一天深夜罗伯特在她的铺位上跟她说话的时候。接下来罗伯特再次从火车的这头寻找到了那头，开始变得心神不宁，非常担心玛丽。他再次回到她所在的车厢，让列车员帮忙找一下她的行李，找遍整节车厢之后，发现行李也不见了。这时罗伯特几乎发狂了，无法想象她发生了什么事，因为她的行李也不见了。列车员向他保证，当天晚上该火车没有发生什么持枪抢劫，也没有什么不寻常的事情发生。他一整晚都醒着，在不同的站点协助人们上下火车，但他一直没有见到玛丽的影子。随后他们通知了列车长，也告诉了卧铺车厢的管理员。他们都从火车的这头搜寻到了那头，仍然没有发现玛丽。

罗伯特没有告诉列车长和卧铺车厢管理员，他们打算当天上午在圣路易斯结婚。列车长对他说，从某些方面来看，很显然是她自己在夜间离开了，因为她的行李不见了。罗伯特此时几乎崩溃了。他想象了各种可能发生在玛丽身上的事情。他想象她可能在夜间精神错乱了，于是把自己的行李扔出了窗外，随后自己也跳了出去。他想象可能是她的父亲用某种方法发现了她的计划，于是找了某个警官或是其他某个人潜藏在火车上，然后在途中的某个站点把她带下了车。然而，不管他如何认为和想象，都无法让自己放松下来，因为他不知道玛丽在哪里。他未来所有的快乐都在一瞬间被摧毁了。

待搜寻结束的时候，火车也快到圣路易斯了。罗伯特开始思考为了试着找到玛丽，自己所有可以和必须做的事情。他所想到的第一件事就是给肯耐渥先生发电报，请他帮忙寻找玛丽，并查明她的父亲或母亲是否知道发生了什么事。列车长和卧铺车厢管理员试图让罗伯特振作起来，并且让他相信玛丽没有发生什么严重的事情，她肯定是因为某个不为人知的原因，在任何人都不知道的情况下，夜间在某个站点下了火车，因为他们确定她不可能在没有人知道的情况下跳出窗外或是掉出窗外，他们认为没什么可担心的。罗伯特已经决定要给肯耐渥先生发电报，以及尽一切可能找到她。他把手伸进口袋里拿出一支笔，同时拿出一个皮夹。他的口袋里有一个署名给他的信封，是玛丽的字迹。他不知道信封是从哪里来的，也不知道它是怎么进入他的口袋的，但他匆忙撕开信封，读到了以下内容。

最亲爱的罗伯特：

如果你信任我，我会回到你身边。爱总是会充满信任、理解和等待的。时间证明一切。你会得到你想要的一切。我将在我最有意义以及你最需要爱的时候去找你。

永远爱你的玛丽

1927年6月5日凌晨3点

罗伯特读完这张小纸条上的内容时，泪水不断滑下他的脸颊。他发狂了。他知道这封神秘信件是玛丽亲手写的，而且一定是在火车上写的，她为了某个他不知道的理由离开了他。读到这封信时，他立即想到了他对她的巨大信任、他对上帝的信任和他们的未来。他在想这句话可能意味着什么："如果你信任我，我会回到你身边。爱总是会充满信任、理解和等待。"罗伯特在想："我如何能够理解？我如何能够等待？就在几个小时前我离开她时还是那么地开心，期待着几个小时之后就要在圣路易斯结婚了，然后就要去纽约一起度过我们未来的日子了。她所说的'时间证明一切'究竟是什么意思。"时间已经证明了他对她的爱和信任。她曾对他有信心，曾鼓励他；曾拿出自己所存的400美元，不是为了给自己挣钱，而是为了尽力帮助他。她对他说，她不想要这笔钱，只想让他把它用在任何可以帮助到他的地方。然后他思考她下一句所说的："你将得到你想要的一切。"他想："我的天哪，我真正想得到的只有一样东西，这个世界上对我有意义的就只有一样东西，那就是我的玛丽以及我要在哪里找到她。"罗伯特反复阅读了下一句："我将在我最有意义以及你最需要爱的时候去找你。"

他几乎要大声喊叫了："我的天哪！我的天哪！现在就是我最需要她的时候。我再也不可能比现在更需要她了。我如何能继续？生活将是一片空白。没有了她我将是一个软弱无力的失败者。"他在想未来他是否还会有比现在更加需要她的时候，是否还会有比她此刻对他更有意义的时候。

他想象不出任何不利状况，任何突发事件，会导致玛丽在几个小时内改变主意，决定跨出一步之后又收回脚步。他无法理解她如何能够在凌晨的几个小时当中，悄悄溜到他的铺位，把这张纸条放到他大衣内侧的口袋里。这是她的字迹，他知道这是玛丽写的。但是为什么！为什么！为什么！

随着火车驶入圣路易斯的联合车站，他茫然地站在车厢里，把她的信揉在手里。他心情沉重地朝车站走去，然后坐下来思考自己能够做什么，应该做什么。最终，他决定给肯耐渥先生发电报，把玛丽失踪的情况告诉他，并在采取任何行动之前征询他的意见。

罗伯特意识到，他必须花时间整理好思绪才能重新思考。他的思绪回到了玛丽曾告诉他她所做过的一个梦，梦中某个可怕的悲剧突然降临到了他的身上，她以一种神秘的方式离开了他的生活，然后又以同样神秘的方式回到了他的生活。他在想，是否那时候玛丽就已经有了疑虑，认为自己可能不想继续实施他们一致同意的计划。然后他又想到了就在他们在火车上道晚安之前玛丽所说的话，当时玛丽让他告诉她他为她准备了什么惊喜，说火车可能会出事并且导致她丧生，或者也可能会发生别的什么事来使他们分开。他在想，她当时脑子里是否就有了想法，而她认为这种想法可能会在夜间使他们分开；或者她是否当时就打算以某种方式逃离他。

然而，他必须把这一切从自己的脑子里清除掉——必须相信玛丽，必须理解和等待。于是他瞬间安下心来。他想象这是玛丽与他开的一个玩笑，她正藏在火车上的某个地方，几分钟之后就会出现，所以他决定不给肯耐渥先生发电报了，而只是待在车站里等待。他打开自己的手提箱，拿出《圣经》，坐在那里从圣保罗一节开始读起。圣保罗说过，爱会一直存在，爱是仁慈的，爱是不求私利，不轻易发怒，也不心存险恶。罗伯特决定要有耐性，不管发生什么都要相信玛丽，永远都不怀疑她，永远都不把她往坏处想。这样他就放心了。他感到高兴且更加振奋了，心中充满了希望。

他在车站内等待了一小会儿，希望玛丽会来与他汇合。时间过得很慢，几秒钟就像几个星期一样漫长，几分钟就像几个月一样漫长。一个小时过去了，这对罗伯特来说就像是几年。他等待着，期望着；朝着每个方向寻找玛丽那双美丽的眼睛。他曾对玛丽说，他爱死了她的眼睛，总是希望这双眼睛能在他下班回家时迎接他，因为它们就是一种鼓舞。慢慢地，联合车站内的大钟的指针表明已经接近中午 12 点了。罗伯特聚精会神地听着这个老钟艰难地敲了 12 下，每一下都像是心脏在抽搐。希望飞速地变成绝望。罗伯特发现自己的耐心正在减少，但这是不应该的。他必须相信上帝所说的“主耶和华说道，‘哦，你这缺乏自信的人’”，也必须设法找到对他来说意味着一切的玛丽。

随着时钟的最后一次敲击逐渐消逝，罗伯特再次开始思考。他最终决定待在联合车站，耐心再等玛丽一个小时。他相信她真的是在跟他开玩笑，她一定会在1点之前出现。等待时他继续阅读《圣经》：“如天堂般的牧羊人将正确地引导你去他自己那幸福的羊栏。把一切都交给他，交给他的忠诚，他的爱，他的力量，他无微不至、不眠不休的关怀。”罗伯特决定信任玛丽，要有信心，把一切都留给上帝，这样或许上帝会保护玛丽，并且安全把她带回他的身边。

此时他读到了哥哈特写的一首诗：

“上帝很快就会将你所在的监狱打碎，

然后在他赐福的中午，让光亮充满你的内心。”

罗伯特想到他此时本应该是多么地高兴，因为他本期待着此时已经与玛丽结婚了，正高兴地在去纽约度蜜月的路上。时间慢慢过去了，此时已经是1点1刻了。罗伯特感到混乱又气馁，但是没有丧失希望。他打开《圣经》，阅读了“约伯记”6：8：

“唯愿得我所求，上帝赐我所望!”

罗伯特知道他所渴望的是玛丽，他相信如果他有信心，上帝就会回应他的祈祷。他又阅读了“约伯记”6：11～6：13：

“我有什么力量使我能等候呢？我的结局是什么好叫我继续活下去呢？在我内心深处还能找到什么做援助？任何辅助岂不都远离了我?”

这对罗伯特来说是一个巨大的安慰。他意识到，像约伯一样绝望的时候都还必须有希望和信心，都还有智慧和力量，那么如果自己对上帝有信心，相信自己会找到玛丽，就能够战胜艰难与困苦，也将有智慧和信心去坚持和期待，直到实现自己的梦想，进而找到玛丽。罗伯特记得《圣经》中说过：

“上帝谴责他所爱的。”

他认为玛丽正在责罚他，以试试他的信心；她断定不管发生什么，他都不会失去耐心，他将追寻她到天涯海角。

罗伯特注视着每一个从联合车站大门走过的女人，希望看见玛丽，但是每一分钟带来的都是更加痛苦的失望。他的心在几个小时之前还充满了爱与幸福，现在却充满了哀伤。当联合车站的时钟的指针指向 2 点整时，罗伯特向上看了一眼——这是他规定自己在采取行动设法找到玛丽之前所等待的时间。此时玛丽仍然没有出现。他走向报摊，买了一份报纸，决定再坐几分钟并试图看看报纸。他慢慢地打开报纸，无意识地浏览。突然，他的视线落到了这个标题上："世界上最美好的东西"——R. I. 科尔。进入罗伯特脑子里的第一个想法就是——世界上最美好的东西是玛丽，世界上最伟大的事物是爱。然后他阅读了整篇文章。

第十二章　世界上最美好的东西

约翰·沃纳梅克说过："我曾为政府，也曾为我自己的生意，签订过高达几百万美元的合同。我曾签发过几百万美元的支票，但我一生当中最重要的购买发生在我11岁时。当时我把自己辛苦挣到的每一分钱都存了起来，花2.75美元买了一本《圣经》。这是我最好的投资，我后来的生命中所有的财富最主要与这次投资有关。我的第一次投资是我所有投资当中最重要的，我后来所进行过的其他所有投资都无法与第一次相提并论。

有一天，文学天才和哲学家培根勋爵把《圣经》举过自己的头顶说道："这里都是上帝所说的话。"

在第一节上帝就说话了，他说："起初，神！"整本书中我们都会发现"因此主耶和华说道"、"主耶和华的话"、"上帝说道"、"主耶和华命令道"这样的词句。

在《圣经》中，这些词句被运用了4000次，因而贴上了不可磨灭的神圣痕迹。

"圣经都是上帝所默示的。"默示的意思就是注入。上帝把他的思想注入了《圣经》。《圣经》中包含了上帝的暗示，它一直流传着，因为上帝一直存活着。

耶稣说过："天地要废去，我的话却不能废去。"

《圣经》教给了我们在任何别的地方都无法学到的东西。它告诉了我们世界的起源，因为起源之际只有上帝存在。它教给我们关于创世的起源、人类的起源、人类家庭的起源；罪恶的起源、救赎的起源；艺术、科学、音乐、农业的起源、各个民族和各种语言的起源；还教给了我们关于西伯来人的起源和法律的起源，等等。

远古时期很多家喻户晓的故事都摘自《圣经》。

《圣经》讲述了将在未来几千年发生的一些事情。巴比伦、尼尼微、推罗和耶路撒冷的毁灭都被详细预言了，并且验证了。

《圣经》预言耶稣基督第一次出现将是在犹大部落，将由一个处女所生，将出生在伯利恒，将走出埃及、成长于拿撒勒，将为人们所轻视和不接受，将创造奇迹，将被他自己的一个门徒出卖，将被诬告和钉十字架；人们将为分得他的衣服而赌博；他将被埋葬在另外一个人的坟墓中，将死而复生；他的福音将被传给万民；他将被赐予一个至高无上的名字。所有这些预言都已经实现。《圣经》中的预言正在实现，它们将全部被实现。

在“拿俄米”中[①]，我们被告知，在他做准备的那一天，河流将被打开，宫殿将被融化，战车将被火炬点燃，像闪电一样奔驰，在大街上肆虐。注意这则预言：桥梁将被修通——吊桥确实打开了我们的河流；宫殿将被融化——它们确实被融化了。

俄罗斯和德国是显著的例子。我们正生活在一个民主的时代。像闪电一样奔驰的燃烧着的战车与汽车是如此地相像。

在“以赛亚书”中我们被告知，随着异教徒进入到他上升的光芒中，他们将像白鸽一样飞到窗户上。这听起来像是飞机。

《圣经》是一本无价的好书，因为它做出了其他书籍做不出的承诺。它承诺宽恕、救赎、永恒的生命、灵魂的安息、和平、安乐、力量和救助，战胜考验和引诱，临死前的精神力量和永恒的天堂。

《圣经》是无价的，因为它坚不可摧。2000 年以来，批评家们不断地强烈谴责它，它依然存活着。它曾一次又一次地被收集起来烧毁，它的倡导者们长期被迫害，被处死，它却从大火和洪水中幸存了下来。

一名受欢迎的小说作家吹嘘他的书籍在 8 年内被印刷了 900 万册，而《圣经》已经在 8 年内被卖出 2.4 亿册。

另外一名出版商鼓吹自己的书籍已经被印刷成了 23 种语言，而《圣经》被印刷成了 770 种不同的语言和方言。

我们曾经过一个铁匠的门口，
听见铁砧敲响了黄昏的钟声，
然后我们往里看，

① 即在“路得记”中。

我看到地板上老旧的铁锤因多年的敲打而磨损。

“你曾有多少块铁砧”，我说道，
“竟把你所有的铁锤磨损和敲打成了这样?”
“只有一块，”他回答道，然后眼睛闪烁地说，
“你知道的，铁砧会磨损铁锤。”

我也是这么想的，上帝的话语这一块铁砧，
多年来怀疑论者的抨击一直在敲打，
尽管听到了这些抨击落下的声音，
但铁砧安然无恙——铁锤却消失了。
最后我们走过了铁匠的门口……

休谟逝去了，伏尔泰逝去了，汤姆·佩因逝去了，鲍勃·英格索尔也逝去了。现今教堂内外的敌人将拿出他们的锤子。上帝的话语已经经受了2000年的考验，它将永远经受住考验。

相信《圣经》并且按照《圣经》的教诲来生活的个人和国家，都将与《圣经》一样长存，而那些藐视《圣经》的个人和国家则将没落。

马丁·路德把《圣经》给了德国，德国世世代代都推崇和热爱《圣经》，因而生存下来了。后来德国开始在它的学校里批评和藐视《圣经》，并且挑起了世界大战。德国与《圣经》背道而驰就是在自杀，其他国家若是违背《圣经》也会是同样的下场。

上帝永远禁止美国与《圣经》背道而驰!

万军之主耶和华与我们同在，
还不让我们忘记，唯恐我们忘记。

我的《圣经》和我，我们曾一起旅行，
历经各种各样的天气，有欢笑也有叹息。
无论是伤痛还是愉悦，躁动还是平静，
你的友谊始终不变；你是我的明灯，我的圣歌。

我的《圣经》和我，我们曾一起旅行，
当生活变得乏味，甚至死亡正在接近;

但穿过了黑暗的迷雾和邪恶，
我发现你是慰藉、祈祷、圣歌。

所以我的《圣经》和我，现在谁会把我们分开？
各种教义、教派或是新教派，谁要试一试？

哦不，我珍视的《圣经》，光亮的启示者，
你那圣灵的宝剑，把错误变成迸发；
还要穿过生命的旅程，直到最后一口气；
我的《圣经》和我，我们将一起旅行。

这些主张与罗伯特的观点完全一致。他从《圣经》中获得了最大的帮助。约翰·沃纳梅克说他一生中所进行过的最重要的购买，就是在 11 岁时花 2.75 美元购买了《圣经》，罗伯特知道他所说的是正确的。正如罗伯特所读到的：

“天地要废去，我的话却不能废去。”

他记得《圣经》说过，无论何时祈祷，只要相信能够得到，就一定能够得到。因为他知道对上帝来说，一切皆有可能，所以他决定祈祷，同时相信玛丽很快就会回到他身边。罗伯特对“《圣经》中的预言正在实现，它们将全部被实现”这一陈述印象非常深刻。他知道，上帝遵守了他对人类所做出的每一个承诺。这使罗伯特恢复了信心，于是他再次看了看玛丽所写的小纸条：“如果你信任我，我会回到你身边。”罗伯特认为，如果他的信任能将玛丽带回他的身边，她就一定会回到他的身边。他知道，时间永远也改变不了他的爱，他非玛丽不娶。他将为玛丽而生活、工作和期待，直到找到她。然而，他心里也明白，若是她已经永远地离他而去，如果是竟有这样的坏消息传来，那么他将埋葬自己的一生，他将不再希望，生命将不再有价值。

在这篇文章的结尾处，他读到了关于《圣经》的一首诗，并且对这些诗句印象非常深刻：

哦不，我珍视的《圣经》，光亮的启示者，
你那圣灵的宝剑，把错误变成迸发，
还要穿过生命的旅程，直到最后一口气，
我的《圣经》和我，我们将一起旅行。

罗伯特感觉这篇文章像是在他最需要时特地为他所写，使他意识到了《圣经》的价值和他对《圣经》应有的信任，他把《圣经》的智慧运用到了他目前的问题和烦恼当中。

这时候，罗伯特已经读完了这篇文章，此时已经过了下午 1：30，因此他认为再继续等下去玛丽也不可能出现，现在问题严重了，玛丽要么已经离开，要么已经遭遇了什么意外。他必须制订计划来找到她。罗伯特决定先找一个旅馆，给身在德克萨肯纳的肯耐渥先生打一个长途电话。心中有了这个计划，他便走向旅馆，登记入住。一进房间，他便给肯耐渥先生打了一个长途电话。肯耐渥先生当时正在自己的寓所，不过几分钟后罗伯特就与他通上了话。罗伯特哽咽着把玛丽失踪的这一伤心事告诉了肯耐渥先生，并且询问了肯耐渥先生的意见。肯耐渥先生说，他认为可能是由于某种原因，玛丽决定回到学校，完成自己的学业，通电话这会儿很可能就是在她返回谢尔曼途中。因此最好等到第二天晚上，看她会不会回来，尽管她可能会在第二天晚上很晚才会回来。肯耐渥先生告诉罗伯特，他将去见见她的父亲，尽可能替他打听相关信息。罗伯特则要待在旅馆，如果肯耐渥先生得到了什么信息，会打电话给他。他建议罗伯特通知铁路局，让他们在该列车当天晚上从德克萨肯纳开往圣路易斯的路上所停过的所有车站搜索和调查一下，以便获得玛丽失踪的线索。

与肯耐渥先生通话之后，罗伯特电话联系了圣路易斯铁路公司的官员，告知他们玛丽从火车上失踪一事。他们答应将给所有火车站管理人员发电报，查看所有站点，尽力为他获取一些信息。他们一有什么确切消息就会联系他，不管消息是好是坏。

此时罗伯特意识到，他必须得经历最痛苦的折磨——一小时一小时地等待关于玛丽的消息。他知道时间将过得很慢，因此决定制订一个计划，以防玛丽没有回到学校，也没有回到家；同时确定如果第二天还没有她的消息，他下一步应该怎么做，以及为了设法找到她他还应当做些什么。

罗伯特再一次注意到时间已经是下午 6 点以后了，此时他才意识到自己粒米未进，可是他心情沉重，感觉自己吃不下任何东西。打击实在是太大了，太突兀了，以至于罗伯特发现自己很难适应过来，很难了解这一切意味着什么，或者万一玛丽从此就从他的生命中消失了，这可能意味着什么。这将意味着所有的希望都破灭了，所有的美梦都幻灭了，他将只剩下不确定的生活，像没了船舵的船只。他决定通过阅读和在《圣经》中寻求慰藉来打发时间。

罗伯特一直十分仰慕诗人 S. E. 凯瑟。他经常在报纸上阅读他的诗，就在这之前几个月，他还买了 S. E. 凯瑟所收集的一本名叫《曾对我有所帮助的诗歌》的小书。他记得他把自己非常喜欢的这本小书放在了手提箱里，所以他打开箱子寻找。在寻找这本书时，他无意中发现了自己为玛丽准备的礼物，也就是他之前跟玛丽说起过的，在到达圣路易斯之前不愿意给她，也不愿意透露更多的惊喜。这件礼物是一枚镶有钻石的结婚戒指和一枚漂亮的胸针，胸针由编织在一起的两个心组成，镶嵌了一串钻石和珍珠。这本将是他为玛丽准备的巨大惊喜，他原打算在结婚之后把它送给玛丽，代表两颗心此后一起跳动。罗伯特看着这件礼物，想象着这些钻石是如何代表着玛丽所有的美丽——她就是一颗价值连城的珍珠。

这超出了他的心理承受能力。他彻底崩溃了，像个小孩子一样哭了。他感到孤独，这是他有生以来最孤独的时候——远离朋友，远离母亲，最重要的是，与比他生命还重要的玛丽分离。他哭泣了几个小时。他的心碎了，恍惚中他又意识到自己必须要拥有力量，必须要有信心和希望，相信玛丽还活着。他知道，如果她还活着，就有希望。

他拿起自己最喜欢的小书《曾对我有所帮助的诗歌》开始阅读。吸引他的第一首诗是坦尼森的《信念》：

我们唯有信念，
我们不可能知道，知识是我们的眼睛；
我们相信知识来自于你——黑暗中的光：
让它成长。

让知识越来越多，
我们的尊严也越来越多。
心灵完美融合，
像似昨日的音乐。

相对于无限，我们愚蠢而渺小，

我们无知地嘲笑你，
让无知的傻子来承担，
光亮照亮空灵的世界。

原谅我的罪过，
那是我的与生俱来的原罪；
让美德在人们之间相互展现，
那是上帝的杰作。

这首诗使罗伯特振作起来，他决定有更多的信心，因为他意识到尽管他无法看见玛丽，也无法理解玛丽的行为，但他必须对她有信心，必须爱她、信任她，相信时间会使他理解并解决这个问题。

接下来他阅读了另外一首由奥布里·德维尔所作的诗，当他阅读时，这些诗句就像说到了他的心坎里。

鞭挞它，并把它扔到荒野里，
失去它，你将再也不会得到——
我要的是自己的心而不是你的，
你束缚了它就要解开它。
让它从你的网中获得自由吧，
我们将会有爱和甜蜜——但不是现在！
把它从你身上抛开吧，
因为我们足够坚强。
爱情愚蠢又麻烦，
爱能让一颗衰老的心焕发青春，
也能让一颗年轻的心充满忧郁。

罗伯特认为，爱或许是麻烦，但爱也是世界上最伟大最甜蜜的东西，他愿意经历世界上的任何挫折，遭遇任何事，只为重新获得玛丽和她的爱。罗伯特缓缓地翻开这本小书，他的目光落在了另外一首诗上，托马斯 F. 波特所写的《勇气》。

即使早晨没有为你带来欢乐，
没有阳光路上又有什么要紧；
即使一整天鸟儿都没有唱出一支令人高兴的曲子，
让你听到又有什么要紧！

即使在你长时间艰难行进和抗争的过程中，
没有听到任何安慰的话语又有什么要紧；
即使没有灿烂的美景出现，
来让你渴望的心与灵魂保持生气又有什么要紧！

即使人类渴求的神圣的友谊，
漫长的岁月一直没有来到你身边又有什么要紧；
但是，哪怕被像奴隶一样束缚着、捆绑着，
你也必须在自己的内心找到力量！

即使当你一直在独自艰难行进和奋斗，
你没有活得自己在寻求的甜蜜奖赏，
石头替换了面包也要看到希望，
在那悲痛的时间里，你应当抱怨吗？

哦不！不管是晴天还是阴天，
不管是好还是坏，你都要努力；
你要尽力完成自己的责任，
坚持到底——你知道这是最好的选择。

他热切地逐字逐句地读着这些诗句，因为他在寻找可以给他勇气，让他度过这次可怕的折磨的东西。他想这首诗可以给他这种东西。它一定是特地为处于这种烦恼的非常时刻的他而写的，如“约伯记”中所言，他意识到他必须发现自己内在的力量，必须有勇气、希望和信心。

然后他又读了这本书中的另外一首小诗，艾米莉·迪金森所写的《不虚此生》：

我若能阻止一颗心的破碎，
我将不虚此生；
我若能抚慰一个生命的创伤，
或缓解一份疼痛，
或帮助一只虚弱的知更鸟回到它的小巢，
我将不虚此生。

罗伯特认为，他一直尽量对他人友善、体贴和仁慈，也知道无论发生了什么，生活都讲继续，因此在希望找到玛丽的同时要过自己的生活。大概就在这时候，罗伯特累了，饿了，疲惫不堪地睡着了。他再次醒来时已经是周一的早上，阳光透过旅馆的窗户照进来，他才意识到自己前一晚睡着了。《曾对我有所帮助的诗歌》这本小书就放在他旁边的床上。由于阳光是从东边的窗户照进来，因此他知道自己一定是在晚上的某个时候睡着的，现在已经是早上了。他第一个想到的便是玛丽，以及可能已经传来的任何消息。拿起这本小书，第一个吸引他注意的是帕克·富兰克林所写的《继续努力》这首诗：

继续努力！克服困难重重的台阶，
大胆越过激流的拱门；
它只会让那些无力爬行的人失败，
它会让那些如英雄一样前进的人胜利。
你要成为英雄！
让你自己踏过它的路上那永久的积雪，
穿过夜晚那黑暗的墙壁，
打通一条光明的通道。

继续努力！如果有一两次你的脚步后退和踌躇了要更努力地尝试；
那些从不害怕遇到危险和死亡的人，
他们一定会展翅翱翔。
子弹的速度只能甄别出懦夫，
在那些永不畏缩的人的胸膛上，
只会闪光，它是骑士行为的保护者，
让勇气像铠甲一样闪亮。

继续努力！如果命运今天欺骗了你，
她明天不会再欺骗你；
她让人生高低起伏，
她带走旧的礼物，给予你新的礼物，
现在的智慧弥补了已逝去的过去的罪恶；
强者战胜了弱者，

力量来自于曾经大量的过失！

继续努力！继续努力！

罗伯特如饥似渴地阅读了这首诗，从中得到了一些安慰。他决定自己也要继续努力，于是立即下楼去到旅馆前台，询问是否有电报是发给他的，或者他睡着后的夜间是否有长途电话找他，但他再一次失望了。既没有电报也没有电话。

罗伯特感觉自己头晕虚弱，因为他饿了。他星期天一整天都没有吃东西，此时才意识到自己必须吃点儿东西，为接下来的考验补充体力。他去到餐厅，点了一份简单的早餐，但当食物送上来时，他却发现自己难以下咽，因为他想起这之前的星期天的早餐，他本打算与玛丽一起去餐车吃的。他所看到的每件事物都会让他想起她。她的笑容要么出现在透过窗户照在他面前的闪闪发光的阳光中，要么出现在杯中十分晶莹的水中，而桌上的鲜花散发出的芳香则让他想起了她甜蜜的吻和曾缠绕他的温柔拥抱。最终，罗伯特还是强迫自己吃了一点儿，因为他知道如果他希望自己坚持住，好有体力继续战斗和找到玛丽，他就必须吃。

他吃完早餐之后回到了自己的房间，决定再次给铁路公司打电话，确认他们是否有什么信息要给他。当时是客运主任接的电话，他在电话中对罗伯特十分客气。他对这件事情采取了极大的关注，他们也收到了从沿线所有车站发来的报告，但都没有发现玛丽的行踪。他向罗伯特保证，铁路公司将尽全力继续搜索，一获得什么信息会立即报告给他。

罗伯特决定打长途电话到肯耐渥先生在德克萨肯纳的办公室，他很快就和肯耐渥先生通上了电话。肯耐渥先生说，星期天下午通过电话后，他很快就去见了玛丽的父亲斯坦顿先生，并且把罗伯特到他公司工作以后的成功告诉了斯坦顿先生，说罗伯特如何努力学习和计划，如何预计出了棉花市场和谷物市场（的行为），以及他用多么少的本金挣到了一大笔钱。他还向斯坦顿先生透露了玛丽是如何存了钱，罗伯特又用玛丽的400美元为她投资挣到了多少钱的秘密。斯坦顿先生和他的太太对此印象非常深刻，感觉他们一直以来不应该反对玛丽对罗伯特的爱和他们的婚姻。他们告诉肯耐渥先生，等玛丽回去时，他们将同意她与罗伯特立即结婚，或之后任何时候结婚。他们认为自己或许应当为出现的任何伤害负责，不管是玛丽还是罗伯特正在经历的悲伤。不过，他们还是希望玛丽要么正在回家的路上，要么正在返回德州谢尔曼的路上，去完成她的学业，因此他们不是太惊慌，打算等到星期一下午再看玛丽是否已经回到谢尔曼。肯耐渥先生说道，斯坦顿先生和斯坦顿夫人希望他能把他们的同情转达给罗伯特，并告诉罗伯特他们对他有巨大的信心，希望罗伯特和玛丽开心。

这个消息对罗伯特来说是一个巨大的安慰，因为他认为问题就要解决了，不管是什么促使玛丽决定下火车，不继续（去圣路易斯）与他结婚，当她发现她的父母已经改变了态度时，她都只会高兴得回到罗伯特的身边。然后他们就可以结婚并继续去纽约，在那里他一挣到足够的钱，就可以开始从事他的研究并建造好他的飞机。

肯耐渥先生对罗伯特说，他大概会在当晚 8 点钟的时候给他打电话，告诉他是否收到了任何来自玛丽的消息；只要一收到了消息，他会立即给他打电话；但不管怎么样，他都会在 8 点钟给他打电话。肯耐渥先生鼓励罗伯特，告诉他不要失去希望，要冷静地看待这件事情。他确信玛丽没有受到什么伤害，因为如果发生了什么意外，此时肯定已经被铁路公司发现了。从某种程度上来说，玛丽的行李消失了这一事实就是令人信服的证据，说明她当天晚上在某个车站下了火车，并且很可能还把自己给藏了起来，之后再搭另一班火车返回。他相信，今天他们将收到一些关于玛丽的好消息。他还建议罗伯特去忙自己的事，继续在市场中进行交易，继续挣钱，因为他确定一切都会好起来的。

罗伯特通完电话后更加有希望了。他买了一份早报，头条就是林德伯格的新闻。他阅读了为林德伯格上校返回华盛顿和纽约所做的准备，以及各种迎接他的计划。当然，罗伯特也希望到时自己能亲临现场，同时有玛丽作为他的妻子与他一道。他一直期待着自己的梦想实现的那一天——他成功地建造了这个时代最大的飞机。

回到房间，他跪下来默默祈祷。这是一次只有内心充满了对一个好女人爱的男人才能做出的祈祷。他向宇宙之神祈祷。宇宙之神是陆地和海洋的主宰者，他乘着风行走在水面上，集天地之间所有的力量于一身。罗伯特祈祷力量和指导，好使他只做正确的事，只做能使宇宙之神安全地把玛丽还给他的事。他不只为自己祈祷，不只祈祷自己拥有力量，还为玛丽祈祷，为玛丽的幸福和安全祈祷。这是一个无私的祈祷者，是母亲在孩子丢失时所进行的那种祈祷，此时母亲完全没有考虑自己，一心只想到她疼爱的孩子。

罗伯特祈祷完了起身之后感觉好多了。他感觉那只看不见的指引他的手已经给了他一些力量。这只手在困难时期永远是一种安慰，永远被极度需要。仅仅依靠上帝和上帝的话语，他就能找到安慰。他意识到了金钱有多重要，也意识到了金钱所意味着的又有多少。他回想自己是多么快速地用 1000 美元在市场上挣到了钱，而现在他又是多么愿意用所有的钱来换取来自玛丽的消息，只为知道她还活着。他从未因为自私的目的而挣钱，而是想着金钱可以买到使一些能够使玛丽高兴、给玛丽安慰的东西；金钱还可以发明一些在战争时期保护祖国不受敌人攻击的东西，或许是用它自己能够为祖国所做的事情。

有时间整理了思绪之后，他决定给身在纽约的老朋友沃尔特·肯耐渥打长途电话，告诉他在这么短的时间内所发生的一切。

罗伯特还没有告诉过沃尔特他即将到纽约。他本打算星期天上午与玛丽结婚之后再从圣路易斯给沃尔特发电报的。当然，他知道他们到达时沃尔特会到火车站接他们。等了一小会儿，他与沃尔特通上了电话，他用最快的速度告诉了沃尔特已经发生的一切。沃尔特更多的是觉得这个消息好笑，而不是震惊。他说："罗伯特，玛丽只是有点儿坏，并且充满了乐趣。她只是在考验你的爱。没什么可担心的。我比你更了解她。"沃尔特确定一切都会好的，但罗伯特却感觉如果这只是一个玩笑的话，那么已经过了太长时间了，玛丽不会正在圣路易斯附近等他，也不会为了开个玩笑藏在某个地方这么长时间。罗伯特感觉，如果玛丽要用这种方式惩罚他这么长时间，这件事情就太严重了。沃尔特让罗伯特直接去纽约，但罗伯特却说在获得关于玛丽发生了什么的明确消息之前——不管消息是好是坏，他绝对不会离开圣路易斯。

与沃尔特通话之后，罗伯特感觉好多了，因为沃尔特是他最亲密的朋友，与他交谈总是一件很愉快的事情。他希望沃尔特是对的，玛丽很快就会出现。然而，他又担心已经出了什么事。他每当自己有这样的想法，就会再看一看玛丽所写的信，这将给予他希望和勇气，因为信上清清楚楚写着，她会在他最需要她时来到他身边。当然，他也意识到她不可能知道他现在有多么需要她，也感觉不到他永远也不可能比此时此刻更加需要她。

当罗伯特困惑和沮丧时，他总是习惯于阅读《圣经》或是其他某一本好书。他有一本剪贴簿，上面收集了一些诗。他拿出这本剪贴簿，开始浏览。他注意到一张他不久前才粘贴上去的剪报，标题为《明天的机遇》，是他最喜欢的现代诗人 S. E. 凯瑟所写：

我今天或许没有达到自己的目标，
也没有向前迈进一步；
我付出的努力或许没有获得回报，
相反，我或许还后退了；
但是无论会遇到什么障碍，
我都还能再努力，
不会让自己从已找到的路上掉头回去的想法在我心中扎根。

或许有许多原因可以解释，
我为什么无法付出努力，
或许是为了让我的想象力飞得更高，
也或许是为了清晰我所选择的历程；
我无法预见的不幸事件，
或许会随时随地阻碍我，
但我可以勇敢而认真地决定，
一直清晰自己的目标。

或许到处都有挫折潜伏着；
我的课程或许很难学。
人们或许会谴责我的工作；
我认为是我朋友的人，
或许会辜负我的信任，
但是对于那些想象中的不幸，
我可以不去想，
然后为值得的结果而奋斗。

无论我的希望是如何的未实现，
或是我是如何的落于人后，
我今夜都不会坐下来悲叹上帝没有同情心。
相反，有了要履行的责任，

有了骄傲和他人蔑视的目光，
我将证明我依然有勇气和意志，
它们让我为明天的机遇做好准备。

这首诗应时应景，于是他从头到尾仔细地读了一遍。他决定，无论挫折、失望、希望破灭、丧失理想，还是美梦破碎，他都要有勇气努力抓住“明天的机遇”。

读完这首诗之后，罗伯特开始思考未来和他的计划。他记得他本打算星期一或星期二再次入市的，但他又想现在没有了玛丽，有钱又有什么用呢？然而，他记得她在信中说过：“如果你信任我，我会回到你身边。”因此，他打起精神，再次决定在守候和等待玛丽的同时，要坚定信心继续努力。

罗伯特买了当天的晚报，浏览了一下财经版，注意到棉花已经如他所预计的一样下跌了。接下来的一天是他的预测显示棉花将触底的一天，因此他必须振作起来，替他自己的账户和玛丽的账户买进一些棉花。小麦也已经下跌了，他感觉该买进小麦等待另一轮上涨了，因为他的循环显示接下来的 10 天将运行一轮上升趋势。罗伯特浏览了股票版面，注意到了标题“美嘉汽车上涨到了 200 点以上，创出了新高”。罗伯特之前预计，在成为一只可以创造巨大赢利的卖空股之前，美嘉汽车不会上涨到 200 点以上。他根据美嘉汽车的循环估计，它将继续上涨到六七月份，然后在 1928 年下跌到一个非常低的水平。因此，他决定卖空并且持有，等待一轮长期行情并大赚一笔。

罗伯特此时仍然持有他的莱特航空股，这是他在 5 月 21 号，也就是林德伯格上校成功飞行到巴黎那一天，以 31 美元的价格买进的。他预计，通过买进莱特航空股并持有多年，同时卖空美嘉汽车，他可以大赚一笔。小麦和棉花市场，以及美嘉汽车和莱特航空目前的行为与罗伯特之前所预计的完全一样。他正在莱特航空上获利，这一事实鼓舞他继续自己在飞机上的研究。

罗伯特没有忘记亲爱的玛丽，也没有忘记她对他意味着什么。同时他也意识到对《圣经》的学习带给了他什么；他认为，通过这本书的帮助以及他从《圣经》的教诲中所学到的知识和智慧，只要玛丽还活着，就会有方法找到她。他相信她还活着，他将期待并等待着。但与此同时，他也将尽力挣一些钱，以便找到她时为她提供各种奢侈品和舒适的环境。

既然玛丽的父母已经同意不再反对他们的婚姻了，他想玛丽一听到这个消息，就一定会回到他身边或是与他联系。

6月7日，罗伯特给他的经纪人发了一封电报，要求在星期二早上开盘时买进10月棉花和12月棉花各500包。他还下令买进10万蒲式耳7月小麦，在美嘉汽车到达203美元时卖空500股。发完这些电报之后，他回到旅馆，感觉好一些了，希望收到肯耐渥先生在长途电话上的留言时会有一些好消息。所以他去吃了晚餐，然后回到房间等消息。随后他询问了是否有他的电报或电话，但被告知他没有收到任何电报或电话。于是他在房间里安坐下来，决定等着长途电话，希望它可以带来好消息。

大约8：15的时候，电话响了，是肯耐渥先生打来的。罗伯特从肯耐渥先生的语气中就知道没有什么好消息。肯耐渥先生告诉他，玛丽的父母没有收到来自玛丽的只言片语，他们已经打电话到位于德州谢尔曼的学校了，学校也没有收到玛丽的消息。学校告诉他们，玛丽星期六下午就离校了，自那之后就没有人见过她。当然，罗伯特知道她离开谢尔曼是为了去见他，因而他现在比之前更加焦虑不安了。他直接告诉了肯耐渥先生他非常担忧。肯耐渥先生仍然满怀希望，并且设法为罗伯特加油打气。他建议罗伯特去纽约等他。他已经听从罗伯特的建议，在星期一下午买进了小麦和棉花。罗伯特告诉他，他打算第二天早上开盘时买进。肯耐渥先生说他计划这周末去纽约。于是罗伯特决定待在圣路易斯，直到收到一些确切消息，或者不管怎么样都会在那里待到肯耐渥先生到达，然后一起去纽约。他渴望尽快见到沃尔特，但是又想在离开去纽约之前知道玛丽究竟发生了什么。肯耐渥先生坚信第二天就会收到一些来自玛丽的消息——不管是好是坏，因而建议罗伯特保持心情愉快；消息一到他就立即通知罗伯特。

罗伯特有时间仔细考虑这件事之后，他决定在圣路易斯和德克萨肯纳到圣路易斯沿线的各个城镇的所有报纸上刊登《寻人启事》。如果星期二晚上之前还没有任何玛丽的消息，他第二天就把《寻人启事》刊登到报纸上。接下来他把《寻人启事》写了下来。

玛丽·斯坦顿小姐——我在星期天早上从口袋里发现了你写的小纸条。我一直在圣路易斯等你。我对你极度信任，这一点永远也不会改变。几个月甚至几年也无法改变我，不管我听说了什么没有听说什么，或是可能发生了什么，我都将永远相信你爱你。我永远也不可能比现在更加

需要你。没有你，其他我所能得到的任何东西和我所能挣到的金钱对我来说都完全不重要，或者说毫无意义。来到我身边，或是与我联系并说明一切，我会理解和答应你所有的要求。玛丽，让我焦虑的心得到解脱吧，让我收到你的消息吧。你的父母已经答应不再反对我们，同意我们结婚。我会有信心地在圣路易斯等到收到你的消息。

罗伯特·戈登

地址：普兰特旅馆

罗伯特决定在那天晚上睡觉之前看书和学习。他阅读了威廉·科伦·布莱恩特所作的一首诗《活在当下》：

生活在召唤你。
当生命面临死亡，
如同无数的大篷车移向神秘的领域，
在那里每一个人都要在寂静的死亡大厅中被禁闭，
如同夜里采石场的奴隶般身不由己。
死亡是囚禁的土牢，
但是透过坚定信任的支持与安慰，
进入坟墓就如同享受舒服的躺椅，
他将带着愉快的梦境沉沉睡去。

罗伯特希望他当天晚上能够躺下有个好梦，但他知道自己将带着对玛丽毫不动摇的信心躺下；他对她的信心将创造奇迹；无论过去多长时间，他将永远也不会怀疑她；他将证明他对她的爱是至高无上的，他对她的信心毫不动摇。

罗伯特还读了另外一首由歌德所作的诗《坚持不懈》：

我们不能期望成为收割机，
收割成熟的金黄色谷穗，
除非我们首先成为播种机，
并且含泪浇灌田地。
我们不能只是索取，
在我们这个奥妙的世界，
我们在生命的田野上播种什么就收获什么，
要么收获荆棘，要么收获鲜花。

罗伯特意识到，或许生命当中所有美好的事物都不会轻易地来到我们身边，或许我们必须经历痛苦和烦恼，以此来考验我们的信心。罗伯特决定，不论发生了什么，他都要坚持不懈，淡定对待困难并充满希望，继续守候和等待来自玛丽的好消息。

那天晚上睡觉之前，罗伯特阅读了由詹姆斯 W. 福利所作的《黄金一小时》：

我要从璀璨皇冠般的一整天中送你黄金一小时；
不论悲伤还是忧虑，
都没有能力偷走这颗珍贵的宝石。
我命令你在你那一小时中加入我所拥有的梦想中，
假定那时以前所有的梦想，
都已实现，像这一小时那样金灿灿的。

因此让我们像孩子玩耍时一样梦想吧，
让我们为自己创造一片天空，一片海洋，
让我们改变我们周围的事物吧，
通过假设它们就是我们所希望的那样；
如果有悲伤或是不幸，
让我们梦想吧，直到我们将它驱散，
让我们向孩子们学习吧，
借用孩子们的一句话："我们假装好了！"

让我们假装这个世界充满了美丽，
让我们假装玫瑰正盛开着，
让我们假装责任中充满了快乐，
然后点亮我们认为存在着黑暗的地方。
让我们假装这颗悲伤的心被命令充满欢乐，
让我们假装我们明天就会发现我们从未有过的快乐。

让我们假装带着悲伤的悔恨被永远驱逐了，
让我们假装做事情的时候只有乐趣，
让我们假装途中会有鲜花。
无论路途看起来是多么的枯燥，

不管脚步会带领我们走向何方，
让我们假装有一首歌是为疲倦的人准备的，
只要我们的心愿意去留意。

让我们假装我们已经不再抱怨，
让我们假装我们的憧憬还在，
让我们假装阳光正在照耀，
让丘陵那绿色的斜坡变成金色。
让我们假装鸟儿们正在无忧无虑地歌唱，
它们快乐的歌声飘荡在空中，
让我们假装这个世界充满了歌声，
让我们假装爱无处不在。

罗伯特睡觉之前跪下祈祷，不断地为玛丽和玛丽的安全进行祈祷。他说："上帝啊，我自身别无所求，只求玛丽获得最大的保佑，只求她能快乐。如果她最好要远离我才会快乐，那么我宁愿不快乐的是我，而不是她。我祈祷她能够了解到我对她深深的爱和信任，我对她的付出，以及我愿意为她做出任何正确的牺牲，不管我会受到什么样的惩罚。"

罗伯特当天晚上的睡眠好了一些，因为他正期待着星期二，即本月7号。他已经得知，"第7天"是很神圣的一天。他曾经常与玛丽谈论数字7和它在《圣经》中被提及的次数。上帝是如何使第7天变得神圣，使它成为安息日的；《圣经》中所提及的多少事情曾发生在第7个月的第7天，或第7年的第7天。在某种程度上，罗伯特感觉这一天将有消息从玛丽那里传来，他希望会是好消息。

罗伯特星期二早上醒来时感觉好多了，早早地就去吃了早餐，然后买了报纸，阅读了与为林德伯格上校准备的接待计划相关的所有新闻。此时愿望再次潜入他的内心，他再次希望当林德伯格到达纽约时，玛丽或许可以与他一起。当天晚些时候，他在旅馆里收到了经纪人发来的电报，通知他已经买进10月棉花、12月棉花和7月小麦。

罗伯特决定借阅读《圣经》来安慰自己。他阅读了约伯记，并且意识到他也要有信心等待他的时代到来。没有什么能够动摇他对玛丽的信心和他对万能的上帝的智慧的信心。罗伯特完全相信上帝将回应他的祈祷。他希望这一天结束之前一定会有关于玛丽的消息传来。

当他正在阅读《圣经》时，侍者为他带来了一封信，邮戳上加盖的是德克萨肯纳。罗伯特自然希望信中包含一些关于玛丽的消息。他急忙打开信开始看：

亲爱的罗伯特：

我们对玛丽的失踪感到十分的悲痛，希望她没有受到什么伤害。从肯耐渥先生告诉我们的她写给你的信的内容来看，我们相信她正在返回学校或是家里，我们正怀着希望等待关于她的消息。

尽管玛丽还很年轻，我们认为她结婚尚早，你也非常年轻，完全可以再等几年，但现在我们意识到，如果延期会妨碍你和玛丽的幸福，那么我们将很乐意同意你们立即结婚。罗伯特，对于之前错误地判断你，我们很抱歉，同时从那些熟知你的人那里对你有了更多的了解之后，我们也感到很自豪。父母经常会在反对他们的孩子时犯下一些错误，父母干预其孩子的婚姻也经常会把上帝已经使之结合的两个人分开。但人类只能将其身体分开，上帝所结合的永远不能分开。

了解到你对玛丽的忠诚、你依据《圣经》中所阐述的各种法则对上帝的信心和你想成功的雄心壮志，我们非常高兴。有任何来自玛丽的消息，我们都将很高兴立即通知你，希望你有消息也立即通知我们，要相信我们。

你真诚的朋友威廉斯坦顿和玛丽斯坦顿

德州德克萨肯纳

1927年6月6日

罗伯特收到并阅读这封信时，被深深地感动了。他相信意图正直而可敬的人一定会获得回报，于是他坐下来回信。

亲爱的朋友：

我想以朋友的身边给你们写信，因为悲伤常常让我们所有人变成朋友。我在信中附上了一首诗《不幸带来朋友》，我认为它非常适合现在的情形。梅特林克说过："人类在快乐时会互相帮助，在悲伤时却不会。"但我相信我们经常被引导在困难时期伸出援手，这是我们在快乐时期永远也想不到要去做的。我借用"约翰福音"16：22的说法："你们现今呢，也有忧愁；但我要再见你们，你们的心就欢喜了；并且你们的喜乐，谁也不能夺去。"我希望并祈祷玛丽回来时我们一起快乐的那一天不会太远。

玛丽对我来说意味着一切，你们是她的父母，我尊敬你们。我相信，你们所做的是你们认为对玛丽的未来最好的，尽管你们所做的给我带来了痛苦，也给玛丽带来了悲伤和失望，但你们的动机是好的、正当的，这无可厚非。我只希望做尊重各方并对各方最好的事情。如果玛丽回来了，我会同意尊重你们的决定，等她完成大学课程我们再结婚。我希望为玛丽的私奔承担我应该承担的责任，因为是我劝她行动的。我本想去见你们，与你们谈一谈这件事，但她确信你们永远也不会同意我们的婚事，说唯一能做的事情就是私奔。

当我还是一个奋斗中的贫穷小男孩时，玛丽就一直认为你们永远也不会同意她嫁给一个身份比她低的人。这一因素使我渴望成功，向你们证明尽管我出生贫寒，白手起家，但我仍然能够取得巨大的成功，能够积累财富。对我来说，金钱毫无意义，我将很乐意放弃我所挣的每一分钱，只为与玛丽共度一小时。我确信这绝不是孩子气的风流恋情，也不是一种错觉。尽管这是我第一次恋爱，但它将持续到永远。时间将证明，玛丽对我来说意味着一切。

感谢你们的好意和体谅，希望并祈祷我们很快就能收到关于玛丽的好消息。

真诚的罗伯特·戈登

密苏里州圣路易斯

1927 年 6 月 7 日

罗伯特随信附上的诗：

不幸很少独自来到，
我注意到，当事情出了问题时，
不幸就会来访，
它总是顺便带来一个朋友；
有时这个朋友是你以前就见过的，
有时他或许是你从未见过的，
他伸出援助之手，
停下来看一看他能做什么。

如果我们从未遭受考验，

如果悲伤和不幸从我们身边经过，
如果每一天太阳都会升起，
云彩从不出现在天空中，
我想我们仍然会有邻近的人，
每一个人都追求自私的目标，
但他们将只是邻近的人，
我们永远也不会把他们当作朋友。

我已经从不幸中走出，
已经找到最珍贵的友谊，
友善的手已经帮我驱赶烦恼。
善意的言语已经落在我的耳边；
所以我说，当不幸降临时，
在暴风雨结束之前我就已经知道，
我将发现我这小小的烦恼已经带给我一个朋友。

第十三章　21 岁生日——伤痛与希望

下午 3 点后，当下午报出来时，罗伯特购买了一份，发现棉花和小麦已经上涨了很多个点，他当天早上所买进此时已经有了一笔很客观的赢利。实际上，财神正在对罗伯特微笑，但爱神却在对他皱眉，他必须有耐心。随着太阳缓缓地落下，这一天即将结束，他悲伤地等待着，因为还没有玛丽的消息传来。他坚决决定，如果当天晚上还没有消息传来，他就把他的想法付诸实践，第二天就把《寻人启事》见报。

罗伯特给身在德克萨肯纳的肯耐渥先生打了电话，再次感到失望。还没有任何消息从玛丽那里传来，她的父母现在也更加焦急了，担心她发生了什么意外或是遭遇了什么暴行。他们正在向四面八方进行搜索；已经通知市县级执法人员，整个地区的所有学校都在留意玛丽的出现，也正在尽全力获得一些关于她的信息。罗伯特把自己刊登《寻人启事》的计划告诉了肯耐渥先生，肯耐渥先生同意他这么做。他认为这会是一个好主意，他相信如果她正偷偷地藏在某个地方，她肯定会看到报纸的，因为她自己会很渴望知道罗伯特发生了什么，以及他正在做什么。

6 月 8 号，星期三早上，罗伯特早早就起床了，他急忙赶到报社，刊登了将在次日见报的《寻人启事》。当他回到旅馆时，自星期天以来他第一次想到了自己的生日 6 月 9 号，到时他就 21 岁了。当他想到这一点时，他的心中升起了一个巨大的希望。不知道为什么，他断定玛丽会藏到他生日那一天，而且她打算在那一天跟罗伯特结婚，把自己当作生日礼物送给他。罗伯特越想越多。他因这个希望变得兴奋，这对他来说像是一个突如其来的鼓舞。等到他生日时给予他生命当中最大的惊喜，并且认为这次拖延只会考验他的信心和耐心，这样她将了解到她对他有多么重要，但她却不认为如果他真的像他所说的那样爱她的话，她让他等待的时间也太长了——这完全像是玛丽会做的事情。他将耐心等待。

罗伯特确定，他刊登在第二天的报纸上的启事将收到效果，玛丽很可能会一见到启事就立即来找他。于是，他实际上已经开始计划着，期待着，为即将在他生日时举行的婚礼做准备了。他对这突如其来的想法感到如此高兴，如此兴奋，以至于他当天晚上再次给肯耐渥先生打了电话，把这所有的一切都告诉了肯耐渥先生。肯耐渥先生半信半疑，但是充满希望，同意罗伯特所说的其中或许有隐情，玛丽脑子里可能早就有了这样的计划，他真诚地希望罗伯特是对的，希望这次生日会成为他生命当中最快乐的一次生日。

罗伯特与肯耐渥先生通话之后，立即给身在纽约的沃尔特打了电话，告诉他所发生的一切——关于他在报纸上刊登了《寻人启事》，关于他推测和希望玛丽会在他生日时出现。沃尔特说，玩这样的恶作剧像是她的风格，或许她所做的一切就是为了这个。他认为罗伯特的想法是正确的，也希望婚礼会在罗伯特生日那一天举行。他会在第二天给罗伯特打电话，或者罗伯特一收到什么消息就要立即打电话给他。沃尔特打算就他的生日和结婚日向他致贺。沃尔特如此兴奋，与罗伯特看法一致，并且也期待着这件事，这使得罗伯特更加高兴了。

罗伯特与沃尔特通话之后，侍者带来了一封快递信件和一封电报。罗伯特急忙打开电报，希望是来自玛丽的，结果却发现是他母亲发来的一封电报。母亲在电报中祝他第二天生日快乐，并且鼓励他万一玛丽没有出现，也要尽量往好处想，不要被绝望所压倒。快递信件也是来自罗伯特的母亲的，信中写道：

我亲爱的儿子：

你的好朋友肯耐渥先生已经来看过我，并且把所发生的一切都告诉了我。孩子，我建议你要有耐心和信心。爱有巨大的承受力，不会被打垮。孩子，我相信一切都会好的，或许玛丽认为你们两个都还太年轻，不宜结婚。如果这是她的看法，我会说再等几年对你们都没有什么坏处。

尽管我无法理解玛丽以神秘的方式消失，但同时我又希望、祈祷并相信她还活着，并且会在你最需要她时，并做好了接受她的更好准备时，再次走进你的生命。我知道你很难明白和意识到，此时走出你的生命对她来说是最好的，但实际上玛丽或许比我们所知道的要聪明。她可能是想考验你对她的爱和她对你的爱。如果是这样的话，结果将证明这对你们两个人都是最好的。如果你的爱坚定得足够经受住这次考验，能够等待几个月甚至是几年，这对以后没有什么坏处。如果玛丽能够忍受与你分开，并且几个月甚至是几年都一直忠诚于你，那么当她再次回到你身边时，她将对你更加重要。

我每晚都为你祈祷，祈祷一切都会好起来。孩子，我依然对你有着极大的信任和信心。我希望你坚持你的信念和宗教信仰。阅读《圣经》并像以前一样遵循《圣经》的教诲，善良的上帝能够做到的每件事都会在适当的时候降临在你身上。写信告诉我你的计划和你打算做什么。一有任何消息就立即给我发电报，不管消息是好是坏。我焦急地等待着玛丽的消息，希望我可以在你身边安慰你，因为我知道你没有玛丽时需要我。

爱你的妈妈

罗伯特很高兴收到他母亲的来信，因为她总是鼓励他。他知道，无论发生了什么，她都将永远一样信任他，她的爱将持续到永远。当天晚上吃了一顿简单的晚餐才睡觉，心情非常高兴，满怀希望和期待地盼望着他的生日。他的 21 岁生日对他意义重大，比以往所有生日都更加有意义，因为他希望这次生日可以把玛丽带回来。他知道自己经受住了她离开的考验，他有着坚定的信心，他从未怀疑她的动机，即使他无法理解，但也不会责备她的行为。等玛丽回来并且知道了所有这一切，他对她来说将前所未有的重要，她只会更加爱他。要知道，或许这次小小的失望意味着未来的一些好的东西。

当天晚上他把玛丽以前写给他的和寄给他的所有的诗从头到尾都读了一遍，把自己以前写给玛丽的诗也读了一遍，因为他保存了这些诗的副本。他读到了自己在诗中所写道的“如果你的目标远大且正直，最终将取得胜利。因为在获得珍珠之前，必须把贝壳打碎!”罗伯特再一次意识到，这一次贝壳比以往任何时候都碎得更加厉害，或者至少他是这样认为的。然而同时又无法打碎，因为玛丽已经带着爱离开了他，他们在火车上最后的晚安之吻是极度信任和可靠的爱的表现之一。这种信任和爱是很多年建立起来的，期间他们曾战胜了很多的障碍、失望和艰难挣扎。罗伯特像平常的每个夜晚一样祈祷玛丽受到保护，然后上床睡觉，梦想着自己的生日。

罗伯特·戈登的 21 岁生日

6 月 9 号，罗伯特早早地就起床了。他匆忙下楼去到前台，确认夜间是否有电报或电话找他，结果没有电报，也没有留言是给他的。此时还太早了，早上的邮件还未送到。罗伯特买了早报，看了后他请报社继续刊登他的《寻人启事》。他加上了他所住旅馆的名字和电话号码，以便玛丽可以迅速找到他。不知怎么地，他感觉大概就在当天 11 点或是 12 点，玛丽就会打电话到旅馆，或者他将收到一些来自于她的好消息。

吃过早餐以后，他等待着第一封邮件，但没有信件是写给他的，并且到此时为止，他也没有收到任何电报。他决定去一家经纪人公司，看一看市场开盘情况。棉花和小麦前一天已经上涨了。这一天早上棉花高开并且表现强劲，小麦也在上升。罗伯特发现美嘉汽车此时的价格在 203 美元左右，他知道他的经纪人肯定已经以这个价格替他卖空了 500 股。他预计美嘉汽车在出现一轮大的下跌之前不会上涨到 205 美元以上。于是他对自己说："这将是一个非常开心的生日。我现在正在小麦和棉花上快速获利，并且很快将在股票上获利。"莱特航空表现也很强劲，罗伯特正在这只股票上累积赢利。他把自己在棉花、小麦和股票上的赢利加总起来，发现自己在这个生日时已是身家 30000 美元。钱对他来说并不重要。他将很乐意放弃每一分钱，以换取玛丽作为他的生日礼物。他一直保持着热切的希望，不知怎么地，他感觉自己既将拥有玛丽，又将拥有经济上的成功。正当他在计算自己的赢利并考虑此事时，一句古话浮现在他脑海中："赌场得意，情场失意。"他在想他是否会幸运地在投机交易中获利，但在爱情上却不那么幸运。他希望并祈祷这是他最后一次在爱情上失望，这个生日将是转折点，一定会有消息从玛丽那里传来。

他决定忘记市场状况，因为一切都在他的意料之中。他回到旅馆等待玛丽的消息。他仍然抱有一种希望或者说幻想，认为 11 点或是 12 点左右，玛丽会来到旅馆，或者他会收到一些来自玛丽的消息。回到旅馆，他发现并没有邮件、电报或电话留言在等着他。等到了 11 点，罗伯特的心情回到了星期天他在联合车站老是看钟时，当时他正希望和等待玛丽的出现。罗伯特开始有点儿焦躁不安，而且随着时间的流逝，他变得焦灼。他生日当天 12 点的钟声响起，玛丽依然没有出现，也没有来自于她的消息。12 点过几分时，他的门铃响了，一个信差带着一封电报出现了。"啊!"罗伯特心想，"这是玛丽发来的，是来自于她的一些消息。"然而，这是他的老朋友沃尔特发来的祝贺电报。沃尔特要求他收到关于玛丽的消息时要第一时间通知他，还说希望这一天结束之前可以就罗伯特与玛丽的婚姻向他表示祝贺。随后稍微晚些时候，罗伯特收到了肯耐渥先生发来的一封长长的电报，祝他生日快乐并且说了一些鼓励的话，还告诉对罗伯特他预期在6月10日，即周五晚上离开德克萨肯纳，第二天早上某个时候到达圣路易斯，罗伯特应当准备好与他一起出发去纽约，因为他希望在林德伯格到达纽约时他能在场。罗伯特还收到了母亲发来的另外一封电报，祝他生日快乐，并祝他一切成功、事事如意。

这些信息非常令人鼓舞，但此时已经下午2点了，罗伯特开始感到强烈的失望。他已经抱有如此高的希望，认为玛丽会出现或是会有些消息传来。他焦急地在地板上踱着步，心跳得厉害，他不得不承认自己之前是希望过高了。于是他开始发电报给肯耐渥先生，请求他收到任何关于玛丽的消息，都要尽快发电报或是打电话给他，同时请肯耐渥先生打电话给玛丽的父母，看看他们是否收到了什么消息。此时时间开始过得很慢，就像星期天罗伯特盯着钟表、眼睁睁看着他的希望逐渐消失时一样。此时希望又在消失，罗伯特变得很沮丧，但又想着这一天还没有结束，以此来振奋自己，还有很多时间玛丽可以出现。

罗伯特决定阅读一会儿，以此来平复自己的焦虑。他拿起《曾对我有所帮助的诗歌》，阅读了《小岛“很久以前”》。

哦，时间是一条美丽的溪流，
它带着完美而悦耳的旋律，
流过岁月的王国与岁月的海洋汇合时，
翻滚的巨浪掀起磅礴的气势。

冬季好像雪花一样地缓缓飘走，
夏季又好像花蕾一样地缓缓飘走；
岁月在纠结其间——于是它们来了又走，
在河流的源泉上，潮涨潮落，
它们在阴暗与光辉处滑行。

时间的河流中有一座神奇的小岛，
那里流淌着最潮湿的空气，
那里有着晴朗的天空和热带气候，
有着像黄昏的钟声一样甜蜜的声音，
有着开满蔷薇的六月。

这座小岛的名字叫作“很久以前”，

我们把自己珍视的东西埋在那里；
那里有着美丽的面容和白雪般的胸部——
也有许多灰尘，但我们是如此爱它们！
那里还有各种小饰品和女子的长发。

那里有着无人能唱出的歌声的碎片，
和一个少年的一部分祈祷，
有着一把布满灰尘的竖琴和一把没有琴弦的琵琶，
有着破碎的誓言和戒指的碎片，
以及她过去经常穿着的衣服，

有着婚姻所引起的美丽海滨被举到空中时被挥动的乐队，
我们有时会透过狂暴的怒吼，
听见过去风停下来时和河流无风浪时，
所听见过的甜美的声音。

哦，要永远记得这被庇佑的小岛，
在生命中所有的白天到晚上，
当夜晚带着它美丽的笑容降临，
我们的眼睛正在睡眠中闭上片刻时，
愿灵魂的“绿林”就在眼前。

这首诗使他意识到，在“时间的河流”上有许多考验、苦难和失望。尽管他还很年轻，但他已经在几年的时间里经历了其中的许多，对他来说，过去5天就像是5年。当他读到“过去风停下来时和河流无风浪时，所听见过的甜美的声音”和“我们的眼睛正在睡眠中闭上片刻”这些诗句时，他想到了玛丽，想到了她美丽的双眼和甜美的声音；她曾说过的所有开心的事；她曾写过的东西，就像有一个声音在寂静的夜晚传来，他似乎听到了玛丽如往常一样在叫他：“罗伯特，亲爱的，”“罗伯特，亲爱的。”他从椅子上跳起来，感到很震惊，因为有那么一刻，他以为听到了她的声音，这是由于他每时每刻都在希望和期待听到她的声音，但遗憾的是，这只是一种幻想，这里没有玛丽，也没有玛丽的消息。

罗伯特翻到另一页，阅读了坦尼森所作的《渡沙洲》[1]：

夕阳西下，晚星稀疏，
清晰的召唤传入耳鼓！
当我出海的时候，
愿沙洲不要痛哭。

涌动的大海似乎入睡，
满潮以后涛声消逝、浪花退去；
从海底涌来的潮流，
重又退回那深邃的住处。

暮霭里响起晚钟，
渐渐地落下了漆黑夜幕！
在我登船分手的时刻，
但愿没有悲伤的话语。

脱离时代，诀别人世，
大潮将带我踏上遥远的征途；
因为，渡过沙洲之后，
领航人，我期望亲眼目睹。

他把最后一节读了好几遍。

罗伯特想到了玛丽，想到了他的飞行、他的命运、他的希望。当他驾着自己的飞船穿越那无常的金融海时，一直将爱之光燃烧在他的心坎之上的将是玛丽那美丽的容颜，这容颜将永远指引她的船长安全回到家中。他曾指望她引导他到和平之路上，引导他到满足的田野上，最后引导他到永久和平这一高度。他曾期待着他生日这一天，她会回到他身边，他将宣布她成为他独有的。他想到了玛丽所说的希望和期待大于现实，但却感觉如果他可以把玛丽拥在怀中，亲吻她甜美的嘴唇，听见她过去曾对他说过的甜蜜的爱语，那么这个世界上将没有什么比实现这一刻更加让他快乐了。有那么一刻，罗伯特的心都在他身体中沉没了。这一切对他来说太难了。他像一个婴儿般啜泣和大哭起来，但他此时想到了自

① 此处由吕志鲁译。

己对上帝的信心和上帝那至高无上的力量。

当他正在疑惑该做什么时，他再一次拿起了玛丽写好后于星期天放在他口袋里的已经被弄皱的小纸条，再次看了一遍："如果你信任我，我会回到你身边。爱总是会充满信任、理解和等待。时间证明一切。你将得到你想得到的一切。我将在我最有意义以及你最需要爱时去找你。"罗伯特想，虽然只有短短的几行字，但却包含着如此多已说出的和未说出的内容。它们包含了一个保证，并且毫无疑问隐含了对未来的希望。有了这个希望和信心，罗伯特将紧紧抓住未来。时间将证明他的爱。玛丽清楚说过，他将得到他想得到的一切，而他知道在这个世界上他最想得到的就是玛丽。所以在又一个失望的日子结束时，他感觉有了希望，未来充满了希望。他决定永远也不要畏缩不前。然后他阅读了朗费罗所作的《生之赞歌》①：

莫唱伤感调；梦幻是人生！
须知灵魂睡，所见本非真。

生命真而诚，坟墓非止境；
生死皆垢尘，岂是指灵魂。

逸乐与忧伤，均非天行健；
君子当自强，翌日胜今天。

光阴似白驹，学艺垂千秋；
雄心如闷鼓，葬曲伴荒丘。

世界一战场，人生一军营；
莫效牛马走，奋发斯英雄！

莫信未来好，过去任埋葬。
努力有生时，心诚祈上苍！

伟人洵不朽，我亦能自强；

① 本诗翻译采用了网络上的译本，未能寻找到译者名字。

鸿爪留身后，遗泽印时光。

或有飘零人，苦海中浮沉；
睹我足印时，衷心又振奋。

众生齐奋发，顺逆不介意；
勤勉而戒躁，努力和等待。

当罗伯特读到“莫信未来好，过去任埋葬。努力有生时，心诚祈上苍!”时，他充分意识到，如果他想要生存下来，继续去获得成功，并完成他的发现和发明，他就必须依靠未来。他缓慢而仔细地阅读了最后一节：众生齐奋发，顺逆不介意；勤勉而戒躁，努力和等待。

它对罗伯特来说太合适了。他很乐意学习努力和等待，也认为他等待了就会有回报，因为玛丽已经向他做出承诺，他知道玛丽会遵守承诺，任何事物都永远无法把这希望从他那里剥夺。

接下来他又阅读了另外一首小诗《爱的春天》：

一点阳光，一点雨露，
一阵柔风从西方吹来，
树木和田野又绿了，
山间的暖意迎面扑来。

一点爱意，一点信任，
一点冲动，一点美梦，
如沙漠中的尘土一样干涸的生命，
比山涧小溪都更加有生气了。

他知道自己拥有伟大的爱和巨大的信心，玛丽的爱和期望将给予他抱负和继续下去的勇气。此时天色已晚，仍然没有玛丽的消息传来。罗伯特意识到，他的生日就要过去了，他对生日礼物的希望也破灭了。

他阅读了诗歌《引路慈光》：

引路慈光，在那包围我的黑暗中，
指引我的道途！
长夜深深，我已远离家乡，
你指引我的道途！
坚定我的脚步；

我不要求看到远方的风景，
——一步之内的风景就足够。
我不可能永远如此，也不祈祷你能读懂我；
我喜欢看见和选择自己的路，
但现在请指引我的道途！
我热爱明亮的日子，尽管有所畏惧，
但骄傲支配我的意志：不要记得曾经的岁月。

你的力量已经庇佑我好久，
我确信它仍将指引我的道途；
越过荒野和沼泽，越过峭壁和激流，
直到夜晚过去；
随着早晨的到来，那些天使的面孔微笑了，
我从很久以前就很热爱它们，只是暂时迷失。

最后一节的最后几行让罗伯特印象非常深刻。罗伯特认为，玛丽只是暂时离开；第二天早上他就要微笑面对未来，带着希望、勇气和决心面对未来，做出一些新的计划；想出其他某个新的方法来找出玛丽，或是获得一些有关于她的去向的消息。他真切地感受到希望迟迟未实现会令人心烦，因此罗伯特阅读了《圣经》中他能找到的所有关于爱的内容。最后他阅读了“雅歌”。

罗伯特知道他将永远也不会离开他的初恋，不会背弃她。这是他生命当中唯一的爱，只要他活着，这份爱就存在。有了这份决心，他决定以希望面对未来。

第十四章　占星术

罗伯特买了晚报，浏览了一下财经版，注意到棉花、小麦和玉米当天都已经上涨。他的生日在经济上来说的确算是成功，他的 21 岁生日使他处在了世界的顶峰，但对罗伯特来说重要的并不是这一点。他当天对玛丽的希望破灭了，他对此感到非常失望，但他并没有放弃。他浏览报纸时看到了一则标题为“女巫师克利奥夫人”的广告。该广告声称克利奥夫人能让分离的人破镜重圆，可以使失去的爱人回心转意。尽管罗伯特从来没去见过女巫师，并且他只相信《圣经》中所阐述的占星术和科学，但由于绝望，他决定抓住任何一根稻草。6 月 10 日一大早，他就打电话要求见克利奥夫人。她对他说，他经历了一场巨大的伤痛，但他的心上人将在几天之内回到他身边，他应当振作起来，因为玛丽只爱他；导致玛丽消失的是一种紧张不安的犹豫不决，她将像她之前消失时一样突然回到他身边。

罗伯特感觉更加充满希望了。他回到旅馆，期待着收到一些关于玛丽的消息，但却没有收到任何信件和电报。他打电话给经纪人公司，看看当天早上棉花和小麦表现如何，结果发现它们都已经走高并且表现坚挺。他的计算表明，小麦和棉花应当在 6 月 10 日到达反弹的顶部，于是他给纽约的经纪人发电报，要求将他的小麦和棉花全部卖出。当天早上玉米下跌了，因此他打电报给经纪人，要求买进 2 万蒲式耳 9 月玉米。发完这封电报之后，他浏览了一下早报，看见一则标题为“占星家 O. B. 约翰福教授”的广告。罗伯特急切地读了读这则广告，因为这个名字吸引了他[①]。他正在寻找可以让他高兴的东西。约翰福教授的广告上说“利用占星术，他可以确定成功何时开始、烦恼何时结束，还可以揭露婚姻何

① 名字约翰福的英文为“Joyful”，意思是“欢喜的；令人高兴的”。因此作者有这一说。

时发生”。罗伯特是一个深信占星术的人，因为他发现这门伟大的科学在《圣经》被提及的次数是如此之多。罗伯特记得曾在“诗篇”111：2中读到：

耶和华的作为是伟大的，凡喜爱的人都努力查究。

罗伯特每次阅读时都会在涉及到了占星术或天上的星宫的地方做笔记，而且他完全相信天体的星历支配我们的生活。

“创世记”1：7、1：16和1：18分别说道：

上帝创造了苍穹，将苍穹以下的水和苍穹以上的水分开；事就这样成了。

上帝创造了两个大的发光体；较大的发光体管理白昼，较小的发光体管理黑夜：他还造了众星。

分别管理昼与夜，分别明与暗；上帝看着这些，也觉得很满意。

“创世记”7：2说道：

凡洁净的畜类，你要带7公7母；凡不洁净的畜类，你要带一公一母。

“约书亚记”10：12和10：14分别说道：

当耶和华将亚摩利人交付以色列人的日子，约书亚就祷告耶和华，在以色列人眼前说：“日头啊，你要停在基遍；月亮啊，你要止在亚雅仑谷。”

上帝像这样垂听一个人的祈求，实在是空前绝后的，这是因为上帝要为以色列作战。

“撒母耳记上”22：8说道：

你们竟都同谋陷害我。我的儿子与耶西的儿子立盟约的时候，没有人告诉我；我的儿子挑唆我的臣仆陷害我，就像今天一样，你们中间也没有人关心我，告诉我。

“约伯记”22：14说道：

密云遮挡着使他看不见我们，其实他正在穹苍漫步呢！

“约伯记”26：10和26：11分别说道：

他在水面划出界限，把昼夜分隔清楚。

支天的柱子都因他的斥责而震惊战栗。

“约伯记”37：18说道：

你能与上帝同铺苍穹吗？这苍穹坚硬如铸成的镜子。

“诗篇”19：1、19：4和19：6分别说道：

诸天宣布上帝的荣耀！苍穹传扬他的作为！

它们的准绳传遍人间；它们的言语远达天涯。上帝在天空为太阳安设帐幕。

太阳从天的这一边出来，绕到天的那一边；它的热量普及万物。

“诗篇”136：7 和 136：9 分别说道：

当赞美创造日月的主，因为他的慈爱永存不息。

他让月亮星宿管辖黑夜，因为他的慈爱永存不息。

“箴言”8：27 和 8：28 说道：

上帝建立诸天的时候，我已经在场；他在海面上划地平线的时候，我也在场。

当上帝为苍穹布置云彩时和在海洋开放水源时，我都在场。

“传道书”1：3 和 1：5 分别说道：

人在太阳底下终生操作劳碌，究竟有什么益处呢？

太阳出来又落下，转瞬之间，又从远处升起。

“以赛亚书”40：22 说道：

上帝坐在大地的穹窿之上，地上的居民有如蚱蜢一般。他展开天幕有如帷幔，伸开天空有如居住的帐篷。

“以赛亚书”43：5 说道：

你不要惧怕，因为我与你同在：我必从遥远的东方、西方，把你的后裔领回故乡。

“以西结书”1：22 说道：

在活物的头顶上面，有穹苍的形状，好像闪耀的水晶，十分可畏，在活物的头顶上面张开。

“阿摩司书”9：6 说道：

上主在天上建立楼阁，以苍穹覆盖大地。他吸取海洋的水，把它倾倒在地上。他的名是耶和华。

“哈巴谷书”3：2 说道：

主啊，我听见你的盛名，就深深地敬畏你。主啊，求你在我们的时代彰显你的作为，复兴你的工作。在你发怒的时候，仍以怜悯为念。

“马太福音”24：29 和 24：30 分别说道：

那些日子的灾难一过去，日头就会变黑，月亮将不再发光，星星将从天上坠落，天上的万象也将被震动。

那时，人子来临的记号将在天际出现。地上万族万民都将哀哭；他们将看见人子充满着能力和荣耀，驾着天上的云彩降临。

罗伯特知道，《圣经》中有很多地方都提及了天国规则。他曾读到过“从开始洞悉结果”；耶稣曾说过：“我将在你的出生地惩罚你。”他急忙去了O.B.约翰福教授的办公室，希望占星术这门伟大的科学可以解释玛丽的失踪。秘书告诉他约翰福教授很忙，由于罗伯特没有预约，他必须得等一会儿。罗伯特环顾这间办公室的四面墙，看见了一些漂亮的写着诗歌的卡片贴在墙上。其中一首诗的题目是《爱的力量》。这吸引了罗伯特的注意力：

雨后的阳光最明媚，
自寻悲伤是种罪过；
当心怀珍珠般的爱时，
女人的心是最愉快的。

罗伯特认为这是一首非常好的诗，他知道这首诗既适用于男人，也适用于女人，因为当爱存在于他的内心时，他的心情也是最愉快的。他知道，此时指引他跨越这混乱的时间之海的，是玛丽那美丽的双眼和再次看见那双眼睛的希望。他焦急地等待着向约翰福教授讲述他的烦恼，希望这些烦恼能很快变成快乐。他阅读了墙上的另外一首诗：

爱是用来每天使用的礼物，
不是用来抑制和隐藏的，
爱不是用来储存在胸中的，
胸中是用来收集纪念品，
和珍藏你最美好的东西的。
爱是你应当每天使用的礼物。

——诺拉·帕金斯

罗伯特知道，他每天都在使用爱，看起来约翰福教授好像为接待那些正在恋爱中的人做了准备。罗伯特阅读了另外一首诗：

我们都渴望对方爱的拥抱；
我们索取，但却不给予；
我们知道祈祷很容易；
但我们却很少付出感情，给予的越来越少；
直到这个世界变得痛苦而艰难。

罗伯特认为，他一直没有吝啬对玛丽的爱，他对她付出了大量的感情。《圣经》说过，爱会生爱，他知道如果他给予什么就获得什么，那么他的回报将是玛丽的返回和她的爱。

此时秘书告诉他，约翰福教授准备好接待他了。他走进教授的办公室，看见了一个中年男人。此人和善的面孔表明，他对那些处于困境中的人们充满了同情。罗伯特简单诉说了他的烦恼。当被问及其出生日期时，他说自己出生于1906年6月9日。教授很快写出了他的星象，并且告诉他，金星和火星在经过狮子宫汇合在一起。狮子宫负责支配人的心灵；金星与天王星的一个三分一对座有关；尽管他可以给予罗伯特有希望的消息，也可以根据他的星象向他保证他总有一天会找到玛丽，但他不能提供虚假的希望，不能告诉罗伯特他几天内就能找到玛丽。教授说，罗伯特有可能在2年内找到玛丽，但也很可能三四年之后玛丽才会再次走进他的生活。鉴于罗伯特打电话去打听玛丽那一天，金星正从与火星的合相分开，这表明他的心上人玛丽此时正在离他越来越远，而不是正在向他靠近。

他向罗伯特保证，玛丽还活着，没有受到任何伤害，而且也没有人会伤害她；她正在实施她自己的秘密计划；她对罗伯特很忠诚，没有别的恋人。他对罗伯特说，他是一个天生的天才，未来几年里将在投机和航空领域取得巨大成功。尽管罗伯特很失望，但他感觉这个有科学知识的人说的是事实，因而罗伯特决定采纳他的建议，尽量有耐心，并且满怀希望地面对未来。教授告诉罗伯特，他的星象显示，他最终将实现他所有的愿望和抱负。金星处于巨蟹宫当中，预示着最终会有幸福的爱情，但在巨蟹宫中的海王星又显示家庭中存在不可外扬的丑事或是一些秘密难解的家庭事件和家庭关系。

罗伯特把去纽约的计划告诉了教授，教授说道，纽约市由巨蟹宫统治，由于爱神金星位于这一星宫当中，因此他最终将在纽约市遇见或找到玛丽。这使罗伯特备受鼓舞，因为他知道自己想要去纽约，在投机交易中获利并完成自己的发明。约翰福教授告诉罗伯特，金星在负责支配心灵的狮子宫中运行，当金星遇到苦难时，它将引起一些巨大的悲伤和心痛。罗伯特已经与支配心脏的狮子宫中的月亮一起开始了旅程，但月亮已经与好的方面分离，并且正与不好的方面相关。他的主星与天王星的一个不好的方面有关，表明这次旅程开始之后将出现巨大的烦恼。教授说，罗伯特所计划的婚期是一个不幸的日子，婚礼最好不要在那一天举行。他对罗伯特说，他的各种愿望未来一定会实现，但实现的日期不可避免地要延后。

他告诉罗伯特，保证他几天内就会找到玛丽的那个女巫师只是在安慰他，并没有可靠的科学来证实这些希望（会实现），至少没有证实这些希望会立即实现。他有可能在国外的某个国家找到玛丽，或者一些关于玛丽的消息将从很远的地方传来。他问罗伯特玛丽的生日是什么时候。罗伯特说他只知道她出生于10月6号，但不确定是哪一年，不过，他想应该是1908年。教授告诉罗伯特，如果他说的日期是对的，这将确认他刚刚所说的一切，而且表明他要很久才能找到她。

带着面对未来、实施各种计划和忠诚于玛丽的坚定决心，罗伯特回到旅馆，心中更加充满了希望。他一到达旅馆就收到了肯耐渥先生发来的一封电报，上面说道：

今晚乘坐阳光特别号列车，周六早上到达圣路易斯。准备好立即与我一起启程去纽约。

看完电报，罗伯特感到很振奋，因为自玛丽消失以来，他还没有见到过熟人。肯耐渥先生是他一个亲密的朋友，见到他并向他诉说自己的烦恼将是莫大的安慰。罗伯特也很渴望见到老朋友沃尔特·肯耐渥，于是他决定做好准备去纽约。查尔斯 A. 林德伯格上校大型欢迎会已经计划好，将于6月13号，即周一在纽约举行。罗伯特希望届时在场，但每当他想到什么会带给他幸福或快乐的事情时，他都会想到玛丽。他知道没有玛丽，这场欢迎会对他也就没有那么大的意义了。他仍然希望玛丽会出现，或是可以在离开之前收到一些关于她的消息。罗伯特想见一见林德伯格上校和他的飞机"圣路易斯之魂"，因为他正梦想着自己根据以西结的描述完成自己的大型飞机的那一天。罗伯特回到自己的房间，这一天接下来的时间都在阅读《圣经》和计算战争未来的周期循环。他认为，在股市中和商品期货市场中挣钱的大好机会即将来临，他即将在经济上取得巨大的成功，即将实施他的各种计划。

6月11日，肯耐渥先生到达了圣路易斯，罗伯特去了联合车站与他汇合。在火车开往纽约之前他只有大约1个小时的等待时间。此时他仍然没有收到玛丽的消息。肯耐渥先生告诉罗伯特，玛丽的父母仍然满怀希望地认为她还活着，但他们无法理解她为什么还没有与任何人联系。肯耐渥先生告诉罗伯特要保持他的勇气，因为他确信最终一切都会好起来的。在去纽约的火车上，他们谈论了罗伯特的各种计划。肯耐渥先生说他渴望见到罗伯特与沃尔特再次聚到一起，他相信这是最好的安排。罗伯特告诉肯耐渥先生，他一直在小麦和棉花上获利，莱特航空也正在朝着他预计的方向运行；他卖空了美嘉汽车，并且期望依靠在下跌过程中一路卖空来大赚一笔。肯耐渥先生表示他一直对罗伯特的能力有信心，并且告诉罗伯特他打算在市场上跟随他操作。他说，尽管他钦佩罗伯特对玛丽伟大的爱和信任，但担心也不能把她带回来，他应当开始干正事，研究《圣经》，致力于自己的发明，把玛丽回来的事情留给上帝，要相信上帝；上帝了解所有的事情并且可以把所有的事情做好。肯耐渥先生告诉罗伯特，他是一个"行动家"而不是梦想家；罗伯特所展示出来的能力是他所认识的所有年轻人里面最强的；他有锐气，引用一则警句就是"悲观主义者说这事无法做到，乐观主义者说让乔治去做一做；而有锐气的人此时已经做了"。肯耐渥先生说："罗伯特，你和林德伯格都是有锐气的人。当其他人还在观望、等待或是说不可能的时候，你已经采取行动了。"他引用了坦尼森所作的一首诗：

我不得不承认，
一些人曾努力平静下来，
他们被给予了可以用天堂混淆人类的快乐。
艰难地逆水行舟的人，
看到伊甸园的大门距离很远，
而且做梦都没有想到那只是一个梦。

"我相信你一定会使你的梦想成真的。《圣经》说：'人莫强如在劳碌中享福。'工作是摆脱痛苦唯一可做的事。如果你去工作，去完成你的发明并继续研究，烦恼自然就会消失。时间将轻轻松松地过去，到时你还没有意识到呢，玛丽就回到了你身边。"接下来罗伯特复述了多拉·格林沃德所说的几句话：

"快乐就是工作。它是征服自然形成的。它是强心的美酒，可以让人振作起来去从事高尚的事业。"

肯耐渥先生说："罗伯特，那样很好，但是你必须为那尚未获得的快乐而努力。你对玛丽伟大的爱将加强你的心智，支撑你达到所有的目标。爱是宇宙间隐藏的伟大力量，是所有力量之最。情感是所有巨大成就背后的推动力，没有情感就永远也无法取得任何成就。情感有三种——爱、恐惧和仇恨，是它们促使了每一种行为，不管是好的还是坏的；没有这三种情感，人类将无法取得任何成就。将帮助你完成所有计划并实现你最大愿望和抱负的伟大情感是爱。一个人挣钱和存钱是因为他惧怕未来。大国参与战争是因为它们为仇恨所驱使，它们也会因为恐惧而战斗，但如果是爱推动一切，就不会有战争、不幸、烦恼和妒忌。”

然后罗伯特拿出了他写给玛丽的一首题为《爱情》的诗，和他在与玛丽 1926 年第一次分手期间写给玛丽的一首题为《爱情的花园》的诗。肯耐渥先生阅读了这些诗，对罗伯特的写作能力留下了非常深刻的印象。他说：“罗伯特，这向我证明了爱可以激发一个男人最优秀的一面，当他找到了一个好女人时，成功就是必然的。”

罗伯特谈论了他是如何读到《圣经》当中所说过的，最终将只有一个上帝和一群团结的子民，爱将统治世界；母亲如何自他小时候起就开始反对战争，祈祷有一天战争会停止，人类会遵从耶稣基督发出的命令：“爱人如爱己。”他希望并且确信这一天会到来，但是当他研究后发现，《圣经》清楚表明了还将爆发空中大战，届时致命的化学物质将得到运用，地球上绝大多数人都将因此而丧生。随后和平就会到来，那时上帝将统治世界，爱将是所有行为背后的推动力。那时各国将不再妒忌他国并挑起战争。

罗伯特说：“我对过去的战争和形势的变化情况进行了仔细的研究；包括西班牙是如何一度成为海上霸王，随后荷兰[①]又是如何成为霸主；接下来英国又是如何统治了海上，伦敦如何成为了世界的金融中心。然后在 1914 年爆发了世界大战，它改变了一切。英国丧失了海上控制权，丧失了作为巨大的世界金融中心的能力。世界的黄金迅速流向了美国。在 1917 年的黑暗时期，英国和法国在被俄国背弃之后陷入困境，美国——这个爱和自由之邦，前去救援，帮忙打败了德国，拯救了英国和法国。那时他们看来似乎十分感激，但战争之后情况却发生了变化。美国不再背负外债，而是变成了世界银行，外国欠了美国大笔大笔的钱。我国自那次战争之后持续繁荣，世界的黄金此时都在我国。我们以前的朋友都开始妒忌我们所享有的繁荣和我们现在所拥有的曾经属于英国的金融力量。一些国家不想偿还债务，而它们的妒忌又总是会像过去一样，只会导致战争。我希望战争来临时，我已经准备好利用我的大型飞机和其他发明来帮忙保卫我的祖国，进而促进一段建立在爱和友好基础之上的持久和平。美国一开始就是一个自由之邦，一直为世界其他各国树立榜样。我希望看到我们的国家带头建立世界和平和人类的手足之情的那一天。林德伯格上校的飞行证实了我对未来的研究和预测。飞机制造业

① 原文是罗马。译者根据欧洲史，认为是作者笔误。

将得到迅速发展，各国都会想要试着用这些新发现和新发明来征服其他国家，战争无可避免。《圣经》中的先知预言了这一点，我对循环理论的研究也表明，我们正处于一个战争周期即将重复的时期。”

6 月 12 日下午，肯耐渥先生和罗伯特到达了纽约市，沃尔特在火车站接他们。罗伯特非常高兴再次见到自己最亲密的朋友，与沃尔特在一起令他感到安慰。到达之后，他们去了范德比尔特旅馆入住。随后肯耐渥先生外出去见一位朋友，留下罗伯特和沃尔特俩人单独聊天儿。罗伯特把玛丽消失之后他所经历的可怕的痛苦和他的巨大失望告诉了沃尔特。他谈到了自己在市场上所取得的成功，谈到了未来。他希望未来在沃尔特和沃尔特的化学知识的帮助下，完成自己的伟大发明，做出将永远结束战争的发现。然而，谈论了自己的未来计划之后，他的心思立即回到了玛丽身上。他开始谈论玛丽，开始为没有玛丽这一事实而感到悲哀。沃尔特让他忘了玛丽，时间将带来变化，他将找到另外一个女孩，这个女孩将替代玛丽。罗伯特对此感到很气愤，并且告诉沃尔特，时间永远也改变不了他；他到死也会忠诚于玛丽，不管他是否再也听不到她的消息。沃尔特说，玛丽还太年轻，根本不了解自己的心思，她很可能爱着另外一个人，或是认为自己爱着另外一个人，这就解释了她为什么突然改变主意并从火车上消失。于是罗伯特把玛丽消失那天早上他在自己口袋里发现的信拿给沃尔特看。沃尔特看了看这封信。

如果你信任我，我会回到你身边。爱总是会充满信任、理解和等待。时间证明一切。你将得到你想得到的一切。我将在我最有意义以及你最需要爱的时候时去找你。

永远爱你的玛丽

1927 年 6 月 5 日凌晨 3 点

沃尔特说：“这无疑是一封难以理解的信。我不懂，而且我认为玛丽自己也不懂。这封信当中根本没有解释她是否要离开你，也没有解释她为什么要离开，她要去哪里，或是任何关于她离开的信息。罗伯特，你难道不明白，真爱（你的人）永远也不会这样做或是写这样的内容？这一切的背后有某个秘密，我认为这件事情当中存在着另外一个男人。”但罗伯特不愿意听任何这样的理由。他对玛丽的信任是不可动摇的。他对她的爱，伟大得足以让他理解和耐心等待。玛丽不可能，也不会做错事，再多的证据也永远不能改变他的心意。

肯耐渥先生回到了旅馆，晚餐之后他对罗伯特说，他想和儿子沃尔特有一次秘密谈话。于是罗伯特决定出去散散步，看一看这座城市。当沃尔特跟他的父亲独处时，他告诉父亲，他与罗伯特谈了很久，罗伯特满脑子想的都是玛丽。他的父亲说道："唯一要做的就是帮助罗伯特专注于他的研究，这样他就会忘记玛丽的事情。目前这对他是最好的。他对玛丽伟大的爱将成为激励他成功的动力，并帮助他实现自己的抱负。爱是世界上最伟大的东西，没有爱，人类就无法走得太远。爱会激发一个男人高尚的、更加优秀的品质，我们应该一直鼓励这样的爱。"

第十五章 爱的信诺

接下来的一天是 6 月 13 日，星期一，肯耐渥先生、罗伯特和沃尔特仨人早早地起床，为参与林德伯格上校沿着百老汇的盛大游行做好了准备。罗伯特兴致勃勃地谈论着这是如何巨大的成就，以及这对世界，尤其对美国意味着什么。沃尔特告诉他，他们必须忙碌起来，开始制订计划来建造罗伯特的大型飞机。当他们出发到街上去的时候，罗伯特开始谈论玛丽，说他希望当天能找到她。透过人潮，他盯着每一个女人的脸庞，希望玛丽如果还活着，或许决定了来纽约参加林德伯格欢迎会。这对林德伯格上校来说是难忘的一天，对罗伯特来说也是难忘的一天，因为这激励着他对（自己）这一天的期望。他相信，当飞机征服世界并带来世界和平时，这一天就会实现。他认为，世界永远也不可能达到完美状态，直到人类基于爱的手足之情被建立起来。

沃尔特向他的父亲和罗伯特讲述了他曾经看过的一部很好的剧作，叫《我为人人》。他热切地向他们推荐这部剧作，并且已经买了当天晚上的票。罗伯特从开头就产生了兴趣。他为莫莉所吸引，看到了她对艾瑞克做出的巨大牺牲——这与玛丽一样。当戏剧接近尾声时，莫莉处于极大的痛苦之中，她的秘密牺牲被艾瑞克知道了。罗伯特再也不能抑制自己的情感了。他转向肯耐渥先生说道：“我想知道他是否足够男人，原谅她和感激她，对他来说她是这个世界上最伟大的女人。他的心胸会足够宽广到意识到她是因为无私的爱而做出了最大的牺牲吗？既然他已经成功了，全世界都已经在他的脚下，他会对她感到厌恶，会向多数人那样谴责她吗?”肯耐渥先生说：“你可以看得出，艾瑞克脑中此时正在考虑这件事，也正在犹豫不决。我们只能拭目以待。”罗伯特说：“如果艾瑞克像我爱玛丽一样爱莫莉，他在经历过这件事之后此时应该更爱她了。”

当演到艾瑞克看恰托克斯的收条时，罗伯特绷紧了身上的每一根神经注视着艾瑞克。当莫莉倾身到楼梯，越过艾瑞克的肩膀去看收条时，罗伯特也注视着莫莉和她的表情。他看见艾瑞克慢慢地用收条把小小的婴儿袜折叠起来，把它们放在自己的口袋里，然后慢慢地走开。罗伯特想知道，艾瑞克在想什么，他的决定又会是什么。接下来到了最后的高潮，知道一切之后，艾瑞克把莫莉拥入怀中亲吻起来。罗伯特知道这意味着原谅和理解。然后他意识到，正如莫莉一开始所说的，爱是世界上最伟大的东西，它比世界上所有的金钱都要重要。

罗伯特跳起来大叫道："艾瑞克万岁，"同时说道，"这就是我对玛丽的爱，不管可能已经发生了什么或是未来她会做什么，我的爱都是那种可以理解、原谅和遗忘的爱。"他告诉肯耐渥先生和沃尔特，他对《圣经》中的一个故事印象有多么深刻。故事说的是一个女人被带到耶稣面前并被指控，而耶稣却说道："让没有罪的人拿起第一块石头，"等到人们全都消失了之后，耶稣说道，"女人，难道没有人指责你。"女人回答道："不是，上帝。"耶稣说："我也不是。走你自己的路，别再犯罪了。"罗伯特说，这个世界一旦意识到爱的伟大力量，妒忌、仇恨、所有的谴责和对个人所得的渴望都将消失。当爱独自支配人的内心时，战争将不复存在，人们将不再看到同伴邪恶的一面，正如艾瑞克没有看到莫莉牺牲的不好一面，而是明白和了解是对他那份伟大的爱引起了她的行为的动机。罗伯特引述了"但以理书"2：22的内容：

"他显明深奥和隐秘的事：他洞悉暗中的一切，因为光明与他同住。一个永不灭亡的国必将毁灭其他各国，自己则将永远存在。"

他说，当人类遵循相互关爱和理解的律法时，就会有一个永不灭亡的王国被建立起来，它将毁灭其他各国。罗伯特相信，美国这个自由之邦就是被创造来永不灭亡的，它最终将毁灭其他各国，利用爱和正义的律法来进行统治；它变成最繁荣的国家和世界银行是上帝的意志。他相信，"诗篇"147：20当中所提到的国家指的就是美国：

"他从没有这样对待其他各国，因为他们都不知道他的典章。你们要赞美耶和华。"

沃尔特不像罗伯特那样对爱的力量如此热衷和确定。他说，你永远无法确定一个女人要做什么，并且引用了"箴言"30：18和30：19的内容：

"精深奥妙、令我猜不透的，有四件奇事——鹰在空中飞翔之道，蛇在石中爬行之道，船在海中航行之道，男女爱恋交欢之道。"

沃尔特说："最后一项我实在是猜不透，我也不会试图去领悟一个没有男人的少女的行为方式。你不知道她们要去哪里，也总是预料不到她们何时回来。某个有智慧的女人曾经说过，‘了解了一个男人，你就了解了所有男人。’一个更加有智慧的男人则说过，‘你永远无法了解一个女人，因为所有女人都是不一样的。’”

罗伯特说：“追溯历史并阅读最有智慧的男人关于女人的看法很有意思。孔子说过，‘女性是一种杰作。’米什莱说过，‘女人是一种充满了非凡矛盾的奇迹。’拉马丁说过，‘在所有伟大的事业之初都会有女性的存在。’我完全同意他的说法。回顾所有伟大的成就刚开始的时候，你都会发现一个好女人的影响力。她可能是一位母亲、姐妹，也可能是爱人，但一个女人的爱永远是男人的巨大成就背后的动机。有人曾说过，‘女人最初不是被创造来为她自己的，也不是被创造来做男人的偶像的，而是做男人的配偶。’毕达哥拉斯说过，‘女人眼中有两种眼泪，一种是悲伤的眼泪，一种是欺骗的眼泪。’我认为这是因为有两种男人，一种感激爱和荣誉，给予同情；另一种则自私，期望不劳而获，女人必须用欺骗来对待他们。我深信播种与收获的道理。我们在生活中投入什么就会收获什么。如果我们给予的是爱和忠诚，我们所获得的也会是爱和忠诚。梅特林克说得对，‘一个男人认为自己的心上人有多纯洁，她就会有多纯洁。’我记得阅读过一首诗：

人啊，你最爱什么，
你就一定会变成什么，
如果你最爱上帝，你就会是上帝，
如果你最爱尘埃，你就会是尘埃。

“拿破仑说过，‘世界上所有的女人都无法使我迷失一小时。’但历史却表明，拿破仑的确曾为他对约瑟芬的爱而辗转反侧。他给她写信说道——‘我对人们感到厌恶，因为他们让我远离我的爱人。’莎士比亚比其他所有人都表达得更好，他说，‘是女性的仁慈，而不是她的美貌，令我倾爱。’一个真正有女性气质的女人内心充满了爱，她不可能不仁慈，因为仁慈是爱的产物。女人或许难以理解，我们或许无法理解她们，但这也是我们越发爱她们的一个原因。方坦奈尔说过，‘有三件事物我一直喜欢，但又从未理解——绘画、音乐和女人。’他好像还加了一句，‘这三者当中我最不能理解的就是女人。’”

接下来沃尔特引用了骚塞的话：“一个有智慧的男人不会相信的东西有三样——传闻、4 月的阳光和女人的忠贞不渝。”罗伯特回答道：“然而，几乎所有有智慧的男人都曾爱过并且信任过某个善良的女人，而且他们当中绝大多数都没有为此后悔过。沃尔特，你还从未真正的爱过，你不知道爱是什么。如果你真正的爱过了，那么不管在什么情况下，你都会有信心和信任。”“我想，爱和女人这一主题对我来说太深奥了，”沃尔特说，“你越早开始认真处理你的事业和研究并把爱清除你的大脑，你将取得的成功就越大。”罗伯特回答道：“没有爱，这个世界就不会存在。是上帝对这个世界的爱拯救了这个世界。我对玛丽的爱将使我在未来成为任何我想成为的人。我知道，如果没有这份爱，我将会是一个悲惨的失败者。总有一天，你在晚上睡觉之前最后想的会是那美丽的红唇、像宝山上那纯净的宝石一样闪耀的双眼、比夜莺（的歌声）还要甜美的声音、柔软的秀发，以及对你来说比维纳斯还要美丽的身体；早上醒过来时，你第一个想到的也会是她。你将在美丽的花丛中见到她，纯净水面上的涟漪将反射出她的脸庞；随之出现的将是你所能想到的关于她的每件事。你将难以入睡。当你像这样狂热的时候，你就会明白和了解爱的力量。然后其他的一切都将不再重要，你的生命当中重要的将只有一件东西——你所爱的那个女人。像这样伟大的爱情一定会降临到每一个男人身上。这样的爱情可能会出现在青春时期，也可能会出现在迟暮之年。男人会回望过去的人生，渴望他本应该爱的时候他能够更加年轻，可以活得更久。爱是一种仙丹，它是比任何药物都要灵验。它建起了王国，也毁灭了国家。你现在有抱负和对黄金的渴望，但是沃尔特，这些最终能买到什么！世界上所有的黄金都买不到一个小孩儿的手指轻轻地触碰，也买不到像玛丽那样的天使的眼睛里那爱的光芒。爱可以给予其他任何东西都无法给予的满足感。”

沃尔特说：“罗伯特，你总是提到玛丽和她的眼睛。你所说的那双美丽的黑眼睛或许很美妙，但是你要记住这句古话，‘当蓝色的眼睛对你微笑时，你还会忠实于黑色的或棕色的眼睛吗?’你会发现，如果玛丽不出现，你迟早会改变，并且你会因此变得更好。”

但罗伯特确信永远没有其他眼睛可以代替玛丽的眼睛，于是他把下面这首诗递给了沃尔特。

自我疗愈

——本·沃伦

如果某个棕色眼睛的女孩改变了她的心意，
留下你自己在痛苦中煎熬，
要平静地微笑并且让她离开，
你会忘记自己的悲痛——

在灰色的眼睛中可以发现很多安慰。
如果某个棕色眼睛的女孩留下你的心，
碎落了一地，
那么你应当做的事情是凝视蓝色的眼睛——
或许你会发现同样的东西却可以是两倍甜蜜。
如果某个棕色眼睛的女孩暗示分离或是怠慢，
以及把你当作“空气”，
你那高兴而惊奇的心就会留意那淡褐色眼睛的诱惑——
你可以歌唱太史享的那首“我不在乎”的歌。
嗯，如果某个棕色眼睛的女孩做出了上面所说的，
你会发现一些正确的人生哲学；
我猜这可能对你有效，但是我真的必须承认，
这从来就对我毫无意义！

“最后一节精确地表达了我的感情：除了玛丽的眼睛，其他任何人的眼睛都将永远不会对我有任何吸引力。”

林德伯格上校纽约欢迎会之后几天，罗伯特决定开始干正事。他拜访了他在华尔街上的经纪人，谈论了市场行情，发现这个圈子的不同于他的思想和观点。于是他决定在华尔街 69 号开设一间办公室，沃尔特会在学习之余去与他共事。他们考虑雇一个速记员或是办公室助理。沃尔特约见了埃德娜·昆廷，一个非常有才能的女孩，他认为她是最能胜任这项工作的人选。于是罗伯特为她提供了办公室里的一个职位。

沃尔特希望使罗伯特保持心情愉悦，因此他们经常一起去观光旅游，并且看遍了所有最新的剧作。罗伯特对《学生王子》这部剧作非常感兴趣。当老仆人对年轻的王子说“遵守承诺，睡得踏实；违背承诺，整夜难眠”这句古话时，他被感动了。罗伯特知道，这就是促使国王回到以前的心上人身边的原因，当他放弃以前的心上人与公主结婚时，他感到厌烦和沮丧。他告诉沃尔特，他永远也不会违背对任何人的诺言；他知道如果自己违背了，他将永远也无法再睡得安稳。

第十六章　沃森老人

罗伯特·戈登在棉花中的大型战役

6月10日，罗伯特以17.30美分的价格全部卖出了他的10月棉花，以17.50美分的价格全部卖出了他的12月棉花，之后他决定密切观察几天市场，因为他认为市场即将走低。他的预测指示出了6月25日左右的最终买进价位。他估计，在那之后市场将走高到9月5～6日，届时将出现最终的高点。

6月25日，10月棉花下跌到了16.80美分，他以16.83美分的价格买进了500包10月棉花，以17.15美分的价格买进了500包12月棉花。他预计，棉花将上涨大约30天，于是在7月25日以19美分的价格把手中的500包10月棉花卖出，以19.20美分的价格把手中的500包12月棉花卖出，同时以19.20美分的价格卖空了500包12月棉花。随后棉花如他所预期的一样下跌了。7月30日，他以18.60美分的价格再次卖空了500包12月棉花；8月6日，他以17.40美分的价格买进了1000包12月棉花，回补了自己的空头合约。他预计，8月8日发布的政府报告将十分利多，棉花将非常快速地上涨，并且会持续上涨到9月5～6日左右，或者上涨到9月份的政府报告发布时。8月6日，他以17.35美分的价格买进了1000包12月棉花。8月8日，他以17.30美分的价格买进了500包12月棉花。政府报告如他所预期的一样，棉花在8月8日上涨了200个点。8月9日，他以20.30美分的价格把自己的1500包12月棉花全部卖出，同时以20.30美分的价格卖空了1000包12月棉花。接下来出现了一轮大的下跌，他在8月13日以19.10美分的价格买进了1000包12月棉花，（回补了自己的空头合约，）同时以19.10美分的价格多头买进了1000包12月棉花。然后他开始在上涨的过程中一路加码。8月

19 日，他以 20.10 美分的价格再次买进 500 包 12 月棉花；8 月 22 日，以 21.10 美分的价格再次买进 500 包 12 月棉花；8 月 27 日，以 22.30 美分的价格再次买进 500 包 12 月棉花；8 月 29 日，以 23.30 美分的价格再次买进 300 包 12 月棉花。9 月 8 日，政府报告仍旧是利多，市场上涨，此时就是他预计市场将形成最终顶部的时候，随后将出现一轮大的下跌。9 月 8 日，他以 24.40 美分的价格卖出了手中的 2800 包 12 月棉花，并且在同一天以 24.50 美分的价格卖空了 2000 包 12 月棉花。9 月 9 日，他以 23.80 美分的价格再次卖空了 500 包 12 月棉花；9 月 11 日，以 22.30 美分的价格卖空了 300 包 12 月棉花。9 月 13 日，他以 21.60 美分的价格买进了 2800 包 12 月棉花，回补了空头合约。9 月 14 日，他以 22.60 美分的价格卖空了 1000 包 12 月棉花；9 月 17 日，他 21.60 美分的价格卖空了 500 包 12 月棉花；9 月 21 日，他 20.60 美分的价格卖空了 300 包 12 月棉花。9 月 23 日，他预计市场到了开始反弹的底部了，于是以 20.60 美分的价格买进了 1800 包 12 月棉花，（回补了空头合约，）并且在同一天以 20.60 美分的价格多头买进了 1000 包 12 月棉花。9 月 28 日，他以 22 美分的价格卖出了手中的 1000 包 12 月棉花，同时以 22.10 美分的价格卖空了 1000 包 12 月棉花。9 月 29 日，他以 21.30 美分的价格买进了 1000 包 12 月棉花，（回补了空头合约，）同时在同一天多头买进了 1000 包 12 月棉花。10 月 3 日，他以 21.50 美分的价格卖出了手中的 1000 包 12 月棉花，同时以 21.50 美分的价格卖空了 1000 包 12 月棉花。10 月 6 日，他以 20.75 美分的价格买进了 1000 包 12 月棉花，（回补了空头合约），同时反手做多，因为他预计 10 月 8 日政府报告发布时市场将走高。

罗伯特·戈登在美嘉汽车股上的大型战役

1927 年 6 月 19 日，星期天，罗伯特·戈登花了一天的时间来研究他的图表，并计算股票、棉花和谷物的循环周期。他此时卖空了美嘉汽车，正密切注视着该股。这一天，他有了一个关于时间因素的新的巨大发现，他据此预计美嘉汽车将下跌到 6 月 30 日左右，随后便会开始一轮持续到 1927 年 9 月 16 日左右的上涨。1927 年 9 月 16 日将是该公司成立 19 周年，届时该股将到达最终的高点，然后下跌到 1929 年 2～4 月份。他预计，该股到 9 月 16 日应当会上涨到 270 美元左右，于是决定密切注视该股。如果该股在 6 月 30 日左右下跌，他就回补空头头寸，然后开始多头买进。6 月 30 日，该股下跌，他买进该股，回补了空头合约，同时以

192美元的价格多头买进了500股美嘉汽车。他决定在上涨过程中一路加码。7月15日，他以204美元的价格买进了500股；7月21日，他以214美元的价格买进了300股；7月26日，以224美元的价格再次买进了300股。8月5日，该股上涨到了230美元，他把自己1600股的止损单上移到了225美元。8月8日，他以225美元的价格把自己的股票全部卖出。他仍然相信，该股到9月16日将上涨到270美元左右，但他预期将出现一轮大约12～15个点的回调，于是他决定先等待几天，观察一下自己的图表，看一看该股是如何表现的。8月12日，美嘉汽车下跌到了218美元，比他所预计的12个点多下跌了一点儿，于是他以218美元的价格买进了1000股。他把止损单设置在了212美元，一个他认为该股不会下跌到的点位。随后该股开始上涨，8月20日，他以228美元的价格买进了300股；8月24日，以238美元的价格再次买进了300股，8月26日，以248美元的价格再次买进了300股。当他加码操作时，初次买进或是卖出的量最大，然后在上涨或下跌过程中逐渐减少买进量或是卖出量，同时始终要设置止损单。9月7日，该股上涨到了253美元，他把自己所有头寸的止损单都上移到了243美元。他的止损单从未被触及。9月14日，出现了一轮快速上涨，他以258美元的价格再次买进了300股，此时有2200股的头寸。他预计，该股应当会在9月16日上涨到270美元左右。当市场在此时上涨到272美元时，他以272美元的价格把自己的2200股全部卖出。

他在这次交易中大赚了超过8万美元的赢利，同时由于他预计该股大概会在这个时候形成最终的顶部，因此决定挂出一笔该股的空头头寸，并且在下跌过程中一路加码，进行长期的卖空。9月17日，他以138美元和137美元的价格分别卖空了500股美嘉汽车的新股①，同时把止损单设置在147美元。

他为自己制定了一条规则，即在获得了一大笔赢利之后，永远不拿自己赢利的10%以上的额度在第一笔新的交易上；如果第一笔交易出了错，他损失了本金的10%，他就会减少交易量，这样下一次的损失就会只是剩余赢利的10%。按照这种方法，他计算出市场将必须连续击败他10次，才能让他赔掉他所获得的所有赢利；而他对过去记录的研究表

① 根据前面该股走势的描述，新股应当是除权后的股票。卖空的位置从逻辑上来看，大致在老股270点附近。

明，这种情况永远也不会发生。接下来他下单分别以 128 美元、118 美元、108 美元和 98 美元的价格卖出了更多的美嘉汽车股，因为他预计第一轮下跌将持续到 1927 年 12 月下旬。在那之后，他将在反弹后再次挂出空单，然后持有，并在将持续到 1929 年春季的下跌的过程中一路加码。他对于股票将在某个阶段如何表现的伟大发现，使他能够在股票即将出现快速上涨或下跌这一阶段时获得巨大的赢利①。

1927 年 10 月份是纽约的一个美丽的季节。天气暖和，每一天都阳光明媚。这让罗伯特想起了 1926 年的秋天，当时他去了德州谢尔曼看玛丽。他想到这一年内发生了多么大的变化，想到了他在市场上赚到的大量金钱，但金钱却买不到对他疼痛的心的慰藉。

几天、几周、几个月渐渐过去了，但仍然没有玛丽·斯坦顿的消息。她似乎消失了，像是被这个世界吞没了。

罗伯特所预计的 1927 年秋季和冬季的股市大跌出现了，他通过在股市中卖空迅速地获利。他卖空了中央钢铁、美嘉汽车和其他一些股票。他还在 10 月份买进了玉米和小麦，并且在这一年后来的日子中获得了大笔的赢利。金钱迅速累积，1927 年 10 月下旬，他已经赚到了 30 多万美元。他把玛丽的钱存放在了一个单独的账户中，她最初的 400 美元此时已经超过了 2 万美元。罗伯特继续让她保有一个单独的账户；他打算尽其所能地赚钱，然后把这些钱当作惊喜送给玛丽，以向她证明他在她离开期间的忠诚和体贴，同时也证明他相信她一定会回来。

罗伯特成为了众所周知的“华尔街的神奇小子”。他的名声传开来，华尔街的前辈们都在谈论他那非凡的成功。罗伯特拒绝报刊采访，也拒绝透露任何关于他在市场中的运作方法的信息。他几乎从来不去经纪人公司，也很少交朋友。他致力于他的发明，沃尔特是他唯一的朋友。沃尔特认识了一个名叫亨利·沃森的老头儿，他是华尔街上的老手，此时已经 70 多岁了，曾赚过很多钱，也赔过很多钱，也曾见过最大最厉害的赌客在华尔街上破产。沃尔特把沃森先生介绍给了罗伯特认识，罗伯特对这位老人的过去非常感兴趣。老人把丹尼尔·杜鲁的故事告诉了罗伯特，并且让他去读《杜鲁的一生》这本书。该书叙述了杜鲁是如何在挣了 1300 万美元之后又全部赔掉，并且死的时候几乎是一个乞丐。该书还讲述了丹尼尔·舒利的故事：他是如何在棉花市场上挣了 1000～1500 万

① 这里的意思是指个股趋势启动的临界点。

美元，但却又在 1904 年 3 月份的棉花崩跌中，由于违背了自然法则，几天内就把这些钱赔掉，然后就从金融圈消失了。1907 年和 1908 年的神童利弗莫尔是如何赚了几百万，拥有豪华的游艇，然后失去了一切；经历了破产后又重新东山再起。另外一个有名的例子，一度在棉花市场中拥有了超过 1000 万美元的账面赢利的尤金·斯格尔斯，后来是如何把这些赢利全部赔掉。艾伦 A. 赖安在他最鼎盛的时期，是如何违抗了机遇之神和华尔街不成文的规定，结果导致几百万全部赔掉，最终只能经历破产，并且每 100 美元仅偿还了大约 20 美分。

沃森先生还告诉罗伯特，杜兰特是如何变成了伟大的汽车巨头。他在 1908 年组建了通用汽车公司，取得了巨大的成功，在战争期间和战争之后积累了几百万的财富。他全权控制了通用汽车公司，当该股在 1920 年春天卖到 410.00 美元时，他被认为身价超过了 1 亿美元。杜兰特当时强烈看涨，宣称通用汽车将走得更高。1920 年夏天出现了通货紧缩，所有股票都急促下跌。此时杜兰特仍然看涨，在下跌过程中不断买进通用汽车股。当时该股已经按照 10：1 的比例进行了拆分，新股在 1920 年 3 月份的价格是 42.00 美元，相当于老股 420.00 美元每股。1920 年 12 月份，新股下跌到了 14.00 美元每股；最终在 1922 年春天下跌到了 8.25 美元。他不愿意卖出；事实上，他在下跌过程中买进了几乎所有的股票。当该股下跌到 15.00 美元每股时，杜兰特就破产了。他那超过 1 亿美元的财富被一扫而光。摩根家族和杜邦家族接手了他所有的股份，据报道，接手价在 5.00 美元每股左右。他丧失了对这家让他名声大震的庞大公司的控制权。后来杜兰特组建了一家新的公司，很快便东山再起。他回到了股市，并且在 1924～1927 年的柯立芝大型牛市行情当中，再次成为了通用汽车股和其他一些股票的主力，被认为赚到了 5000 万美元或是更多。

老人说道，杜兰特是华尔街 60 岁之后破产了还能东山再起的非常罕见的例外。他告诉罗伯特，华尔街是一个充满了成败的地方——更多的是败。放弃的时机就是当你年轻挣了钱时。

罗伯特向沃森先生解释说，他不是在猜测和依据希望进行赌博，不是在根据人为判断而是在遵循科学进行交易，因为他遵循了《圣经》中所阐述的周期循环法则。沃森先生说："我祝你成功，同时为了你的利益着想，我要就华尔街绝大多数失败的原因向你给出我的观点，因为我了解那些赚了大钱的人的故事，并且与他们当中的绝大多数都有私交。丹尼尔·杜鲁失败的原因是自私和贪婪。他不忠于自己的伙伴，他只想着挣钱，只为自己着想，不管自己会伤害谁。后来形势变化了，杜鲁却未能随着形势的变化而变化，结果就是他死去时像一个乞丐一样。《黑色星期五》的作者托马斯 W. 劳森是华尔街有史以来最有胆量的交易者之一，其身价一度达到了大概 4000～5000 万美元，但他去世的时候实际上也是身无分文。劳森曾经赢得了标准石油那伙人的支持，后来却在他们帮助他获利几百万之后背叛了他们。在我看来，他抛弃了自己的金主，他对朋友无情的攻击是他失败的原因。人必须忠于愿意相信他的人，不能透露他用来获利的大型金融交易方面的秘密。”罗伯特说这也是他的观点。只要一个人始终忠于他的父亲、他的祖国、他的伙伴，最重要的是他的妻子或心上人，他的努力就一定会带来成功。他相信补偿法则；相信当一个人背弃他人时，他就背弃了他自己，失败便会接踵而至。

沃森先生告诉罗伯特，舒利最初是在棉花当中挣到了钱，在积累了几百万之后，他便不再专门从事棉花交易，而是开始交易股票和其他各种商品期货。这分散了他的注意力，使他无法专注于为他带来了巨大成功的棉花交易。“我可以回顾斯格尔斯、利弗莫尔、杜兰特、赖安和华尔街其他伟大的交易者们的故事。在分析他们的交易时，我们可以发现他们所有人都有一个共同的弱点——他们投资都过于分散，没有专门交易一种商品期货或特定的几种股票，而是到处撒网。结果就是，他们有太多事情要关注，当一件事情开始出错，他们开始赔钱时，他们又总是出脱正在赚钱的股票和商品期货，留下那些亏损的股票和商品期货。他们的另外一个弱点就是，当一个人在华尔街开始不走运时，他是不断地试图抢回损失，而不是一有迹象表明趋势已经对他不利时就立即停手。绝大多数人都会在自己鼎盛时期丧失良好的判断能力，因成功而变得洋洋得意，认为自己永远是正确的，不愿意遵循科学或是听取他人的建议，结果就是他们不断地对抗趋势，直到赔光所有的钱。”

“沃森先生，”罗伯特说道，“我相信，如果一个人是为了无私的目的去挣钱，他就会成功。这就是我打算做的。你的经验对我来说非常宝贵。你对其他人的失败原因的个人理解是非常有价值的一课。我非常仔细地研究过《圣经》，因为我认为它是有史以来最伟大的科学书籍。书中明白阐述了成功的法则。万物皆有时，如果一个人把握时机做事，他就会成功。《圣经》清楚表明，不是所有人生来就是预言家，也不是所有人生来就是农民、医生或律师，但每个人都可以通过把握时间和地点，在他自己的专业领域取得成功。如果人们能够唯一遵循《圣经》的教诲，了解在适当的时机停止设法获利并保留已有的，然后等待另一个时机成熟，他们就能不断地无限期地取得成功。曾经是否有人从华尔街赚到了一大笔财富并且保留住了这些财富，沃森先生?”“哦，有，”他回答道，“如果规则没有例外，生意就无法持续。我可以说出几十个这样的人，不过著名的例子是关于已逝的 E. H. 哈里曼的，他去世的时候身价大约是 3 亿美元。他在生命当中的最后三四年大概从市场上赚了 1 亿美元。”罗伯特问道：“他是如何做到的?”沃森先生回答说：“他只交易一类股票——铁路股。他夜以继日地研究铁路股，从不把他的注意力转移到其他行业。我相信他掌握了某种数学方法，这种方法使他能够提前数月甚至是数年预测股票（的走势）。我查看过他的操作和他所交易过的股票，发现它们严格符合调和分析法则[①]。他一定了解与时间和时机相关的一些知识，因为他买卖都是在正确的时机。他为自己的成功付出了巨大的代价，因为他忽视了自己的健康，牺牲了一切来使自己在铁路股上交易获得成功，最终英年早逝。这样的人是我们的国家繁荣的支柱。这种有建设性的天才非常罕见，我们需要更多这样的人。在投机中，人类最大的敌人是‘一厢情愿的希望’。他不愿意面对事实，而事实又是不容改变的东西。希望激励着我们前进。它或许是灵魂的支柱，但在投机交易中，当事实对我们不利时，它却是十分无力的支柱。”

沃森先生告诉罗伯特，他的朋友沃尔特把关于他的爱情和玛丽消失的事情全都告诉了他。他说：“孩子，目前你对她那伟大的爱提供了一个希望，该希望可以支持你成功。当这个希望消失时，你就必须找到一个新的希望，否则你就无法继续前进。”罗伯特告诉他，玛丽曾说过，预期大于现实。“罗伯特，”他说，“我想告诉你我的爱情故事。我曾在华尔街挣过很多钱，也赔过很多钱。当事情出了差错时，当我意志非常消沉时，当我眼睁睁地看着自己的最后一分钱消失时，当我被风光时期的朋友遗弃时，当活着似乎没有什么意义，没有什么能够使我继续拼搏时，就会出现一种希望，回忆的天使将渐渐控制我，我将再次希望有一天我会在某个地方找到我的凯蒂。”此时这位老人的眼睛因充满泪水而变得模糊。他从口袋里拿出一个老旧的钱包，取出一件包裹好的东西，慢慢地打开。里面是一张镶在一个小的金色相框里的照片。当他把照片连同他压紧了

① 与波相关的规律。

保存起来的一些已褪色的花递给罗伯特时，那苍老的手颤抖着，声音也变得微弱，说道："这些花是 40 多年以前她那双小手亲自摘下的。"然后他便崩溃了，悲痛地哭了起来。罗伯特被这位老人对他已失去很长时间的心上人的伟大忠诚深深地感动了，因而恳求他继续把这个故事讲下去。

这位老人擦干他的眼泪，继续说道："50 多年前，当时我还很年轻，住在密苏里州的圣约瑟附近。我当时去一间乡下的校舍上学。凯蒂·拉森是一个漂亮的年轻女孩。我们从小一起长大。我真的不知道我是什么时候爱上她的，但是我知道还在上学时我就爱她，并且一直想要娶她。时间一年一年过去了，我一直没有告诉凯蒂我爱她。她已经长成了一个女人，我有点儿理所当然地认为她知道并且理解我爱她、想娶她。日子一天天过去，我们经常待在一起。我们之间从未有过什么烦恼和分歧。我渴望成功，决定在向凯蒂求婚之前赚一些钱。时间很快就过去了，我没有如自己所希望的那么成功，最终有一天，我收到了最令人悲伤的消息，如我的生命般的凯蒂结婚了。我意识到，她或许曾经等待和希望我表白自己的心意，但我的经济问题让我畏缩不前。我知道这全都是我的错。我应当把我的计划告诉她，让她耐心等待。从那一天起，我就变成了另外一个人。我的心碎了，如果我当时没有剩下任何希望了，我就永远不能继续前进。但是，从那一天起，我希望并祈祷着或许有一天能拥有她，哪怕只是在我的垂暮之年拥有几天或是几周。凯蒂结婚之后就搬走了，激励我继续前进的或许是有一天能拥有她的爱这一希望。此后我比以前更加努力。我的努力带来了成功。我研究医学，搬到德州的达拉斯，成为了一名非常成功的医生。在那里我遇见了一个女人，我以为我爱她。后来我们结婚了，过了几年看似开心的日子，但我内心中对凯蒂的爱的火花从未熄灭。我们生了一个小女儿，我给她取名叫凯蒂，后来证明这是一种非常愚蠢的做法。她是我生命中的骄傲，我的希望都寄托在了她的身上。最终我犯了一个许多男人都会犯的错误，我把我对凯蒂深深的爱告诉了我的妻子。在那之后，她便对我失去了信任，我们渐渐地疏远了。然后就是分居和离婚。我那时已经积累了大量的金钱，但却非常不开心，于是我决定离开达拉斯去纽约，试一试投机市场。接下来成功与失败如潮起潮落般交替出现。来到华尔街之后，我没有一天不希望有一天能再次遇到凯蒂。这个希望支持我活着。我经常设法找到她，但岁月带来了变化。她搬到了加利福尼亚，我一直没能查明她是生是死。我希望你永远也不必经历我所经历的那些年月，那期间没有你所爱的女人能够给予你爱和安慰。你有着至高的信念，这将使你安全度过。即使你永远也找不到玛丽，你最好也要为那个理想而活着，因为它将使你成为一个更优秀的男人，爱总是会显露其最好的一面。”

罗伯特对这位老人的故事非常感兴趣，但十分遗憾的是，他与玛丽之间的结局一直没有如他所愿。沃森先生告诉罗伯特，他认为他有着极好的投机理念；如果他始终坚持这些理念，不被成功冲昏头脑，那么他最终将到达成功的顶峰。他引用了吉卜林所作的《假如》[①]：

假如你能——在别人不知所措却对你横加指责的时候
保持清醒的头脑；
假如你能——在所有人都怀疑你的时候
仍然相信自己，并能体谅别人对你的怀疑；
假如你能等待且又充满耐心，
或者，从不用谎言去应付谎言，
也不用仇恨去回击仇恨，
既不故作正经也不夸夸其谈。
假如你充满梦想——但绝不做梦想的奴仆；
假如你勤于思考——却不把思想当作目标；
假如你能——在遇到胜利和困难时
态度同样平静；
假如你能容忍你所说的真理，
被无赖用作捕捉愚人的陷阱，
或看着你所献身的事业轰然倒塌，
你能屈身拾起残破的工具把它们重建。
假如你能——把所有赢来的筹码
都押在一把赌注上，
输光后仍能重新再来，
且对输赢只字不提。
假如你能——在运气不佳身心俱疲之时，
仍能全力以赴抓住机遇，
在一无所有只剩意志支撑的时刻，
咬牙坚持到底。

① 未能查找到本处的原译者。

假如你能——与三教九流为伍而独善其身，
与王公贵族同行而不忘本色；
假如无论是敌是友都不能伤害到你；
假如所有的人对你来说同等重要；
假如你能把每一分宝贵的光阴
化作六十秒的奋斗——
你就拥有了整个世界，
最重要的是——你就成了一个真正的人，我的孩子！

他告诉罗伯特，当一个男人到达鼎盛时期时便会遇到最大的考验。几乎所有的男人都能耐得住逆境的磨炼，但却很少有男人能耐得住顺境的考验。金钱可以买到太多对男人的幸福不必要的东西。这些东西会吸引很多人围绕在他的身边，这些人会伤害他而不是对他有利的人，所以绝大多数男人有了太多钱或是太成功之后都会开始走下坡路。罗伯特同意这种看法。他说，对他来说，金钱只是通向某个目标的一种手段，他要金钱是为了帮助他人和帮助他的祖国。沃森先生告诉罗伯特，他的成功一变得众所周知，他在纽约一有名气，就会有许多自私的女人被他所吸引；如果他身上也有曾导致许多男人毁灭的弱点，他就会迷失。这是被美丽女人的谄媚所影响的。沃森先生说："记着，我的孩子，她们是被金钱所吸引，而不是被这个男人所吸引，但是当男女都争相着赞美男人的成功时，很少有男人能保持清醒。我还记得我小时候读过的一首诗，其中一部分内容大致是这样的：

"'那些美女们向我簇拥而来，给予我所有非常成功的人士都被迫获得的一流的敬意；

但是我往年的爱人，她在哪里，当他人认为我毫无价值时，她却站在我的身边。'

"罗伯特，你会发现事实的确如此。当你没有钱时，人们就会像逃离一艘正在下沉的船只一样抛弃你。我劝你不要信任金钱或是人们。继续像以前一样，信任上帝，对上帝有信心，坚持你的初恋，这样你会获得幸福和成功。"

当老人说完时，罗伯特注意到他的眼睛湿润了，他脸色苍白，他的一只手无力地垂在身侧。罗伯特赶紧走到他身边，然后立刻就意识到这位老人病得很严重。他急忙叫来了一名医生。在他让这位老先生躺到沙发上，让他舒服一点儿之后，医生很快就到了。简单的检查之后，医生告诉罗伯特，老人大限将近。于是他们决定派人去请牧师，当牧师到来时，老人正把照片攥在手里。牧师俯下身去，问他是否意识到了自己大限将近，是否已经与上帝讲和，同时问道，“你愿意死在对基督的信仰之下吗?”老人突然从沙发上跳起，好像有新的力量注入了他虚弱而年老的身体一样。他举起他的手，把照片拿给医生看并且问道：“这种信仰可以把我带回到我唯一真正爱过的女人凯蒂的身边吗?”医生知道他的力量正在迅速地消失，于是让他重新躺回沙发上。牧师低声说着安慰他的话，告诉他：“上帝爱世人，甚至将他的独子赐给他们，叫一切信他的，不至灭亡，反得永生。”然后牧师再次问道，“你相信耶稣基督吗？你愿意信仰基督吗?”老人再次回答道：“这种信仰能把我带回我的凯蒂的身边吗?”他的声音变得越来越微弱，医生知道只剩下几分钟了。牧师再次弯下腰，缓缓地低声说道：“你愿意接受基督成为你的救世主，死在对基督的信仰之下吗?”老人用颤抖而微弱的声音回答道：“这种信仰能把我带回我生命当中最爱的凯蒂身边吗?”此时医生转向牧师说道：“他已经得到了好报。”“有着这样的爱，对一个失去已久的爱人这样的忠诚和信任一定会在天堂获得回报，一个公平的上帝会对这样的一个灵魂延绵施恩的。”牧师说道。罗伯特眼里噙满了泪水。他感觉自己不只是失去了一位朋友，而且是失去了一位非常亲密的朋友；尽管这位老人的去世带走了他生命中的某些东西，但这个老人的例子对他来说将是莫大的安慰和帮助。他知道他将一直忠诚于玛丽，而且他去世时也会像这位老人去世时一样，渴望着玛丽——不论发生了什么。

第十七章　《圣经》与占星术

罗伯特转向《圣经》中寻求安慰。他阅读了“雅歌”的每一章，对章节 2：14 印象非常深刻：

我的鸽子啊！你在岩石的洞穴中，在悬崖石的隐秘处，让我看看你的容貌；让我听听你的声音；因为你的声音甜美，你的容貌秀丽。

罗伯特渴望听到玛丽的声音，祈祷她从她秘密的藏身之处走出来。他阅读了 8：6 和 8：7：

将我印在你的心上如印章吧！将我戴在你手臂上如戳印吧！因为爱情像死亡一般的坚强；嫉妒如阴间一般的坚稳；它的烈焰是火的烈焰，是非常猛烈的火焰。

爱情，众水不能熄灭，洪流不能淹没；如果有人拿自己家里所有的财产去换取爱情，就必被藐视。

罗伯特意识到，没有什么能熄灭他的爱情，玛丽是治疗他心痛的唯一药物。

然后他翻到“但以理书”9：21 读道：

我正在祷告的时候，我闲钱在异象中所见的那位似人的加百列，约在献晚祭的时候，快速地飞到我面前来。

罗伯特知道，这表明过去人们的确可以飞行，我们现在只是在重复过去的循环。他阅读了“但以理书”12：4 这一节：

但以理啊！你不可泄露这些话，要把这些话藏起来，直到世界的末日。到时世人将为此来回奔跑，因而知识必会增长。

罗伯特认为，我们现在就正接近世界末日，因为人们正坐在快速的汽车里来来回回地奔跑，正坐在飞机里快速地飞行；人们正在做出新的发现，知识也正在增长。他必须赶紧进行自己的发明。他阅读了“但以理书”12：12 这一节：

凡是等到1365日的人都是有福的。

罗伯特相信，他懂得周期循环，了解但以理的预言当中所涉及到的年份、月份和日子。1931年3月份到1932年6月份将是美国的困难时期。届时萧条、战争和恐慌将笼罩着本国的命运。罗伯特深入地研究了《圣经》，以便更多地了解占星术这门伟大的科学。他从《圣经》中解读到，他属于雅各的第5个儿子以萨迦支派的，而以萨迦这个名字象征着代价和回报。他由此了解到，他必须付出代价，但他将因他对玛丽的忠诚和付出获得回报。

罗伯特翻到“创世记”30：17和30：18：

上帝垂听了利亚的祈求，使她怀孕，为雅各生了第5个儿子。利亚说：“我把婢女送给了丈夫做妾，因此上帝给了我报酬。”于是她为孩子取名以萨迦（跟希伯来语中的报赏的发音相近）。

他阅读了“创世记”49：14和49：15，雅各在其中祝福了他的12个儿子：

以萨迦像一头强壮的驴，躺卧在羊圈之中。他喜欢安定的地方，爱好肥美的土地。于是他就垂下肩头，成了奴隶受人劳役。

罗伯特知道，这是对出生在6月份的双子座人的描述。他生来就是为了承担责任的，他必须服务于自己的人民，做一个安慰者，帮助人们承担他们的负担。他出生时的星宫是一个双重宫，俗称双子座。各种事情将在他的生命中重演，他将有许多的起起落落，但他将因科学而获得回报。他渴望从《圣经》和占星术中了解玛丽的个性，结果发现玛丽出生于天秤座时段。天秤宫代表着平衡，由爱神维纳斯控制，这也就使得她天生非常美丽。读了“创世记”29：32，他发现玛丽属于流便支派。“利亚怀孕，生了一个儿子，取名叫流便。她说，‘上帝体恤我所受的苦，现在我丈夫一定会爱我了。’”这个名字象征和意味着“看见太阳的人”、太阳的美景，它标志着超凡的直觉、敏锐的洞察力和预见力。“创世记”49：3～4说道：

流便哪，你是我的长子，是我力量强壮的时候生的，本当大有尊荣，权力超众。但你却放纵情欲、滚沸如水，所以你不能居首位。

罗伯特明白这指的是玛丽的个性和性情。她不稳定、变化无常、情绪化，但他认为她的爱是坚定不移的，她最终将回到他身边。他阅读了所有能获得的关于占星术的书籍，开始了解各种事情为什么会发生。这使得他成为了一个更好的预言家，也帮助他带着更大的耐心去忍受不幸之事。

罗伯特继续阅读了“以赛亚书”45：13：

万军之主上帝说：我兴起塞鲁士王是为要施行公义，我要修平他的道路，他要修建我的城池，释放我被俘的人民，并且不索取赎金，也不要求报酬。

这很可能意味着上帝指引人类之时将来临，也意味着当战争爆发、被囚者沦为俘虏时，他们将在没有任何代价或报酬的情况下被释放。罗伯特认为，当爱统治世界时，就应当是这种情况。

罗伯特阅读了“希伯来书”11：3 和 11：5：

因着信，我们知道诸世界是借着上帝的话而造成的；因此，我们所看见的并不是由看不见的造出来的。

因着信，以诺被迁移而不见死；世人也找不着他了，因为上帝已将他接去；原来在被接去之前，他已经得到上帝的喜悦。

罗伯特认为，以诺是乘着飞机离开的，他也知道信是最大的支撑力。没有信，就不可能得到上帝的喜悦，因为他等读到过：“因为到神面前来的人，必须信神存在，并且信他会赏赐那些勤奋地寻求他的人。”罗伯特知道，他有信，信将在他遇到考验困难的时期支撑他。“罗马书”12：2 说道：

不要被这个世界同化了，思想要不断地更新，这样就能明白上帝的旨意，知道什么是善良、完美和上帝喜悦的事情了。

罗伯特知道如何更新自己的思想和复原自己的身体，因为他知道耶稣所说的“你们摧毁了这座圣殿，3 天之内我就要把它重建起来”是什么意思。他知道这里指的是人体的圣殿。

罗伯特还阅读了同一章的第 9～13 节：

爱人不可虚伪。要厌弃邪恶，持守良善。对兄弟姊妹要情同手足，互相尊重，彼此谦让。不可懒惰，要常常以火热的心侍奉上帝。因有盼望，就要喜乐；虽陷患难，仍要坚忍；祷告更要恒切。信徒有缺乏时，便慷慨帮助；旅客过境，要诚意款待①。

罗伯特打算即使陷入苦难，也要耐心坚守；同时还打算对兄长表现出手足之情。他会带着信心，希望和期待着再次拥有玛丽的那一天。爱

① 最后这一句是译者加上去的。上一段说是 9～13 节，作者实际上只说到了第 12 节。最后一句在《圣经》中的原文是：Distributingtothe necessity of saints；given to hospitality。

完全了律法，遵守这种律法就一定会得到回报。他越是阅读《圣经》，就越认识到《圣经》的巨大价值，也越确信人类为任何目的或在任何时候所需要的所有知识和指导都可以在这本最好的老书里找到。罗伯特决定，他不但要不停地祈祷，还要把已经挣到的钱抽出一部分来设法找到玛丽，因为直到此时为止，他还没有收到任何关于玛丽的消息。于是他雇佣了一家侦探社到美国各地去寻找。

肯耐渥先生在1927年6月下旬离开了纽约，回到了德克萨肯纳。罗伯特认为政府报告将利多市场。根据他在这一年早些时候的预测，7月份将出现一轮大的上涨，所以肯耐渥先生听从了罗伯特的建议，重仓买进了棉花。7月9日发布的政府报告表明，棉花的种植面积大量减少，价格再次开始上涨。罗伯特给肯耐渥先生写信和打电报说，10月棉花将在出现任何重大回调之前上涨到18.50～18.75美分左右。7月16日，10月棉花穿越了18.50美分，因此肯耐渥先生给罗伯特发电报：

罗伯特·戈登

纽约市华尔街69号

恭喜！你的预测令人惊叹。我在棉花上有了超过20万美元的赢利。你一有时间就要研究关于总统选举的周期并且写信告诉我你对1928年的展望。

J. H. 肯耐渥

1927年7月16日

罗伯特回复道：

我敬爱的肯耐渥先生：

我刚刚收到了您的电报。我很高兴您已经在棉花市场上重仓操作并且正在获得巨大的赢利。我也已经挣到了10万美元以上。

我会在几天之内计算出1928年将出现的周期循环，让您知道我关于谁会当选总统的看法。

沃尔特和我正在一起进步。我的飞船计划进展良好。我雇佣了一家侦探社到全国各地去寻找玛丽。我正耐心等待着她的消息。我相信她还活着。

感谢您良好的祝愿。

致上我最亲切的问候！

真诚的罗伯特·戈登

1927年7月16日

第十八章　总统选举预测法

在对 1928 年的总统选举进行了预测之后，罗伯特把以下预测发给了肯耐渥先生：

1928 年总统选举

为了确定 1928 年会出现的情形和谁会当选，我们必须查看过去的循环。我建议您去查阅“传道书”3：15：“现今所有的，早已有过；将来所有的，先前也已有过；因为上帝使过去的事重复出现。”

我们知道我们像“以西结书”中预言 20：46 中所说的一样，正在重复过去的循环——“人子啊，你要面向南方，向南面发言，说预言攻击南地田野的树林。对南方的树林说：‘你要听耶和华的话，主耶和华这样说——看哪！我要在你们中间点起火来，烧毁你们中间所有青绿的和干枯的树；猛烈的火焰必不熄灭，从南到北遍地都要烧焦。”

发生在尼加拉瓜的灾难、侵袭了佛罗里达的毁灭性的水灾和风暴，以及去年春天发生在密西西比河沿岸的水灾引起的破坏，全都表明灾难正在南方开始。我们正处于一个重复的战争周期中，这次战争将从南部和东南部，很可能是从墨西哥开始。所有这些事件将对 1928 年的总统选举产生巨大的影响，因为战争将发生在空中，人们将陷入严重的困境。

正如“出埃及记”32：17 所提到的——“约书亚一听见人民呼喊的声音，就对摩西说，‘营里有争战的声音哪。’” 1928 年的美国将出现党派之争和对变革的需求。人们将会想要选择新的领导人。我们可以阅读“士师记”5：8——“以色列人选择了新神，战争就临近城门。4 万以色列人中，竟不见一面盾牌，一支长矛。”（这表明）人们将需要选择一位有能力的领导人来为空中大战做准备。

我研究了柯立芝总统的出生日期、姓名和数字。他是共和党目前所拥有的最有实力的人物，但他还未打算接受提名，而且如果能够避免的话，他很可能不会接受提名。他是所有共和党人当中最有机会当选的。往前到大约1928年3月份或4月份，将发生一些重大事件，这些事件可能会导致柯立芝总统拒绝接受提名。等到六七月份召开代表大会时，老的共和党领导人中间将就提名谁而出现长时间的拖延、不满和斗争。从我们正在重复的循环来看，有明确迹象表明柯立芝总统将不会被再次提名。他将采取一些行动来促使大型财团和有钱人撤回对他的支持。

既然上帝要求过去的事情重演，那么过去的循环和美国历史上所出现过的事件就一定会再次出现。我们查看一下名字和出生日期，以确定某些名字或首个字母可能会何时再次出现。格罗弗·克利夫兰（Grover Cleveland）于1892年第二次当选表明，字母“C”是会在美国事件中重复的字母。卡尔文·柯立芝（Calvin Coolidge）总统的姓和名当中都出现了字母“C”，而他于1923年8月2日接替哈丁总统，1924年当选总统。与克利夫兰第二次当选总统一样，这实际上是字母“C”的重复，但考虑到柯立芝总统已经任职6年左右，字母“C”应该不会在1928年再次重复，但可能会在1932年重复。届时柯立芝总统可能会在战争和困难时期之后再次当选。

共和党一方最有可能会在1928年重复的字母是B、J、F和L。以1928～1932年的战争循环的特点来看，有明显迹象表明字母“L”将重复，正如它在林肯作为总统时的南北战争期间重复一样。这可能意味着博拉（Borah）、巴特勒（Butler）、约翰逊（Johnson）或洛登（Lowden）可能会被提名。这些人的出生日期我都不知道，因此在提名或是我们知道他们的对手是谁之前，我无法确定他们当中是否有人会当选。

关于民主党的提名，循环表明民主党人或某个新的政党极有可能胜出。阿尔弗雷德·史密斯州长不大可能被提名，即使被提名了，也不会当选。美国任何一届总统的姓氏里面都未出现过字母“S”，而且由于我们只会重复过去的事件，因此他当选的几率微乎其微。

对于民主党来说，字母F、M和R应当重复。这可能意味着福特（Ford）、麦卡杜（McAdoo）或里德（Reed）（会被提名）。根据出生日期、循环和数字来看，麦卡杜被提名的机会比史密斯要大得多。里德看起来则要比他们两个的机会都更大。史密斯州长将会一直人气很高，他被提名的可能性看起来也会很大，大约到1928年5月份，届时民意将会突然转而对他不利。对他的支持将被撤回，一些有实力的民主党领导人将转而支持其他可能当选的候选人。史密斯的名字必将被提到代表大会之上，但我看不到他被提名的任何可能性。

有明显迹象表明，即将被提名的人会是一匹“黑马”，此人很可能出生在五六月份。革命性的变化已被预示出。第十八次修正案的问题可能会导致以前的两大政党都分裂。一个农民劳工党或某个其他政治党派可能会迅速崛起，击败老的两大政党。1928 年夏天和秋天，公众的意见将会出现巨大的分歧，公众的立场也会被严重混淆。

从我手上现有的数据和将发生在下一次总统选举之后的事件来看，我的判断是，共和党人不会当选。1929 年 3 月份就职的总统将在非常不利的情况下开始履行职责。届时的情况将与威尔逊总统第二次开始就任总统时的情况相似，也将与亚伯拉罕·林肯 1861 年当选之后的情况相似。届时我国将因移民法问题与外国发生纠纷。关税将成为一个摩擦点，引发与外国的分歧。

我很快就会完成对 1928 年和 1929 年的股市和商品期货市场的预测，完成之后，我会给您发送一份。1928 年，股票和商品期货中将会出现一些适合长线交易的大机会。我想让您与我一起参与到这些交易当中，也希望我可以帮您挣到 100 万。

罗伯特·戈登

第十九章　华尔街扬名

1927年12月，股市已经下跌了几个星期。这一个月，股市快速下跌，罗伯特重仓卖空。小麦和玉米都上涨了。几个月以来，罗伯特一直站在正确的一边。就在圣诞节之前，他打算回补卖空的股票，等待一轮反弹。他预计这轮反弹将出现在一二月份。把他已经花掉的所有资金算在内，他此时就有了超过50万美元的赢利可以作为操作本金。因此，他决定花更多的时间致力于他的发明，因为他此时已经能够花足够多的钱来研发他的第一架飞机了。他每隔几天就与侦探社联系一次，但却没有收到玛丽的消息。玛丽的父母差不多已经放弃了她还活着的希望。罗伯特给他们写了一封非常鼓舞人心的信，因为他想在圣诞节期间让他们高兴起来。罗伯特告诉他们，他相信玛丽还活着，他对上帝有信心，希望他们也要有信心，继续祈祷玛丽回来。他把自己在金钱上的巨大成功告诉了他们，同时还告诉他们，他一直为玛丽保留着单独的账户，并且非常保守地为她进行了交易；她此时已经有了4万多美元；他打算尽量让她的钱增加，为她准备一个巨大的惊喜。为了纪念玛丽，罗伯特送给了他们非常漂亮的圣诞节礼物。

圣诞节前几天，股市出现了一轮大的下跌，各种各样的利空谣言到处传播，商业环境也不好。战争的乌云在欧洲变得越来越密集。各家报纸都在谈论着即将到来的总统选举所导致的来年不确定性。公众已经失去信心，正在卖出股票。罗伯特认为这是兑现赢利的好时机，于是回补了在美嘉汽车、中央钢铁和其他一些股票上的一大笔空头头寸。从经济上来讲，这对罗伯特来说是一个很棒的圣诞节。从最初利用自己的1000美元本金和后来肯耐渥先生给他的1万美元在1927年1月份买进200包棉花开始，通过自己成功的加码，罗伯特已经挣到了50多万美元。他对于自己的成功万分高兴，因为这将帮助他完成自己的飞机和其他发明。

他的思绪回到了 1926 年的圣诞节，当时他用自己存起来的钱给玛丽买了一枚漂亮的戒指。当时他根本没有意识到，在短短一年的时间内会发生这么多事情。他想起了如果他知道玛丽在哪里的话，他这一年来可以为她所做的一切。他决定，无论如何都要为她买一些漂亮的礼物保存着，等她回来时好向她表明他在圣诞节时想着她。他买了一枚漂亮的钻石戒指，一个镶有蓝宝石的手镯。当珠宝商把戒指和手镯交给罗伯特时，他仔细地看了看，心里想的全部都是玛丽的美丽与纯洁。他仍然极其信任她。他感到非常难过，悲痛地哭了起来，因为他此时比任何时候都更加强烈地感觉到了对她的需要。他想要她与他一起分享他在金钱上的成功。

然后他的思绪转向了他第二个亲密的朋友——自己的母亲。他决定要使这个圣诞节成为母亲生命当中最快乐的圣诞节。于是他为她购买了各种他认为可以让她高兴和安慰的礼物，并且给她寄了一张 5000 美元的支票，让她用这些钱做自己喜欢做的事，买自己想要的东西。他请求母亲新年之后不久就到纽约来看他，因为他想让她看看这座城市的风景，而且他认为这次旅行会有利于她的健康。

1928 年初，罗伯特估计英国和俄罗斯之间的战争将无可避免。他预计战争的爆发最晚在这一年夏天，届时许多国家都将被卷入，之后美国也将遭到袭击。他的第一架飞机此时已经完成，这是一架根据《圣经》中“以西结书”所描述的方案制造出的小飞机。该飞机有 4 只机翼，依靠中任何 1 只机翼都能飞行。它有一个 12 个气缸的新发动机，利用汽油、电力或压缩空气都可以运转。他建造了一个轮中轮，这样他就可以让飞机能够低空飞行或是在任何地方降落，同时也可以笔直上升。其中一个发动机连着飞机中央的一个螺旋桨，可以使飞机起飞，另外一个发动机则负责使它水平直向运动。因此他可以驾驶自己的飞机向前或是向后飞行。这是一个巨大的成功，华尔街的神奇小子此时被称赞为又一个空中的林德伯格。他还建造了一个额外的带有一个可拆卸螺旋桨的发动机，以便他可以把该发动机从飞机的中央移动到尾部，以使飞机自如地向后或是向前飞行。机翼被设计成既可以保持固定，又可以随发动机上下运动。这在飞机制造中是一个全新的、很有价值的特征。

罗伯特的下一个发明是无声发动机，或是一个可以屏蔽任何声音的消音器。他知道这在战争中将大有帮助。完成这项发明之后，他进行了测试，并且证明了这项发明是成功的。于是他把这项发明提供给了美国政府，但是那些几乎不懂这项新发明的军方官员们在打量了一番之后拒绝了。于是罗伯特便驾着自己命名为“圣·玛丽”的新飞机远航去了。他去了英国、法国、德国，并且在1928年春天成功进行了距离最远的飞行，到达了日本，在那里受到了隆重的接待。日本对他的新飞机和消音器十分感兴趣。日本政府很快便与他达成了交易，重金购买了他的发明。罗伯特认为，有一天这项发明很可能会在战争中被用来对抗他自己的祖国。但他知道，美国必须吸取教训——过去，由于自己国家的政府不愿意购买，已经有太多的美国发明被卖到了国外。

在日本，罗伯特受到了盛情款待，并且结识了许多漂亮的名媛和杰出的绅士，但他仍然保持着对玛丽的忠诚，因为他的巨大成功还没有使他忘乎所以。他还在寻找玛丽，一直希望能够找到她。他在1928年夏天回到了纽约，此时公众普遍认为，在股票、棉花和小麦上进行了更多成功的交易之后，他已经身价过百万。他听从了亨利·沃森的建议，从未同时在两三个以上的市场上分散交易。当他在棉花或小麦上进行交易时，他会坚持到平仓。当他介入某一轮股票大战中时，他就会远离商品期货市场。他正在各个方面取得成功，但他对玛丽的思念依旧，她那美丽脸庞继续萦绕在他心头。

1928年5月，沃尔特收到了罗伯特发来的一封无线电报，电报上说他将在当月下旬离开日本，并且将驾着“圣·玛丽”回到纽约。沃尔特和秘书埃德娜·昆廷小姐一直关注着报纸上关于罗伯特受到日本政府官员热情接待的报道，以及他们重金购买了他的无声飞机专利权的报道。沃尔特将在6月份毕业，因此他给父亲写了一封信，告诉他罗伯特很快就会带着巨大的荣誉返回纽约；他认为有必要在罗伯特到达时为他进行大规模的庆祝。反正不管怎么样他的父亲都会来纽约参加他的毕业典礼，因此他建议父亲在罗伯特凯旋归来时到纽约迎接他。

肯耐渥先生是德克萨肯纳商会的成员，也算是头面人物之一。他召集了一次商会会议，告诉大家罗伯特·戈登所取得的非凡成就——一年前他离开德克萨肯纳时还是一个一文不名的小伙子，现在已经是全世界的人们谈论得最多的年轻人了。他发现了如何运用《圣经》中所阐述的法则来预测棉花、谷物和股票的未来走势，并且通过遵循他自己的这一发现，挣到了100多万美元；他建造了这个时代最了不起的飞机；他发明了一种消音器消除了飞机的噪音；他驾着自己的“圣·玛丽”飞机到了日本，在那里受到了隆重的接待，日本政府已经购买了无声飞机的发明。肯耐渥先生提议德克萨肯纳的大佬们前去纽约，在他们最喜欢的孩子回来时向他表示敬意。当他完成讲话时，现场为罗伯特·戈登响起了持续的掌声和欢呼声。斯坦顿上校也在观众当中。他站起来说道，他衷心地支持这个提议，并且愿意捐赠 1 万美元到费用基金当中，同时还建议他们乘坐专列去纽约迎接这位出生于德克萨肯纳附近一个农场的当今最优秀的年轻人。每一个人都支持这个提议，有钱人全部都跟从斯坦顿先生，提供一大笔钱来使迎接会办成功。会议结束后，J. H. 肯耐渥驱车来到了罗伯特的母亲艾米莉亚·戈登在乡下的家中。他把她儿子的成功和他们去纽约迎接他、为他准备一个盛大的迎接会的计划告诉了她，同时邀请她作为贵宾一起乘坐专列去纽约。她满怀感激地接受了。

6 月 9 日，罗伯特·戈登 22 岁生日那一天，盛大的迎接会将隆重举行。满载着德克萨肯纳的大佬们的专列到达时，罗伯特已经在总督岛上的新机场降落，飞机没有出任何事故。“圣·玛丽”表现得很完美，在离开日本后的飞行中其平均速度是每小时 300 多英里。见到自己的母亲时，罗伯特收到了人生当中最大的惊喜，他冲向母亲，充满深情地拥抱之后，转身与肯耐渥先生和沃尔特握手。看到斯坦顿先生和夫人在场时，他非常高兴，以为他们已经找到了玛丽。他冲过去拥抱了玛丽的父母，第一句话就是：“玛丽在哪里?”他们眼中噙满了泪水，告诉他没有收到任何关于玛丽的消息。接下来他们前往康莫德酒店，接待委员会和整个来自德克萨肯纳的代表团在这里安排了晚宴和庆祝会。罗伯特很高兴能见到来自德克萨肯纳的杰出的商人们到场欢迎他。肯耐渥先生发表了讲话。他告诉罗伯特，德克萨肯纳以他为骄傲；他说这是年轻人的时代，罗伯特已经证明他是这个时代最优秀的年轻人。罗伯特在这个盛大的欢迎会上感到受宠若惊。他感谢了他的朋友们；私下感谢了肯耐渥先生，最重要的是感谢肯耐渥先生把他亲爱的老母亲带来见他；他说这是他生命当中最开心的时刻，唯一的遗憾就是玛丽不在场，但他仍然抱有能找到她的希望。

欢迎会结束之后，罗伯特单独与他亲爱的老母亲待了一会儿。母亲说：“我的孩子，你还记得你告诉过我的你小时候所做的一个梦吗？梦中你骑着一只白色翅膀的大鸟穿越了海洋，并且受到了外国的隆重接待。我的孩子，你今天降落时我就想到了这个梦，今天这个梦成为了现实。我希望你其他所有的梦想和抱负都会实现，而且你对玛丽的爱会获得回报的，因为你一直忠诚于她。”

罗伯特说：“母亲，我十分清晰地记得这个梦。当我在日本，他们为我准备了盛大的欢迎会以示尊敬时，我就想到了这个梦，想到了您，以及您是怎么教导我如何阅读《圣经》的。我还想到了玛丽，想到了我多么地爱她；我相信自己会很乐意放弃所有的荣誉，只为与您和玛丽在一起，因为您的爱和玛丽的爱对于我来说比世界上其他所有东西都更有意义。”

6月份，沃尔特·肯耐渥从哥伦比亚大学毕业了，他准备与罗伯特一起工作。埃德娜·昆廷已经证明，她是一个可靠的雇员，对罗伯特来说是得力的帮手。在他离开期间，她打理着他的生意，照看着他的金融交易。罗伯特很快便开始致力于一项新的发明，完成了一台可以近距离解读人的思想的机器和一台他命名为“Tel—talk”的机器。这台机器是根据收音机的原理制造出来的；通过调整到某些角度，它可以把华尔街不同建筑物里的所有会议进行录音。罗伯特还利用这台机器来获得大型操纵者的所有会议报告。他知道，华尔街的操纵者们怀疑他以某种方式掌握了他们的计划，因为他这个阶段获利的速度实在太快了；他们正在密谋找到一种方法来使他在市场上出错，迫使他破产。他们经常变更计划，但却发现罗伯特每次都站在市场正确的一边。即使他的朋友沃尔特也对罗伯特最新的发明一无所知。他把这台机器保管在一间密室里，除了他自己，没有任何人见过这台机器。这是一台非常精密而小巧的机器，带有像罗盘一样的指示器，极其平稳，由电力控制。他的成功正在引起巨大的轰动，阴谋家们都想套出他的秘密。他们知道埃德娜·昆廷自罗伯特来纽约之时就一直在他的办公室工作，于是邀请她去参加比特摩尔酒店的一次晚宴。如果埃德娜愿意透露罗伯特·戈登在市场上的操作如此成功的秘密，他们就给她一大笔钱。她坦白告诉他们，她对罗伯特如何做到这点的一无所知。但即使她知道，再多的钱也不可能诱使她背叛自己的老板。埃德娜决定，等她第二天早上到办公室时，就把所发生的一切告诉戈登先生。第二天她专门提早到了办公室，却发现戈登先生已经在了。

他看起来异常高兴，她认为肯定是有了玛丽的消息。她还没来得及告诉他前一晚发生的事，罗伯特就把她叫进了他的密室，这是她之前从未见过的房间。她在那里见到了各种各样奇怪的仪器，她知道这些肯定是他的一些新发明。他把她带到了房间的角落里一台很小的机器旁边，向她展示了这台机器前一晚记录在纸上的一些奇特的线条。他告诉她，他的机器可以接收到人们的思维，记录他们的想法，尤其是当他们非常兴奋或对某件事非常感兴趣的时候。他把机器上所记录的内容读给她听，居然就是前一天晚上那些人对她所说的话。然后他转身拿起《圣经》，让她看了一下“所有被隐藏的，都将被揭露；所有被掩盖的，也都将被揭露”这块内容。埃德娜此刻感到有生以来从未有过的激动。她知道这台机器揭示了真相。于是对戈登先生说，她本来就打算当天早上告诉他所发生的一切，希望他相信她对他是忠诚的，已经拒绝接受贿赂。然后他向她展示了另外一条出现在另外一台机器上的记录——该机器像一张唱片，它可以记录人们的思想。他告诉她，该机器显示了她一直在想什么。该机器解读了她的头脑，记录了她的想法。他向她保证，他的确相信她信任她。埃德娜被这巨大的信任感动得掉下了眼泪。她知道自己以前从未被允许看见这间密室，尽管她了解罗伯特对玛丽深深的爱，但她感觉他对她的这种信任不仅仅是一种商业上的信任，他对她是有一些爱的。她一直崇拜他，但从未想过爱他。现在她知道自己实际上是爱他的。

几天之后，埃德娜与沃尔特进行了一次谈话，因为她在罗伯特来纽约之前就已经认识他，她获得这个职位也是因为他的影响力。她告诉沃尔特发生了什么，并且向沃尔特吐露了她对罗伯特的爱。沃尔特知道之后很开心，并且希望罗伯特也会爱上她，因为他认为这对罗伯特来说是最好的。沃尔特说道：“对于情感如何在男女身上萌发我不是专家，但要确定罗伯特对你的感觉，方法就是观察他的行为，记录下他提到玛丽的频率，他为了设法找到她而写信的频率。你要继续一如既往地对他好。如果几个月之后他寻找玛丽的兴趣减弱了，而且他不再谈论她了，那么这就是一个可靠的信号，表明他的心思正在向你转移。”

沃尔特毕业后不久的一天早上，罗伯特把昆廷小姐叫进了他的秘密办公室，告诉她他打算组建一家名叫“戈登—肯耐渥—昆廷”的新公司，同时为了回报埃德娜的忠诚，她将持有这个公司的股份。此外她还将协助秘密发明方面的工作。埃德娜对此感到极度高兴，她的情感战胜了判断。她用两只手勾住了罗伯特的脖子，亲吻他，说他是这个世界上最好的男人，她爱他。罗伯特立即拉开了与她的距离，在椅子上坐下来，盯着窗外几分钟，一直没有说话。然后他转向昆廷小姐，用坚定又和蔼的脸孔面对着她，对她说，她误会了他的行为，他只是在奖励她的忠诚，这件事情当中没有任何情感的存在；他不爱她，他对他失去已久的玛丽很忠诚，永远也不会爱上其他任何人。埃德娜几乎不知道说什么了。她请求他的原谅，并且递上了辞呈。罗伯特告诉她，他拒绝接受辞呈；如果她认为自己能够并且也愿意的话，他们会继续往前走，像过去一样一起工作。她向他保证，只要他想让她留下来，她就愿意留下来，并且以后她会一直控制好自己的个人感情。

沃尔特·肯耐渥大学时已经完成了化学专业的课程，做好在这家新的公司工作的准备。过去一年，他的父亲一直在市场上跟随罗伯特操作，挣到了一大笔钱。他给了沃尔特10万美元，这只是他从市场上获得的一部分赢利。他知道沃尔特将用这笔钱来帮助推动罗伯特的发明。

1928年秋天，罗伯特和沃尔特完成了一项太阳反光镜的发明，他们可以靠它来收集来自太阳的光线，产生强大到足够在几分钟之内融化摩天大楼的热量。利用这些镜子，再加上电力的辅助，他们发明了一种强大的射线。罗伯特知道这项发明将在即将来临的战争当中具有很大的价值。他们把这台机器命名为“死亡之神”。在建造的过程中，昆廷小姐就一直对这台机器非常感兴趣，她把它叫作“烈火”，因为它可以发出如此强大的火花，立即摧毁它所触及到的任何金属。他们召开了一次会议，一致同意必须将这项新发现进行保密，而且除非在战争时期我国处于极度危险当中，无法应对敌人，他们必须用它来保卫祖国，否则永不使用。关于这台机器有一个秘密只有罗伯特一人知道。他们打算短时间内开始建造一架配备了“死亡之神”的大型飞机。他们预计，该飞机将在太空中发射一束强大的3000～5000英里的死亡射线，摧毁半径700英里内的所有物体。随后他们在完全保密的情况下开始致力于这台新机器。他们已经给这台机器命名为“仁慈的玛丽天使号”。

罗伯特和沃尔特一如既往地在棉花市场上快速地获利。战争的乌云正在聚集，欧洲人正在购买棉花。棉花已经出现了一轮大的上涨，他们跟随市场的上下运动，交替做多和卖空。有句老话说，近之则不孙[①]。但结果证明，这句话对沃尔特·肯耐渥和埃德娜·昆廷并不适用。1928年9月初的一个美丽的早晨，罗伯特·戈登踏进研究室，发现埃德娜正在沃尔特的怀里。于是他赶紧退出去，但沃尔特和埃德娜知道他们被抓住了。罗伯特对于这个发现感到十分高兴，因为他知道这恰恰是沃尔特需要用来刺激其抱负的东西，这将为他提供可以为之努力的东西。他知道昆廷小姐是一个优秀的女人，而且她也需要只有爱情才能提供的鼓舞。当天晚上，他邀请沃尔特与他共进晚餐。当他们独处时，罗伯特说道：

① 原文是“亲密衍生轻蔑”。

“嗯，沃尔特，爱虫最终还是抓到你了。”沃尔特刚开始还有些害羞，不想过多地谈论此事。后来他承认，爱情确实来得很突然，他和埃德娜都意识到了他们彼此都爱着对方。罗伯特告诉他，这是不可避免的，此时就是应该开始的时候，这对他们两个人来说都会更好。他们是商业伙伴，这将使得他们更加开心，在工作上也会更加成功。沃尔特问罗伯特是否还抱着找到玛丽的希望。罗伯特说是的——他永远也不会放弃寻找。

在这之后，所有的事情进行得都很顺利。沃尔特和埃德娜在工作时非常开心。1928 年秋天，他们获得了回报，有了一项很棒的新发现。他们能够完成一台通过光线反射使飞机隐形的机器了，再加上罗伯特的消声器就彻底解决了“飞机隐形”的问题。他知道，在战争时期，这种飞机可以偷袭敌人，而敌人却看不见这种飞机，也听不见这种飞机的声音。在召开了一次会议之后，他们决定，这项发明和“死亡之神”一样，都不应当申请专利，也不应当被卖给任何国家的政府，他们会对它进行测试并且保密。罗伯特认为这项发明应当在最被需要时被用来帮助美国，这再一次彰显了他的慷慨大方。沃尔特说道：“罗伯特，爱的确会造就一个伟大的男人，使一个男人变得慷慨无私，使他在考虑自己之前，先考虑自己的国家、自己的母亲、自己的爱人，以及其他所有的东西。难怪你正在成为一名成功人士，而且会一直是一名成功人士，因为你正在做对的事情。”

罗伯特日以继夜忘我地致力于“死亡之神”，完成这项伟大的发明对他来说是一次巨大的成功，但他旺盛的精力也因此而耗尽了。在这台机器完成之前沃尔特就已经注意到，罗伯特看起来疲惫不堪。罗伯特的思维不再像以前那样灵敏，沃尔特很担心他的健康。罗伯特开始很晚才到办公室，并且不再对自己的工作感兴趣。他变得喜怒无常、意志消沉。感恩节那天，沃尔特和埃德娜安排了一场盛大的晚宴，邀请了罗伯特。他看起来非常疲惫，晚餐几乎没吃。沃尔特和埃德娜都注意到了，他比以往任何时候都更不爱说话了。晚餐结束之后大概一个小时，罗伯特晕倒了。他们立即叫来了医生，在一番详细的检查之后，医生表示这是神经衰弱。医生说，一定有什么事情在折磨着他的内心，或是他长期处于紧张状态。沃尔特说明了玛丽的失踪，以及罗伯特多么地为爱情担忧；他在股市和商品期货市场上长期而紧张的战斗，他在发明上的努力。直到几个月以前，罗伯特还能不知疲倦地几乎夜以继日地工作，但最近几周，沃尔特注意到罗伯特发生了巨大的变化。医生听了罗伯特的爱情故事和玛丽的失踪之后，非常肯定地说，罗伯特要恢复健康就必须进行长时间的休息。他命令罗伯特要绝对地闲下来，不能试图去料理任何与细节有关的事情。几天之后，沃尔特说服罗伯特去了大西洋城，罗伯特听从了沃尔特的劝说。在大西洋城休息了几周之后，他回去时明显好转，表现出了以前那种活力。他渴望回到工作上，照看他在市场上的投机交易。

第二十章　神秘信件

随着 1928 年年末的临近，战争已经在欧洲肆虐。正如罗伯特所预言的，英国和俄罗斯已经开战。局势快速地变得越来越复杂，战争的乌云正在聚集。罗伯特知道，短时间内美国和它所有的黄金供应就会受到攻击，届时将爆发一场空中大战。飞机制造业已经取得了巨大的进步。飞机正以每小时 300 英里的速度运输邮件。客运专线正在美国各地开通。罗伯特的大型飞机，"仁慈的玛丽天使号"很快就将完成。带有 12 个气缸的新发动机已经测试完毕，工程师预计它们将达到每小时 1000 英里的速度。罗伯特对这次的成功感到非常兴奋，他知道自己此时已经准备好在国家最需要的时候为国效力。他从早到晚都在工作，对工作的兴趣使他暂时忘记了玛丽。但是过不了一天，他就又去打听消息或是让他的侦探寻找一些线索。他希望这些线索能指引他找到玛丽。但所有的努力都是徒劳的，他从未收到任何关于她的消息。

随着空中无线电和无线电报的巨大进步，罗伯特知道，在战争时期，秘密通讯将是必需的。但是间谍可以窃取密码，通过无线电发送的信息可以被破译。因此，空战大战急需的设备之一将是一种不会被探测到的通讯方式。他最终成功完成了他称作"袖珍无线电设备"的设备。该设备跟手表差不多大，其工作原理与他用来记录人们思想的机器的工作原理一样，只是该设备必须由两个懂得如何操作的人同时使用，因为正极无线电设备被放在一个人的口袋中携带，负极则被放在另外一个人的口袋中，通过按压转柄，正极无线电设备可以被转换成负极无线电设备。(使用该设备时）不会有声音在空气中传播。可以通过手指在一个很小的按钮上的特定动作来操作该机器，该按钮记录了另外一台机器上的代号，该代号将显示出被发送的信息。这台袖珍无线电设备使得在完全不被探测到的情况下传输任何信息成为了一种可能，因为信息的任何内容都只有发送信息的人和接收信息的人才懂。到此时为止，这台设备比无线电报和其他任何无线电设备都要好。罗伯特对这台机器进行了测试，他把其中一台设备留给沃尔特，自己则前往芝加哥，沃尔特毫无困难就可以接受到传送的信息。他既可以先对着这台小型的袖珍无线电设备说话，然后在其他任何人都无法从空中截取讲话内容的情况下把声音传送出去，也可以利用这台机器来传送思想或是情感。测试结果很完美，罗伯特知道自己有了另外一项伟大的发现，该发现将在战争时期对他的政府产生巨大的价值。他决定对此保密，同时让它准备好在国家最需要时为其提供帮助。

罗伯特预计1929年的棉花市场将出现一轮大的牛市行情，因此他在这一年年初就已经开始买进，期待着随后的一轮大型上涨。他还预测某些类别的股票将出现快速上涨。1928年期间，他已经在美嘉汽车的熊市行情中获得了成功，并且此时仍然持有莱特航空股。该股一直持续上涨，他预计它将在1929年出现一轮大的上涨。尽管他花了很多钱在他的新发明上，但他的财富仍然正在快速增加。新的飞机“仁慈的玛丽天使号”差不多已经完成了，但罗伯特打算一直不让公众知道这项发明，直到它处于完美的工作状态，成为一项毋庸置疑的成功发明。

在罗伯特为在市场做完准备，买进了股票和棉花等待大幅上涨之后，沃尔特注意到罗伯特发生了巨大的变化。他的身体再次开始垮掉。由于他已经取得了巨大的成功，完成了这么棒的发明，但是没有玛丽来安慰他，他的身体也可能会垮掉，他很可能会自我放弃。罗伯特已经不再经常谈到玛丽。他对未来的兴趣也正在逐渐减弱。沃尔特和埃德娜仍然像以前一样相爱着，他们经常讨论罗伯特的身体状况。他们决定鼓励他离开工作，去进行他很早就应该进行的休养。1929年1月中旬，沃尔特与罗伯特进行了一次谈话，但罗伯特对于旅游没有表现出太大的兴趣，一点儿也不渴望。在这之后不久的一天早上，罗伯特出现在办公室，看起来比以往任何时候都更加的憔悴和疲惫。他把沃尔特和埃德娜叫进了办公室，告诉他们自己前一天晚上做了一个非常奇怪的梦，梦到他去了巴黎，突然遇到了玛丽。他对这个梦的印象是如此的深刻，以至于他决定立即离开。他让沃尔特把说明书给机械师，以便旧的“圣·玛丽号”飞机做好飞行准备。

几天后，“圣·玛丽号”恢复到了良好的状态，可以胜任环绕全球的旅行了。巴黎将有一次世界各国参加的关于飞机制造的大型会议，罗伯特决定去那里参加该会议，不过这次旅行的主要动机还是他因为所做的梦。罗伯特毫不费力就拿到了伦敦和巴黎的著名人士的担保函。当他向沃尔特和埃德娜告别时，他们祝他成功，说他们希望他的梦想会变成现实，他会找到玛丽，但他们知道他已经不再是以前的罗伯特了。他的表现像是精神已经崩溃了。1929 年 2 月 2 日早上，罗伯特开始飞往巴黎，很快就在当天晚上到达了那里，之后去拜访了一些朋友和熟人。在讨论了战况和他对即将来临的大战的预测之后，他决定去拜访伦敦的朋友。英国和俄罗斯正在进行空中战斗，几乎没有进行陆地战。尽管英国刚开始的时候占了上风，但俄罗斯与其同盟国正在取得优势。罗伯特发现伦敦十分无趣。到此时为止，他还没有得到任何关于玛丽的消息，于是他决定返回巴黎。

1929 年 2 月下旬一个阳光明媚的早晨，罗伯特正沿着巴黎一条有名的商业街漫无目的地散步。此刻的他身体状况不佳，并且很沮丧，眼睛盯着街道埋头走路。突然，他看见一个身影他靠近了自己，随后一个女人如闪电般快速地经过了他身边。他确定那是玛丽。他的心脏都跳到了嗓子眼儿。他迅速转过身跟上去，但她已经消失了。经过他身边时，她把一封信扔在了街道上。罗伯特把信捡起来放到口袋里，同时急忙沿着街道追上去，希望能找到她。他艰难地在人群中挤出一条路，四处寻找，累得筋疲力尽之后，仍然没有看见她的身影。于是他决定打开信件。他打开信时才发现，信中的内容是用他看不懂的外语写的。他无法确定这是不是玛丽的笔迹。他首先想到的就是立即去找一个翻译，帮他看一看这封信。进一步考虑之后，他又认为这可能是一封机密信件，于是他决定去找住在巴黎的一个老朋友，让他翻译这封信。罗伯特去拜访了路易斯·勒南，说明了他在大街上遇到玛丽的情形，把玛丽扔下这封信的事情告诉了他。他的朋友欣然同意帮他看信。罗伯特把信递给他，他粗略地看了一下，然后便一声不吭地把信递回给了罗伯特，并且让罗伯特立即离开他家，永远不要再来。罗伯特祈求他说明原因，但却是徒劳的。他的朋友气愤且坚决，把罗伯特推出了门外。罗伯特慢慢地走回旅馆，失望、困惑且心碎。这封信里究竟写了什么？为什么他的朋友不愿意说明信中的内容？他真的遇见了玛丽，这封信真的是来自于她的吗？不过，有一件事他是知道的，即他必须确定这封神秘信件究竟说了什么。他认为下一步最好的计划就是去找一名翻译，于是他向旅馆咨询，旅馆告诉了他在哪里能找到翻译。随后他便拜访了旅馆人员告诉他的地址，先是向那里的经理说明了他的来意，然后把信交给了经理。几分钟之后经理回来了，把信递给他，告诉他这里有门，请他出去，而且什么都不要问。罗伯特再一次请求他说明原因，但那个人很蔑视他，什么也不愿意说。

罗伯特回到旅馆，把这些事情仔细地想了一遍。他买了一份报纸，浏览了一下来自纽约的新闻和市场报告。他发现棉花和股票都在如他所预期的一样上涨，但他始终认为自己确定玛丽在哪里，因而此时对挣钱不感兴趣。他决定在巴黎的所有报纸上刊登寻人启事，告诉玛丽他在大街上从她身边经过，发现了那封信，但却无法找人把信翻译过来，因此请求她立即与他联系。他当天下午就把寻人启事刊登到了报纸上。接下来巴黎的一些熟人邀请他共进晚餐和参加舞会。他很想拒绝邀请，因为他感觉自己此时无法应对那种场面，但他们坚持说这将对他有好处，并且请求他去参加。罗伯特对神秘信件和看到玛丽后又突然失去她感到非常沮丧，因此决定不对朋友们提起此事。晚餐结束之后，他们与罗伯特聊天儿，他看起来高兴一些了。他们告诉罗伯特，当晚要在拉斐特酒店举行飞行员化妆舞会，让他一同前往。罗伯特试图借故推辞，借口说他没有可以出席这种场合的服装，但他们告诉他，他们已经为他订购了一件，因此他没有办法再推脱了，不得不去了，于是他最终同意了。

他们到达酒店，进入舞池时，那些听说过他在纽约的盛名和他在投机市场上的成功的朋友们急切地把他介绍给巴黎的绅士和名媛。来自世界各地的飞行员们都在那里。他们是来参加（关于飞机制造）的大型会议的。每个国家都在竞争最有效率的飞机这一最高奖，当然最好的飞机将被用作战争目的。他们问罗伯特，他是不是没有飞机用来报名参赛，或者说他是不是不想用“圣·玛丽号”做飞行表演。罗伯特告诉他们，他的身体状况不太好，此时对参加飞机竞赛不感兴趣。舞池里装饰着各种各样与飞机有关的东西。微型飞机在房间里飞来飞去或是在天花板上盘旋。这是一场华丽而又眼花缭乱的舞会，但罗伯特却毫不在意。他的朋友们为了使他高兴，让他有点儿兴致，把收音机调到了纽约，正好是在播放比特摩尔的音乐。接下来舞会开始了。罗伯特毫无兴致地观看着，他拒绝了朋友们的邀舞。他的脑子里只想着玛丽。当他正坐着观看跳舞的人们在地板上旋转时，突然他透过大厅再次看见了玛丽，她打扮得像一只鹰或是空中的女王。他疯狂地挤开人群朝大厅的另一边跑去，当他跑到那里时，却没有看见玛丽。这种折磨是他所无法承受的，于是他晕倒在了地板上。朋友们赶紧冲过来帮助他，苏醒之后他向朋友们解释说他又看见了玛丽，让他们去找她，把她带到他身边。他们搜寻后告诉他，没有叫玛丽的，也没有女士离开舞池。他们把所有的女士都带到罗伯特的面前向他介绍，但其中没有玛丽。罗伯特不仅是心碎了，身体也垮了。朋友们意识到了这一点，因此打电话叫来了一名神经科专家笛卡尔医生。罗伯特向医生解释发生了什么事情，包括在大街上遇到玛丽和在舞池中见到她，但他没有跟医生提起神秘信件的事。医生在检查之后告诉他的朋友们，他认为罗伯特正在经受精神幻觉的折磨，他很可能是因为太思念这个女人，在梦到自己在巴黎的一条街上见到了她之后，他就如此强烈地希望能见到她，于是他使自己相信她就在巴黎，并且真的认为自己看见了她，不管是在大街上还是在舞池里。但这很可能是一种视觉上的错觉；在好一点儿之后，他就会意识到自己并没有见过玛丽。

几天之后罗伯特才完全恢复。在此期间，他与笛卡尔医生相处得很好，并且把他过去很多的事情告诉了笛卡尔医生。笛卡尔医生对此十分感兴趣，也非常渴望帮助他。罗伯特最终决定向他透露神秘信件一事。这名医生在纽约有一个弟弟，他打算在罗伯特回去时给罗伯特一封介绍信，把他介绍给自己的弟弟。当他们谈到介绍信时，罗伯特把神秘信件一事告诉了他，笛卡尔医生允诺找一个可以翻译这封信的朋友替他阅读这封信。罗伯特非常高兴，因为他认为如果他能够知道信中的内容，就能弄清楚玛丽到底怎么了。尽管他一直在生病，但他的思绪一直在游荡，他设想了各种各样的情况，也曾有那么一小段时间，怀疑过玛丽。他甚至想过或许结果已经证明玛丽是一个坏女人，她现在正在巴黎享受着快乐时光。然而，他的脑子一恢复到正常状态，他以前对玛丽的信任就回来了，他又像以前一样爱她，相信她不可能犯错。

第二天，笛卡尔医生来访，开车带罗伯特去到了他的朋友那里，这位朋友是一名翻译。罗伯特把信递给他，他仔细看了一遍之后把信递回给罗伯特，转向笛卡尔医生，说道："你对我的友谊没有丝毫的尊重，否则你不会以这样的方式来侮辱我。赶快消失，永远也不要让我在我家再次见到你。"医生请求解释，罗伯特也主动道歉，说这全部都是他的错，医生只是在尽力帮助他，但这位朋友拒绝讨论这件事情，于是他们匆匆离开。他们上车后，笛卡尔医生知道这次打击对罗伯特来说太过沉重，所以他立即载他到旅馆，没有再讨论这封神秘信件。把罗伯特送到房间，让他舒服一些之后，他请求罗伯特不要再为这封信而烦恼，说他会仔细想一想这件事，第二天再来看他。

罗伯特非常的焦虑不安。他的希望正在迅速被绝望压倒。他再次意识到，希望迟迟未实现会令人心烦。此时他想起了亨利·沃森的故事，他想知道如果再也见不到玛丽，自己是否也必将经历生死。笛卡尔医生第二天来看他，非常挂念罗伯特的身体健康。他让罗伯特忘了那封信的事，并且建议罗伯特回到纽约之后再设法找人把这封信翻译出来。罗伯特把更多关于玛丽失踪的事情告诉了他，并且给他看了玛丽在开往圣路易斯的火车上放在他口袋里的那张纸条。医生看完纸条后说道，它明显是留下了希望的空间，尽管很神秘，但他感觉玛丽绝对是做好打算在适当的时候回到罗伯特的身边。罗伯特在巴黎各大报纸上刊登的寻人启事没有收到任何回音，于是他决定几天后返回纽约。

3 月初，许多飞行员都在大会之后从巴黎返回纽约，罗伯特决定与他们一起回国。他们坚持认为他的身体状况还不能单独驾驶“圣·玛丽号”，于是派了一名飞行员与他一起。这次飞行平安无事，3 月 5 日罗伯特到达了纽约。一到纽约他就立即去了办公室和研究室，沃尔特和埃德娜都很高兴见到他。他们告诉他，他的健康状况看起来好多了。罗伯特讲述了他在巴黎的所有经历和那封神秘信件。沃尔特非常吃惊，而且无法完全理解此事。他无法理解，如果玛丽真的扔下了信件，并且在街上和舞会上看见了罗伯特，那她为什么不回应他的寻人启事呢？她至少应该消除她失踪的神秘性。罗伯特决定立即去找纽约的一名翻译，看看他是否能让人把这封神秘信件解读出来。在他把信递给了一个能说大概 10 种语言的人后，这名翻译把信递回给他，并以一种坚定而绅士的口吻说，他烦请罗伯特立即离开他的办公室，并且永远不要再来。罗伯特立即回到自己的办公室，告诉沃尔特和埃德娜发生了什么。他们仔细讨论了一番，就这封信中可能包含的内容提出了各种说法，并且询问罗伯特是否有翻译曾经透露过任何信息，或是说过他们是否能够阅读这封信。罗伯特说没有。埃德娜认为，很可能是这封信中包含了给翻译的信息，让他们不要透露任何信息，或者说不要向罗伯特或是其他任何人透露信中的内容。沃尔特认为，如果是这样，那么那些看似被这封信侮辱的翻译就会立即撕毁这封信，而不是把信递回给他。他们提出的说法越多，这封信的神秘看起来越没有道理。罗伯特决定写信给他听说过的加拿大的一位有名的占星家。他随信附上了他的出生日期，讲述了这之前的事情，看看这位占星家是否能够就这件事给他一些指示；同时他还在信中告诉这位占星家，如果他能够解决这个问题，告诉他信中的内容或是如何能翻译出来，以及向他透露任何可以引导他找到玛丽的信息，他都将支付5万美元；如果有必要的话，他可以支付更多。这位占星家在根据罗伯特的出生日期进行计算之后回复道：

尽管这是一种非常罕见的情况，但这些事情根本不是意外事件，而是自然法则的结果。这位年轻女士仍然活着，而且我认为三四年之后她会再次进入你的生活。现在的大问题是，她失踪那天，你的主宰星水星靠近天王星邪恶的一面，而天王星是一颗十分反常的、可引起巨大变革的神秘行星，预示着失望、烦恼和延期。至于这些信件，它们将是神秘而难以理解的。大概就在她失踪的时候，木星、火星、水星和金星全部都在改变其星宫，这意味着要在出现了许多变化和长时间的延期之后神秘才能被解开；信件很可能被遗失或是被错送了；她或许给你写了信，但信件一直未到达你手中。海王星与海洋的神秘有着很大的关系，会强烈影响巴黎这座城市，因而她是否在那里出现真相不明，而且还会出现许多无法解释的事情。关于这封神秘信件，你是否能够获得任何解释或是找人译出不确定。关于这封信，有一些幻想的成分在，或者说玛丽的出现或许是你的一种精神上的幻象。

如果你愿意去南部或是东南部一些临近美丽水域的城市，并且能够联系上一名可靠的招魂术士或是巫师，或许会有所帮助，有可能在一定程度上帮忙解开神秘。考虑到你的健康状况，以及土星正在对你产生影响，这年冬天剩下的时间和明年初春在热带地区度过是比较可取的。佛罗里达将对你尤其有利，并且可能会在多方面带来良好的结果。如果你愿意给我时间计算你的星象并且耐心等待，我将保证可以告诉你你找到玛丽的具体时间。运动中的火星正在向金星——爱神——移动，当汇合时，她很可能就会回到你的身边。

第二十一章　银泉的传说

罗伯特收到这封信后大受鼓舞，因为他对占星术和这位占星家的能力十分有信心。他决定立即去往佛罗里达疗养，游览他所能找到的一切美丽的地方和水域，以希望获得玛丽的一些消息。他直接去了佛罗里达的棕榈滩，在那里遇到了一些对科楠·道尔招魂术十分感兴趣的朋友。这些朋友告诉他，一名来自英国的有名的招魂术士柏丝福德女士一直在那里，他们相信她可以帮忙解决他的问题。罗伯特询问在哪里可以找到她，他们说她去了佛罗里达的奥卡拉游览银泉并调查银泉传说。传说一名年轻漂亮的女孩把自己淹死在了银泉。

一个传说

（以下故事既有事实的准确又有小说的浪漫。希利姑妈[①] 16 年前去世之前，一直住在银泉，许多来游览银泉的人都见过她。这个故事出自有才华的梅烈·班布里奇·克里斯特夫人的笔下。）

佛罗里达远近闻名的银泉旁边，住着一位年老的黑人妇女，整个周边地区都称她为“希利姑妈”。她宣称自己已经 110 岁了，这一点可以被她的外貌所证实。希利姑妈脸上布满皱纹，看起来很老，扎染印花大手帕包起来的头上露出的头发像雪一样白，而她那浓密而雪白的双鬓则让她的脸看起来更加的黑暗和古怪。只要是奥卡拉最老的市民，都会记得希利姑妈一直像她现在一样，看起来就像是古代的人；人们总是把她与银泉联系在一起，她总是杵着那短而粗的拐杖，从早到晚地在银泉周围跛行。

她曾是一场悲剧的参与者，此事只有几个奥卡拉最老的市民知道，

① Aunt Silly，根据后文也可以翻译为傻子婶婶。

并且这些人当中也很少提起这件事。当人们刚开始在奥卡拉定居时，奥卡拉附近一个地区伫立着一座华丽而古老的府邸。该府邸为哈丁·道格拉斯上尉所有，他是一名相当富有的南卡罗来纳州人。他唯一的孩子是一个儿子。这个孩子长得像他母亲一样漂亮，并且遗传了他母亲多愁善感和犹豫不决的性格，同时也像他母亲一样，是这位老人钢铁意志下的一名奴隶。在奥卡拉这座美丽的小城，住着柏妮丝·梅奥，克莱尔·道格拉斯第一次见到她时就被她那金发碧眼的美丽所俘获。尽管有着弗吉尼亚州的血统，但柏妮丝却是一名真正的“鲜花之乡”[①] 的美女，热情而冲动。她的眼睛是蓝色的，像门罗湖的湖水一样澄澈。她的童年是在相当小的桑福德城度过的。她有着像佛罗里达的阳光一样金色的头发，佛罗里达的热带光辉驰骋在她的血液中。柏妮丝与克莱尔·道格拉斯做了 6 个月的恋人，银泉则成了他们最钟爱的常去之地。他们时常花半天的时间徜徉在那壮丽而安静的大自然的怀抱中。

柏妮丝似乎热衷于进入秘密世界的深处。她会说：“克莱尔，如果我是一条美人鱼，并且住在那边清澈的洞穴中，那么有一天我就可以漫游穿梭在银泉的棕榈和苔藓之间，也可以坐在那边的礁石上，用贝壳梳理我金色的头发。到时你划着船漂流过来，就会看见我在水面下，那时你会爱我吗？会不会爱我爱到愿意跳入水底深处来追求我？”此时克莱尔用亲吻停止了她快乐的喋喋不休。他们在清澈的水面上漂流，偶尔停下来观赏礁石、贝壳、棕榈和鱼类，这些在清澈水面 80 英尺以下的东西像水面上的树木和林地一样看得清晰。在这期间，他向她许下了他永恒的爱。没有什么比奥卡拉的“情人小径”更有吸引力了，也没有其他什么地方能够留住这些年轻人对银泉的偏爱，这是他们不变的约会之处。然而，一个灾难性的日子降临了，这一天注定要将他们分开。那一天，克莱尔·道格拉斯向他的父亲宣布了他对美丽而贫穷的柏妮丝·梅奥的爱，以及他要娶她为妻的决定。他的父亲暴跳如雷，发誓说这绝不可能，然后秘密地策划了一场分离。

在克莱尔·道格拉斯被迅速派出国外打理他父亲的重要生意之后，柏妮丝了解到了真相，她那骄傲而柔弱的个性被这残酷的打击与甚至更加残酷的分离撞碎了，她的心因此在滴血。

---

① “鲜花之乡”即指佛罗里达州。

她努力反抗，但却是徒劳；对她来说，整个生命看起来都只是一片空白。一年缓慢地过去了，快乐的柏妮丝·梅奥常去的那些地方再也不认识她了。消瘦而苍白的她一天天地长大了，她是脆弱的，就像她钟爱的银泉的白色花朵一样脆弱。克莱尔系在她手上那条小小的金色链子本应该已经从她消瘦而单薄的手上滑落，但丝带让它仍然戴在自己的手上。某一天，这个女孩在这世界上的最后一天，她凭借着最后一点儿力气慢慢地走到了银泉，她步履蹒跚地走进希利姑妈的小屋，晕倒在了希利姑妈的怀里。希利姑妈也被这苍白而瘦弱的小生命弄得措手不及，随后她很快恢复了意识，但即使是这位年老的黑人妇女都能明显地看出，死神已经将其阴郁而确定的印章伸向了这张年轻的脸庞。

“希利姑妈，”这个女孩喘息着，“我来找你是为了死亡，你一定要听从我最后的请求，坟墓不会泄露任何秘密。今天日落之前，我就会身处天堂。与我所爱的男人的分离已经让我死过一次，但这一次死亡之后我们将重聚。我已经请求过上帝，他已经听到了我的声音。但是，希利姑妈，你一定要听从我的请求。你爱我，所以你会按照我所请求的去做。今晚月亮出来时，把我的遗体用船划运到沸泉，在那里将我埋葬。你知道那个地方的，别搞错了。你只需要做这件事，剩下的就交给上帝来处理。”

“全能的上主啊，孩子，你认为希利姑妈会在寂寞的夜晚埋葬遗体吗?”这位年老的女人问道，她的牙齿因他们种族特有的由迷信引起的恐惧而颤抖着。这个女孩意识到了她的计划失败的风险，于是她坐起来，抓住这位年老的女人的手，用那垂死的眼睛盯着她的脸庞。

“希利姑妈，”她喘息道，“我是一个将死的女人了；我已经非常接近上帝了；我已经与上帝进行了对话，他已经回复了我。我活着时的愿望已经被击碎，我发誓我死后的愿望一定会实现。不到 24 小时，克莱尔·道格拉斯就会在银泉那清澈的洞穴中与我相聚。如果你不答应我的请求，那么所有邪恶的幽灵都将围着你转。你会瘫痪，会失明，会变聋——聋得听不见任何声音，但却会听见鬼魂的声音，它将日夜附在你身上。你是要发誓听从我的死亡请求，还是要拒绝我的请求，从而让一个垂死女人的预言成真?这预言将因你拒绝听从上帝的意愿而落在胆怯的你的身上。”

这位年老的女人像一棵白杨一样颤抖着。她的眼里凸现着恐惧，大颗大颗的汗珠从她的脸上滚落。最终这个垂死女孩的力量获胜，这位年老的女人回答道："我答应你，宝贝，我答应你。"

当天晚上的景象阴沉而可怕，这一幕只有上帝和大自然目睹了。在月夜下小船顺流而下漂向银泉，船上载着两位奇特的乘客——一位古怪异常且滑稽可笑；另一位则在她尤物生命的美丽中如此的安静、苍白和可怜。没有一片树叶被激起，没有一点儿声音被听到，只有飞溅的水——这个年老的女人的船载着陌生而美丽的尤物在奇妙而透明的水面上漂流时，船桨激起飞溅的水；她的船一直划到了沸泉，然后才改变方向并停下来不动。这个年老的女人轻轻地，毫不费力地就把这个弱小的身体抱了起来，如同抱起一个婴儿。她已经因这张已死去的脸庞上那平静的微笑而变得不那么害怕了。当她遵照这个女孩奇怪的请求身体前倾时，泪水滚下了她暗黑的脸庞。一会儿的时间，这个身体便在水中来回滚动了，这个身体曾经最美好的时光都是在这个水面上度过的。死亡的脸庞微笑着，浓密的头发像一片金子的光辉一样在月夜里闪光。水底深处的每一块鹅卵石都清晰可见。突然，像被施了魔法一般，温泉停止沸腾了，这个身体开始下沉，礁石的中间显现出一条奇怪的小缝涌出神奇的水流。这条缝慢慢地分得更开，随后接收这具尸体，然后再次合上，再也看不到任何缝隙存在过的痕迹。

"万能的上主啊，那个孩子一定是一个天使。她与上帝进行了谈话，她知道所有的事情。"这个年老的女人在月夜里划船回到自己的小屋时喃喃自语道。

停在对岸的一只嘲鸫①唱出了一连串清脆的曲子。"现在听听吧，"希利姑妈喃喃自语道，"那只鸟已经为新郎奏出了婚礼进行曲。快来吧，克莱尔·道格拉斯，你的小新娘正在平静地等待着你，比在先前等待的日子更加平静。"

柏妮丝·梅奥死后的第二天是奥卡拉所有的市民永远都无法忘记的一天。克莱尔·道格拉斯在离开一年后刚刚回来。他发现他那漂亮的表妹（他的父亲希望她成为他的妻子）在他父母的家中做客。

"克莱尔，"当他们在早餐桌上慢吞吞地吃着早餐时，他的父亲说道，"我在银泉有一艘新的上等的划艇，我想让你今天上午带你表妹去划船。

① 嘲鸫长 23～25 厘米，长着小嘴和尾巴，羽毛呈灰褐色。虽然并不美丽，但它的音乐天赋弥补了外貌上的不足。它的歌声宛如不断变化的、动听的"淙淙"流水。反复唱过一支悦耳的曲子后它会换一支曲子再接着唱。

此外经你们这些年轻人的同意，我打算为你们举办一场派对。”

“叔叔，太好了。”这个女孩大声说道。然而，曾为克莱尔的生命增添了色彩的所有事情都发生在那个地方，但尽管他因要回到那个地方这一念头而有些心神不定，他却只能默然同意。

派对在 4 月阳光下的银泉举行，克莱尔·道格拉斯看起来异常英俊，但他的脸上却出现了一种奇怪的苍白。他留下那对叔叔和侄女继续他们的交谈。这个在 4 月阳光下盛开的女孩，与那个前一晚在阴沉的月夜里漂流在同样的水面上的女孩形成了多么强烈的对比啊！随着划艇靠近沸泉，派对上的人注意到，有一只小船盘旋在沸泉之上。这只小船是希利姑妈在划桨，船上还有另外一名年老的女人，她的眼睛因哭泣而浮肿。划艇停在了这只小船旁边，两只船上的人都注视着那神秘清澈的水底。

突然，那个侄女大声叫道：“哦，看哪，那个看起来像是一只手，一只很小的人手！”随后那只手变得越来越清晰可见，那只苍白的小手细长的手腕上戴着金色的链子。啊，小手，即使在上万只手中，克莱尔·道格拉斯也将一眼认出你！他的脸上像死人一样苍白，他像是要窒息了一样喘息着。所有人都目不转睛地看着水底的情形。突然，水停止了沸腾，清澈的水底出现了一块礁石，像一朵破碎而美丽的百合，里面躺着柏妮丝·梅奥。她那金色的头发漂浮在沙土上，她那死亡的脸庞平静地微笑着，像是一圈平静的光环终于降临在了这个疲倦的灵魂上，破碎的心终于获得了安宁。随着一声疯狂的哭泣，克莱尔·道格拉斯猛地跳下船，不断地潜入更深处，直到用他自己的手臂抓住他已死去的爱人那娇小的身体。他的哭声甚至刺痛了他母亲的心脏，这是她生命中最后一次看到自己孩子那死亡一般的脸庞。

接下来这块礁石再一次地分开再合上，世人再也看不到这对情侣，他们躺在彼此的怀抱中。随后水再次旋转并像发疯的暴怒者一样沸腾起来，就像是为了反抗把上帝将其结合在一起的两个人分开的那个人那微不足道的意愿。

银泉的秘密合葬墓第一次为世界所知，自然非常吸引很多的游客。当游客们靠近银泉中被称作“沸泉”的那个区域时，就会在水底那急速旋转的水中看到细小的一直不停歇的喷泉，像珍珠一样的贝壳从礁石的裂缝中倾泻而出，希利姑妈说，这是柏妮丝·梅奥的爱人与她在银泉中的神仙宫殿汇合的结婚日的早上，天使们送给她的珠宝。此外，还有一朵开放在银泉中的奇妙的鲜花——它的叶子像百合，花朵的形状又像香橙花。希利姑妈说，它那独特而光亮的白和黄色的花瓣分别像柏妮丝·梅奥的脸庞和头发，她把它们称作“柏妮丝笑靥花”。奥卡拉的年轻人中间盛传着一个传说，说被赠予一朵这种花的女人将会在年底成为新娘。

第二十二章 初见柏丝福德女士

罗伯特对这个故事和他们所说的柏丝福德女士的神奇力量印象非常深刻。与朋友们商量之后，他决定立即去银泉见她。星期天上午大概 10 点钟，他登上了当地一架去银泉的飞机，当天下午就到达了银泉。当天的场景正符合传说中情形，天气很好，阳光明媚。当飞机快速飞行时，罗伯特一直在空中观看。他看见了许多美丽的橘园，想到了出自大自然的手中那些美妙的作品，它所绘画出的美丽比任何一只人类的手所绘画出的美丽都要壮观。此时他想，如果把玛丽的美写出应当与此时风景一样美丽。

玛丽的美掠过罗伯特的脑海，他对玛丽的梦想和希望重新点燃了，他感觉有了希望，内心充满了热情。柏丝福德女士一收到来自她朋友的介绍信，就立即异常热情地接待了罗伯特。罗伯特讲述了自己的故事，她聚精会神地听着。当罗伯特讲述了神秘信件一事之后，她说旅馆里有一名翻译，他懂得绝大多数的外语，她确信他可以翻译这封信。罗伯特很兴奋，因为柏丝福德女士对于帮助他表现出了如此大的兴趣和愿望。他讲述了之前在设法找人翻译这封信时所遇到过的所有障碍，以及他几乎已经对找人把这封信翻译出来不再抱任何希望。她向他保证，她与这名翻译的友谊这次一定能有结果。

罗伯特急于参观银泉，柏丝福德女士也热切希望他立即参观银泉。她说从银泉回来之后，她就去见那位翻译，让他翻译这封信。随后他们便去了银泉，在美丽的水面上缓缓地划着船。罗伯特已经听说了那个故事，当船慢慢地来到一个写着“新房”的地方时，他看见了礁石中一位美丽女子的脸庞，当时他的心脏差一点儿停止了跳动。他想起了自己所经历的伤心事，想知道玛丽的命运是否也已经如此。美丽的湖水反射着罗伯特有生以来所见过的最灿烂的色彩。他默默地进行了生命当中最虔诚的一次祈祷，祈祷自己可以在此遇见玛丽和她美丽的容颜，他们可以在此一起享受大自然的美丽。当他透过清澈的湖水看向新房时，它把他带回了 1927 年 6 月 5 日那个星期天的早晨，当时他还期待着娶玛丽为妻。眼泪不断地滑下他的脸颊，柏丝福德女士意识到了此时的情形，但由于知道自己不能说什么，于是保持沉默，直到罗伯特的情绪好转。这时她才说自己很钦佩罗伯特对玛丽的爱和付出，说大自然在这里的鬼斧神工的目的就在于融化世界上绝大多数冷血的男人的心。罗伯特叫划船的人划回幽灵新娘在水中出现的地方。当他再次向下看那张脸时，他想到了玛丽。他说道："你世界上最美丽的脸庞，那激发我最好一面的我最钟爱的双眼，时间乘着银灰色的翅膀消逝了，你那惹人喜爱的双眼只能在记忆中为我照耀了。"不知怎么地，这美丽的湖水和风景激发了罗伯特新的希望，因为当一个男人对一个女人的信任让爱之光一直在他心灵的圣坛上燃烧时，爱就总是会在他心中激起希望。

接下来罗伯特和柏丝福德女士回到了旅馆。晚餐之后，柏丝福德女士去见罗伯特，说她已经找到了那位翻译，他已经同意当天晚上就阅读那封神秘信件。由于已经遭遇了那么多次的失望，因此罗伯特心想，这次他必须确保能让这封信被解读出来。他见了那位翻译，把整个故事详细地跟他说了一遍。他告诉那位翻译，不管信中包含了什么内容，好的还是坏的，他都必须知道真相，没有别的，只有真相。他说如果翻译同意无论信中包含了什么内容，都会解读这封信，那么他要多少钱他就给多少钱，并且会提前支付。他的请求是如此的诚恳，以至于翻译都看到了他的心正在破碎，因而对他说，与救济一颗正在为一份伟大的爱情而破碎的可靠而忠诚的心这一愿望比起来，再多的钱也不能影响他解读这封信。因为当我们的国家处于危险时期时，需要这样的男人，只有极少数男人会对一个女人这样的忠诚和付出；这看起来都不像是真的，更像是神圣不可侵犯的，他很乐意翻译这封信。当罗伯特完全确认这一次不会再有失望时，他极其开心。他抓住柏丝福德女士的手，感谢她，并在这位翻译的面前跪了下来，提前感谢他承诺翻译这封信。

"那么我们就别在拖延了，"这位翻译说道，"把信给我吧，我来解读。"罗伯特一直将这封信装在口袋里的一个皮夹子里带在身上，从未让它离开过自己。这封信被小心翼翼地折叠起来，放在了另外一些纸张里。他从口袋里拿出皮夹子，打开来寻找这封信。信却不见了！他仔仔细细地翻遍了皮夹子，但信确实不在了。这次失望对他来说是又一次沉重的打击。他与翻译和柏丝福德女士讨论了这件事，无法理解那封信是怎么从他的口袋中消失的。他确信自己在棕榈滩的时候信还在。于是他给棕榈滩的旅馆打了电话，在找寻一番之后，旅馆人员回复说他们找不到那封信。柏丝福德女士意识到了这封神秘信件的遗失所带给罗伯特的巨大失望，因此她对他说，她将运用自己招魂术的力量尽可能地解释这封信的神秘，并尽量帮他找到玛丽；如果当天晚上他让她一个人独处，第二天她就能告诉他她所获得的信息。

罗伯特第二天早上很早就起床了，他决定在太阳刚刚升起时去看看美丽的银泉。这是一个美丽的早晨，他在水面上划着船，听着鸟儿的歌声，看着美丽的鱼儿在清澈的水中游来游去。他再一次想到了幽灵新娘的故事，传说她会在有月亮的晚上出现在水面上。他的思绪回到了在阿肯色州的灵湖上那次垂钓航行。他想到了灵湖的故事，以及当时作为一个小孩子，他对那个故事的印象有多么的深刻。现在这个故事看起来更加的生动而真实了。他的思绪回到了亨利·沃森的死亡上，他想：“我注定要参观各个地方，听到各种悲剧故事和相爱的人的失望吗？我最终的命运是不是也会像他们一样？我一定会沉入遗忘的河流，再也见不到这个世界上我最钟爱的玛丽的脸庞吗？终究会像亨利·沃森所说的，‘希望只是灵魂的一个支柱，但现实是不容改变的东西，我们必须面对现实？’”有那么一刻，罗伯特感觉他这些年来一直是依靠希望而活着，他几乎已经准备好要放弃希望，把自己留给现实，但即使那样，他也知道如果他放弃了希望，不再持有玛丽爱的光芒，那么他这一刻就将跟随那位幽灵新娘的爱人的脚步，跳下船，淹没在这美丽的湖水中，让自己的灵魂得到解放。这样或许自己的灵魂将飞向远方去找到玛丽。划船的人注意到罗伯特陷入了死一般的沉默。他询问他是否已经准备好了返回。罗伯特突然像被电击了一样醒悟过来，说了一声“好”。

第二十三章　通灵术

他坐车回到了旅馆，柏丝福德女士正在等他。他匆匆忙忙吃完早餐，去了旅馆的一个较隐蔽的角落。在那里他们可以独处，他也可以听到柏丝福德女士前一天晚上从灵性世界所收集到的信息。当他走进房间时，她的第一句话是："戈登先生，我有好消息要告诉你，而且我知道这个消息绝对可靠。昨晚一个我以前从未见过，也从未听说过的圣灵出现了。它是一个印第安女孩，名叫"欢乐之水"。她说她是奥克胡孟克酋长的女儿，曾住在银泉附近，后来因失去自己的恋人而自沉于银泉。这时，柏丝福德女士递给罗伯特·戈登一本关于银泉的小册子，里面讲述了一个关于"欢乐之水"的死亡传说，他立即阅读起来。

一个印第安人的传说

很久以前，当时奥克胡孟克是印第安部落的酋长，他在西南部的各个湖边狩猎。那时发生了一件极其恐惧的事。这个酋长有一个女儿，她那罕见的美丽是这个老人生命当中的骄傲，是勇士们的宠儿。她是让人梦寐以求的奖赏。当她的酋长父亲执着她的手时，其他酋长们和勇士们为拥有这个最珍贵的礼物展开了竞争。但是，这个女儿已经见过秋力欧拓，并且爱上了他。秋力欧拓是一个部落的新首领，他们居住在银泉野外的小树林里。然而，不幸的是，这个老酋长与这个新首领之间，以及他们的部落之间，有着久远的深仇大恨——他们是敌人。当奥克胡孟克知道秋力欧拓已经获得他的宝贝女儿的爱情之后，不到几个星期，杰出的秋力欧拓就被杀死了，被这位父亲杀死了。死了！她所爱的人死了！可怜的孩子。在她父亲的双手沾染了她所爱的人头颅上的鲜血的情况下，她还会回到她父亲的地方，居住在部族中间吗？不会。她匆匆离开，来到了那个著名的喷泉旁边。这是她最喜欢的一个地方，她和秋力欧拓就在喷泉那光亮透明的底部相遇。秋力欧拓那苍白的鬼魂就站在那里，召唤她过来。一切事物都静止了，留下那透过高高的松梢叹息着和呻吟着的夜风。女孩来到了银泉边。她先是在银泉边停留了一会儿，然后双手合十举在头顶上，最后纵身一跃，跳进了翻滚的浪花中。她去了那些被施了魔法的小岛中的某一个，在西边的海洋中远离现实，在那里这位少女和她所爱的人相聚在一起，他们在那里找到了另外一个银泉。

柏丝福德女士说，欢乐之水的灵魂告诉她，在自沉后，她的灵魂便得到了解脱；她一直在寻找那些在爱情里遭遇挫折的人，也在帮助他们减轻痛苦，帮助他们学会理解，以及使分开的人重聚，而她也因此感到非常快乐。欢乐之水说："玛丽还活着，并且为了某些不为人知的原因，她一直躲避着她的父母和其他所有人。但是，她的爱坚如磐石，她也将遵守承诺，在罗伯特最需要她时回到罗伯特的身边。罗伯特在巴黎街上所看见的是玛丽的灵魂。玛丽当时不在那里，也从未去过那里，但由于罗伯特太爱她，太渴望见到她，以至于玛丽一直紧紧跟随着罗伯特的灵魂能够离开她的身体，出现来给他安慰。他在舞池里看到的也是玛丽的灵魂，她当时根本不在那里。罗伯特当时会看见她，是因为他需要希望和鼓舞来继续等到玛丽回到他身边的那个适当的时机。神秘信件从未存在过，它只是一个幻想，一种潜意识的力量。这种力量印第安的巫师都知道和了解。当有人要求时，不管他是在什么地方要求的，我们部落中的一些人都知道如何将潜意识或灵魂"招出来"。罗伯特的潜意识收到印象的时间已经太长，他希望和渴望收到玛丽的信的时间也太长，以至于当她的灵魂出现时，他会期望收到一个信息、一封信，或是某种联系方式，因而他真的认为她扔下了一封信。这种力量给潜意识的印象是如此的深刻，以至于他能够使他人感觉到这封信，相信这封信的存在，并看到这封信。但是，当然他们无法阅读或是翻译出这封信，因为根本没有那封信，也没有任何文字信息，这就是他们对这封信的反应都如此奇怪的原因。当罗伯特最终见到你——一个招魂术士，一个无私的女人，和那名翻译——一个不接受任何钱财就愿意解读那封神秘信件的诚实而无私的男人时，我就知道根本从未存在过什么信件，因此抹掉了罗伯特潜意识中的印象，当他去寻找那封信时，信当然也就不在那里，而且是从未存在过，因为那封信只存在于他的潜意识当中。

在这之后，罗伯特快乐多了，也更加充满希望了。他的心告诉自己，他终于走对路了。他想起了《圣经》中所阐述的各种法则；他还记得当他们问耶稣要一个神迹，表明人子将先在地里头三天三夜，然后复活并升天时，耶稣所说的话。罗伯特知道这意味着什么。他知道，不幸、苦难和挫折一定会出现在快乐来临之前。每一个晴天之后都会出现一个黑夜，心中的每一次疼痛都会获得一次回报。所有的自然法则都讲授了作用与反作用这一永恒定律。他从这一点当中找到了极大的安慰；他知道《圣经》中保证过，爱和信任一定会获得巨大的回报。他感到非常高兴，因为他相信欢乐之水的故事，相信玛丽将再次进入他的生命。

罗伯特在银泉继续待了几天。他很喜欢与柏丝福德女士待在一起，向她讲述他对《圣经》和自然法则的理解。她说，是他纯净而身心洁净的生活与能够透露真相的圣灵取得了联系。她与欢乐之水进行了多次通灵，欢乐之水非常喜欢罗伯特，也愿意尽其所能地帮助他。她说罗伯特拥有与她相同的爱情，他宁愿死，也不愿意放弃玛丽，但除了耶稣基督以外，他将获得世界上所有男人最大的尊重，因为他正在遵循爱的法则，而这个法则将把他的玛丽带到他的身边，他也将与她一起度过多年幸福的时光。柏丝福德女士告诉他，与欢乐之水的灵魂在一起首领爱人的灵魂也证实了欢乐之水所说的一切。

当罗伯特准备离开银泉时，他内心对柏丝福德女士和她为他所做的一切充满了感激。他想要为她的帮助支付报酬，而且他愿意按照她说的任何数目开一张支票。她解释说，她是一个非常富有的女人，在英格兰有一大片庄园；她一开始做这个工作是应科楠·道尔先生的恳求，为的是为他人提供帮助，而不是出于金钱方面的考虑。她说，他的感激已经回报了她无私而尽力的帮助。柏丝福德女士所表现出的态度对罗伯特来说是一个巨大的安慰，也使得他更加信任《圣经》了。他知道，“播种什么就收获什么”这一法则是一条神圣的法则，也是一条自然法则，没有人能够打破或是逃脱这条法则，而他将获得的回报就像这条法则一样必然。他曾阅读过爱默生的《论报酬》，并且坚信爱默生的观点。他对柏丝福德女士说：“你一定会获得回报，因为你所做的是正确的，你竭尽全力去帮助他人，你将获得的只会是好报。”

柏丝福德女士说：“非常感谢你，戈登先生，我很享受我们的旅行，希望我们有机会能够再见。我可以问一问你离开这里之后打算去哪里吗?”“我打算直接去纽约，因为我那里有生意上重要的事情要处理。”罗伯特回答说。“戈登先生，你看起来身体不是很好，”柏丝福德女士说，“依我看，你似乎需要多关心一下自己的身体，需要更多的休息。我打算离开这里去佛罗里达的赛宾。我听说了太多关于这个美妙的地方的故事，因此我打算去那里调养身体。”“那里是一个疗养胜地吗?”罗伯特问道。柏丝福德女士说：“我听说那里有一个阳光疗养院。他们会教你如何饮食，如何娱乐。那里的水质是佛罗里达州最好的。事实上，那里气候宜人，是佛罗里达州少有的几个可以喝到最好的饮用水的地方。佛罗里达州最美丽的湖泊杰克逊湖和其他许多湖泊就在附近。我听说在那里垂钓和划船很好。基西米河也在那附近。这条美丽的河流与南部地区的一些歌曲和故事都有关系，我很想去看一看这条河流。我之前在英格兰遇见一些朋友，他们去年冬天就是在赛宾度过的，他们爱死了这个地方，在那里调养身体，感觉那里就是庞塞·德莱昂所寻找的地方——他曾寻找青春之泉。他们说赛宾是佛罗里达州阳光最充足的地方。我决定参观这个美丽的地方，看看它对我的身体健康是不是有好处。”

罗伯特对柏丝福德女士对赛宾的描述印象非常深刻。他认为对一个疲倦的生意人来说，赛宾一定是享受运动、调养身体的理想去处。柏丝福德女士几乎不用劝说，罗伯特就愿意跟着她一起去了。

3 月 27 日，柏丝福德女士和罗伯特·戈登到达佛罗里达的赛宾。他们发现一切都正如她的朋友所描述的那样，气候宜人，很适合垂钓。罗伯特很喜欢那里的高尔夫球场，他的健康状况也在几天后开始改善。时光飞逝，不知不觉已经一个月过去了。罗伯特十分迅速地恢复了健康，因而他感觉自己的确找到了青春之泉。由于出生于农场，他很热爱大自然。赛宾周围的美景让他感到欣喜，使他忘记了烦恼，让他对未来更加充满了希望。他梦想着玛丽回到他身边的那一天，届时他可以先带他到佛罗里达参观美丽的银泉，然后到赛宾看一看所有美丽的湖泊和基西米河。如果她的身体状况不好的话，这个地方将让她恢复健康，她将像他一样喜欢这里的乡村风情。

第二十四章　三位一体

4 月下旬，罗伯特认为必须返回纽约工作了，他向柏丝福德女士告别。他毫不吝惜自己的感激之情，并且向柏丝福德女士保证，对于她通过“欢乐之水”带给他的令人欣慰的信息，他欠她很大一份人情；最重要的是，他将永远感激她盛情邀请他去赛宾，他在那里完全恢复了健康。柏丝福德女士向他保证说，她真的很荣幸能够为他提供帮助，并且邀请他下次旅行时去参观她在英格兰的庄园。

罗伯特启程返回纽约时，心情很轻松，心中又重新充满了希望。此时他比以往任何时候都更加相信玛丽还活着，并且会在不久的将来回到他身边。到达纽约时，他直接去了自己的办公室和研究室。沃尔特和埃德娜热情地迎接了他。他们都很高兴见到他气色那么好。沃尔特抓住罗伯特的双手说道：“老朋友，我从来没有见你有过这么好的气色。你一定是在佛罗里达发现了庞塞·德莱昂的永葆青春之泉。”罗伯特回答说：“当然了。我在佛罗里达最美丽的地方银泉有一些奇妙的经历；也是在那里获得了让我非常高兴的信息，这个信息让我确定玛丽还活着，并且会回到我的身边。也是在那里，我听说了佛罗里达的赛宾是世界上最好的疗养胜地。我去了那里，并且的确发现了‘青春之泉’。我在那里待了一个月，游玩、垂钓、划船。那里大概是佛罗里达唯一一个不用船运来就可以喝到好水的地方。那里阳光充足，气候宜人。我到达那里之后的第二天身体就开始好转，之后每一天力量都在增加。明年冬天你绝对应该去佛罗里达休假，并且要待在赛宾。如果你什么时候结婚了，一定要去银泉度蜜月，因为你一定会喜欢那个美丽的地方和那里的风景。你可以先从银河顺流而下到奥卡拉瓦哈，然后再下到美丽的圣约翰河。如果你明年 3 月或 4 月初就可以去旅行，你将看到大自然最美的时候。你将忘掉你所有的烦恼，因为大自然把美景展现得如此淋漓尽致，以至于它只会让你想起开心的事情，它会激发希望，让你憧憬未来的幸福时光。”

当罗伯特讲述完佛罗里达的美丽之后，沃尔特表现得很害羞，埃德娜看起来也相当的羞涩。然后沃尔特说道：“罗伯特，我们要给你一个大惊喜。埃德娜和我打算6月份结婚。”“哦，这真是惊喜，”罗伯特说道，“我知道迟早会有这一天。当我跟你谈论去度蜜月的事情时，你就应当已经想到我猜到了。恭喜两位，祝你们成为这世界上最幸福的一对。你们有权得到幸福，而且我也知道你们在一起会很幸福。”

这并不是唯一的好消息。沃尔特和埃德娜几个月以来一直夜以继日地致力于一项伟大的化学发明，此时已经获得成功。这项发明是一种可以用于战争或是医学目的的无害气体。它可以在不产生任何副作用的情况下，让人们陷入睡眠，并且是连续7天保持睡眠状态。罗伯特一直希望把某种不会导致人死亡的东西运用于战争当中，因此他对沃尔特的发明感到非常兴奋。沃尔特告诉他，他已经测试过了，埃德娜对他非常有信心，她已经吸入过该气体，沉睡了7天，并且没有感觉到任何副作用。沃尔特清楚地知道这种气体为什么能够成功发挥作用，因为他是一名优秀的化学家，他了解这项发明背后的自然法则。他告诉罗伯特，必须对这项发明进行保密，直到战争时期；届时他们可以驾着能够一小时飞行1000英里的新飞机”仁慈的玛丽天使号”，从一座城市飞往另一座城市，或是从一个战场飞往另一个战场，把这种气体释放出去，使每一个人都沉睡7天。在这期间，我国的军队就可以利用“死亡之神”摧毁敌人的基地和防御工事，也可以自己制定和平条款与敌人进行谈判，同时遵循上帝神圣的指令——“你们不可杀人”。

棉花一直在快速上涨，罗伯特和沃尔特正在快速获利。罗伯特告诉沃尔特和埃德娜，6月9号他生日那一天，他打算为他们举办一场婚前的盛大晚宴和庆祝会。此时他们的伟大发明已经完成了，是时候宣布一场假期并进行一次真正的狂欢了，而埃德娜和沃尔特的婚礼简直是适时地为此锦上添花。他们现在可以平静地坐着不管了，只等待着空中大战的来临，因为他们知道，有了他们的秘密发明，他们已经准备好在战争时期拯救美国了，同时还不会牺牲太多人的性命。

这次生日派对举办得非常成功。罗伯特毫不吝惜金钱以求事事完美。晚宴是在一家私人餐厅举办的，晚宴之前，罗伯特给了大家一个巨大的惊喜。他站起身发表了以下讲话：“伙伴们，朋友们，我们一起走过了生命的旅程。我们其中一些人已经历尽了人类情感的艰辛。我们曾跌落到了绝望的谷底；曾到达了经济上的顶峰；也曾见过我们最伟大的梦想实现。上帝一直对我们很好。现在我们的伟大发明已经完成了。名声与财富已经回报了我们的努力。埃德娜，沃尔特，你们此时即将到达幸福的顶峰，你们将在婚姻当中和睦相处，将继续共事，为社会做出最大的贡献。你们一直无私地为我付出，无私地忠于我们的国家。

"《圣经》中说道，哪里有两三个人聚在一起，哪里就会上帝，哪里就会受到庇佑。上帝创造了世界，而三位一体①一直是最伟大的力量，它在《圣经》中多次被提及为父亲、儿子和圣灵，因而就这个意义上来讲，我们可以了解到，幸福涉及到丈夫、妻子和孩子。《圣经》中说，一个人无法独自做得太多，需二者结合在一起，而三股绳子结合在一起则不容易被折断。埃德娜，你对沃尔特的付出一直鼓舞着他，促使他完成了伟大的发明，该发明将减轻世界的痛苦。你对他充满了信心，愿意把你的生命交到他的手中，去测试这项伟大的发明。你对他的信心值得高度赞扬，给予你任何荣誉或是奖赏都不为过，但男人、世人或是政府能够给予你的荣誉都只是虚空的，这些对一个忠诚女人的内心毫无意义。你将在沃尔特的爱中获得最好的奖赏，这对你来说比世人能够给予你的任何荣誉都更加有意义。当英雄崇拜者们的赞语都消失之后，这种奖赏将令你感到满足。当金钱和金钱所能买到的一切东西都销声匿迹，除了沃尔特眼中的爱之光以外什么都没有剩下的时候，你将发现幸福。"

接下来罗伯特拿出了一枚漂亮的所罗门印章型的胸针。由一对三角形组成，上面镶有三颗漂亮的钻石。印章的中央是一个心形，心形的中央是一颗钻戒。罗伯特说："埃德娜，我把这个送给你做结婚礼物。对你来说，它将象征着我们三个是如何在爱、忠诚与信任当中共事，通过无私地奉献为他人完成了一些发明。有了一个人的爱，一定会生出许多人的爱。对大自然的一次触碰会使得整个世界成为一家人，而当一个女人的眼睛带着宽容的爱意凝视一个男人的眼睛时，他便不再需要寻找点儿金石，因为从那之后，他所触碰的一切事物都将变成金子。这枚胸针和上面的钻石象征着你的纯洁。钻石是所有宝石中最坚固、最美丽的。它

① 指基督教圣父、圣子、圣灵三位一体。

们可以反射出彩虹所有美丽的颜色，而彩虹启示了上帝与人类之间的神约[①]。这就是为什么钻石会被用作订婚戒指，但几乎没有人知道和理解这其中的真正含义并据此来生活。你将反射出这些钻石的美丽。我确信你对沃尔特的爱永远也不会改变，这份爱将像山脉一样稳固。记住，这些钻石已经经历了最炽热的火焰和高温，然后带着它所有的力量和美丽出现。你一定要学会经历痛苦与磨难，学会在困难时期帮助沃尔特，并且要学会挣脱困境，反射出爱与美丽。沃尔特，我建议你好好照顾，好好保管，这是一个比钻石和红宝石更加珍贵的珠宝——一个好女人。愿你的忠诚和付出让她永远如此。”

接下来晚宴开始了，而作为餐后发言人，埃德娜也证明了自己的能力。她站起身，喝了一杯纯净水，把其中一部分倾吐在了地板上，然后说道：“戈登先生，我此时难以用语言向你表达我对你由衷的感谢。我深深地爱着沃尔特，以至于我感觉自己忽略了向你表达友谊，而这种友谊是一个有着如此高尚理想的男人应得的。关于我把这些纯净水倒回地面，我是在遵循古代的一种习俗。古代人在开始任何庄严的职责之前，都会先在纯净水里洗手，并用纯净水沾染自己的嘴唇，以净化自己和尘封过去的经历。然后他们把纯净水倒回地面，以纪念那些不在场的和死去的人。我在活着的人的面前把纯净水倒回地面，是为了表示我们没有忘记那个不在场的人，而我对戈登先生你最美好的祝愿就是，在不久的将来，沃尔特和我可以十分荣幸地参加为玛丽和你所举办的今天这种聚会。此时言语是苍白的，因为当内心被触动的时候言语几乎没有意义。我满怀感激地接受你漂亮的礼物。我祈祷有一天你可以拥有另外一枚胸针，它由两个缠绕在一起的心形组成，镶有一颗单钻，象征着你对玛丽的信任和纯洁的爱。我祈祷你获得所有神灵的礼物，祝愿你的祈祷都像皮格马利翁[②]的祈祷一样得到回应。他的信任和爱是如此强烈，以至于希腊众神将一块冰冷的大理石变成了一个活生生的美丽女人。但是，罗伯特，我确信当美丽的玛丽回到你身边时，你不会像皮格马利翁那样做——他促使伽拉忒亚向希腊众神祈祷将她变回冰冷的大理石。是的，我确信，

① 神约即指《圣经》中记载的上帝对人类的誓言。

② 皮格马利翁是希腊神话中的塞浦路斯国王，善雕刻。他不喜欢塞浦路斯的凡间女子，决定永不结婚。他用神奇的技艺雕刻了一座美丽的象牙少女像，在夜以继日的工作中，皮格马利翁把全部的精力、全部的热情、全部的爱恋都赋予了这座雕像。他像对待自己的妻子那样抚爱她，装扮她，为她起名伽拉忒亚，并向神乞求让她成为自己的妻子。爱神阿芙洛狄忒被他打动，赐予雕像生命，并让他们结为夫妻。

我也知道，当玛丽回到你身边时，你这样的付出将把她永远留在身边。”

埃德娜说完之后，沃尔特站起来说道：“罗伯特，我没有什么要说的了，谢谢你。”

6 月 24 日，沃尔特和埃德娜结婚了。罗伯特建议他们度蜜月时先北上加拿大，然后南下加利福利亚，之后再于秋冬季节第二次度蜜月，去佛罗里达参观银泉和游览赛宾。罗伯特心中总是回想那些美丽的地方，他认为相爱的人将在这些地方找到和谐并与大自然进行交流。

第二十五章　1930 年 4 月，日本对美宣战

1929 年秋天，罗伯特和沃尔特在棉花和小麦上挣了一大笔钱。罗伯特异常高兴。尽管 3 年多过去了，他没有收到任何关于玛丽的确切消息，但他确信她还活着；他感觉她不久之后就会再出现。战争的乌云已经如罗伯特所预计的一样开始出现。西班牙和日本正在威胁着美国。关于机场的纠纷出现了。日本已经禁止美国的商用飞机降落在它的国土上。外交关系并没有使事件趋于缓和，罗伯特知道战争已经无法避免。西班牙已经在飞机制造方面取得了快速的进步，正急于与美国较量，以便试一试自己的实力。美国政府正在醒悟过来，意识到它们需要一支更加强大的空军这一事实，而航空业正在取得一些巨大的进步。罗伯特知道它们正致力于秘密计划，也知道自己拥有可以在正确的时机成功运用的工具。他正在花费大量的金钱，努力改进他按照“以西结书”中的描述所建造的飞机。他将一切保密，给不同的制造商发送生产计划，让他们生产各种零部件，而沃尔特和他自己则正在秘密地进行组装。罗伯特此时已经通过买进石油股挣到了一大笔钱。石油供应的减少引发了石油股的一轮大的牛市行情。政府意识到由于大批飞机的使用导致了汽油需求量的增加，了解到它们在战争时期的成功将依赖于石油和天然气的供应，因此通过了一条法令来保护石油资源。此时国外对石油和汽油的需求仍然很大，因为欧洲的战事仍在进行。英国的情况也不太妙，形势严峻。

1930 年 4 月

日本对美国宣战，西班牙与其结盟。它们获得了墨西哥的援助，在那里建立了一个空军基地。美国此时还没有为战争做好准备，因为它们没有坚持建立一支有实力的空军的计划，以保护本国不受由日本和西班牙指挥的这样庞大机群的侵袭。政府急召志愿者参加空军。罗伯特·戈

登和沃尔特·肯耐渥急忙赶到华盛顿，将他们的设备提供给政府，并且加入了空军。他们被任命为陆军中尉，并且被命令立即前往德克萨斯州圣安东尼奥，南方空军的指挥部就在那里。罗伯特根据自己的经验向政府官员们提出了建议，但年长的、“更加聪明”的长官们却不愿意听从他的建议，因为他们认为他太过年轻。当然，此时他们对他多年的秘密工作和他伟大的发明一无所知，但他们很快就了解到了他已经卖给日本的发明和专利的价值，以及可以让飞机静音的消音器的价值。

美国政府由于担心日本会首先攻击洛杉矶或是旧金山沿线的太平洋海岸，因此让作战舰队赶赴太平洋。最终结果证明，这是这场战争中所犯的最大错误之一。战列舰一驶入太平洋，日本便利用它们的无声飞机从空中进行了袭击，从非常高的空中投下致命的炸弹。（美国）在战舰甲板上发射出的高射炮根本触及不到在高空中飞行的轰炸机。美国迅速惨败，仅有几艘战舰在第一轮袭击中没有被彻底摧毁。美国官员发现，日本飞机所能上升到的高度是美国飞机所能上升高度的两倍。美国官员们知道，日本拥有某种优于我们的发明，这种发明使得它们能够到达它们的飞机几乎可以免于被攻击的高度。美国置于了十分被动的局面，因为它们无法保护沿岸城市不被日本飞机上投下的炸弹所毁灭。

接下来各指挥官被召集到一起举行了军事会议，总统急速召集了内阁。没有人可以将危险降到最低，因为每个人都知道，富于创造天赋的日本已经设计出了一种优良的战斗机。这将是一场空中大战，所有老的作战方法和作战武器都过时了；美国必须快速行动起来，以阻止太平洋沿岸各城市被摧毁。它们决定征用各大型制造厂，让它们开始进行新的发明和飞机制造。中央钢铁公司就被征用了，美嘉汽车和美嘉电子公司也都被征用了。战争委员会认为，他们应当将他们的空军力量自德克萨斯州布朗斯维尔一直延伸到厄尔巴索，以便保护格兰德河不被日本自墨西哥进行袭击；而主战部队则应当沿着科罗拉多河延伸到波特兰和西雅图。地面部队全部被急速调派到了太平洋海岸，形成了一条自德克萨斯州布朗斯维尔一直延伸到西北的西雅图的防线。战争委员会认为，应当利用后备部队坚守这条防线，而后备部队是准备被派去支撑自圣地亚哥沿着太平洋海岸向上延伸到波特兰的第二防御战线，以便万一敌人成功占领太平洋沿岸的某个城市，好保护内陆不被敌人入侵的。洛杉矶和旧金山的人们此时正处于混乱之中。每天都有成千上万的人们坐火车或是搭飞机离开去科罗拉多大峡谷，那里没有城市，他们希望在那里可以免于袭击；其他一些人则去了美国中部和东部，他们每一天都在担心空袭。

日本在海战中取得成功之后，立即乘胜追击，5 月中旬空袭了洛杉矶。此次再一次证明了无声飞机的价值和日本的飞机所能上升的高度。当敌人在寂静的夜晚偷袭这座城市时，他们的发动机在高空中没有发出任何声音。炸弹开始落在商业区，摩天大厦顿时坍塌成了废墟。所有的街灯都被切断了，使得这座城市陷入了完全的黑暗之中。人们都被第一声炸弹的爆炸惊醒了，都冲出家门奔向黑暗中的城市。这引发了恐慌。军方官员们试图让人们安静下来，让人们待在自己的家中，因为他们知道人们冲到被投放炸弹的街上有多危险。强力探照灯正在空中扫射，企图定位入侵的飞机。接下来大型航空机关枪对准了敌人，但距离太远，并且敌机飞行速度太快，还击几无效果。他们只成功地击落了 3 架轰炸机。随后美国的侦探机立即被派出，接下来又派出了装载着口径 6 英寸的大炮的战斗机。他们发现，日本的飞机正从 6～8 万英尺的高空扔炸弹，美国飞机根本无法上升到可以攻击它们的高度。

战斗进行了一整晚，第二天早上太阳升起时，洛杉矶这座美丽的城市已是一片废墟。成千上万的人们失去了生命，绝大多数重要的建筑都已经被摧毁。洛杉矶的人们表现得比在地震中还要惊恐。巨大的破坏和惨重的死亡使得所有人都忘记了自己的财产和金钱，只想到拯救自己的生命，保护自己所爱的人。由于了解到了敌人所造成的巨大损害和反击对敌人造成的微小损害，同时也知道敌人将在这次袭击之后进行更多的袭击，指挥官们举行了一次紧急会议。会上认为，迫使人们留在家中意味着必然的死亡和剩下的宝贵财产被摧毁，因此唯一应当做的就是尽可能快地将人们转移，放弃这座城市。指挥官们举行了这次会议之后，命令传达给了下级军官。

当了解到洛杉矶这座美丽的城市必须被放弃，否则一定会被彻底摧毁时，戈登中尉的心碎了，但他知道，除非政府快速获得一些极好的新发明，否则将面临更多的失败。乔治·库柏上尉指挥戈登中尉的连队。他收到命令说不准采取任何行动，也不准派出侦察兵，以待进一步的指示时，他叫来了戈登中尉和肯耐渥中尉，向他们传达了以上命令。戈登中尉绝望了。他打算做一些事情来帮助挽回局面，但向他的上级官员提供建议却是徒劳。最终，他决定违反命令，独自出去进行侦察行动，看一看自己能发现什么。他认为自己或许可以找出日本的基地，因为他认为他们在附近的某个地方有一架飞行母舰，轰炸机就是从那里出发的。

飞越圣地亚哥南面的边界线时，他飞得很低。突然，一架日本飞机直接朝着他飞过来。他立即调转机头，冲回边界线以内，但敌人却紧跟着他，向他快速逼近。戈登中尉快速地让自己的飞机在空中转圈，并攻击日本的飞机。战斗持续了几分钟。

戈登中尉离开了一段时间之后还未回去，肯耐渥中尉就知道他违反了命令，驾着自己的飞机出去了。他认为戈登中尉可能已经受伤，所以自己也必须违反命令，去援救戈登中尉。他跳进一架可以快速飞行的飞机，直奔圣地亚哥。他很快便看见了战斗中的两架飞机，就在他到达现场时，那两架飞机一起坠落了。此时他的心沉了下去。他知道那是他的老朋友罗伯特，他担心出现最坏的情况。在飞机坠毁的地方附近着陆之后，他发现日本的飞行员已经丧生。罗伯特的腿被摔断了，其他地方没有受伤。他迅速将他拽上自己的飞机，起飞返回指挥部。他行动得快，因为其他一些日本飞机正在靠近，并且紧跟着他进入了洛杉矶。戈登中尉必须在医院里待三四周，他的腿才能痊愈，他才能完全康复。他因违反命令受到了严厉的指责，但由于他击落了一架敌机，政府为他的勇敢行为升他为上尉，同时也将他的好友肯耐渥中尉升到了同样的军衔。

在此期间，人们已经被尽可能快地转移出了洛杉矶。敌人又进行了几次小的袭击，更多的建筑被摧毁了，但还是有几架敌机被击落了。形势令人绝望。人们也很惊慌。西班牙和日本的空军力量远远超过了美国的空军力量。英国正在威胁说要与日本和西班牙联合起来。旧金山随时都可能遭到袭击。人们想要离开，搬到东部山区去寻求保护，但政府已经通知所有人留在家中。外国的飞机都是无声的，这一事实将美国置于了非常不利的境地。罗伯特和沃尔特正在利用他们的秘密无线电设备相互联系。他们已经将这项发明提供给了政府，政府也已经采纳。这提供了巨大的帮助，因为日本无法拦截他们的加密信息，也无法从空中截取任何信息，因为根本就没有信息可截取。

美国军方官员们知道，他们必须争取时间完成一些新的发明来与敌人进行战斗。6 月 14 日，洛杉矶被放弃了。白旗在这座城市的各个角落升起，作为要求敌机停止袭击的一种信号。军方的计划是，不给敌军在墨西哥的指挥部发送任何消息，而是等等看他们会采取什么行动，或是会主动提出什么停战条件。空军部队的上将皮尔森、装甲部队的上将约翰逊、海军上将道森和步兵上将马歇尔举行了一次会议，以确定下一步应当采取的最明智的行动。他们商讨的其中一个计划是，利用陆战部队越过格兰德河，进入墨西哥，尝试占领敌军的供应基地。皮尔森上将说，老的战术和老式战争的日子已经过去了，敌人这一次显然是打算只打空中战，他们会从空中袭击我们的军队。派一只部队进入墨西哥山区将不仅意味着会牺牲成千上万人的生命——最终结果将证明这些牺牲是毫无价值的，还意味着部分空军将不得不被派遣到墨西哥保护这只部队。而这将削弱海岸巡逻部队，从而让敌人有机会对其他海岸城市进行空袭。道森上将说道，在这种海军已经被削弱的情况下，由于日本飞机第一次袭击所造成的灾难，目前利用海军尝试任何激进的战役都是有勇无谋的行为；海军所拥有的舰船目前分散于南部、东部和西部海岸进行防卫，把它们集中到一个地方只会让其他不得不撤走海军的地方被削弱。马歇尔上将则认为，最好的计划不是主动袭击，而是每一次都让敌人率先行动，我方则设法保护沿岸城市；我们所需要的是时间，利用足够多的飞机来更好的武装自己，以便应对敌人更加先进的空军力量。因此，会议最终决定，最明智的选择就是等待。

洛杉矶被放弃这一消息传来时，华尔街出现了恐慌。埃德娜被留下来照看纽约的办公室，她通过秘密的袖珍收音机与沃尔特和罗伯特保持联系。她此时正替他们在股市上战斗，并且已经通过在市场上卖空赚到了一大笔钱。经济状况很糟糕，整个国家都处在混乱当中。

白旗飘荡在洛杉矶的一片废墟上空之后，时间一天天过去了，敌人没有再发动更多的袭击，我方也没有收到任何关于敌军指挥部的消息。盘旋在洛杉矶上空的美国侦察机偶尔报告说看见敌机在这座城市的高空中进行侦察活动，明显是在观察正在发生什么事情。敌军这一令人费解的行为让美国指挥官们很是担忧。全国上下的人们都处在担忧之中，想知道敌人下一次会袭击什么地方。步兵和装甲部队都在焦躁不安地等待沿着格兰德河采取行动的命令。

8 月 1 号晚上，敌机越过了格兰德河，自布朗斯维尔到厄尔巴索一路投掷炸弹，摧毁了财产，杀害了 10 多万步兵和海军。敌机再一次飞得非常高。高射炮和我们的飞机所进行的攻击几乎没有对它们造成损伤，只是击落了 5 架敌机，但却有 200 多架美国飞机被从更高处掷下的炸弹摧毁。马歇尔上将在第二天给皮尔森上将的报告中说道："敌人昨晚在布朗斯维尔至厄尔巴索进行了空中攻击，我们损失惨重，而敌人的损失却非常小。现如今只有一个希望，那就是获得更多、更好的飞机。我们必须获得可以上升到能够触及到敌人的高度的飞机，在空中进行战斗。"

此时罗伯特·戈登上尉仍旧驻守在洛杉矶附近，当格兰德河沿岸伤亡惨重这一消息传来时，他想到了“仁慈的玛丽天使号”——他秘密收藏在阿第伦达克山脉中，以便在这样的紧急情况下使用的大型飞机。他知道“死亡之神”能够做什么，肯耐渥上尉发明的催眠气体能够做什么。他先是想到去找皮尔森上将，把自己的发明告诉他，并且把这些发明提供给美国立即投入使用，但将此事仔细思考了一遍之后，他又断定他们只会像从前一样，把他当作傻瓜并拒绝听从他的意见，因为他太过年轻。于是，他向皮尔森上将请示去墨西哥上空和格兰德河上进行侦察，看一看是否能够了解到什么有价值的东西。

8 月 3 号早上，罗伯特·戈登上尉飞越了亚利桑那州和新墨西哥州，当靠近厄尔巴索时，他看见了有生以来最大的飞机正缓缓漂动在厄尔巴索上空。那是一架巨大的飞机，罗伯特知道，那要么是一架飞行母舰，要么是敌人的一架大型轰炸机。它飞行得太高，以至于罗伯特之前从未能够见到。他开始在很远的距离以外盘旋，想看一看这个空中怪物打算做什么。最终，它放慢速度并完全停止下来。他看见它能够在空中停下来，于是知道敌人拥有了另外一种将击败美国所拥有的飞机的发明。等待片刻之后，他看见一个像是观测台的东西从那架飞机的侧面出现。一个军官出现在观测台上，手里拿着一些仪器。戈登上尉认为，他们要么是在拍照，要么是出于某种目的在厄尔巴索的上空进行观察。幸运地是，他出来时驾驶的是轰炸机，机上有大量的炸弹。罗伯特决定以身殉国。他尽可能地升到最高之后，快速地飞到这个怪物的上方并且投下炸弹。当他在其上方时，他拉开了自动控制，开始一个接一个地向下投放炸弹。幸运地是，第一个炸弹便命中了，击中了靠近这架飞机正中间的位置，在它身上撕开了一个大洞。罗伯特从它的动作了解到，它已经严重受损。现在是时候开始高效率工作了。他把飞机降低，扔出了更多的炸弹，这一次击中了这架大型飞行母舰的前面和后面。它开始迅速下坠，而罗伯特则紧随其后，足够接近之后发现飞机上仍有人活着，于是他扔下了更多的炸弹，几分钟之后，便只剩下那架曾漂浮在美国的土地上方最大的无畏战舰的残骸了。

在冒险着陆之前，戈登上尉上升到了高空并盘旋，查看在视线所及范围之内是否还有其他可能危及他生命的敌人的飞行母舰。发现空中没有其他敌机之后，他立即用自己的袖珍收音机将消息传送给了当时正驻守圣地亚哥的肯耐渥上尉。这个消息很快便传到了皮尔森上将的指挥部。

检查之后，他们发现那架巨大的飞机是一架长达600多英尺的飞行母舰。该飞行母舰名为“东京J—1号”，它装载着25架最先进的轰炸机，这些轰炸机配有可折叠机翼，还配备了强力探照灯，装载着炸弹和毒气。据估计，当这架飞行母舰坠落时，有100多名军官和飞行人员在飞行母舰上。除了其中两个人，其他全部丧生。生还的两个人伤势严重，四肢被折断，并且被俘虏。同时还发现了3架没有被严重损坏的敌机。这些飞机修复后，戈登上尉和肯耐渥上尉对其进行了测试，发现它们都是高空飞机，可以上升的高度比美国目前所使用的任何飞机都要高。这是一次巨大的胜利，因为这将使得美国的发明家们能够掌握这些飞机是如何制造的，反过来对抗敌人。

这次巨大胜利的消息上报到了美国总统那里。他命令皮尔森上将授予戈登上尉空军十字勋章，并且向他表达美国人民的感激和总统个人的衷心感谢。美国每一个大城市的下午报都刊登了这样的大标题：“大型飞行母舰被年轻勇敢的飞行员罗伯特·戈登上尉俘获。”全美国的人们都松了一口气，感激形势终于逆转了，此时军方将会找到方法来摧毁更多敌军的大型飞行母舰。

当皮尔森上将把戈登上尉叫到他面前时，他表现得十分谦虚而谦和，因为他记得之前自己违反命令但在圣地亚哥附近击落了日本飞机时所受到的严厉谴责。这一次他是按照皮尔森上将的指示采取行动的，他很高兴为自己的国家做出了巨大的贡献。当上将阅读来自总统的电文时，罗伯特眼中噙满了泪水。他向他的指挥官致谢，说他希望会有更多的机会为自己挚爱的祖国提供帮助。那时他想到了玛丽，他想知道她在哪里，她是否知道正在发生的事情。他感到特别开心，因为他是在自己所出生的州、自己十分引以为豪的家乡击落了飞行母舰。肯耐渥上尉前来祝贺他并且说道：“罗伯特，老朋友，我为你和你的巨大成就感到骄傲。德克萨斯州这个孤星之州曾因它在阿拉莫之战中那些勇敢的子民而引人注目，如今再一次因它最喜欢的一个儿子而引人注目。墨西哥、西班牙和日本都将被迫意识到，德克萨斯人从不屈服。”

在格兰德河沿岸的那一次夜袭和严重的破坏之后，美国军队不安地等待着再一次被袭击的危险。时间一天天过去了，敌人却没有任何动静。洛杉矶一直没有被骚扰，关于敌人的计划是什么，以及他们下一步将采取的行动是什么，愈发显得神秘。皮尔森上将已经命令将来自“东京J—1”号上的一架飞机送到东部的美嘉电子公司。那里的人可以用这架飞机进行试验，制造一些跟这架飞机相似的或是更好的飞机。他把其中一架飞机交给了戈登上尉使用，把另外一架飞机交给了肯耐渥上尉使用。戈登上尉要求获准进入墨西哥，找出敌人的指挥部并设法摧毁他们更多的飞行母舰，但上将没有同意这个请求，说他不会拿人的生命去冒险，也不会冒险失去这两架飞机，因为最终结果可能证明，当敌人再次发动袭击时它们会非常有价值。

第二十六章　正确的抉择

1930年9月

在长时间的不安等待后，人们情绪紧张而激动，旧金山遭到了袭击。大量的敌机从西部、南部和北部静静地潜入，发动了袭击。它们释放了毒气，在整座城市的上空掷下了炸弹，绝大多数重要的商业大楼和政府大楼都被摧毁了。这次的破坏是史上最严重的，比1906年的地震所导致的破坏都要严重得多。伤亡极其惨重。皮尔森上将命令戈登上尉和肯耐渥上尉利用从“东京J－1”号的残骸中带回的日本飞机带头保卫这座城市。他们一到达旧金山的高空中便发现，这是一次规模空前的袭击。来自四面八方的几千架飞机正盘旋在空中。很明显，敌人打算极速摧毁旧金山。戈登上尉和肯耐渥上尉可以利用他们的袖珍收音机保持联系。他们一致认为，他们当中的其中一人应当袭击自北部的敌机，另外一人则应当袭击自南部和西部的敌机；他们应当尽可能地升高，如果可能的话，应当上升到敌机的上方，然后朝敌机投掷炸弹。当戈登上尉在空中升高之后，他发现一架飞行母舰正停在空中，较小的飞机正从飞行母舰上起飞。他飞行过去，发射了炸弹，摧毁了这架飞行母舰。其他飞行母舰正大批大批地从不同方向飞来。他朝它们飞去，小心翼翼地发射炸弹。

肯耐渥上尉也遇到了成千上万架自西部的飞机，并且成功击落了其中许多架。最后，敌机向他飞过来，当他发现时，逃脱似乎几乎不可能了，于是他决定设法飞回指挥部。敌机正在向他射击。先是他的一个机翼被损坏了，然后一个螺旋桨也被折断了。当他的飞机朝地面坠落时，他感觉自己死定了。他尽最大努力控制好方向，最终当他发现自己即将着陆于一个没有树木也没有建筑物的平坦空地时，他爬到了其中一个机翼上。飞机坠毁几分钟之后，他恢复了意识，发现自己身上只有几处小的刮伤。幸运的是，他正靠近一个陆军基地，于是他很快走到了那里。他朝西方看去，发现旧金山处在一片大火之中，他知道旧金山被彻底摧毁了。他的第一个想法是，他的老朋友罗伯特·戈登怎么样了。他摸摸自己的口袋，发现收音机完好无损，于是他发送了他们一直使用的遇险信号，问道："你还活着吗？你在哪里？"几分钟过去了，他没有收到回复。他十分悲痛，担心罗伯特已经丧生。他缓缓地走到指挥部，报告发生了什么。

戈登上尉最终用尽了他的炸弹，但他估计自己已经击落了几百架敌机，因为敌机成百上千的以楔式队形飞行，每一队后面跟着一架大型的补给舰，该补给舰可以停靠在高空中并供给更多的炸弹，当轰炸机的供给消耗完时，它们就回到补给舰进行补给，而他就是朝着它们以楔式队形飞行的地方飞去的。罗伯特心想："这恰恰就是我们的政府所需要的。哪怕如果空中有一架补给舰，能够让我去那里获得更多的炸弹，我都可以击落更多的成百上千的敌机。"由于没有炸弹了，他也无能为力了，因此他决定返回基地或是指挥部，但是他的决定太迟了。敌机已经将他定位，并且正在直接朝他飞过来。由于担心敌人随时都会向他射击，或是朝他的飞机投掷炸弹，他加速飞行，试图飞行到安全的区域，但日军发现他正驾驶着他们自己的飞机，他们以为他是他们自己的一个飞行员，因而没有打算伤害他。当他们靠得足够近时才发现，这架飞机是一个美国飞行员在驾驶。他们飞到他旁边，示意他跟着他们，他们的一架飞机在前面领路，另外两架则与他并排飞行。他别无他法，但很庆幸有机会拯救自己的生命。他们带领他在空中上升、上升、再上升，一直到了几千英尺之后，最终到达了一架停靠着的大型飞机，他们在那里降落，戈登上尉成了俘虏。

他们带着罗伯特一着陆，他的思绪便回到了他小的时候，那时他制造了自己的第一辆可以在水面上骑的自行车，那时他阅读《圣经》，谈论即将爆发的战争，以及制定建造大型飞机的计划。他回想起他母亲所做的那个令她十分不安的梦。她告诉他，她在梦里看见旧金山被某种可怕的机器摧毁了，而她的一个儿子差点儿在那里丧生。他想起了母亲是如何把他大哥在旧金山大地震中丧生这件事告诉他的，他想知道这次自己是否也会在旧金山丧生，因为他感觉日军非常危险，很可能不会把他关押起来，而是会直接杀了他。他为他亲爱的老母亲祈祷，为玛丽祈祷，祈祷不管他的命运会是什么样，她们都是安全的，她们都能够保住性命。

历经所有刺激之后，他第一次想到了他的袖珍无线电机。还没来得及把袖珍无线电机拿出口袋，他就收到了来自沃尔特的无线电呼救信号，他回复说了发生了什么以及他在哪里。

自洛杉矶的第一场战役开始，美国官员们就确信旧金山会遭到袭击，因而已经尽可能为此做好了最好的准备。他们把绝大部分最好的飞机都集中在了那里，并且大批大批地将这些飞机投入战斗。然而，这些飞机已经被大量击毁，因为它们不仅在数量上远少于敌机，而且还无法跟随敌机到足够高的高空中对敌攻击。第二天早晨报道，我国有3000多架飞机被摧毁。旧金山的伤亡也是骇人听闻，几乎有一半的人口已经丧生。绝大多数有价值的建筑物都被摧毁了。停靠在海港里的所有船只都被炸毁了。美国化学家从未见过，也从未听说过的毒气被施放在了旧金山上空，幸存的人们大批大批地病倒以及死亡。海湾中的水域已经被投毒，鱼类正由于这种致命的气体而死亡。正如圣约翰在《启示录》中所说，这的确是整个世界从未体验过的一个多事之秋。

戈登上尉被俘，以及失去在“东京J—1”号被摧毁时所俘获的两架日本飞机，是一次令人气馁的打击，因为肯耐渥上尉已经报告了他是如何有效地轰炸敌机，以及摧毁了多少敌机。他确信戈登上尉也摧毁了许多敌机。对这座城市进行调查之后发现，有几百架敌机被击落了。其中绝大多数都是戈登上尉和肯耐渥上尉利用外国的高空飞机击落的。当所有的报告出来之后，美国军方的指挥官们一起开了一个会议。如此短时间内的灾难令人震撼，这要求他们快速决定下一步动作，但是却无法估计敌人下一步的动作。他们还记得洛杉矶被放弃，城市插上白旗后，这座城市就再也没有被袭击过。由于知道再一次的袭击将彻底摧毁旧金山，因此他们决定放弃这座城市，于是再一次把白旗插在了所有未被摧毁的建筑物上方。当皮尔森上将看见这些指示被执行时，他情绪难以自持。泪水流下了他的脸颊，他大喊道：“我的天哪，我的天哪，这个自由之邦就要被摧毁了吗？就没有办法可以阻止这该死的的致命毁灭吗？”

日军一俘虏戈登上尉就知道他是谁了。他就是那个卖给他们最好的消音器的人。他们把他带到了位于墨西哥的指挥部，盘问他还有什么其他的发明。他告诉他们，他所拥有的唯一有价值的发明就是秘密的无线电设备，他可以用它来传递通讯，期间不会在空中发出任何声音，也不会有任何人能够解读发出的信息。但是，他没有提到自己所拥有的其他发明，他知道那些发明可以在紧急情况时使用，而且他也从来没有把这些发明告诉美国政府的官员们。日军称，如果他愿意把这项发明卖给他们，他们就释放他并且给他一大笔钱。在静静地与沃尔特秘密交流之后，罗伯特让沃尔特把日军向他提出的提议告诉负责指挥的将军，并且就自己应该做什么进行请示。他们的回复是继续做俘虏，不要把他的任何秘密发明交给敌人，因为此时的情形已经是最糟糕的了。但是罗伯特知道，虽然他的设备对他的政府来说将具有更大的价值，但继续让他做俘虏是一个糟糕的决定。他认为自己能够发明另外一种可以胜过日本的通讯工具，于是他决定自作主张，放弃这个秘密无线电设备。日军进行测试之后将他释放，并且将他安全运送出敌人的防线。罗伯特回到了旧金山附近的指挥部，并且将他所做的一五一十地报告给了戴维斯上校。随后他立即被送交到了当时统帅美国空军的皮尔森上将那里。听完整件事以及考虑到罗伯特的辉煌记录之后，皮尔森上将认为他应该得到宽大处理，但他决定在这之前先与美国总统进行沟通，然后等待总统的决定和指示。接下来召开了内阁会议，他们投票认为戈登上尉是一个叛国者，但认为他不应当被交由军事法庭审判和枪决，而应当被撤职。最后他被命令脱下制服并被收监。这是罗伯特失去玛丽以来所遭受的最沉重的打击，但他相信上帝。他知道自己做得对，也知道什么是最好的选择，就像宇宙的创造者把所有事情做好并做出最好的选择一样。他当天晚上在监狱中阅读了《圣经》，并且在阅读“约伯记”中的以下内容时获得了安慰：“主啊，主啊，我会等到我的改变到来。”罗伯特知道，总有一天他将能够向他的政府表明，他的判断是正确的，他所做的是最好的。他的心和灵魂都与祖国在一起，他将奉献出时间和金钱来为保护他的政府做准备。他要求获准与沃尔特进行谈话，最终获得了批准。他让沃尔特不要透露任何关于他们可以使用的、可以用来散步睡眠气体的发明，“死亡之神”——伟大的光射线毁灭者，也不要透露任何关于大型飞机“仁慈的玛丽天使号”的信息——他们已经把它安全地藏在了阿第伦达克山脉中。他说，当政府最终面临失败，意识到需要巨大帮助的时候，他就会把他所拥有的这些发明拿出来拯救自己的国家。

皮尔森上将对罗伯特的案子十分关注。他还记得罗伯特击落“东京J－1”号的伟大功绩，认为罗伯特是一个天才，是一个对政府有价值的人。如果官员们之前听从罗伯特的建议，采纳了罗伯特提供给他们的发明，很可能就不会遭遇旧金山大败。他没有责怪罗伯特在和平时期把自己的发明卖给日本，也没有谴责他把自己的秘密袖珍无线电设备交给日军以换取自己的自由。他相信罗伯特对自己的国家是忠诚的，他是按照自己认为最好的选择采取行动的，他那么做不是出于自私的目的。上将决定到狱中探望罗伯特。在与罗伯特进行一番谈话之后，他命人将罗伯特转移到指挥部，以便他可以亲自监管。罗伯特向皮尔森上将透露，如果他能够争取将他释放，让他回到他在纽约的研究室，他可以非常快速地完成另外一项发明，使得美国军队能够从一个地方将密令传达到另外一个地方，并且敌军无法理解也无法利用这些密令。他告诉皮尔森上将，他拥有一项完成了一部分的发明，把这项发明放到离某架飞机一定距离的地方，它就可以阻止先前秘密无线电设备所发出的任何通讯，这样它将使他交给日本的秘密无线电设备变得毫无用处。皮尔森上将相信罗伯特所说的，并且对他有信心，于是他与美国总统进行了沟通，获准将罗伯特·戈登送回他在纽约的研究室。皮尔森上将知道，此时的情形要比报纸让公众所知道的糟糕得多。政府正在禁止发表他们被削弱的情形。皮尔森上将知道，如果有了英国或其他任何一个国家帮忙，敌人将很容易就拿下新奥尔良和芝加哥，然后席卷华盛顿和纽约。美国的自由此时前途未卜，除非采取什么行动，并且是迅速采取行动，否则他们的国家即将沦陷。

皮尔森上将写信给总统说道，无可否认，目前情况危急，敌人又有锦囊妙计，除非尽全力先发制人，否则他担心旧金山的可怕灾难会重演。他随信附上了罗伯特·戈登的记录，说尽管罗伯特还很年轻，但却是他所见过的最勇敢的飞行员之一；他机智且有才华。他认为他是一个天才。他已经与罗伯特进行了长谈，戈登请求被释放并被获准回到他在纽约的研究室，他认为自己能够在那里完成一项有价值的发明，而最终结果将证明这项发明会对国家产生巨大的帮助。皮尔森上将建议给予戈登一个机会，释放他并准许回到纽约。他说这是年轻人的时代，因为他们主张进步，能够紧跟时代步伐。

总统写信让皮尔森上将自行决定，如果他认为最好是把戈登送回纽约，那就把他送回。皮尔森上将命人将罗伯特带到他面前。他把这个好消息告诉了罗伯特，给了他一张通行证，让他立即出发去纽约，尽可能快地开始工作，完成任何一项将帮助击败敌人的发明。

第二十七章　残酷的战争

罗伯特到达纽约时，埃德娜把她通过在市场上卖空赚到了一大笔钱的事情告诉了他，同时还说，当利用秘密无线电设备收到他击落了“东京J－1”号这一好消息时，她就估计公众一知道此事，就会恢复信心，股票就会出现一轮大的反弹。于是她急忙回补了所有的空头合约，多头买进了股票。接下来一天的下午，新闻头条刊登“东京J－1”号被击落时，交易者们全都匆匆买进，市场迅速上涨。她说：“戈登先生，市场正在按照你1927年所做出的预测运行，你知道吗?”罗伯特说道：“我一直在担心战事和我的声誉，没有时间去考虑挣钱的事。如果不是皮尔森上将这个好朋友，我现在还在狱中。现在我必须利用我的一些发明来帮助我的国家，以向他们证明我所做的的确是最好的选择，我是忠诚祖国的。”埃德娜问他是否认为这场可怕的战争有望很快结束。“不会，”他回答说，“战争会在1931年变得更加惨烈，届时许多国家将联合起来对付我们。1932年夏天或秋天之前战争不会结束。”“那太可怕了，”她说道，“如果战争会持续那么长的时间，除非我们采取什么行动来打败敌人，否则他们将摧毁美国所有的大城市。”

1930年10月下旬，罗伯特回到了科罗拉多州的丹佛，皮尔森上将已经把空军指挥部搬迁到了这里，正在竭尽全力阻止敌人向东部进军。东部沿岸的人已经惊恐，因此搬到了丹佛以寻求保护。罗伯特带回了他称之为“秘密无线电屏蔽设备”的新发明。西班牙人和日本人正在利用罗伯特的秘密无线电设备，这是当时最有价值的发明之一。否决者此时被安装在了侦察机上，随后侦察机被派遣出去。他们发现它可以在距离几百英里的地方发挥作用。这扰乱了敌军，因为他们本可以利用袖珍无线电设备在不发出任何声音，不用担心被侦查到的情况下发送命令，但现在他们却不知道这台设备的秘密机制出了什么问题。于是他们不得不依靠老的方法，使用无线电话和无线电报。罗伯特已经发明了一种通过记录光波发出声音和通信的新设备。他很快就获取了敌人的计划，并且将计划报告给了皮尔森上将。皮尔森上将当时仍然负责指挥空军，而敌人当时正计划从墨西哥湾袭击空军，紧接着袭击密西西比河，拿下新奥尔良，同时合击五大湖区，切断政府布置在北部科罗拉多丹佛——加拿大沿线和西南部德克萨斯州边境的武装力量和空军联队。当皮尔森上将收到这一令人沮丧的消息时，他意识到了情况十分危急。他与美国总统进行了通话，总统立即召集了内阁。所有的军方官员都被召集到了会议上，讨论为了抢在袭击之前行动，最好应当采取什么样的行动计划。他们不得不承认一个令人痛苦的事实，即飞机不足，无法将兵力从西部防线调派到北部和南部防线，以保护芝加哥和密西西比河谷地。皮尔森上将向战争委员会明确说明了罗伯特·戈登的巨大价值，并且建议鉴于罗伯特已经做出的贡献，将他恢复原职。战争委员会同意了皮尔森上将的建议，罗伯特·戈登于 1930 年 11 月初被任命为空军上校。沃尔特·肯耐渥也因与罗伯特一起进行研究时所提供的巨大帮助被升任为空军上校。

戈登上校告诉皮尔森上将，肯耐渥夫人是他唯一的秘密助手，帮助他完成了帮忙获取敌人的计划。皮尔森上将把这一消息向美国总统做了汇报。总统命令肯耐渥夫人立即到华盛顿指挥部报到。总统亲自感谢了她为国家提供的巨大帮助，并且告诉她，她是莫莉·皮切尔以来最伟大的女人，莫莉·皮切尔曾经代替了她的丈夫操作大炮。他授予她“发明上尉”的头衔，同时命令她回到纽约研究室，继续她的科学研究。此事让戈登上校和肯耐渥上校感到非常高兴，他们加倍努力尽一切力量帮忙拯救国家，但他们不属于战争委员会的成员，因而对于保护计划和攻击计划都说不上话。

情势急速恶化。敌人有更多的飞机降落在了墨西哥并调来了增援部队。他们把一部分军队从旧金山调往了北部，在 1930 年 12 月份的一次短暂交战之后，占领了西雅图和波特兰。战争委员会知道，敌人控制了整个太平洋沿岸。由于（太平洋沿岸）绝大多数较小的城镇他担心毁灭都已经被放弃了，下一次袭击很可能会发生在南部或是东部。他们已经确切地知道，敌人很可能会从墨西哥湾发动袭击，设法完全控制美国东南部。如果成功的话，接下来将从加拿大和五大湖区发动袭击。

美国政府正在尽可能快地制造飞机，但是远远不够，加上缺乏训练有素的驾驶员，局势十分紧张，政府官员们毫不掩饰地表现出了他们的焦虑。东部的人们情绪激动，十分害怕。他们担心这些毫无防御的城市随时都会遭到袭击，洛杉矶、旧金山、波特兰和西雅图的毁灭可能会重演。失去太平洋沿岸时所受到的致命打击削弱了人们的士气，人们对政府及其官员们失去了信心。敌人没有试图就他们所占领的任何一座城市提出赎金要求。这一事实表明，在强行要求之前，他们正在寻求更大的利益。政府官员们知道，日军将要求获得加利福尼亚州或是太平洋沿岸的大部分地区。他们希望敌人能够暂缓进一步的袭击，以便做更充分的准备。军队官员们一如既往地认为他们正把每件事处理得最好，忽视可能帮得上忙的人的建议。

肯耐渥上校向一些上将透露，戈登上校和他自己拥有一些伟大的发明，当这些发明被完成后——如果能被完成的话，将击败敌人，但他们几乎一点儿也不关注他所说的。沃尔特和罗伯特经过一番讨论之后，决定保持沉默，不再提及他们的发明，直到政府陷入绝望，愿意听从他人的意见。

1931 年

几个月的等待期间，敌人只进行了几次侦察活动，之后突然于 3 月份发动了袭击。一支大型的飞机编队进入密西西比河，袭击了新奥尔良，快速摧毁了这座城市。美国开始从中部和德克萨斯州调派兵力，但他们很快便意识到，大西洋或是墨西哥湾的某个地方存在一个秘密军事基地，而且他们怀疑英国已经与敌军联合起来。敌人的飞机十分先进，他们的毒气和炸弹也十分有效，以至于新奥尔良 3 天之内就沦陷了。警报迅速地传遍了美国各地，人们万分恐慌。华尔街也出现了恐慌。股票快速暴跌，埃德娜·肯耐渥上尉再次卖空，为戈登·肯耐渥公司赚了一大笔钱。

在新奥尔良遭受可怕的毁灭之后，与先前的洛杉矶、旧金山、波特兰和西雅图一样，政府再次决定让白旗飘在这座城市的上空。人们极度恐惧，都在离开自己的家园和财产，盲目地逃向四面八方。许多年老的黑人感觉只有远离任何一座城市和任何一座建筑物才能安全，因而去了沼泽地，在那里躲藏到饿死为止。最令政府官员们迷惑不解的是，截至此时，敌人只要成功摧毁了一座城市，在全城树上白旗后，他们既不撤兵，也不发动进一步的袭击。他们知道敌人在墨西哥有几个基地，因而不理解敌人为什么还没有对德克萨斯边境沿线的城镇发动袭击。但是现在，由于敌人开始进攻密西西比河，很明显他们的目的是要摧毁这个国家的大城市，最终他们将提出大额的赔偿和大片领土的要求。为什么敌人到此时为止还未提出任何要求，为什么还没有让陆军登陆来控制投降的城市，这两点非常费解。政府官员中一些更加聪明的人认为，敌人是打算让美国全国上下的人们足够害怕，并摧毁足够多的生命和财产，以便当他们提出要求时，不管其要求是多么的不合理，美国都会被迫接受。他们认为，西班牙、日本、墨西哥和其他一些国家之间存在着某种秘密协议；它们已经在南方发动战争，随后将袭击东部海岸。因为它们知道只要它们提出要求，就会从其他国家那里获得帮助。

新奥尔良沦陷之后，敌人继续向密西西比河谷进军。重要城市一个接一个地遭到轰炸。先是纳彻斯、维克斯堡，然后是孟菲斯沦陷在了敌人的炮火之下。这是有史以来最严重的破坏。敌人不仅使用炸弹摧毁了建筑物，还使用了火攻和毒气，几十万人丧失了生命。人们是如此的害怕，以至于想要逃到山里和森林里去，远离所有的城镇。到目前为止，密西西比的防御已经让政府损失了几千架最好的飞机，而敌人的损失却非常小。由于敌人的飞机在非常高的空中飞行，高射炮或是军用飞机很难攻击它们。

美国军方官员们知道，下一个目标将是圣路易斯，并且如果圣路易斯被占领，敌人很可能会袭击芝加哥，之后稳固战线，然后准备袭击东部海岸，设法拿下华盛顿和纽约。戈登上校和肯耐渥上校这个阶段极尽全力与极其不利的形势做斗争。他们不得不听从上级的命令，无法按照自己的想法行动。戈登上校于1931年4月份获准列席战争委员会的一次会议，但在听了他的计划之后，他们拒绝了。与此同时，他们也知道这个国家需要帮助，因为更多的攻击即将来临，敌人正在乘胜追击，并不断地获得更多的帮助。戈登上校的一些计划是，鉴于法国曾在1812年革命当中帮助过我们，我们也曾在1927年的世界大战中帮助过他们，表达了我们对拉法耶特所提供的帮助的感激之情，我们可以请求法国前来支援我们。罗伯特还想要请求加拿大与我们联合，以保护美国的北部边境。

在新奥尔良的第一次战役之后，美国调动了所有能够抽调出的飞机到大西洋沿岸的东部海岸和墨西哥湾沿岸的南部海岸巡逻。每天都有商用飞机和客机飞往欧洲或是从欧洲飞过来。4月份一个雾气笼罩的夜晚，侦察机飞行到了尽可能高的高度，发现一支大型的飞机编队正朝佐治亚州的萨凡纳飞去。他们认为那是敌人的飞机正飞往萨凡纳进行袭击。此时负责指挥的洛克尔指挥官命令他的部队用炸弹进行攻击。敌人的飞机编队很快就被消灭了，全部坠毁到了海里。当我方的飞机下降去看有多少敌机被摧毁了，以及这些敌机来自哪个国家时，却发现它们根本不是敌机，而是来自英国、德国、奥地利和意大利的商用飞机。此事让形式变得更加复杂了，外交手段没有能化解困境。英国拒绝接受解释和道歉，其他所有国家也都与英国站在同一边。我国的内阁官员们举行了一次会议。他们认为，英国和其他国家知道处于弱势，一直就打算加入敌军，只是在寻找合适的借口。他们此时认识到，由于所有这些国家都在与他们对抗，没有援助或是新的发明，美国就大势将去了。皮尔森上将说道："戈登上校是正确的。我们早就应当请求法国和加拿大的帮助。此时我们必须寻求任何一个友好国家的援助。我们曾在世界大战中最黑暗的日子里援救过协约国，他们当中的一些国家一定会在这种我们最需要的时候支持我们。"

1931 年 5 月，英国、德国、意大利和奥地利联合起来对抗美国。美国的财富已经招来了如此多的妒忌，此时美国似乎成了一只对抗世界的孤鹰。英国开始让其军队登陆，并且在加拿大建立了一个基地。战争委员会认识到英国将袭击东部海岸。为设法保护北部边境和东部海岸，不得不把其他战略点的兵力调派过来，设法保护美国北部和东部。

当月下旬，英国和其他联军的军队飞过了大西洋，在几千架现代飞机的护送下，所有的舰队停在了海面上。他们已经为战争进行了多年的准备，已经建造了可以一小时前行 150 多英里的水上快艇。当这支舰队抵达大西洋沿岸时，美国的空中巡逻队袭击了他们，但他们在数量上远远胜出，以至于反击显得微不足道。美国的空中巡逻队迅速被摧毁了。此时美国所有的商用飞机都被禁止运送邮件、旅客和快递穿越大西洋。敌人此时全方位对美国进行封锁。日本、西班牙和墨西哥的飞机正在墨西哥湾和太平洋沿岸巡逻。我们此时所处的境况比 1917 年协约国所处的境况还要糟糕。当时协约国走投无路，是美国前去援救了他们。战争委员会认识到，英国将封锁北部边境，把我们与加拿大隔离开，并且迟早会沿边境线一路袭击。

美国已经把所有的后备队都集中到了芝加哥和美国中部。就在美国预计圣路易斯可能遭到袭击的同时，英国、德国和意大利的一部分战列舰又在航空舰队的护送下，进军到了密西西比河河口。随后数以千计的飞机作为先遣部队沿河而上，后面跟着水上舰艇和战列舰。飞机摧毁了城市，驱使人们惊恐地四处逃散。面对这次进攻，美国战争委员会决定快速调遣步兵和炮兵去保护密西西比河沿岸地区，阻止敌人的先遣部队沿河向上穿过中部，到达美国北部地区。敌军控制了新奥尔良，军事接管了这座城市。激烈的战斗沿着密西西比河一路向上。美国寡不敌众，人员大量伤亡，飞机大量坠毁。抵抗开始变得像是一种愚蠢的行为。很明显，这是一次占领美国领土的行动，它表明日本、西班牙和墨西哥其实就是在等待英国和其他国家加入之后，再开始展开陆地占领。

敌军快速沿着密西西比河向上进军。沿线所有城市都被接管了，并且由英国来进行控制。最终，当敌军到达了伊利诺斯州的凯罗时，美国完成了一项新的发明，即从飞机上将化学制品投入水中，然后从飞机上利用电流在几百英里之外引爆这些化学制品。

当敌人还在进军，飞机还在袭击凯罗时，当地居民已经被转移到了路易斯维尔和辛辛那提，美国根本没有试图设法挽救这座城市。美国的计划是，让敌军的水上舰艇和战列舰沿河而上，届时利用强大的电荷在水面上摧毁敌军。敌军完成了对凯罗的严重摧毁之后，跟随在先遣部队之后，不断接管城市的水上舰艇和轻型巡洋战舰向上进军到了俄亥俄河河口，并且在那里登陆，接管了凯罗。

沃尔特·肯耐渥上将此时已经被派遣到了凯罗，他驾驶的是一架由美嘉电子公司制造的新型飞机。这架飞机配有一台电机，该电机可以从空中吸收电流，然后导入水中，在距离几百英里的各个方向上摧毁战列舰。沃尔特正在高空中盘旋着等待机会。终于，敌军认为自己已经完全摧毁了凯罗，沃尔特看见飞机从凯罗撤回，他按下按钮，释放了强烈的电流束。在不到一分钟的时间内，所有的巡洋舰和水上舰艇都被炸毁了或是被电流引燃了。在飞机上的敌军也都死了。尽管凯罗几乎已经被完全摧毁，但这是戈登上校摧毁“东京J－1”号以来美国所取得的第一次真正的胜利。该消息立即传遍了美国各地，从波士顿到迈阿密的东部海岸的人们松了一口气，同时希望这次胜利可以扭转局势。此时老人们谈论着美国人的创造天赋，说美国人的头脑是世界上最了不起的，他们将找到方法来克服所有的障碍，不管敌人有多强大，美国人都将打败他们。

一直在沿着密西西比河向上进军的水上舰艇遭遇这次灾难之后，敌人的飞机舰队暂时停止了袭击。但是，大概在6月末，一支飞机编队又云集在了凯罗上空，随后在没有遇到太多阻力的情况下降落，军事占领的军官们控制了这座城市。美国已经请求法国前来支援，也已经恳求加拿大阻止英国或其他任何一个国家穿越他们的边境，袭击美国的北部和东部边境。法国已经快速做出回复，告诉美国政府他们随时准备命令空军前往美国，或是在他们国内袭击英国和德国。这是又一则振奋我国的好消息，大大鼓舞了士气。士兵们已经在极其不利的情况下坚持战斗了一年多，一直遭遇着十分惨重的失败。各大报纸十分乐观，但政府官员们知道，形势仍然对我们极其不利；我们的空军不仅装备过时，在数量上也远少于敌军，而决战却将是空中大战。

第二十八章　濒临战败

1931年7月4日，美国各地的人们都在庆祝凯罗的胜利，因为英国和德国的战列舰和水上舰艇在那里被摧毁。一切都很平静，各大城市没有再遭到空袭。我们发现敌人　支大型飞机编队时常在密西西比河上下进行侦察活动。戈登上校派出了一支侦察队，他们驾驶的一些飞机配备有强力探照灯。他们发现有几架像“东京J—1”号一样的飞行母舰停留在凯罗上方的高空中。戈登上校知道，这意味着敌人正在为袭击圣路易斯和继续沿着密西西比河向上进军做准备；敌人即将袭击芝加哥和五大湖区，以便形成一条纵贯美国的战线，这样他们的飞机就可以控制这个地区，在他们朝着美国东部和北部边境进军时切断所有来自西部的袭击。

美国独立日那一天带来了更多的好消息。加拿大通知美国将与美国联手，命令英国军队撤离加拿大的领土，禁止他们穿过加拿大袭击美国。这则消息恰好在总统发表年度独立演讲之前传到了华盛顿。尽管总统的演讲很简短，但它让人们注意到了，这是美国的第155个独立周年纪念日，而此时这个国家的自由却受到了从独立以来最严重的威胁。不过，令人振奋的消息刚刚从加拿大传来，这将对美国产生巨大的帮助；曾经支援的老朋友——法国，也已经前来援救我们，我们有希望了。凯罗最近的胜利有着重要意义。正在研发的新发明一定会在美国最需要的时候拯救美国。它叮嘱人们要勇敢，除非万不得已，否则不要离开自己所在的城市或是抛弃自己的家园。尽管没有人能够确定结果，但他相信美国会在几个月之内取得决定性的胜利。

戈登上校报告了侦察机所发现的情况，说这只可能意味着一件事情，即敌人此时正集中精力对付凯罗，接下来可能袭击圣路易斯，然后很可能会袭击路易斯维尔、辛辛那提和芝加哥。在战争委员会的一次会议上，他建议，让妇女和小孩儿在这些城市冒着生命危险毫无意义；应该立即安排他们转移到安全的地方，同时在卡茨基尔山和阿第伦达克山脉中建立营地，让他们待在那里，直到危险过去。在经过一番讨论之后，委员会认为，最终结果将证明，这不是一个好策略，因为敌人或许正在圣路易斯上方的高空中侦察，因而这将向敌人暴露我方的虚弱，他们将看见人们被转移，这样就知道我国被吓坏了，便会立即发动袭击。委员会认为，有了加拿大和法国的帮助，我国将取得胜利，因此决定为反击做准备。

1931 年 8 月初，敌人对圣路易斯发动了袭击。美国已经把所有的可用兵力集中到了那里。加拿大已经派遣飞机到美国北部边境巡查，使得美国能够抽调出更多的兵力来保护中部地区。战斗几乎从不间断，有时在白天，有时在晚上，有袭击，也有反击。美国的工厂此时正在以每天 1000 多架的速度生产飞机。底特律亨利汽车公司已经在炸弹和侦察机上取得了巨大的进步，并且正在快速进行生产。一种新型远程大炮已经完成，这种大炮可以攻击到高空中的敌机，随后在圣路易斯战斗中被证明极具价值。在战斗的第三天，皮尔森上将命令戈登上校和肯耐渥上校带领他们的人去对抗南部和东部的敌人空军联队。他们成功击落了 500 多架敌机，而美国则仅在这次交战中损失了大概 200 架飞机。这十分鼓舞人心，第二天，皮尔森上将命令更多的后备军投入战斗，而这正中敌人的圈套。在袭击时，美国的下级军官犯下了一个又一个的错误。轰炸机的弹药快用完了，在试图返回基地进行补给时被敌军摧毁了。敌人集中了 3 万多架飞机来对圣路易斯大举进攻。每天都有建筑物被摧毁，人员伤亡惨重。吓坏了的妇女和孩子们向四面八方逃亡，结果却成为了炸弹的靶子。结果证明敌机更加高级、更加大型、装备更加优良。他们的大型补给舰停留在高空中，使得他们能够在美国飞机的弹药耗尽后展开更有效的袭击。

战斗进行了 14 天之后，美国损失了成千上万架飞机，国家似乎没有希望了，圣路易斯也被放弃了。形势令人绝望，人们再次开始失去希望。尽管美国正在快速生产出新的飞机，但在圣路易斯战斗中飞机的大量损失仍然削弱了美军。敌人占领了圣路易斯，并且在那里建立了前进基地。此时全国的粮食供应形势很严峻。农民们不敢下地去种植任何东西。加拿大无法满足我们所有的需要，而且南部、东部和西部都被封锁了。内阁此时才醒悟过来，意识到他们犯下了许多错误，形势不但没有好转，反而正在急速恶化。

在圣路易斯沦陷之前，或者说美国各地的人们还没来得及知道圣路易斯沦陷的消息，英军和德军就袭击了北部边境，向芝加哥进军。战线被收紧了，敌人仍然控制着西部海岸，这意味着只需占领芝加哥，就可以打通芝加哥与圣路易斯之间的联系，完成敌人纵贯美国中部的战线。当战斗正在围绕五大湖区进行时，战争委员会一次接一次地举行会议。政府急忙调来了增援部队，同时装在大型巡航飞机上的新型远程大炮也能够相对有效地保卫芝加哥，芝加哥战斗持续了有一段时间了。英国在五大湖区周围的战斗中损失惨重，因为加拿大正在那里帮助我们，但美国受到的打击也很沉重。我们的人员和飞机损伤十分巨大。

1931 年 9 月初，从发生在五大湖区周围的小规模战斗来看，敌人的目标是袭击芝加哥，而他们强行突破只是时间问题。美国官员们清醒地意识到，如果芝加哥落入敌人之手，这将使得美国难以保护东海岸。美国战争委员会决定请求法国袭击英国和德国，迫使他们从美国撤兵。法国的飞机装备精良，可以迅速摧毁英国和德国的大城市，并且是大西洋彼岸唯一可以寻求帮助的国家。当法国收到美国的请求时，法国总统给我们的政府发来了以下电文：

"法国注意到了自由之邦此时所处的危险境地。它没有忘记年轻共和国的斗争期间，它前去向你们寻求帮助的日子。同时你们也证明了，你们没有忘记。1917 年法国在战斗中走投无路时，你们忠诚的子民们穿过大西洋，前来帮忙拯救法国。我们把自由女神像伫立在纽约港就是一种标志，向全世界表明欢迎世界各国受压迫的人来到自由之邦。它一直像明灯一样伫立着，向所有人宣告着真理、自由和正义。我们目前时刻准备着保卫这座雕像和它所象征的信念。我们很感激美国人民过去对我们的慷慨大方，现在我们将在能力范围之内尽一切可能帮助你们。我们的物资和兵力任你们调配。"

与此同时，英国和德国知道了法国正在为支援美国做准备，而他们也一直在为赢得其他国家的帮助做准备，以便取得最后的胜利，控制并瓜分美国。9 月 6 日，法国对伦敦发动了第一轮袭击，并且在同一天夜里对柏林发动了空袭，摧毁了许多建筑物，导致大量的人员伤亡。在这之后，英国、德国、奥地利、西班牙、意大利和日本立即号召其他与他们有着协议的国家加入与美国的决战，同时承诺瓜分战利品。在这次大战之前，全世界早就垂涎美国的繁荣与成功，因而他们很渴望加入这次战争，分享美国从世界各地收集来的大量的黄金。土耳其和俄罗斯是第一个加入敌军的；接下来罗马尼亚、丹麦、希腊、匈牙利、摩洛哥和葡萄牙也很快加入了。敌人这些新的支持者迅速把他们的飞机派遣到了美国东海岸，同时还派遣了支援部队到英国和德国，帮忙拖延法国，以使敌人不必从美国撤走一兵一卒就可以保卫他们自己的国家。

此时几乎是整个欧洲在对抗美国了，敌人因而坚信只需要几周就可以拿下芝加哥、波士顿、纽约和华盛顿，然后制定对他们有利的条款，而美国则将被迫接受。美国知道，这场战争中最激烈的战斗正在逼近，因而战争委员会再次举行了会议。他们判断第一次袭击会是芝加哥。此时敌人的增援部队已经到达，并且多路出击。最终结果证明，10 月 1 号晚上是这场战争中截至当时是最可怕的夜晚之一。敌人当晚袭击了奥马哈、堪萨斯城、丹佛、辛辛那提、路易斯维尔、密尔沃基和圣保罗。来自墨西哥的兵力袭击了厄尔巴索、圣安东尼奥、加尔维斯顿和休斯顿。美国绝大部分兵力都被集中在了芝加哥附近和东部地区，这次遍布南部、西部和北部的分散袭击打乱了美国的阵脚。这些没有做好防备的城市都出现了大量的人员伤亡和财产损失。

10 月 2 号早上，战争委员会举行了会议，决定立即派遣尽可能多的飞机去帮助保护这些城市，因为他们预计当天晚上还有一次袭击，而这恰恰就是敌人想要的——诱使美国从芝加哥分兵。

10 月 2 号晚上，敌人集中了 5 万多架飞机袭击了芝加哥，突破了美国在各个方向上的防线。英国、德国和俄罗斯派出了他们的大型无畏级战斗机，这是在空中大战中所使用过的最大的飞机。这些飞机安装了 12～86 英寸口径的大炮。它们配备先进的 12 个气缸的发动机，同时由电力和汽油驱动。这些大型飞机可以在空气中利用无线电流来供应电力。敌人抓住了时机，他们占尽了优势。第一轮袭击摧毁了芝加哥的大型摩天大楼。商品交易大楼、邮局和政府大楼都被彻底摧毁了。人员伤亡令人震惊，有 100 多万人丧生，手无寸铁的妇女和小孩儿惨遭屠杀。

10 月 3 号早上，当太阳在偌大的芝加哥市上空升起时，四面八方的建筑物都在燃烧，成为废墟。这是世界史上最严重的一次破坏。世上没有人能够形容那骇人的情形。接下来有了一次短暂的喘息。当太阳升起时，已经报仇泄愤的敌机撤退了。美国失去了 25000 多架飞机，而且他们最好的飞行员也在这场可怕的灾难中损失殆尽。

戈登上校和肯耐渥上校英勇作战，并且幸运地保全了自己的性命，以便将来为他们的国家所用。在去指挥部向皮尔森上将报告的路上，戈登上校想到了他在“使徒行传”2：17中读到的内容：“神说：在末后的日子，我要将我的灵倾注给每一个有血有肉的人，你们的子女会说预言，年轻人会见异象，老年人会做异梦。我要在天上显神迹，地上行奇事；有血、有火、有浓烟。”他想到了自己做了什么梦，说了什么预言，以及如何相信《圣经》，他知道这些可怕的事情将出现在后来的日子里。当看见鲜血、火焰、浓烟和被毁灭的城市时，他有那么一刻想知道，上帝为什么竟会为了让《圣经》（中的预言）被实现，而且允许这样的毁灭发生。但是，随后他又想起了他在“以赛亚书”2：4中所读到的内容：“他在各国间平息纷争，为多人做出决断。他们终必把刀剑打成犁头，把矛枪制成镰刀。自此，天下太平，干戈止息，人民再也不用学习战事。”他祈求上帝让人们不再发动战争的日子快点儿到来。

美国官员们知道，如果他们继续坚持的话，芝加哥将被彻底毁灭，因为英国的大型轰炸机能够摧毁所有建筑物，消灭所有活着的人。皮尔森上将召集了所有的指挥官，他们很快便一致认为，由于敌军与他们的数量对比是50：1，因而另外一次袭击将很快就会结束。此时抵抗只是无谓牺牲人的性命和他们剩下的飞机。但是，在投降之前，他们决定征得总统和内阁的同意。总统迅速召集了内阁，他们集合时，神情凝重。他们全部都知道芝加哥前一晚发生了什么。总统的声音中带着悲伤，宣读了将军们的决定，并且说道：“这是我国有史以来所面临的最严重的危机。投降可能意味着我们国家的沦陷，自由的丧失；继续战斗则可能意味着甚至更加糟糕的局面。放弃芝加哥并等待时机决定下一步的动作或许是最明智的选择。我们只能依靠上帝（默默地）期望了。先生们，你们的决定是什么?”没有一个人站起来讨论这件事。他们逐个回答说：“看起来最好就是准许放弃芝加哥了。”

这个消息迅速传到了芝加哥的指挥部，大约上午10点，白旗在少数几座高层建筑上升起，一架大型飞机被派出去在空中盘旋，机翼上飘着白旗。芝加哥一被放弃，敌人的飞机和地面部队便接管了芝加哥，并且封锁了芝加哥与圣路易斯之间的缺口，使得中线全部贯通，同时西线控制着太平洋海岸。

此时为了预防彻底的恐慌，纽约证券交易所关闭了，因为人们惊慌失措，正在不顾一切地卖出股票。他们很快便发现，敌人在整个大西洋和墨西哥湾都有供应基地和飞机基地。他们控制着北部边境，并且完全能够从东西南北方向袭击东部海岸。看不到希望了，芝加哥的沦陷让美国人民的心破碎了。他们万分恐慌，看起来这似乎将是星条旗史上第一次倒下了。战争委员会举行了一次大型会议。此时求和意味着向敌人投降，以及接受他们可能强加给我们的任何条款。战争委员会的领导者们感到茫然。他们不知道下一步的动作应该是什么，因为他们也被敌人打懵了。在这场战争中，美国几乎是孤军奋战。法国和加拿大是唯一没有与敌人联合起来对抗美国的国家。当芝加哥沦陷的消息传到法国时，他们意识到美国看来注定要失败了。

形势严峻！美国政府官员们没有试图隐瞒，而是决定为争取时间拖延。他们回复了敌人的照会，请求一份有效期为 30 天的休战协议。在这 30 天之内，双方都不能发动任何袭击，直到他们讨论出计划，看一看是否可能够达成什么美国可接受的条款。敌人把这当成是美国承认战败的示弱，因而同意用 15 天的时间来讨论条款，并且寄出了以下照会：

同盟国要求美国彻底投降并要求领土分割：日本分得西部海岸；英国分得东部海岸和北部与加拿大接壤的地区；墨西哥分得德克萨斯州；西班牙分得密西西比河沿岸地区和墨西哥湾沿岸地区。美国要把全部黄金交给同盟国，要求美国人民顺从各自占领国的统治，美利坚合众国永不存在了。如果美国政府拒绝接受这些条款，我们就摧毁波士顿、纽约、费城和华盛顿，同时占领美国东海岸。你们必须在指定的时间内给予回复。

第二十九章　空中隧道

当收到这些条款时，指挥部的每个人都很绝望。总统召集内阁举行了会议。美国战争委员会也举行了会议，在一番长时间的讨论之后，他们被迫承认，敌人极有可能会拿下纽约市，占领东部各港口和华盛顿，然后把他们想要的任何条款强加给我们。服从于敌人已经提出的条款将意味着灭亡和耻辱，因而目前的问题是究竟该怎么做。那些之前依靠自己的判断行事的社会精英和政府官员们此时意识到，一个接一个的错误已经把国家置于了如此糟糕的境地。李将军家族的子孙查尔斯·曼森上校站起来询问战争委员会，是否可以准许他发言。委员会立即同意他发言，因为他因自己的良好判断力而备受尊敬，并且在战争爆发前几年就主张建设更大型的飞机，为战争做准备。他的发言如下：

皮尔森上将，各位自由之子：

我国现在面临着华盛顿和福奇谷严冬那些日子[①]以来最严峻的形势。我们此时不单是受到了宿敌英国的威胁，实际上是受到了整个世界的威胁。目前法国是我们唯一的朋友。敌人掌握着主动权，他们可以从各个方向上对我们发动袭击。现在是时候想一想了，是时候好好想一想了；此时应当做，而不是说。

我们需要的是一个救星，过去美国总是会造就这样一个救星。我是一个深信《圣经》的人。我曾阅读过罗伯特·戈登上校从非常年轻时就开始进行的预测。现在所发生的他多年前就预测到了。他还做出了一些值得注意的发明。他出生时的星座被占星家们称之为美国的上升星座，即双子座，它由上帝的使者，水星所支配。这个星座被古人用来代表双

① 1777～1778 年的严冬，美军驻扎在宾夕法尼亚州的福奇谷时，是美军最不幸的时候，但华盛顿凭着他的勇气不屈不挠地渡过了难关。

重星座。它象征着天赋和才智。古代神话告诉我们，有一对双胞胎，其中一个是伟大的勇士，而他的弟弟则是一名伟大的发明家，他发明了所有的兵器，帮助他的哥哥赢得了战争的胜利。据说他是如此的敏捷和精明，以至于他的脚踝上和肩膀上都长上了翅膀。他可以在众神饮酒的时候从他们的杯中小口饮酒而不被抓住。

这个星座始终象征着美国和美国人的创造天赋。有史以来最伟大的发明都是由美国发明家发明的。飞机是在这里被发明的，还有一直运用于战争中的潜艇和大炮，汽船、电力、无线电接收装置，以及不胜枚举的其他一些有价值的发明。从我所知道的以及所读到的来看，我仍然期待和相信美国能够胜过整个世界的聪明人。我相信这一点是因为我们是自由之邦，从未有任何国家战胜过它。美国从未充当过侵略者，从未自愿参加过一次战争。我相信上帝是站在我们这一边的，这个国家是建立来作为上帝的王国的。

我曾阅读过《圣经》，也一直在阅读戈登上校所写的东西，我相信“路加福音”7：22 中所说的：“于是耶稣回答他的门徒说，‘回去把你们所见所闻的告诉约翰吧！就是瞎子能看见，跛子能走路，麻风病人得到痊愈，还有聋的听见，死了的复活，穷人听到福音。但是你们出去到底是要看什么呢？先知吗？我告诉你们，是的，可是他比先知还要大。因为我告诉你们，虽然人类所生的，没有一个比约翰更伟大，但在天国里，最小的也比他大。’”

先生们，我告诉你们，我相信没有一个先知比戈登上校还要大。此外，我还相信他就是美国所造就的最伟大的发明家，我相信他能够挽救目前的局面，或是找到解决问题的方法。当戈登上校向军方官员们提供建议，并且告诉他们他可以完成一种能够拯救国家的发明时，他们犯下了一个错误，没有听从他的建议。

我相信戈登上校经常提到的先知但以理。“但以理书”7：27 说道：“那时，天下各国和人类一切的政权、尊荣都必赐予上帝的子民。上帝的国度必永无穷尽，一切掌权的统治者都要侍奉他，顺从他。”我相信这里指的是美国。如果我们可以赢得这场战争，那么就是我们一个国家在对抗整个世界，这样我们的国家就会是一个联合世界的王国。在我看来，任命罗伯特·戈登上校为最高指挥官，并且严格遵从他的指示将是明智的。

曼森上校停止讲话并坐下来之后，现场出现了持续几分钟的彻底沉默。战争委员会知道，距离休战协议到期的时间只剩 3 天了，协议一到期敌人又将发动袭击。皮尔森上将是第一个站起来的。他说道：“委员会的各位先生们，我自戈登上校入伍以来就认识他。我曾为他说情，把他从监狱中释放出来。他已经证明，他是我们空军中最有价值的人之一。他的勇敢和天赋无人可比。我很乐意把我的官职让给他，如果在座的各位同意的话，我就提议他被任命为美军的最高指挥官，我们将履行他的决策。”

皮尔森上将深受军方官员们的尊敬，他的判断不会遭到质疑。接下来进行了投票，最终没有人有异议。皮尔森上将站起来说道：“戈登上校，我现在以我身上的权威和权力，授予你美军最高指挥官的头衔，同时把有史以来最大的重任放到你的肩上。我国命悬一线，形势十分危急。我们必须采取什么行动，并且是快速采取行动。我们必须给敌人一个回复，而当回复给出时，它要么使得我们永不翻身，要么如果我们能够获胜的话，就意味着星条旗将永远屹立在世界的至高点。长官，你有什么要说的?”

最高指挥官戈登站起身来。他严峻的脸上显示出了落在他肩上的新责任。他简单说道：“感谢各位授予我的头衔以及对我的信任，但在完全接受之前我想问一问，是否不管我的策略在战争委员会看来是多么的荒谬，我都可以获得整个委员会的一致同意来执行我的策略。”战争委员会全体起立，表示一致同意。接下来皮尔森上将说道：“最高指挥官罗伯特·戈登，我们等候您的指示。”说完敬礼并坐下。最高指挥官戈登站起来说道：“立即把以下回复派送到敌军指挥部。

“‘自由之邦——美利坚合众国之政府，拒绝接受你们的条款，并且永远也不会屈服于你们的任何要求，也不会同意你们的任何要求。你们准备好了就发动袭击吧。战斗还没有开始呢。’”

当他说完这番话时，会场鸦雀无声。他坐下来之后，沃尔特·肯耐渥上校站起来说道：“战争委员会的先生们，你们已经听到戈登最高指挥官对敌人的回复了。你们必须知道和了解，他能如此地向敌人挑战，一定是有什么东西给了他极大的信心。他清楚地知道自己拥有什么，以及自己打算做什么，你们可以在这危急时刻中信赖他。”然后肯耐渥上校向最高指挥官戈登敬礼并说道：“等候您的指示，长官。”

“埃德娜·肯耐渥上尉为第二副官，同时授予她上校的头衔。”然后他转身面向委员会，没有一个人有异议。

最高指挥官戈登完成任命之后，向他的官员们下达了指示。皮尔森上将站起来说道："戈登最高指挥官，我并不是想以任何方式来探究你的策略，也不是想干涉你所遵循的任何方针，我完全支持你，但如果你不介意的话，我很希望你能向我解释一下过去一直是哪里出了问题，我们为什么这么轻易就被击败了，并且到目前为止输掉了战争？而现在又有什么补救方法，或者说你打算做什么。"

最高指挥官戈登回答道："过去的问题就是敌人使用的是无声飞机，我们的第二大不利条件就是，他们的飞机能够爬升到我们无法企及的高度，这使得他们在战斗中处于有利地位。当然，我们从一开始就在数量上完全输给了他们，我指的是装备的数量。还有一样东西是敌人已经拥有的，而我们也需要并且是必须拥有的，那就是能够在空中停留并且是能够长时间停留的飞行母舰。我们需要一架可以从空中取电的飞机，这使得它可以拥有不受限制的续航距离。我们还需要其他一些可以从空中取电的巡航机和侦察机，它们任何时候都不必返回基地补充燃料和弹药，离开基地之后就可以一直在空中工作。接下来我们最需要的东西就是一架隐形飞机。一架隐形无声飞机将是打败敌人的利器。当我们的飞机可以随意高地飞行，并且不再能被看见或听见时，我们就能够获得关于敌人的位置和策略的信息，这样就能知道他们的弱点，知道我们应当在何时何地发动袭击。

"军方官员们时常所犯的极大错误就是没有听从年轻人的建议。我说的年轻人，并不只是指我自己。我这种说法的依据来自于《圣经》，'箴言'20：18 说道：'集思广益，可得良策；运筹帷幄，才是出征之道。''箴言'24：6 又说：'打仗要有充分的智谋，谋士众多，才能胜券在握。'我们一直没有足够多的谋士，在敌人获胜时也没有在适当的时候调整策略。

"我的强大和力量都源于耶和华，我将在未来的战役当中遵循《圣经》中所阐述的原则。'撒母耳记下'22：33 说道：'上帝是我的坚固堡垒，他使我一路顺利。''历代记上'5：22 说道：'因为有天主助战，故敌人伤亡惨重；于是吕便人占据了敌人的土地，直到流亡的时候。'这场空中大战的爆发是上帝的意愿，是上帝为了实现《圣经》中所说的，是上帝为了完成他建立一个永恒的世界联合王国的计划。此时看起来我们似乎完全没有获胜的机会，因而你可能对我的信心和对敌人的蔑视感到吃惊。我建议你参阅'路加福音'1：37：'对上帝来说，没有一件事是做不到的。’然后你再阅读‘路加福音’1：52：‘上帝叫有权柄的人失位，叫卑贱的升高。’我相信，如果我们获胜是上帝的意愿，那么他将赐予我们力量，让我们打倒那些曾试图压迫和摧毁这个自由之邦的势力。

“阅读‘使徒行传’17：26：‘上帝由一个人造出了全人类，使他们散居在整个地面上，又预先定下了万国兴旺的期限和他们所居住的疆界。’所有人都是兄弟，上帝的意愿要他们一起和平居住在地面上。这场大战的爆发最终是用来教导人们，他们不能违抗上帝的准则。

“‘罗马书’8：24和8：31说道：‘因为我们得救是得着盼望；如果我们看得见所盼望的，那就不算是真的盼望。谁还盼望他所看得见的呢？但如果我们盼望的是那还没有看见的，就必须耐心等候。既然如此，我们对这一切还有什么可说的呢？如果上帝站在我们这一边，谁能与我们对抗？’我坚信上帝是站在我们这一边的，他建立美国这个国家是永远不会被摧毁的。那么不管目前的情形有多么令人绝望，即使世界上所有的国家都联合起来对抗我们，只要上帝是站在我们这一边的，他们就无法胜出。

“现在继续说我们需要什么来打败敌人，人总是能找到方法来做事情。美国的天才们从未被击败。我们只需要回顾历史上美国曾参与过的战争，就可以找到证据，证明美国人总是在危急情况中找到了出路，因为万能上帝的神力指引着他们。在战争时期，人们曾挖掘过地下隧道，以便可以隐藏和保护自己，最终安全通过。在世界大战期间，德国是第一个利用潜水艇取得成功的，因为它们可以在水底秘密前行，可以进行大规模的破坏，同时它的潜水艇还几乎不会遭到损坏。尽管潜水艇也是导致它战败的原因，但它差一点点就能让它取得胜利了。当人们几乎不可能用任何方法越过高山或穿过河流时，它们挖掘了穿过高山、河流的隧道。1927年的纽约市，截至当时最伟大的工程壮举之一被完成了，从纽约市穿过哈德逊河到达了新泽西州的交通隧道开通了。

“我们现在所需要的，并且是比其他任何东西都需要的就是一条空中隧道。有了这样一条隧道，加上隐形无声飞机，我们就可以在不被干扰和损害，以及不被看见和听见的情况下通过空中，这样我们就一定会胜利。开通一条空中隧道完全不是不可能。这就像开通地下隧道或是在水底驾驶潜水艇一样容易。尽管空气是不可见的，但它却是我们所拥有的最强大的力量之一。如果水可以被分开，潜水艇可以把水推到各个方向并在水底前行，如果泥土可以被移开，一个人可以在河底或是山底开凿隧道，我们就可以找到方法在空中开凿一条隧道，以便他人看不见我们，听不见我们，也无法进入这条隧道，除非我们愿意让他们看见、听见和进入。

“我的计划的第一步是建立一条空中隧道。有了从纽约市到伦敦和德国的空中隧道，我们的飞机就可以在不被看见和听见的情况下穿过，敌人将无法袭击我们的飞机，我们能够在任何时候都安全离开或是返回隧道。

“我们需要一条从五大湖区到新奥尔良和墨西哥湾的空中隧道，这样我们的飞机就可以安全穿过隧道，在不被看见和听见的情况下观察敌人的位置。在必要时从隧道出发去袭击敌人，然后返回隧道而不会被攻击。我们也可以建立一条空中隧道用来俘获敌人的飞机，把它们囚禁在隧道，然后我们就可以选择俘虏它们或是摧毁它们。

“我已经为这种空中隧道设计好了方案。我计划使用某些光线和光波来实现它——在空气的两边各传送一束强电流，两边相距可以在 100 英尺到几英里之间，然后采用我脑中已有的另外一种方法，把这两条线之间的，或者说这两束电流之间的空气移走，这样就在空气中形成了一个真正像隧道一样的空间或是真空地带。我打算建立一个大型中央站进行指挥，我们的飞机可以利用无线电波（的能量）通过这条隧道。所有的飞行员都知道，他们经常会遇到气阱。气阱就是大自然因为某种原因形成的真空地带。当一架飞机进入到气阱时，它将一直下降，直到触及到密度大的大气层。如果大自然能够形成一条空中隧道，那么由上帝的神力所指引的人类当然也能够建造。你可能很难理解和相信我的理论，但这些理论是建立在‘有了上帝，就没有什么事是不可能的’这一信念和认知之上的。

“我过去已经证明，《圣经》中所阐述的每一条法则都是可证明的，所有预言都已经实现或是将被实现。我再次引用‘罗马书’1：17 的内容：‘上帝的义就是借着这福音显示出来的，本于信而归于信，正如旧约圣经上所说，义人必因信得生。’在这个时候，这个国家只能寄希望于对神圣的造物主的信任。我曾解释说，美国是上帝的王国，创建后就永不毁灭。如果我的解释是正确的，如果美国会是世界联合王国，那么我们就必须凭着信心而活着。即使美国的其他所有男人、女人和孩子，以及全世界都反对我，我也会相信并遵循这一信念，因为我知道，只要我信任神圣的造物主，就没有什么力量可以伤害到我，不管有多少人反对我，我都可以获胜。

“‘罗马书’5：3～4 说道：‘不但如此，我们连在磨难中也欢跃，因为我们知道磨难生忍耐，忍耐生老练，老练生希望。’我们所经历的这些痛苦与磨难已经带来了知识。我们已经学会了忍耐，而忍耐会带来经验。我打算把过去所获得的经验和知识付诸实践，以保护对我来说比生命还要重要的祖国。”

当最高指挥官戈登说完这一番话时，房间里每一个人的脸上都出现了新的生机和希望。显而易见，他们已经获得了神灵的启示，他们的信心得到了加强，他们此时相信上帝将指引他们取得胜利，并保护这个由他创造出来作为爱与自由之邦的国家。

皮尔森上将站起来说道：“戈登最高指挥官，我向你表示衷心的感谢，真诚的感激。你让我心中燃起了新的希望，使我对我们的上帝和救世主耶稣基督有了前所未有的了解。我相信我表达了全体委员们的感想，他们也对你超级有信心，并且此时也了解了你对造物主所持有的极大信任为你带来了什么。如果世界以及我们所有人都像你一样了解《圣经》和上帝的计划，这场战争也就永远不会爆发。我现在清楚地明白了，是上帝要通过磨难、悲伤和痛苦的经历来教导人类尊重他所阐述的要求人类遵循的法则。人类必须学会爱人如爱己，学会己所不欲，勿施于人。当人类理解和遵循这一原则时，就不会再想发动战争，因为战争不是建立在手足之爱，而是建立在贪婪、妒忌和仇恨的基础之上的。当我们决定放弃芝加哥时，我感觉那意味着我们伟大祖国的灭亡。我看不到希望，看不到前途，但你却把路摆在了我们面前，我们对你的信任加上来自基督教圣父的鼓舞，将指引我们在你领导下取得胜利。我们与你同在，满怀信心，直至胜利。”

接下来最高指挥官戈登命令所有官员和指挥官回到各自的工作岗位，等待进一步的指示。他说：“如果我的计划按照我所想的一样发展，你们就无需采取进一步的行动了。”随后他要求使用纽约最大的建筑“猛犸大厦”，并且想征用百老汇第 42 大街上的这座 110 层建筑的整个顶楼。他的请求立即获得了同意。他被告知，政府已经接管了美国所有的大型建筑，他可以随意使用任何一座建筑。最高指挥官戈登当天晚上带着沃尔特·肯耐渥上校，驾着“圣·玛丽号”离开了华盛顿，之前他命令其他人把飞机开到了华盛顿。他已经指示埃德娜·肯耐渥上校到纽约的猛犸大厦与他汇合。一到达那里，他立即去布置顶楼，以便“死亡之神”可以被搬进去。肯耐渥上校和另外一位副官则被立即派往了阿第伦达克山脉中“仁慈的玛丽天使号”的秘密存放处，测试这架按照“以西结书”中的描述所建造的大型飞机，然后把它带到纽约。可以散布睡眠气体的机器有效半径可达 700 英里，已经在这座建筑的顶楼准备就绪。“仁慈的玛丽天使号”处于完美的工作状态，组装好后到达了纽约。

整个美国都在焦急地等待着，因为大家都知道，停战期只剩下几天了，届时美国要么必须战斗，要么必须投降。华盛顿、波士顿、费城和纽约的人们已经一个多星期没有睡觉了。他们知道敌人威胁说要进行空袭，他们害怕可怕的后果。最高指挥官戈登在“仁慈的玛丽天使号”装备了睡眠气体，并且把这种气体被分配给了全国各地的飞机。在分配了睡眠气体以及指导了如何使用这种气体之后，肯耐渥上校于第二天深夜返回了纽约。在对“死亡之神”进行测试之后，他发现它处于良好的工作状态。在这之前数月，所有大城市晚上都处于黑暗之中，因为人们害怕夜晚袭击。

第三十章　罗伯特的逆袭

当驻扎在芝加哥和圣路易斯的同盟军指挥官们于1931年10月15日收到蔑视他们的挑战信时，发现最高指挥官的署名是罗伯特·戈登。英国、德国、奥地利和俄罗斯之前从未听说这个美国官员，因而不清楚美国任命谁作为了最高指挥官。回复转交给了位于墨西哥的日本和西班牙指挥部，日本立即明白了最高指挥官罗伯特·戈登是谁，马上就担心他又发明出某种必胜的东西。日本的将军们知道这可能意味着什么，也很惧怕这位伟大的天才罗伯特·戈登，因此要求在进行另一轮袭击之前召开一次（同盟）战争委员会。10月21日，他们认为（同盟）战争委员会应当在墨西哥城举行。同盟军确信美国近期内不会发动任何主动攻击，会等待同盟军采取下一步的动作。他们认为，美军在芝加哥战役中所遭受的巨大损失使得美军无法立即发动袭击，美军将努力备战以应对同盟军下一次的袭击。会上决定，所有同盟国的指挥上将都应当立即赶赴墨西哥城举行会议，确定下一步的行动。接下来他们深夜离开，乘坐的都是速度最快的飞机和那些高度最高的飞机，以使得他们能够无声地在绝对安全的高度飞行。侦察机和巡航机被留下来在芝加哥、圣路易斯和新奥尔良之间的战线巡航，留意美军可能采取的任何行动。

当委员会在墨西哥城召开时，日本陆军指挥官长门将军站起来说道："我们都知道，最高指挥官罗伯特·戈登目前掌管美国军队。他曾经在1927年第一次从纽约飞行到了日本，当时驾驶的飞机时速超过了800英里。就是他发明了使我们的飞机不发出声音的消音器。我们从他那里买来了消音器，该消音器帮助我们顺利发动了这场战争。我们认为，当我们袭击了格兰德河并且正准备轰炸厄尔巴索时，就是戈登击落了我们最大的飞行母舰'东京J－1'号。后来我们在旧金山战役中俘虏了戈登。他当时正驾着我们之前停靠在'东京J－1'号上的一架飞机。（俘虏了他之后），我们发现他有一台很了不起的袖珍无线电设备，利用这台设备，我们可以实现空中保密通讯。在与他谈判之后，他把自己的秘密袖珍无线电设备的技术交给了我们，我们就把他释放了，并且安全把他送回了美国境内。随后我们成功使用了这项技术很多个月，最后它无法发挥作用了。我们一直认为是他发明了某种东西来阻止我们的通讯。

“他是美国最有才华的发明家之一。他被任命为了最高指挥官，这一事实意味着他一定是有了某种伟大的发现，或是完成了某项新的发明，激发了美国赢得战争的信心。尽管我们在人员、飞机和弹药的数量上都占尽了优势。从表面来看，美国是在绝望地挣扎，无法撑太久，但戈登如果有了一项新发明就可能意味着我们的失败。我认为，密歇根州底特律的各大工厂一直在生产他的一些新发明。我们的下一次袭击应当直指底特律。我们要占领那座城市，摧毁那里大型汽车公司的工厂和其他制造企业。所有这些制造企业很久以前开始就一直被美国政府征用着，目前正在生产兵器和弹药。”

长门将军说完这番话之后，西班牙、英国、德国、奥地利和俄罗斯的将军们就作战计划讨论了多日，在达成一致意见之前存在着许多分歧。最终他们一致同意下一次袭击底特律，如果成功，就继续袭击波士顿、纽约、华盛顿和美国东海岸。

同盟军的拖延正是最高指挥官戈登想要的。这给了他准备的时间。他已经命令底特律的亨利汽车公司立刻按照他的方案开始生产两台大型机器，一台正极，一台负极。他将利用这两台机器在空中传送电流，形成一个真空地带，也就是他说的“空中隧道”。戈登多年前就已经开始制作这些设计图。毫无疑问，这两台机器一定可以成功运转。亨利汽车公司已经被美国政府征用，一收到来自最高指挥官的命令和设计图，它们立即开始夜以继日的工作，建造这两台大型机器。

15 天的休战协议于 1931 年 10 月 18 日到期了。最高指挥官戈登已经准备就绪，正等待着敌人的第一轮袭击。在距离他命令开始建造这两台机器不到 3 天①的时候，他们报告说这两台机器完成了，并且已经准备好进行测试。戈登把肯耐渥上校叫到了他在纽约的办公室，告诉他大型真空制造机——这是机器的名称——已经完成；命令他立即出发去底特律，

① 英文原文是 30 天，但是根据前后文，应当是 3 天。

对那两台机器进行测试，包括近距离工作和远距离工作。

肯耐渥上校于11月17日到达了底特律。接下来的一天，他对这两台用来建造空中隧道的机器进行了测试，然后向最高指挥官戈登报告说，它们工作状态良好，正产生计划中的结果。接下来最高指挥官决定立即去底特律，把其中一台机器安置到那里的一个基地，同时已经命令肯耐渥上校带着另外一台机器去辛辛那提进行安置。随后这台机器被成功地秘密运送到了辛辛那提，并且被安置在了这座城市最大的一座建筑内。

11月20日，最高指挥官戈登和肯耐渥上校对这两台用来建造隧道的机器进行了远距离测试。机器先是被设置成可以制造一条100码宽的隧道，然后启动。美国的侦察机被派到一个指定的区域，一进入电流之间的区域，他们就发现自己完全处于一条隧道当中。他们可以在空中隧道中来回地快速飞行。这是一次巨大的胜利。戈登指挥官指示，要对机器的测试和所有的一切绝对保密。他知道，敌人发动下一次的袭击时，这将让他们大吃一惊。

最高指挥官戈登此时已经根据收音机的原理完成了另外一项发明。几年前，当（华尔街）操纵者们设法在股市当中陷害他时，他也曾在纽约的办公室中，利用收音机的原理来记录操纵者们的谈话。他已经将这台机器加大，以便它可以记录8000英里以外的声音，同时他（仍然）将其命名为“Tel－Talk”。

1931年11月19日晚，在墨西哥城召开的同盟军最高战争委员会散会，指挥上将们回到了各自在圣路易斯和芝加哥附近的岗位上。最高指挥官戈登将他功率巨大的“Tel－Talk”进行定向监听，能够获得芝加哥—圣路易斯—新奥尔良沿线的所有谈话内容。11月20日早上，当他去到位于底特律的指挥部时，查看了Tel－Talk记录，发现敌人前一晚举行了一次会议。他往回拨了拨机器的指针，然后打开机器，把耳朵贴在接收器上收听。他发现，指挥上将们在墨西哥召开了会议，决定下一步袭击底特律，以便摧毁那里的工厂，阻止美国继续制造飞机和生产各种可能帮助美国赢得战争的发明。他非常高兴获得了敌人的作战计划。这正是他想要的。他急于在实战中检验空中隧道，捕获敌人的飞机，把它们困在隧道中。因为他知道，一旦他使得它们进入隧道就无法再出去，他可以让它们无限期地悬浮在空中，在隧道中上下移动，也可以俘虏或是摧毁它们。他对敌人袭击底特律有些迫不及待，于是他决定挑衅敌人，促使他们采取行动。

掌握了敌人的作战计划之后，最高指挥官戈登决定调整用来制造隧道的机器的位置，以便保护底特律的工厂和大型建筑。他把机器安排（在了适当的位置），以便攻击机高空飞行到底特律时，他可以把它们赶进空中隧道，从而阻止它们对底特律的工厂和建筑破坏。他耐心地等待着敌人袭击这座城市，但敌人却没有采取任何形式的行动。

时间接近感恩节了，他极其渴望战斗在近期打响，这样美国或许会出现史上给人印象最深刻的感恩节，因为他确信如果袭击到来，他将成功保卫底特律，敌人将第一次发现我们以智慧战胜了他们。他决定促使敌人尽可能快地对底特律发动袭击，因此他布置了一个用 20 英尺高的字母构成的大型电光标示："底特律准备好了，你们不来拿下我们吗？我们想要成为你们的感恩节火鸡。"这个标示被点亮了挂在一架飞机上。这架飞机飞行在圣路易斯和芝加哥的敌方阵地上空。敌人对这一行为的看法，或许没有人会知道。曼森上校后来写道，这个电光标示把对上帝的敬畏植入了敌人的心中；德国人因此回忆起了美国人在一战时期登陆欧洲的那些日子。日本人、西班牙人和英国人知道，这不只是吓唬吓唬他们而已，他们都认 15 天的休战协议犯下大错。此时美国已经决定再次战斗。美国怎么可能会赢呢？敌人想不明白。他们决定给这个年轻自负的指挥官一次终生难忘的教训。

11 月 24 日，感恩节当晚，敌人命令发动袭击。最高指挥官戈登正在吃晚餐时，一名报信者打断他，告诉他"Tel－Talk"获得了一条重要消息。他匆匆赶到密室，注意到敌人召开了一次会议，下达了当晚袭击底特律的命令。他立即利用新的袖珍无线电设备把这个消息秘密传送给了身在辛辛那提的肯耐渥上校。他让肯耐渥上校准备好调整用来制造空中隧道的机器，准备好按照他的指示随时改变其位置和高度。他命令底特律各个街道上所有的电灯当晚一直亮着。自很久以前芝加哥遇袭开始，所有城市在夜晚进行灯火管制就成了一种习惯，这一习惯已经维持了数月。

他刚刚完成了另外一项他称之为"镭射线"的新发明。有了这种射线，他可以在距离 75～100 英里的地方定位空中的任何事物。他已经准备好利用镭射线来对当晚的第一次袭击进行空中搜寻。就在 10 点之前，他利用镭射线在空中扫描时，发现来自芝加哥方向的敌机正在靠近。一大群敌机飞行在非常高的高空中，后面跟着 3 架大型补给舰。他知道，这些补给舰将停在底特律上空的某个地方，然后轰炸机将进行袭击。他决定派莫里森上尉带领一对做诱饵的飞机去应对入侵的飞机，把他们引进空中隧道。莫里森上尉是有名的飞行员，他曾在芝加哥战役中有杰出表现。随后莫里森上尉便带领着他快速的巡航飞机舰队驶进了空中，上升到了他们所能上升的最高高度。快要接近敌人时，他们开始发射速射高射炮。敌人一发现射击，立即打开探照灯搜索我方的飞机，定位之后也开始射击。莫里森上尉遵守命令，立即带领着其他飞机撤退。他一直驶向底特律的主要建筑附近和工厂区，而敌人的飞机则穷追不舍。突然，他收到了一条来自最高指挥官戈登的无线电信息，命令他下降到非常低的高度并且飞向西北部。此时最高指挥官正与肯耐渥上校保持着联系，他们已经调整好用来制造空中隧道的机器，并且已经建造好空中隧道。

最高指挥官戈登此时正在底特律一座 80 多层高的巨型摩天大楼顶上观察着敌机的行动。突然，他看见第一队正按照楔式队形飞行的 250 多架飞机钻入了隧道之中。他利用镭射线跟踪它们，然后看到隧道正在发挥它应有的作用，那些大型战斗机此时已经丧失了战斗力。接下来出现了那 3 架补给舰。它们与轰炸机遵循同样的路线进入空中隧道，然后便无法再继续飞行。飞机一旦进入隧道，就无法再与指挥部联络，也无法再有任何动作，因为隧道完全是真空的，除了知道如何在隧道中驾驶秘密的美国飞机，没有飞机可以在里面移动。一看到这个巨大的隧道制造机正在奇迹般地发挥作用，最高指挥官戈登立即给敌人位于芝加哥和圣路易斯的指挥部发送了另外一条挑衅信息：

我们已经为你们的第一支部队举办了一次精彩的感恩节招待会。你们为什么不派送更多有名的飞行员来与我们共进感恩节晚餐呢？

收到这条信息之后，指挥上将们立即命人给本应停在底特律上空的补给舰发送了一条信息，询问目前的情形。但是他们没有收到回复，这导致了敌营内部的惊慌失措。他们知道，第一支部队要么已经被俘虏，要么已经被摧毁。消息很快便传到了位于墨西哥城的指挥部，长门将军回复道："这是那个天才戈登的一种鬼把戏。小心行事。派侦察机到底特律附近进行侦察，确认目前的情形。"他们的快速巡航侦察机立即被派遣到了底特律，以查看轰炸机和飞行母舰发生了什么事。这些飞机很快被镭射线发现。在底特律的高空中盘旋一阵之后，它们最终下降得越来越低，直到突然像其他飞机一样进入了空中隧道，然后便无法再动弹，也无法与他们的指挥部联络。

最高指挥官戈登决定对空中隧道中被俘虏的飞机谨慎行事。于是命人打开睡眠气体，让所有飞行员沉睡 7 天。他一直等到了 12 点之后，以防敌人进一步的袭击，结果却没有任何动静，视线范围之内没有敌人出现的痕迹。他决定就寝。这是战争爆发以来最了不起的一天。他非常高兴，于是跪下来向万能的上帝表示感谢。他说道："主啊，你以神秘的方式让奇迹发生了。我知道，有了信任，所有事情都能成。我信赖你，对你有信心。你已经指引我并帮助我在国家最需要的时候保卫了它。主啊，不要照我的意愿，是照你的意愿行事的。如果真是你的意愿，我向你祈祷，当这些磨难和不幸过去，世界联合王国一被建立起来，所有人都按照爱的法则像手足一样生活着时，归还我挚爱的玛丽成为你神圣计划中的一部分。请在这场伟大的任务中指引我保卫和拯救我的国家，避免敌人摧毁它。阿门。"

1931 年 11 月 25 日对美国来说是一个重要的日子。这一天值得他们感激比 1918 年一战结束以来的任何一天都要多。在与指挥官们和政府官员们协商之后，最高指挥官戈登下达了命令，禁止任何报纸刊登任何袭击底特律的消息，此事严格保密。

在敌人的军营里，就没有太多值得感激的事情了。前一晚被派出去的飞机全部都未能返回，也没有收到它们发来的任何信息，这明确说明美国并不是在吓唬他们，说明最高指挥官戈登在向敌人挑衅以及拒绝接受任何条款时就胸有成竹了。他们没有意识到，当他公然向他们挑衅，让他们去拿下底特律时，他肯定是一直迫不及待地等待着他们的袭击，拥有某种想要在敌机上进行尝试的新发明。他们也不知道这种尝试一直很成功。现在是时候谨慎行事了。下一步动作和未来所有的动作都必须在能够保存自己的资源和保证最终成功的前提下进行。

接下来一切都很安静，敌人没有再采取任何行动，也没有再发动袭击。12 月 7 日，敌人举行了一次会议，认为他们应当对底特律发动一次大型袭击。在底特律集中优势兵力，摧毁工厂并拿下底特律，然后继续袭击纽约和东海岸。他们计划白天进行袭击，并且如果可能的话，给最高指挥官戈登一个"惊喜"。大约在下午 3 点，敌人的飞机被发现正从东西部靠近。戈登发现，这将是一次大型袭击，因为敌人的飞机数量是袭击芝加哥以来的最多的一次。他还没来得及让制造隧道的机器处于工作状态并加宽空中隧道，敌人的飞机就已经开始向这座城市的郊区投掷炸弹，摧毁了许多较小的建筑。美国的飞机遭到了攻击，并且无法上升到敌机正在飞行的高度，我方飞机许多都坠落了。几分钟之后，空中隧道处于工作状态了，敌人的飞机开始被驶入隧道。在不到一小时的时间内，超过 2500 架的飞机被俘虏了。城市周围的人员伤亡很小，因为敌人的炸弹没有投掷到人口密集区，同时也没有飞机能够到达大型建筑所在的工厂区和商业区。空中隧道正在起保护作用，使得敌机无法靠近这些区域。加拿大的飞机已经来到美国北部边境地区进行援助，同时正在河流的另一边巡航，以阻止敌人从北部进行袭击。

大约下午 5 点，庞大的集团袭击开始了。据估计，这次袭击中有 25000 多架敌机。它们由大约 10 架补给舰进行支持，这些补给舰与敌机距离很远，并且正在试图停靠。最高指挥官戈登知道，为了把这支攻击部队引进空中隧道，必须牺牲一些美国飞机。他派出了我方 1000 多架最好的飞机去迎战，把敌人诱导到空中隧道。敌人的 12 英寸口径大型火炮开火，迅速摧毁了我们的飞机。底特律的上空到处都是飞机在坠落。人们非常害怕，认为将会是又一次芝加哥那样的灾难。最终，莫里森上尉调整战术，把敌人引进了空中隧道。很快便有 10000 多架敌机进入了空中隧道，再也出不来了。很明显，当这支大型飞机编队被俘获后无法再与还未停靠下来的大型补给舰进行联络时，敌人迅速改变了作战计划，补给舰掉头朝着芝加哥方向返回，后面跟着那些剩下的没有被俘获的飞机。

战况报告提交上来之后，最高指挥官戈登发现，美国损失了大概 400 架最好的飞机，但却俘获了 12000 多架敌机。他对这次胜利感到非常兴奋，因为他知道，敌机撤退了，这是他们第一次没有带着捷报返回基地。他认为这将瓦解敌人的士气，使得他们以后更加小心行事，从而给了他更多时间来完成他的隐形飞机，以及可以上升到任何高度的飞机。当这两种飞机和建造空中隧道的机器都完成后，接下来的事情就好办了，届时彻底摧毁敌人或是让他们全部陷入睡眠当中将只是时间问题。

此时美国各地的人们仍然处于惊恐、焦躁不安的状态当中。自从洛杉矶、旧金山、芝加哥、堪萨斯城、新奥尔良和德克萨斯州南部地区遭到袭击以来，全国各地所有大小城镇就一直处于恐惧状态，担心随时可能遭到袭击。已经有几十万人从太平洋沿岸、美国中部地区和东部地区搬到了西部山区和科罗拉多大峡谷。他们认为，科罗拉多大峡谷周边没有大城市，也没有什么可袭击的目标，因而是最安全的地方。成千上万的人正住在帐篷中，同时出现了严重的食物短缺和大量的疾病。

最高指挥官戈登认为，应当给人们一些鼓励，应当让敌人第二次袭击底特律失败的这一消息见报。他认为这将鼓励人们，振奋人心。12 月 8 日早上，美国各地的所有报纸都刊登了这样的大标题：“敌军第二次袭击底特律失败。成千上万架敌机被俘获。我国几乎没有人员伤亡，也没有重大建筑被毁。”各大报纸强调，这意味着战争局势的逆转，新任命最高指挥官戈登拯救了国家，大家没有必要再惊慌。不出几个月，战争就会结束，敌人就将被赶出我们的土地。

第二次袭击底特律失败的确把对上帝的敬畏植入了敌人的心中，但他们并没有因此而绝望。他们正从欧洲快速招募新兵。每个国家都在让他们的工厂尽可能快地建造飞机，然后把这些飞机运送到美国支援他们的盟军。实际上，除了法国、加拿大、南美的少数国家和澳大利亚，地球上的所有国家都已经联合起来对抗美国。这鼓舞了敌军，他们认为，无论美国拥有什么，他们最终都能够胜出。现在大的问题就是，找出美国人正在使用什么来俘获敌机，以及美国人是用什么发明来阻止他们的通讯的。敌人无法找到任何与美国的作战计划相关的信息。他们想知道被俘虏的飞行员发生了什么，他们是死是活。最高指挥官戈登拒绝透露任何关于俘虏的信息。他回答说，关于俘虏和敌机的所有报告将在战争结束之后，敌人投降并且准备好离开我们的土地之后给出。日本、西班牙和德国的军队此时已经决定加倍努力拿下底特律，然后袭击美国东海岸，戈登的回答大大刺激了他们。

时间一天天地过去了，底特律的一切都很平静。美国的任何地方都没有再遭到袭击。接下来 1931 年 12 月 25 日到了，美国有许多值得感谢的。圣诞节时一片欢腾，人们尽情欢乐。最高指挥官戈登度过了一个美好的圣诞节。美嘉电子公司忙着建造隐形飞机的前期准备，此时向他报告说，他们已经根据他的设计图完成了生产流程并且调试成功。此外他们还完成了他所设计的 24 个气缸的新型发动机。这种发动机将提高美国飞机的上升高度。据估计，飞机的极限升空高达 50 英里。同时稳定器和锚固器也已经完成。美嘉电子公司通知他，这些机器全部都已经准备好让他测试。他命人把这些新发明运送到纽约指挥部。一个大型的带有24个气缸的发动机被安装到了“仁慈的玛丽天使号”上，现在它变成了一架隐形飞机。这种发动机能够从空中吸取能量。

最高指挥官戈登于1932年1月1日去了纽约，留下莫里森上校看管底特律，同时命令皮尔森上将去底特律处理日常事务，直到他在纽约完成测试。最高指挥官戈登仅由埃德娜·肯耐渥上校陪同着，驾着“仁慈的玛丽天使号”进行了第一次飞行，上升到了20多英里的高度，并且把“仁慈的玛丽天使号”停在了空中。这些新的发明非常成功，这架飞机也能上升到任何高度，并且只要想让它停下来就能让它停下来，同时还是绝对隐形的。

他现在能够建造一条从纽约到欧洲的空中隧道了，并且能够驾着“仁慈的玛丽天使号”安全通过隧道，并且在任何城市的上空上升到20～50英里的高度，最后停下来开始进行毁灭性攻击。“仁慈的玛丽天使号”能够运载足够多的睡眠气体去进行攻击，让数千英里的人们陷入睡眠状态。在空中停靠了两天以测试完“仁慈的玛丽天使号”，最高指挥官戈登降落到了纽约，把飞机停靠在了猛犸大厦，听取战况汇报，了解最近都在发生些什么，以及战事准备情况。此时敌人没有任何动作，非常安静。很明显，下一次大规模袭击之前，他们正设法搞清楚美国的新发明究竟是什么。

“仁慈的玛丽天使号”此时已经配备了用来建造隧道的机器，这将自动在任何一个地方的任何方向上设置一条空中隧道。最高指挥官加大和改进了这台用来制造隧道的机器，把真空地带加宽到了25～50英里；同时它还可以从任何一个大城市的任何一个方向开始。他还发明了利用无线电波来操纵的无人机。无人机能够深入敌方散布睡眠气体，同时也不会损失一名有价值的飞行员。他现在有信心可以使每个城市都不会遭到袭击，不会被摧毁。他命令亨利汽车公司和美嘉电子公司加快生产制造隧道的机器，以便可以分别在波士顿、纽约、费城、匹兹堡、华盛顿和佐治亚州的萨凡纳这些城市中都放置一台，用以保护美国东海岸。最高指挥官戈登认为，敌人最终会决定把他们最后的袭击集中于美国东海岸，如果他们未能成功袭击纽约和华盛顿，这场战争就会结束。他打算做好万全的准备，以便美国能够在不出现大量人员伤亡的情况下取得胜利，同时他还特别加大了保护大城市里妇女和孩子的力度。

1932 年 2 月 15 日，亨利汽车公司和美嘉电子公司通知最高指挥官戈登，用来制造隧道的机器完成了，用来散布气体的机器和用以散布睡眠气体的无人机也已经准备好交付。另外两架“死亡之神”机器也准备好了，并且它们已经命人将其送往华盛顿和波士顿。最高指挥官随时期待着敌人袭击东海岸，集中袭击波士顿、纽约和华盛顿。“Tel－Talk”已经记录下敌人召开的会议，以及正在进行中的把其联合部队集中到东海岸的作战计划。他认为，敌人正在设法做出改进，以便克服在底特律的失败。敌人一直被俘获了他们如此多飞机的新发明所困扰。他现在已经准备好了，就等着敌人袭击东海岸了，他确信自己已经为取得胜利做好了准备。

第三十一章　大循环的数字

1932 年 4 月 1 日到了，敌人还没有发动任何袭击，明显是在为袭击进行大型准备。最高指挥官戈登决定先发制人。他给法国发去指示，要求他们再次开始袭击英国和德国。法国大量的飞机已经做好了充分的准备。随后法国发动了袭击，并取得了成功。这个消息传到敌人在美国的指挥部时，引起了巨大的恐慌。他们认为这就是美国拒绝接受和平条约背后的秘密，但又认为仅凭法国根本无法改变战局。西班牙和日本命令他们的后备飞机从国内飞往英国和德国，去抵抗法国的袭击。“Tel－Talk”记录，敌人已经派送一大支飞机编队穿越大西洋去袭击法国。最高指挥官戈登命令法军出去迎战。随后一场巨大的战争在大西洋上肆虐了几个小时，最终法国胜出。成千上万架敌机坠入了海洋当中。接下来西班牙和日本的军队撤退，这阻止了德国和英国回击法国。这个消息传到了敌人在美国的指挥部，他们认为美国可能已经派出大量飞机去守卫大西洋，同时意识到，趁法国和美国还没有在大西洋的另一边造成更多的损害，袭击美国东海岸的时候到了。

1932 年 6 月，敌人决定对美国东部发动袭击。最高指挥官戈登已经为这次袭击做好了充分的准备。他早已经命令肯耐渥上校带着一台散布睡眠气体的机器驻守在了波士顿，他自己则留在纽约的猛犸大厦中，带着一架“死亡之神”，等待着敌人袭击纽约。

波士顿战役

6 月 6 日，敌人袭击波士顿。大量飞机从四面八方袭来，一些从海面上袭来，一些从北部和西部袭来。肯耐渥上校让它们靠近到适当的距离，释放出了睡眠气体到所有敌机当中。飞行员们立即陷入睡眠状态，敌机全部缓缓坠落到地面，其中一些降落到了水面上，因而没有被损坏。

成百成百的敌机不断跟上，但全部都是同样的命运。敌人所派出的飞机，没有一架返回的。肯耐渥上校向最高指挥官戈登报告，波士顿安全，没有出现一个人员伤亡，没有一个炸弹被投到这座城市。

同盟军的指挥官们无法获得任何关于去袭击波士顿的飞机究竟发生了什么的报告。他们一直等到了第二天，仍旧没有一架飞机返回，也没有任何报告。他们相信遭受到了与袭击底特律时一样的命运。美国人一定是拥有某种发明，正用来摧毁所有飞行母舰和袭击他们的飞机。这是非同寻常的，也是前所未闻的。成千上万的飞机袭击了波士顿，所有的飞机或是被俘获或是被摧毁。这一事实明确表明，富于创造天赋的美国人已经发明了某种东西，这种东西正在逆转战争的形势。他们现在明白，没有在芝加哥沦陷后乘胜追击是巨大的错误。在不要求东海岸投降的情况下，他们应当拒绝同意 15 天的休战。他们所犯下的另外一个巨大的错误就是，在袭击底特律和袭击波士顿之间拖延了太长时间。这使得美国人得以准备得更加充分。痛苦的事实无可否认，他们必须采取行动，并且是快速地采取行动。他们决定命令所有能够从太平洋沿岸和新奥尔良—圣路易斯—芝加哥沿线抽调出来的飞机，集中对纽约和华盛顿进行空前绝后的攻击，同时把华盛顿作为最终的目标。接下来飞机被集中起来，飞行母舰也停在了大西洋上空，为袭击纽约市做准备。这将是史上最大的一次战役。

6 月 7 日晚，长时间警戒敌人进攻纽约的最高指挥官戈登因缺少睡眠而变得很疲惫。他让埃德娜·肯耐渥上校负责看着“死亡之神”，他好去睡几个小时。当他正在睡觉时，“Tel－Talk”和秘密无线电通讯器继续工作。埃德娜·肯耐渥上校收听到并得知了敌人的计划。她知道最高指挥官戈登需要休息，因而没有叫醒他，直到第二天一大早。当他走进位于猛犸大厦顶部的指挥部时，她向他敬礼并说道：“戈登最高指挥官，这将是你非常难忘的一个生日。敌机即将派出大约 10 万架飞机袭击纽约市，而你和我将独自保卫纽约。这将是你最重要的日子。”他回答道：“我完全已经忘了我生日的事情了。我们一直忙着为敌人最后的袭击做准备，都没有时间去考虑我自己。”她让他想起了他 5 年前刚在生日之后到达纽约的情形，他们后来举办生日派对的情形，以及他的生日前后总是会有不寻常的事情发生的情形。“你还记得沃尔特和我结婚那一年所举办的生日派对吧？去年我们遇到了太多麻烦，以至于忘记了你的生日。当时敌人正在横扫密西西比，并进行了彻底的摧毁，他们拿下了每一座城市。但是，你生日前后也有某件重大的事件发生。大概就在那时候，你发现了如何从空中取电，并且完成了把电流接入水中的机器，它摧毁了敌人在凯罗的战列舰和水上舰艇。这是我们当时最大的胜利，尽管芝加哥和圣路易斯的灾难接踵而至，但这次胜利给了我们一线希望。现在已经是一年后了，彻底的胜利指日可待。我知道你对我们的新机器有着最大的信心，我也知道我们最近的成功之后还会有更大的成功。这次对纽约的袭击将是史上最大的袭击，因为如果敌人胜利了，他们的收获会是最大的。如果他们失败了，他们将大势已去。他们必然会失败。”她发现最高指挥官戈登非常高兴，对她说的话充满了信心。尽管她想到如果他们失败了可能发生什么就不寒而栗，但她知道最高指挥官戈登对“死亡之神”和散布睡眠气体的机器有着极大的信心，也知道他们即将做什么，因为只有他一个人知道操作这些机器的所有秘密。

6 月 8 日晚上 8 点，最高指挥官戈登站在“死亡之神”旁边，看着他的各种装置，随后很快注意到房间的另一端，无线电拦截器开始工作了。他走近一听，收听到了从敌人的各个指挥部发出的命令，指示当晚 10 点联合袭击纽约市。他立即发出指示，要求所有的电灯整晚亮着，所有的建筑都保持明亮，以表明他的信心，让敌人知道他期待着这次袭击。他命令埃德娜·肯耐渥上校通知所有军部给敌人发送无线电信息，告诉敌人最高指挥官戈登已经命令纽约市和所有建筑当晚亮灯，以便他们不会找不到这座城市；他欣然等待他们的到来。此外再让敌人不要忽略了 110 层高的猛犸大厦，他就单独在那里等着他们来摧毁这座建筑。

纽约大袭击

当这个消息传到敌人那里时，他们知道他们的计划已经以某种方式泄露了，但此时再做调整已经来不及了，而且推迟袭击可能意味着后来的失败，因此命令继续被执行。大约在 10 点 10 分，最高指挥官戈登看见第一支飞机编队已经沿着哈德逊河侵入了 40～50 英里。他观察着它们，直到它们进入纽约市 20 英里，靠近扬克斯时，他才在旋转基地上慢慢地启动“死亡之神”，打开死亡射线，同时让散布睡眠气体的机器开始工作。他扫清了各个方向上 50～60 英里的地区，当“死亡之神”发出的射线击到敌机时，它们的发动机立即燃烧起来。最高指挥官戈登看到“死亡之神”正在发挥作用。他按下了某个按钮，随后埃德娜·肯耐渥上校便出现了。他让她带上高倍望远镜，看一看那些正在坠落的飞机。她看见发动机一个接一个地被“死亡之神”所发出的射线引起的火焰熔化，敌机一个接一个地坠落到地面上。

北部的军队被消灭之后几分钟，传来一支大型飞机编队正在穿越长岛海峡的信号。最高指挥官戈登发动“死亡之神”，在敌人驶出大西洋，穿越火焰岛时，观看着敌机不断靠近。当它们越过大南湾不断靠近时，他让它们进入到了距离 30～40 英里的地方，然后他再次打开“死亡之神”。敌机迅速着火降落，他从海洋上结束了袭击。

他继续观察了一会儿，越过斯坦顿岛看见了又一群飞机，他知道它们来自敌人的南方指挥部。他叫来埃德娜·肯耐渥上校，说道：“这次你来操作‘喷火’，摧毁南方的联队。”她刚开始有一点儿紧张，但她知道这台了不起的机器能够做什么，因此她打开机器，慢慢地调整高度，左右移动，直到判定了正在靠近的飞机的距离。接下来她看见它们的发动机一个接一个地变成了燃烧弹，坠落到了地面上。于是她转向最高指挥官戈登说道：“快看。”他把高倍望远镜对准南方，发现空中已经被扫清了。他转过身说道：“埃德娜，你是一个了不起的女人，我很高兴能让你在拯救你的国家中承担这部分工作。这是女人的时代，她们的影响力一定会帮助赢得战争的永久胜利。”“真可惜，”她回答说，“这些来自世界各国的所有勇士们的生命都结束了。在那些大批大批坠落的飞机中，我能看有英国的、德国的、西班牙的、奥地利的、俄罗斯的、日本的、土耳其的和阿拉伯的。当然，尽管几乎整个世界都在对抗我们，但我们会赢。这必须意味着战争的结束。尽管我知道是上帝要给人类一个教训，以便人类以后不再开战，但我们剥夺了这些无辜的人的生命的确很可惜，他们都是被他们国家那些自私统治者强迫来袭击我们的。”

“你说得很对，”最高指挥官说道，“你高贵的丈夫发明了睡眠气体，就是因为我希望在尽可能少的人员伤亡的情况下保卫我的国家，赢得战争。从现在开始，不会再有生命被牺牲。我们将利用睡眠气体，让所有袭击我们的飞行员沉睡 7 天，这样战争很快就会结束。我知道，几分钟之内还会有另外一场针对纽约的最后袭击，我打算让你荣幸地使用散布睡眠气体的机器，在没有任何人员伤亡的情况下，结束敌人对纽约这座大城市的最后袭击。”

大概就在肯耐渥上校从辛辛那提被调往波士顿的时候，皮尔森上将已经被派往辛辛那提去操作用来制造隧道的机器了。就在敌人对纽约市发动最后袭击的前一刻，最高指挥官戈登命令皮尔森上将把用来制造隧道的机器转向东部，在纽约和辛辛那提之间建造一条空中隧道。此外他还告诉皮尔森上将，预期中对纽约的最后袭击将越过宾夕法尼亚山脉，这场最后袭击将来自西部；他想要一条至少 30 英里宽的空中隧道，以便他能够保护新泽西海滨，阻止敌人袭击纽约市。随后他在几分钟之内进行了一次测试，发现隧道已经准备好迎接入侵的空军和飞行母舰。他知道纽约此时很安全，他正等待着敌机最后的联合袭击。敌机将来自圣路易斯和芝加哥，之后在哈德逊河的西边汇合。

大约 12 点，他看见敌机穿越新泽西西海岸，以三角队形飞行。他知道这是联合部队准备好了最后的袭击，其飞机很可能有 5 万多架。它们迅速靠近，越来越近。他用自己的强力探照灯照着那白花花的联队，直到它们距离纽约 15～20 英里。由于担心它们会在袭击纽约之前，开始向新泽西州的纽瓦克市和另外一边的城镇扔炸弹，他调整了空中隧道的高度，让它高到足以触及到飞行高度最高的敌机；然后他转向埃德娜·肯耐渥上校说道："打开散布睡眠气体的机器。隧道已经准备好，当敌人的飞行员陷入睡眠时，敌机会进入空中隧道，在飞机不被摧毁、没有任何人员伤亡的情况下悬浮在隧道中。虽然这会是一场寂静的、没有痛苦的胜利，但它将向敌人和世界展示我们的力量。"

她慢慢地、小心翼翼地用一只颤抖的手让强大的气体散布器进入工作状态，当她看到大批大批飞过来的飞机开始缓缓地进入空中隧道时，她想到了自己是如何出于对发明了这台机器的丈夫的爱和出于对国家的爱，冒着生命危险吸入了睡眠气体，沉睡了 7 天，证明了这种气体的成功。她想到了最高指挥官戈登把自己的大型飞机命名为"仁慈的玛丽天使号"，然后了解到了他当时脑子里是怎么想的；她认为睡眠气体应当被命名为"慈爱之神"，因为它正在以不夺取人的生命这样一种仁慈的方式赢得战争。她的思绪回到了洛杉矶和旧金山的大毁灭，她尤其记得芝加哥战役中 100 多万的人员伤亡；敌人是多么地残忍，连妇女和孩子都不放过。我们此时的确对我们的敌人很仁慈，正把炭火堆在他们的头上[①]。她相信这将是世界的一个很好的榜样。她知道敌人曾使用过各种各样的毒气，曾在各个城市的水中和食物中下过毒，曾无所不用其极地摧毁生命和财产。

---

① 《圣经》中说过：你的仇敌若饿了，就给他吃。若渴了，就给他喝。因为你这样做，就是把炭火堆在他的头上。因此此处有这样的说法。

当这些想法在她脑海中掠过，飞机大队一个接一个地飞过来时，她正在把睡眠气体倒进飞行员们的鼻子中，敌机正在驶入隧道。这的确是一次巨大的胜利，她很高兴在没有人员伤亡的情况下帮助完成了胜利。卓越的用来制造隧道的机器顺利而完美地发挥了作用。睡眠气体也完成了其安静的、没有痛苦的工作，5 万多架飞机的军队——来自西部的巨大袭击队伍——安全地停留在了空中隧道中，没有一架飞机逃脱。

12 点半，西方的空中被扫清了，任何方向上视线所及范围内都没有一架敌机了。在这几分钟的最后战斗期间，最高指挥官戈登就像一座雕像一样一动不动，一只手搭在用来制造隧道的机器的控制杆上，站在那里用强力探照灯探照着敌机，在飞行员们吸入睡眠气体之后，敌机迅速驶入空中隧道时，用他的双筒望远镜观望着。当最后一架敌机安全陷入隧道中时，他的身体松弛下来，脸上露出了胜利的微笑。之后他首先想到了玛丽，然后想到了他的老朋友沃尔特·肯耐渥。他利用自己的秘密无线电设备给沃尔特发送了第一条胜利信息。“敌人从四个方向袭击了纽约，飞机数量超过了 10 万之多。‘死亡之神’发挥了它的作用。用来制造隧道的机器上演了一个奇迹。5 万多名飞行员正在我们的天罗地网中沉睡。你那伟大的发明使这次胜利成为了一次无痛的胜利。你高尚的妻子埃德娜完成了这次无痛的艰巨任务，在这场伟大胜利的最后阶段扮演了她应有的角色。”

收到这条信息后肯耐渥上校异常高兴，因为他知道这意味着战争即将结束。他的回答很简短——“恭喜你，罗伯特·戈登。向埃德娜转达我的爱。我希望你还能让玛丽分享这场伟大的胜利。”

最高指挥官戈登接下来想到了皮尔森上将，他一直是他的朋友，他在旧金山战役中被日军俘虏之后曾救过他的性命。于是他接下来通知了他这伟大的胜利。这是皮尔森上将有生以来所收到的最棒的消息。他备感欣慰，因为他从一开始就对罗伯特·戈登有信心，并且是他主动让贤，任命他为最高指挥官。皮尔森上将回答说：“戈登最高指挥官，我们的国家把自己的命运交到你的手上没错。我一直对你极其信任，从第一次见你我就对你有信心。请接受我对你提供给我们的国家的巨大帮助表示最诚挚的感谢。你值得我们所能给予你的一切荣誉和奖励。”

当报告传到华盛顿的指挥部，说敌人利用 10 多万架飞机袭击了纽约；他们已经全部被摧毁或是俘虏；纽约安全了，并且已经准备好应对进一步的袭击，人们都欣喜若狂。美国总统立即来到陆军部，命令最快的飞机送他去纽约市祝贺最高指挥官戈登。陆军部给了他一架能够每小时飞行 300 英里的高速飞机。

这最后的袭击之后，最高指挥官戈登从特别紧张的状态中放松了下来，他走向自己的办公桌，拿起《圣经》。他翻到“以西结书”5：2 阅读起来：“等被围困的日子一满，你要把须发的 1/3 在城中用火烧掉；拿另外的 1/3 在城的四周用剑砍断；最后 1/3 要扬在风中吹散，我要用我的剑去追赶它们。”他知道“以西结”所谈论的是空中隧道，1/3 的军队被分散在了风中，他们在空中隧道中飞行时被抓住了。接下来他阅读了 17：3：“主耶和华这样说，‘有一只大鹰，翅膀大，翎毛长，羽毛丰满，彩色缤纷，来到黎巴嫩，把香柏树的树梢拧去。’”这指的是美国这只即将赢得战争的大鹰。香柏树指的是最高指挥官戈登此时的指挥部所在的 110 层高楼。

接下来他阅读了“以西结书”31：4：“它在流水中长大，在深渊中长高；川河蜿流于其间，使它四周的树木都得着水分。”他知道这指的是英国还是海上霸王的时候，但美国已经证明自己是空中的鹰，它将征服地球上所有的国家。

接下来他阅读了“以西结书“33：21：“在我们被掳以后的第 20 年 10 月初五，有人从耶路撒冷逃到我这里来，说，‘城已经被攻破了。’”他认为这指的是敌人最后一次取得巨大胜利的芝加哥城。

接下来他阅读了“以西结书”37：22：“我要使他们在那地和以色列山上成为一个民族，他们只有一位国王，不再是两个民族，不再分为两个国家。”他确信这指的是美洲将把世界上所有的民族团结起来，届时将只有一个统治者，一个国王，而这个国王就是上帝。

接下来他继续阅读了“以西结书”39：11：“到那日，我必在以色列给歌革一块坟地，就是那些朝东往死海去的人所经过的谷。这坟地使过路之人无法通过，因为那里埋葬了歌革和他的众军。因此，那地必称为哈们歌革谷。”他认为这指的是纽约战役。书中所说的“这坟地使过路之人无法通过”，指的是已经促使飞行员们掉入了空中隧道的睡眠气体，而众军的确是被埋葬在了新泽西的谷底和草地上方。接下来他阅读了 39：9：“那时以色列各城的居民必出来，把武器当柴焚烧，其中包括大小盾牌、弓、箭、枪和矛，足够全国 7 年之用。”这指的是烧掉了袭击飞机的发动机的“死亡之神”。

接下来他想知道战争什么时候结束。他知道“但以理书”中的 70 周预示着战争会在 1932 年结束，也就是大概在距离 1928 年战争开始在欧洲爆发 3 年的时候。他阅读了“但以理书”7：12：“至于其余三兽，它们的权柄都被夺去，但它们的生命却得以延长，直到所定的时期或时候。”然后阅读了 7：25：“他必口出狂言，敌对至尊的上帝，并且迫害上帝的子民。他图谋更改他们的宗教法律和节期。上帝的子民将受他统治一个时期、两个时期、半个时期。”他已经通过研究和对比过去的周期，证实《圣经》中所说的一个时期或一个时节指的是 360 天、360 年或 360°——古代的占星家所熟知及运用的一种度量标准，现在仍为现代的占星家所了解和用来测量时间。他知道，半个时期指的是 180°、180 天或 180 年，因为“以西结书”中曾说过，上帝已经规定一日顶一年。他认为，美国自哥伦比亚 1492 年发现美洲大陆开始，而 1932 年 10 月将距离那时 440 年。《圣经》中自始至终所使用的度量单位都是 20，人的寿命是 3 个 20 年再加 10 年，而 440 年等于 22 个 20 年，去掉两个 20 年——即 40 年，就是 50 年的整数倍。接下来他阅读了“马太福音”18：21和 18：22：“那时，彼得前来问耶稣，‘主啊，我的弟兄得罪我，我该饶恕他几次呢？7 次够吗？’耶稣说，‘我告诉你，不是 7 次，而是要到 70 个 7 次。’”罗伯特认为，70 个 7 指的是距离美洲被发现 490 年，一直要到我们停止战争，原谅我们的手足，和平相处。他知道，第 7 个时期一直是一个欢庆时期；在每个 49 年时期结束时都有一个 7 年的欢庆时期；在每一个 490 年结束时都有一个 49 年的欢庆时期；第 6 个时期将在 1933 年结束，因而 1933～1982 年将是战争结束之后的世界联合王国这一大的欢庆时期的 49 年。

接下来他（再次）阅读了“但以理书”7：25：“他必口出狂言，敌对至尊的上帝，并且迫害上帝的子民。他图谋更改他们的宗教法律和节期。上帝的子民将受他统治一个时期、两个时期、半个时期。”然后阅读了“但以理书”12：7：“我听见那身穿细麻衣、站在河水以上的人，向天举起左右手，指着活到永远的主起誓，说，‘要经过一个时期、两个时期、半个时期，在他们完全粉碎圣民的势力的时候，这一切就都完了。’”他认为，一个时期等于 20 年，一个时间的平方等于 400 年，半个时期等于 10 年。

接下来他阅读了“但以理书”12：11 和 12：12：“自从每日的献祭被禁止那一天，也就是从安置那‘毁灭性的可憎之物’时开始，要经过 1290 天。凡是能等到 1335 日仍能生存的人就有福了。”1290 天应当被加到1928年战争在欧洲爆发的时候，而1335天（比1290天）还要多出45天，战争在1932年结束之后将出现受到祝福的欢庆日，这种欢庆日将一直持续到大庆祝的时候，届时将签署和平（协议），建立人类的手足之情。之后他阅读了“但以理书”9：24：“70个7天[①]已经定下来，要解救你的同胞和圣城，使他们脱离罪孽，停止作恶，洗净罪污，以带来永恒的公义，应验异象和神的预言，并且膏抹至圣所。”

这再一次证明，在距离美洲被发现490年的时候，将出现罪恶的终止、战争的结束和多事之秋的结束。

“以西结书”4：5和4：6说道：“因为我已经给你定了左卧的日数，也就是390日，以对抵他们作孽的年数；你要在这些日子里担当以色列家的罪罚。这些日子满了以后，你要再向右边侧卧，担当犹大家的罪孽。我已经给你定了40天，一天等于一年。”这明显表明，在计算年份时将使用天，在欢庆的和平时期之后，还将有用来抵偿过去罪恶的40天，即40年。

1918年11月份休战之后10年，我们就到了1928年11月份，而1928～1932年这10年被指示出是美国的多事之秋。1928年5月至1928年7月是非常重要的，也是多事之秋，届时美国总统提名将把人们唤醒，引发一个多事的季节。使用3个20年再加10年，同时将这个时间段翻倍，就得到140年，把它加到发表独立宣言的1776年，就使我们到了威尔逊当选总统的1916年，而随后的1917年战争便爆发了。从这个时期开始的20年则结束于1936年。

1783年11月25日，纽约被英国人夺取。如果我们把3个49年加到这个时间上，就得到1930年，以1932年对纽约发动最后袭击结束的反美战争在那时爆发。

纽约于1614年建立。加上6个49年我们就得到了1908年，再加上24年——即半个49年，我们就得到1932年，此时这座城市的名称再次被改变。第7个49年的最后一半，也就是从第7个49年的一半开始的时期，是纽约的又一个欢庆时期。

英国在美国的第一个殖民地是由罗利于1585年建立在弗吉尼亚罗诺克的。加上7个49年——即343年，我们就得到了1928年，这表明这一年会有更多多灾多难的时期开始。

---

① 由于《圣经》中一天顶一年，因此这里指的是490年，正好与下一段吻合。

在《圣经》中被经常提到的一些更小的周期和 7 年周期也表明，距离 1914 年的两个 7 年——即 14 年的时间将使得战争于 1928 年再次爆发，而在 1928 年的基础上加上 7 年周期的一半，即 42 个月，将表明战争的持续时间，正如但以理在对时期和时节的划分中所提到的一样。

罗伯特计算出，1932 年 10 月份之后，将只剩下 3 年的时间来为最大的欢庆时期的盛宴做准备，该欢庆时期将出现在世界和平建立之后。他感到非常高兴，因为他感觉我们此时已经接近战争和这些多事之秋结束的时候了。

第三十二章　26 岁生日——最伟大的生日

大约凌晨 4 点，美国总统着陆在纽约的猛犸大厦之上，随后乘坐电梯被人带领到了最高指挥官戈登位于 110 层的办公室。他让埃德娜·肯耐渥上校负责在门口警戒。她之前见过总统，在向总统敬礼之后，问他是不是想要见最高指挥官戈登。总统回答说是的，于是她立即把他带领到了戈登的私人办公室。

总统快速走进去，发现最高指挥官戈登正平静地坐着看报纸。总统几乎不敢相信自己所看到的，因而询问他关于纽约被袭击的事情，问他是否所有的敌机都被摧毁了。最高指挥官告诉总统，的确所有的敌机都被摧毁了。总统问最高指挥官戈登，在摧毁敌人的过程中，我方的飞机编队是否有损伤，以及此时我们的飞行编队在什么地方。最高指挥官指着“死亡之神”和用来散布睡眠气体的机器说道：“摧毁及俘虏了大概 10 万架敌机的就是它们。总统先生，您想要去查看一下吗?”总统回答说他想去。于是罗伯特按下了按钮，几分钟之后罗伯特的大型飞机“仁慈的玛丽天使号”便出现在了窗前。总统对最高指挥官戈登说，他以前既没见过也没听说过这样的飞机，问他这架飞机是从哪里来的。罗伯特回答说：“总统先生，这架飞机是根据《圣经》中‘以西结书’所描述的方案建成的。我花了几年的时间来建造它，就在战争爆发之前才完成。它最大的功能还有待完成。”然后最高指挥官戈登向总统充分解释了“死亡之神”的作用。

他们登上”仁慈的玛丽天使号”的甲板，飞过长岛，逐渐将飞机降低速度，然后降得非常低，经过被摧毁的几千架飞机旁边。

他们朝斯坦顿岛飞去，看见了在那里被摧毁的飞机的残骸，然后飞行到了扬克斯旁边的哈德逊河，下降到接近水面的位置，停在了空中。总统从未搭乘过可以被停在空中的飞机，因而对最高指挥官戈登的这不可思议的发明感到惊讶。戈登递给总统一副高倍双筒望远镜，让他看一看。这条河几乎被那些因抵抗“死亡之神”而坠落的飞机残骸阻塞了。穿着各国制服的飞行员的尸体正漂浮在水面上。当最高指挥官向总统解释说，他相信没有一架敌机逃脱时，总统对这项了不起的发明感到惊奇，对两个男人和一个女人能够完成这样一个壮举这一事实感到惊奇。接下来最高指挥官戈登说道：“总统先生，您还没有看到最了不起的场面呢。”

说完后他启动了“仁慈的玛丽天使号”，飞越了新泽西丘陵，然后逐渐将这架大型飞机减速，进入了空中隧道。在那里，人类所见过的最了不起的场面映入了总统的眼帘。他们缓缓穿过隧道，那里有成千上万架没有受到损伤的飞机悬浮在空中，飞行员们全部都沉睡着。接下来最高指挥官说道：“这是睡眠气体的杰作。这一大群飞机大概有 5 万架，它们几百架甚至几千架为一队，一队接一队地飞过来试图袭击纽约，此时皮尔森上将和我操作用来制造隧道的机器，埃德娜·肯耐渥上校操作用来散布睡眠气体的机器。您可以看到我们有效的工作和我们仁慈的善举。我们没有取人性命，但却取得了世上最大的胜利。这些飞行员会沉睡 7 天，然后在未受伤的情况下醒过来。睡眠气体不会有不良作用。当然，我们将把这些飞机和飞行员移到威尔逊机场、柯立芝机场、罗斯福、洛登、哈丁和华盛顿机场，他们醒过来会成为我们的俘虏，敌人的飞机也将归我们所有。”

总统非常惊讶。他从未想过人类能够完成这么了不起的发明。他转向最高指挥官戈登，握住他的手说道：“你受到了万能的上帝的启发。你就是上帝手中的一个工具，用以根据他的计划来拯救这个国家。”最高指挥官回答说，他一直就这样认为，因而从来没有把功劳归于自己；大概从 8 岁起，他就开始阅读《圣经》，并且从中了解到了这次战争无可避免；他花费时间和金钱来完成这些发明，就是以防他的国家有一天会需要它们。

在回去的路上，最高指挥官戈登告诉总统，“仁慈的玛丽天使号”能够每小时飞行 1000 英里，因而他可以轻松地在 24 小时之内环游世界。当他们返回时，纽约的一切都是那么安静。没有人知道当天晚上发生了什么。总统不知道该用什么言辞来表达他对这次完胜的感激之情。他问最高指挥官他未来的计划是什么。最高指挥官戈登让总统去读《圣经》，尤其是但以理的预言和“但以理书”，这样他就会知道即将发生什么。他们一致同意，对利用“死亡之神”和散布睡眠气体的机器取得了成功这一消息进行保密，总统是唯一知道罗伯特的伟大发明的人。

6月9号上午，总统回到了华盛顿，对这次完胜感到非常高兴，为他的祖国感到骄傲，感谢上帝在正确的时候赐予他们这个救星。

这对罗伯特来说是一个很棒的生日，因为他的国家得救了。他多年的努力获得了回报，但仍然没有玛丽的消息。他想知道她是否还活着，是否一直在关注着这场可怕的战争——就其毁灭的严重程度来看，这是有史以来最大的战争。当战争结束，世界恢复和平时，会有什么事情发生在他身上，或者说他要做什么。他仿佛觉得战争结束了，他毕生的事业也就完成了。没有玛丽，他就什么也没有剩下了，没有什么可以让他为之奋斗了。最高指挥官戈登知道，当天不会再有袭击了，因此他命令埃德娜·肯耐渥上校去睡一会儿。随后他与身在波士顿的肯耐渥上校取得了联系，发现那里也没有进一步地袭击了。上校报告说，他已经做好了准备，等待着更多的敌人一到，就让他们陷入睡眠状态。

所有被派出去袭击纽约的飞机和飞行母舰，盟军位于美国各个地方的指挥部完全没有任何消息，但是在这种情况下，他们认为没有消息就是好消息。他们正想尽各种办法，试图利用无线电设备与各支舰队的指挥官取得联系，但却没有收到任何消息。

6月9号下午，前一天晚上被派出去摧毁纽约的飞行母舰和飞机仍然没有任何消息来时，同盟军指挥部陷入了恐慌之中。希望正一点点地变为绝望。他们担心底特律和波士顿的灾难重演了。他们联系了长门将军，他的回复是："这太令人失望了。所有人都期待着纽约能够被摧毁或是被占领，这样就会结束战争。现在看来我们的希望破灭了。美国人发明的某种恶魔般的装备正被用来摧毁或是俘获我们的飞机。这是令人难以置信的一边倒的完胜。自我们袭击波士顿以来，没有从任何人、任何飞机那里收到过任何报告。此时，既然我们在这次对纽约的袭击已经丧失了所有的的精锐部队，我们的事业看来也毫无希望了。事实令人绝望，但我们必须面对事实。在了解到更多关于美国人拥有什么信息之前，我们不要再采取进一步的行动了。"

最高指挥官戈登已经决定将一切保密，不让敌人知道任何事情，但他用无线电给敌人的各指挥部发送了如下一条信息：

非常失望！昨晚整夜未睡，等待着你军来拿下纽约。我们何时才有幸能等到你们的飞机来访啊？

这条神秘信息对敌人来说就像罗伯特在巴黎街上所发现的信件对他

来说一样神秘。敌人派出去袭击波士顿的舰队一直没有返回，敌人也没有收到任何关于他们的消息。最高指挥官戈登已经指示法国停止袭击，等待进一步的指示。（大西洋的）另一边是那么安静，德国和英国正在等待着对美战争成功的报告，以便对法国发动进一步的袭击。

6 月 13 日早晨，在波士顿附近被睡眠气体送入睡眠状态的飞行员们醒过来了。他们感觉良好。他们知道突然有什么东西让他们陷入了睡眠状态，但却不知道他们睡了不是一个晚上，而是已经睡了 7 天 7 夜。最高指挥官戈登已经下达指示，当这些飞行员醒过来时，不准伤害他们当中的任何人。美国陆军派出了侦察机，在这些飞行员醒过来时或是在他们开始驾着飞机离开时将他们俘虏。但是他们故意让几架飞机逃脱，回到了敌人的指挥部。这些飞行员报告说，前一晚他们正在袭击波士顿时，突然陷入了睡眠状态，飞机也坠落到了地上或是水中，此时指挥员告诉他们，他们已经离开了一周。

这对敌人来说是一次巨大的打击，他们现在知道了，美国人拥有某种睡眠气体，这种气体无害，可以让人陷入睡眠状态，并且让人沉睡 7 天。敌人拥有各种各样的毒气和炸弹，但他们却从未发明过一种气体，可以让人们沉睡一周，然后在没有任何不良作用的情况下醒过来。现在他们明白了最高指挥官戈登的回复意味着什么，是美国所做出的一些新发现促使他们继续战斗，不同意任何和平条约。在几天的等待、侦察，以及设法知道发生了什么之后，对纽约发动的袭击依旧是一个不解之谜。他们一直等到了 6 月 16 日，认为如果他们的飞行员被送入了睡眠状态，他们当中的一些会返回。到了这个月的 21 号，他们当中仍然没有人返回，也没有发来任何消息，此时他们知道飞行编队已经被摧毁了或是被俘获了。他们的军队已经被严重削弱，但仍然掌握着太平洋海岸，控制着新奥尔良、圣路易斯和芝加哥，西部战线还没有被攻破。举行了一次会议之后，他们决定暂时观望，看一看美国的下一步动作是什么。

第三十三章　完　胜

时间渐渐到了7月初，敌人没有再发动进一步的袭击，但最高指挥官戈登确信，他们在放弃之前很快会发动另外一次袭击。他只是观察着，等待着，静候时机。美国陆军的侦察机报告，敌人的侦察兵每晚都在更加频繁地外出，甚至在空中5～6万英尺的高度也观察到了敌机。他们认为，敌人正在为发动另外一次袭击做准备，正在设法搞清楚美国军队在计划做什么。最高指挥官去了华盛顿，测试了被安装在国会大厦中的“死亡之神”，发现该机器处于良好的工作状态。还有一台散布睡眠气体的机器和用来制造隧道的机器也被安装在了那里，他也对这些机器进行了测试。

鉴于埃德娜·肯耐渥上校在纽约市被袭击时的出色表现，最高指挥官戈登决定派她前往华盛顿，负责操控散布睡眠气体的机器、“死亡之神”和用来制造隧道的机器。他指示她，如果敌人对华盛顿发动袭击，除非睡眠气体未能发挥作用，或是他们未能让敌方飞行员进入空中隧道，否则不要使用“死亡之神”。他相信，如果敌人对华盛顿发动袭击，这将是最后一次袭击，这将结束这场战争。由于他的国家一直是爱和自由的象征，因而如果国会大厦遭到袭击，他希望用一场不经流血取得的胜利来挽救它。如果政府所在地可以在不牺牲一个敌人的生命的情况下得到保护，这对于美国的未来意义深远。此时一台用来制造隧道的机器在纽约，一台在辛辛那提，还有一台在华盛顿，这样他将能够从纽约市在华盛顿的各个方向上建造一条空中隧道，用来俘获入侵的飞机舰队。埃德娜·肯耐渥上校说，她认为他把巨大的责任交到了她的肩上，但是既然他对她有信心，她就会全力以赴。他告诉她，她不可能失败，没有什么可担心的；此时保护华盛顿不受袭击要比保护纽约容易得多。于是埃德娜·肯耐渥上校去了华盛顿。她于7月2日到达那里，到达之后不久便参加了战斗。

华盛顿战役

敌人正在失去信心，因此决定孤注一掷。他们计划用最好的 5 万架飞机对华盛顿进行联合袭击。他们认为，如果他们能够拿下国会大厦，这（对美国来说）将是一次有力的打击，进而帮助他们走向进一步的胜利。这将是一次终极考验，他们决定在大白天发动袭击，因为这将出其不意，白天街上会有更多人，袭击将会让全国上下的人们陷入更加混乱的状态。7 月 4 日，美国独立日，是他们选定的袭击日。他们的计划是，一路在波托马克河沿河而上，另外一路从北部和西北部向下前往波托马克河，第三路则越过巴尔的摩前往（华盛顿）。当 Tel－Talk 嗡嗡作响时，埃德娜·肯耐渥上校正在值班，此时一架侦察机向她报告说，敌人正在大批地沿着波托马克河靠近。她之前从未在白天操作过散布睡眠气体的机器，但她知道它会和在晚上一样有效地发挥作用。由于曾见过敌人对纽约发动的袭击，知道袭击会是快速地一波接着一波，她知道自己必须快速操作。她调整了散布睡眠气体的机器，让它对准了沿着波托马克河靠近的敌人，同时把它的射程设置到了大概 75 英里。当敌人距离大概 50 英里时，她透过望远镜看到了他们，决定发射睡眠气体。她快速地左右扫射，然后在灿烂的阳光中看到成百上千架飞机正在坠落。15 分钟之内，整支舰队都安全地在空中隧道中进入了睡眠状态。此时，报告传来说，另外一支飞行编队正从巴尔的摩向华盛顿直线前进。她再次设置了机器，从她的高倍望远镜中看到敌人正在靠近，随后她便开始发射气体，12 分钟之内，整支飞行编队都进入了隧道。

她等待了几分钟，随后拿起无线电话，告诉身在纽约的最高指挥官戈登，散布睡眠气体机器的表现很完美，空中隧道也已经俘获了成千上万架敌人的飞行母舰和飞机。她几乎还没来得及完成报告，Tel－Talk 又开始嗡嗡作响。她跑向 Tel－Talk，侦察机通知说，他们曾见过的最大的飞机编队正从西部和西北部靠近。她知道这是来自敌人西部战线的联合编队，与最后一次袭击纽约的编队来自同一个方向。这将是终极考验。第一编队大约有 1000 架飞机，正在逼近。接下来散布睡眠气体的机器快速而安静地完成了它的工作，这些飞机坠落到了空中隧道中。紧接着出现了第二支、第三支、第四支……一个小时之内就有 5 万多架飞机进入了隧道。当这一切结束时，埃德娜意识到，在这次严峻的考验中，她不是一个人类，她像机器一样工作着，忘记了一切，只记得保护自己的国家的责任。当她知道她挚爱的国家的国会大厦安然无恙，5万多架敌机都安全地悬浮在了空中隧道中，飞行员们已经开始了他们7天的睡眠，她极其高兴，因为没有一个生命为了拯救国会大厦而牺牲。这是到目前为止史上最伟大的胜利，她知道这对最高指挥官戈登来说意味着什么，也知道美国上下将如何欢呼着庆祝这次胜利。这次胜利将解除已经存在了两年的紧张气氛，在这两年里，所有的小村庄、城镇和城市每一晚都担心被袭击，被敌机所发射的炸弹摧毁。

消息迅速传到了所有政府部门和军部。当侦察机报告说有5万多架飞机在这次袭击中被俘获，没有一架逃脱时，总统和军方官员们大大地松了一口气。他们知道这意味着美国的必然胜利，因为敌人已经集中使用了他们最好的飞机袭击了纽约和华盛顿，他们几乎没有剩下大型轰炸机了，因而这即使不是战争的结束，也是战争结束的开始。

总统和其内阁匆匆赶到国会大厦祝贺埃德娜·肯耐渥上校。他们发现她正在仔细地补妆。此时她镇定自若，出乎意料地在为接待做准备，但还是因各高官的突然到来感到受宠若惊。她之前已经在纽约大战之后总统去纽约时见过总统。他带头亲吻了她的手，然后抓住她的手告诉她，她的国家欠她一个巨大的人情债。总统说道："你做出的巨大贡献表明女人可以与男人匹敌，我希望可以活着看到女人成为美国总统的那一天。这个国家应该将它的自由归功于你、最高指挥官戈登和你优秀的丈夫肯耐渥上校。给你再好的东西也不为过。你是有史以来表现得最为出色的女人。我代表美国人民表达他们衷心的感谢。我们无以为报。"

埃德娜·肯耐渥上校向总统致谢，说她只是恪守职责，她认为在这种情况下，其他任何一个优秀的美国女人都会很乐意做同样的事情。她的谦虚给总统和其内阁成员们留下了非常深刻的印象，一个如此年轻的人在几年之内便拥有了这样的技术和胆量，他们表示对此感到很骄傲。她对他们说，这是她必须履行的责任，除了最高指挥官戈登和肯耐渥上校，没有别的人知道如何操作散布睡眠气体的机器，而她又被放到了那个位置上，因而她只是做了自己应该做的事情。身在纽约的最高指挥官戈登给埃德娜·肯耐渥上校发送了一条简短的祝贺信息："你是一个真正的女人——一个完美的人。我知道你做得到。"

总统和战争委员会举行了会议，投票决定给最高指挥官戈登发送一条祝贺与感谢的信息，告诉他一切都交由他来决定，他可以继续像过去一样行事。总统和其他政府官员们询问他，是否不同意允许美国所有的报纸刊登纽约被袭击的细节，以及纽约是如何被成功保卫的，同时是否也不同意给出华盛顿的巨大胜利的细节。他们认为，人们已经这么长时间地处于恐惧和焦虑状态，这将让人们大大地松一口气，让他们有机会得到安心睡眠，因为这将让他们不再担心他们的城市或城镇被摧毁；让他们相信美国已经证明自己能够应对这样的局面；同时还有利于整体的商业形势，为成千上万正在遭受痛苦的人们带来安慰。最高指挥官戈登回复说，毫无疑问，美国已经赢得了战争，因而没有必要再保密了。

7月4号下午，美国总统向人们发布了一则公告，把华盛顿的伟大胜利告诉了人们，向人们保证国家是安全的，同时把接下来的3天作为庆祝和纪念独立日的胜利节日。他在公告中说道，上帝保佑了美国，并且赐予美国一个独一无二的男人，他完成了拯救这个国家的发明；还有一个独一无二的女人埃德娜·肯耐渥，她利用这些发明让华盛顿免于毁灭，并且在没有导致一个人丧生的情况下，俘获了5万多架敌机。

总统的公告被发给了各大报纸，美国的各大报纸刊出了这样的头条：

敌人对纽约和华盛顿的大规模袭击失败。10万多架敌机被俘获。数十万敌军沦为俘虏。埃德娜·肯耐渥，一个独一无二的女人，利用睡眠气体拯救了华盛顿，俘获了5万多架飞机，它们此时正被安全控制在最高指挥官戈登的伟大发明所制造的空中隧道中。我方预期，敌人随时都可能求和。

当总统宣布假期时，最高指挥官戈登认为，是该让敌人知道我们的优势究竟是什么的时候了，因为没有必要再对我们了不起的新发明保密了。他命令隐形无声机装载数十万刊载了这次伟大胜利的报纸，飞行到美国境内的敌阵上方的高空中，用这些报纸轰炸他们。他命令莫里森上校和曼森上校负责到敌阵上空去散播报纸的飞机。他命令他们飞行到墨西哥城上方，把报纸散播到敌人在那里的指挥部。最高指挥官认为战争结束了，事实上，他之前就知道，因为再次阅读了“以西结书”之后，他发现预言大致全部都已经实现了，太平盛世很快就会出现，世界将处于和平状态。他读到了“以西结书”10：19、10：21和（11：23）：

“基路伯离开的时候，他们在我眼前展开翅膀，飞离地面，轮子也与他们一起；他们停在耶和华殿的东门口，在他们上面有以色列上帝的荣光。每一个基路伯都有4张脸，4只翅膀，翅膀下有仿佛人手的东西。耶和华的荣耀从城中上升，停在城东的那座山上。”

他知道这里指的是美国的荣耀，此时以西结的预言14：21已经实现。如该预言说道：

主耶和华如此说："我若把战乱、饥荒、猛兽、瘟疫这四大灾难降临到耶路撒冷，毁灭所有的人畜，情况岂不更加严重?"

他知道猛兽就是飞机，并且所有这些事情都已经发生。

他再次阅读了"一连 7 天，祭司们要准备洁净圣坛，自洁成圣"这一部分内容。他现在知道了，上帝如他所允诺过的一样统治世界的时候就要来了，届时将不再有战争。《圣经》中曾说过，女人将与男人平等或是比男人的地位更高，这一预言已经实现了。上帝曾说过："我将叫卑微的升高，位高的降卑。"《圣经》上说过："小人物们将变成大人物。"他很高兴知道一切都在像他所预计的那样运行，也很高兴自己如此无私地从事的发明拯救了他挚爱的国家，使世界各国意识到天地之间所有的力量都被赐予了美国这个自由之邦。尽管知道强大的力量此时只握在他手中，他可以继续摧毁所有国家的所有生命，但他的心中充满了爱与仁慈，而美国只有通过仁慈，摒弃自私自利，才能为世界树立榜样。他可以夺回太平洋沿岸，彻底摧毁敌人的西部战线，也可以让敌人全部沉睡 7 天，然后制定他所说的任何和平条约。他想到了世界上所有的统治者，上至暴君尼禄，下到凯撒，想到了他们每一个人是如何出于自私的贪婪想要雄霸世界，但最终每个人都失败了，因为上帝不会支持这样的统治者。他想到了玛丽，当他梦见她时，便忘记了自己是像凯撒那样的人，还是像亚历山大那样的上帝。他一次也没有受到诱惑，想要使用他手中的强大的力量，因为他知道爱是宽容仁慈的。圣保罗所有的作品都强调了爱和宽容。他认为，妇女和小孩儿必须得到保护，在这最后的战斗中，没有一个妇女或小孩儿的生命应当被夺去。战争快要结束了，因此他必须以一种让人永生难忘的方式向世界展示他所拥有的力量，于是他决定使用睡眠气体。

第三十四章　罗伯特・戈登的 7 天

7 月 20 日，他完成了所有的准备，所有的军队、飞行母舰和飞机配备了散布睡眠气体的机器。他已经发出指示，要求他们穿过敌人从墨西哥湾到五大湖区、从洛杉矶到西雅图的战线，发射睡眠气体，让整个敌军陷入睡眠，使他们沉睡 7 天。他决定通知同盟军所有的指挥上将他具体打算做什么，以便他们了解到他拥有什么样的力量；同时他还指示敌方所有的指挥官都远离战区，以便能够观看并了解发生的一切。他通知同盟军，他们可以使用所有的方法来保护自己，但将毫无用处，因为他们将无法看见，也无法听见隐形无声机的靠近。

他把沃尔特・肯耐渥上校和埃德娜・肯耐渥上校叫到了他的指挥部，感谢他们对国家做出的贡献，郑重表达了对他们的忠诚和奉献的感激之情，同时把他们升为了上将军衔。他命令沃尔特・肯耐渥上将接管纽约指挥部，操作用来散布睡眠气体的机器，以及在紧急情况下使用“死亡之神”。不过，他确信不会再有任何袭击了。他命令埃德娜・肯耐渥上将前往华盛顿，继续负责国会大厦。同时如果有必要的话，操作各种机器，保卫华盛顿。

在向他的伙伴们告别时，他告诉他们，他打算独自驾着“仁慈的玛丽天使号”去伦敦、柏林、莫斯科、马德里和东京，摧毁这些城市的建筑，同时利用光射线让这些城市都陷入黑暗之中，让人们陷入睡眠状态并且沉睡 7 天。然后他将在 6 天之内摧毁或是征服世界上所有重要的城市，正如上帝在 6 天之内创造世界一样。到了第 7 天，他将返回纽约市，等待同盟国的和平行动。他命人利用无线电通知所有的国家，他将驾着时速可达 1000 英里的“仁慈的玛丽天使号”离开纽约市；当他到达伦敦和其他城市时，所有人都要离开他将用“死亡之神”摧毁的建筑物；这将是一项仁慈使命，如果可能的话，他不会摧毁一个生命，但是如果有必要的话，他一定会证明他拥有能够摧毁所有生命和建筑物的力量。

整个世界都被震惊了。但是，毫无疑问，没有人会相信任何个人或是任何国家手中会拥有这样的发明或是这样的力量。7月21日上午7点，最高指挥官戈登驾着“仁慈的玛丽天使号”起航了，在3个小时多一点儿的时间内，他便到达了伦敦上空。他通知他们清空伦巴第街和唐宁街上所有的大型建筑。他们无法看到，也无法听到他的飞机，但他们知道他就在伦敦上空的某个地方。人们都被吓坏了，也都撤离出了这些建筑物。妇女和孩子都被带到了安全的地方，慢慢地死亡射线开始发挥作用。这些大型建筑开始土崩瓦解，逐渐像黄油一样熔化。人们在街上跪下，祈求上帝让他们免遭这强大且看不见的力量。许多人相信，这是来自天堂的一种看不见的力量，它是来摧毁世界的，这将是世界的末日。当他已经摧毁了足够多的建筑物，向他们展示了他的力量后，他不断地在伦敦上空盘旋，发射睡眠气体，人们全部都屈从了，都陷入了睡眠状态。接下来他利用机器的力量，熄灭了这座城市所有的电灯，让这座城市陷入了黑暗之中。关于这次可怕的灾难的消息从伦敦被发送到了同盟军在美国的指挥部。

接下来的一天，最高指挥官戈登继续前往柏林。他打算给德国人上一课，让他们永生难忘的一课。他打算表现出他们从未有过的仁慈，因为他不但不会伤害一个妇女、一个孩子，反而还会保护他们。他不会取一个人的性命，但他将彻彻底底地摧毁柏林的建筑，以便他们永远不会忘记他的到访。他要提醒他们，当“仁慈的玛丽天使号”发射其毁灭性的射线和睡眠气体时，凯撒和所有伟大的德国军队都无能为力。他飞行到了柏林上空，通知所有人撤离建筑物。接下来他摧毁了商业街上所有重要的建筑物，发射了他的睡眠气体，让柏林陷入了黑暗之中，同时将沉睡7天。

完成对柏林建筑物的轰炸之后，他给法国总统发送了一条信息，说他一个小时之内将到达巴黎，当面对法国在战争中给予他们的巨大帮助向他表示感谢。法国总统通知他，法国将宣布一个假期，同时为他举办一个欢迎会，其规模将大于林德伯格上尉1927年5月21日着陆时他们为他所举办的欢迎会。他告诉法国总统，他时间有限，但为了感谢法国的友好，他将把“仁慈的玛丽天使号”停在巴黎上空，同时用灯光将其点亮，使它能够被看见，这样人们就可以看到这架神奇的飞机了。

接下来他离开了柏林，在巴黎进行了短暂的停留。法国派出了几千架飞机到空中排列成“仁慈的玛丽天使号”字样。他们看不到它，于是最高指挥官戈登利用无线电与他们进行了交流，然后把“仁慈的玛丽天使号”停在了林德伯格 5 年多以前着陆的地方附近。接下来他被带上了法国的一架飞机，被带到了总统面前。总统诚挚地迎接了他，向他下跪，亲吻了他的脸颊和双手。总统感谢他完成的那些发明，它们将永久地结束战争。最高指挥官戈登带来了一封美国总统所写的信，信中对法国的支持表示了感谢，同时向他们保证，美国未来将永远忠于他们，支持他们。他对法国总统讲述了他建立世界联合王国的计划，以及战争结束之后，他将如何召集所有的国家到纽约举行一次和平会议——他确信等他回到纽约时，战争已经结束了。总统向他保证，法国将很乐意成为第一个与美国结手足情谊、联手创建一个世界联合王国的国家。

他告诉法国总统，他用“仁慈的玛丽天使号”带来了一台用来制造隧道的机器，他想把这台机器安置到巴黎最高的一座建筑之上，在纽约与巴黎之间建立一条空中隧道，这样法国的飞机就可以通过隧道安全飞行到纽约了，或者如果在加拿大的（法国）官员们想回国的话，他们也可以先前往纽约，然后再通过隧道回到巴黎。他在这台机器被安置好以后对它进行了测试，派出了一架飞机通过隧道到达了纽约，并且在 1 小时 30 分钟之内完成了往返飞行。他向总统解释说，通过建立一个真空带，能够以极快的速度安全驾驶飞机。随后他指导了路易斯·科尔代——法国空军的一名有名的一级飞行员——如何操作这台用来建造隧道的机器。

接下来最高指挥官戈登去了里斯本和西班牙的马德里，摧毁了他们绝大多数重要的建筑，让人们陷入了 7 天的睡眠。然后继续前往罗马，摧毁了那里所有上好的教堂、商业大厦和政府大楼。在到达那里之前，他已经通知罗马教皇把所有人撤离建筑，并且指示他哪里是安全的藏身之处。他告诉罗马教皇，他不打算让他吸入睡眠气体，而是想让他醒着，在所有居民沉睡的 7 天内为他们祷告。他对罗马教皇说，他必须教导他的人民，上帝比任何统治者或是当权者都更加强大，迟早有一天一定会出现一种宗教、一个世界联合王国和一个上帝的情形。

接下来他从那里出发，继续前往美丽的维也纳城，让人把人们从建筑物中撤离出去，然后打开“死亡之神”，熔化了这些建筑物。之后他从机器中发射了睡眠气体，向维也纳告别，前往了莫斯科。

俄罗斯已经向自己可怜而无知的国民警告过他的到来。报纸刊登了其他城市一直在发生的事情，但那里的人们不愿意相信他们是安全的，许多人都跳入水中将自己淹死了。其他一些则去森林里躲了起来。莫斯科（人民）的情绪比以往任何时候都要激动。在他到达之前，人们一直在日夜祈祷。最后，到达莫斯科上空时，他发送了一条无线电信息，要求他们清空他即将摧毁的所有重要建筑。他下降到了非常低的位置，将建筑物定位，然后当有人通知他人们已经被转移到了安全的地方时，他打开了“死亡之神”。建筑物顿时陷入一片火海，人们亲眼目睹了这些场面，因此他们确定这是世界末日，上帝正在用大火摧毁这个世界，因为他们看不见摧毁他们的东西来自哪里，机器发射出的毁灭射线是隐形的，“仁慈的玛丽天使号”也是隐形的。摧毁了建筑物之后，他发射了睡眠气体，让这座城市陷入了黑暗之中，然后飞往了君士坦丁堡。

令人讨厌的土耳其人曾派出十分具有破坏性的飞机去帮忙征服美国。他已经通知他们，他将从空中打开达达尼尔海峡，摧毁黑海上的战列舰。当他到达时，所有的建筑物已被清空，人们极其害怕，其中一些人正在祈祷美国的上帝去拯救他们。最高指挥官戈登向他们保证，他不会夺取任何人的生命。然后他继续摧毁了他们所有最大型的建筑，把死亡射线发射到了水中，炸掉了他们的舰船，然后让这座城市在黑暗之中宁静地沉睡。

他的下一站是埃及的亚历山大港和开罗。他参观了金字塔，并且告诉那里的人们，他们是根据神圣的计划被放置到那里的，他不会摧毁他们。他摧毁了那里主要的建筑，炸掉了战舰，同时像在其他城市所做的一样，让人们陷入了睡眠状态。

他通知了印度孟买的人们，他们曾支持英国来对抗美国，他必须用事实向他们展示表明自由之邦的力量。他摧毁了他们的寺庙和大型建筑，让人们陷入了睡眠状态。然后他去了中国的北京，摧毁了那里有着几千年历史的建筑，发射了睡眠气体，之后继续前往东京。

是日本人首先向美国宣战并发动了袭击，他们必须受到教训。只要世界存在，他们就会一直记得这次教训。他命令所有人都撤出他们的战列舰，然后开始向水中发射死亡射线，摧毁了他们的战列舰。当他开始摧毁重要建筑时，人们以为又是一次地震，因为他们还未忘记他们的建筑几年前是如何土崩瓦解的。他向他们保证不会取任何人的性命，只是让他们安静地沉睡 7 天。让这座城市陷入黑暗之中以及让人们都陷入睡眠中以后，他继续前往澳大利亚的墨尔本和悉尼。

澳大利亚一直保持中立，并且对美国很友好。他给澳大利亚人民带去了美国总统所写的一封感谢信。他当面对他们表示了感谢，并且告诉他们，他此时邀请他们与美国结手足情谊，一起创建联合王国。

接下来墨西哥城得到通知，他们将看到“仁慈的玛丽天使号”最后的、最强大的力量展示。墨西哥人和西班牙人知道，最高指挥官戈登出生于德克萨斯州。他们还记得阿拉莫之战和戈利亚德之战。墨西哥人中的穷人阶级不愿意相信，在墨西哥联合日本和西班牙对抗美国之后，任何一个德克萨斯州人还会放他们生路。自从知道美国的最高指挥官将驾着“仁慈的玛丽天使号”来“拜访”他们以后，他们就一直日夜祈祷。他告诉他们，这台机器从空中获取动力，死亡射线强大到足以熔化山脉，因而他将摧毁墨西哥的一些山脉和所有古老的金字塔。在到达墨西哥城之前，他停在了一座山脉上空，发射了死亡射线，山脉化为了乌有。古老的金字塔也被摧毁了。到达墨西哥城时，他告诉他们他已经摧毁了一些山脉，以实现《圣经》中所说的“每一座山脉都要被推倒，每一个山谷都要被加高”这一预言。敌人绝大部分的兵力和军官都在墨西哥城，他通知他们逃到可以看到建筑物被摧毁的山脉和丘陵上去。美国的最高指挥官说，不会让他们陷入睡眠状态，因为他要他们在这座城市保持在黑暗中的 7 天当中，观看着这座沉睡中的安静城市。

摧毁了墨西哥城之后，他利用无线电发送了一条信息到纽约和华盛顿，说他已经在回国的路上，即将穿越敌人在加利福尼亚和美国中部的战线，届时他将一路给敌人发送信息，把他的位置告诉他们，主动让他们的军官攻击“仁慈的玛丽天使号”——如果他们看得见它的话。他知道，如果有必要的话，“仁慈的玛丽天使号”可以上升到 60 英里或是更高的高度，他打算在一个敌机永远也无法企及的高度飞行。

最高指挥官戈登发送了一条信息到他的家乡德克萨斯州德克萨肯纳，说他将停在家乡的上空，让每一个人都看一看“仁慈的玛丽天使号”。到达那里时，他先是盘旋在家乡的红河附近的上空，然后驾着“玛丽”向下飞行到了州线大道，把它停在了这条街上空大约 100 英尺的地方。他打开灯，让他的大型飞机可以被看见，以便人们能够看到是什么东西取得了这次伟大的胜利。这是德克萨肯纳曾有过的最盛大的庆典。人们尽情地狂欢。他亲爱的老母亲是世界上最幸福的女人。她充满深情地迎接了他，告诉他她对他所有的梦想都实现了。

由于必须赶回纽约，他只能做短暂的停留。他通知了加拿大蒙特利尔，他将在第 7 天一大早到达那里。蒙特利尔为他准备了一个盛大的庆祝会。他在太阳升起后不久便到达了那里，把“玛丽”停在了空中，给加拿大人民发送了一条信息，对他们的忠诚和提供给美国的帮助表示感谢。他邀请他们成为第一批参加和平会议、建立世界联合国的国家之一。在向他们告别之后，他飞往了纽约，在离开去进行自己环绕世界的伟大旅行之后的第 7 天将近中午的时候到达了纽约。

“仁慈的玛丽天使号”先是盘旋在纽约上空，然后降落在了猛犸大厦。当时沃尔特·肯耐渥上将正在值班，尽管他一直利用无线电与最高指挥官戈登保持着联系，并且也已经告诉他都在发生着什么，但他还是向他进行了报告。最高指挥官戈登离开去进行他的 7 日世界游的那一天，他的命令就已经得到执行，睡眠气体被散布在了敌人在美国的所有战线上空。

第三十五章　仁慈的胜利

在纽约和华盛顿遭受失败后，同盟军的将军和官员们知道会发生什么，因而他们服从了最高指挥官戈登的指示，转移到了一个安全的地方。在等待了 3 天之后，他们发现自己的军队还在沉睡，于是他们聚集到了他们在新奥尔良、圣路易斯、芝加哥和旧金山这些城市的指挥部附近，祈求得到解救。他们知道，宇宙最强大的力量此时就掌握在美国的手中。他们绝大多数人都把这种力量归功于上帝的行为，而不是人的行为。此时，他们还没有听说“仁慈的玛丽天使号”到世界上所有的城市都发生了什么。

第 7 天晚些时候，同盟军的军队开始醒来。接下来的 6 天，每一天都有一个接一个他所到过的国外城市的人们醒来。最高指挥官戈登释放了一个电光控制按钮，这些城市便不再处于黑暗之中。除了与“仁慈的玛丽天使号”相关的新闻和全世界都发生了什么这一新闻，所有的无线电台都拒绝接受其他任何信息。

最高指挥官戈登到达之后的第二天，美国战争委员会和总统来到纽约与他交换意见。关于他仁慈使命的报道从世界各地传来。没有报道说有任何一个人丧失了生命。说他胜利返回并取得了巨大的胜利都已经是比较委婉的说法了。总统和战争委员会认为，现在是时候允许美国各地所有的报纸刊登新闻，让人们知道过去 7 天一直在发生着什么了。成千上万条电文向最高指挥官戈登蜂拥而来。世界就在最高指挥官的脚下。他被赞为耶稣基督以来最伟大的人。

1932 年 8 月 4 日，世界上所有被最高指挥官戈登摧毁过其建筑物的城市都传来了官方报告。报道表明，一切正常，没有人丧失生命。电文正从世界各地涌入到同盟军的各个指挥官那里，要求不管美国提出什么条款，都要与美国讲和，永远也不要再让“仁慈的玛丽天使号”回去。

同盟军的指挥官们给身在华盛顿的总统发去电文，请求无条件制定停战协议及和平条约。总统回复道：

此时的和平条约不是我所能控制的。当这个国家处于极度危险之中时，当我们的国家似乎毫无希望时，似乎已经沦陷时——当你们要求拿下我们的国家、我们的国名、我们的荣誉时——那时我们把我们的命运交到了一个独一无二的人，罗伯特·戈登的手中，我们任命他为美国全军的最高指挥官。他的意愿就是法律。你们将必须与他协商，其他没有人有这个权力，也不会被赋予这样的权力。

接下来信息转送给了最高指挥官戈登。他召集了会议来讨论和平条约。总统、内阁官员、所有的军方官员和政府官员都出席了这次会议。会议召开时，皮尔森上将站起来说道："当我们把美国军队的最高指挥官这一职位移交给你时，我们就赞同了不管你的决定是什么，我们都会遵守。你的行动和你所获得的胜利已经证明了我们对你的信任和信心。你已经证明了自己是这个世界有史以来最伟大的人。你已经证明了自己的仁慈和正义。我们的国家、这个世界以及这个世界的命运掌握在你这样的人手中是安全的。万能的上帝一直指引着你，我提议大家保持沉默，不提供任何建议，把一切都留给你来决定。不管你制定什么样的和平条约，我们都会很乐意遵守。"

当他说完这番话时，曼森上校站起来说道："我赞成这个提议。让我们通过全体起立的方式来表示一致同意吧。"于是所有人都立即站了起来。总统抓住最高指挥官戈登的手，感谢他对美国和世界所做出的巨大贡献。接下来所有的内阁官员和军方官员都跟随总统，握住最高指挥官的手，祝愿他继续获得成功。总统和政府官员们都迫切地想让最高指挥官戈登说明，他是如何在 7 天之内完成环游世界和摧毁那么多的建筑这一伟大壮举的。他告诉他们，他的新机器制造了一条空中隧道，它克服了地心引力所导致的阻力，而且它还是隐形的。他说明了在建造这台机器和其他所有发明时，他是如何受到了《圣经》的指导。

最高指挥官戈登决定，1932 年 8 月 30 日在纽约召开一次所有国家参加的会议。所有国家都收到了通知，被要求派代表参加。最高指挥官戈登提出了一个特殊要求，即所有国家的代表都要带上他们的妻子或是女儿，因为他有一份特殊的使命要交给她们，希望她们在这次和平会议中扮演一个重要的角色。没有人知道和平条款会是什么，但即使是敌人也感觉到了他们正在与这个世界上有史以来最正义的人打交道，这是一个不愿意夺取妇女和孩子的性命的人。当他有能力让整个同盟军陷入睡眠并摧毁他们时，他并没有那样做。他们全部都很乐意把自己的命运交到他的手中。此时美国各地的每一座建筑上都飘扬着星条旗。旗帜上印着最高指挥官戈登的肖像和“仁慈的玛丽天使号”的照片。旗帜上带有“空中隧道”、“独一无二的飞行员”和“美国的救世主”这些文字。

接下来的每一天都有世界各地的飞机开始载来即将参加所有国会议的官员。麦迪逊广场花园已经被租用来举行会议。数百万人都申请了入场，但只有政府官员以及全国各地杰出的男士和女士才获得了入场券。由总统带领的美国政府官员和最高战争委员会知道沃尔特·肯耐渥上将是最高指挥官戈登最好的朋友，他比其他任何人都要了解他，因此他们认为，应该指定肯耐渥上将在会议的开幕式上向各国代表致欢迎词，以及代表美国向最高指挥官戈登致感谢词，感谢他所做出的贡献。

第三十六章　世界和平会议

会议于8月30日上午10点左右召开。截至11点，所有官员都已经入座后，最高指挥官戈登在美国总统、沃尔特·肯耐渥上将和其妻子埃德娜·肯耐渥上将的陪同下到达。掌声持续了一个多小时。当掌声逐渐平息，皮尔森上将走到讲台的中央，抓住最高指挥官的手举到广大人群的面前，说道："所有国家的指挥官们、统治者们、国王们，以及官员们，这就是我们的主人，他的意愿就是法律。无论他说什么，我们都要遵从。现在我要向你们介绍沃尔特·肯耐渥上将，接下来将由他致开幕词。"掌声再次持续了半个多小时，然后沃尔特·肯耐渥上将开始讲话：

"全世界的兄弟姐妹们，这是有史以来世界上最大型的会议，因为以前从未有过所有国家聚集在一场和平会议当中的情形。我们希望，也真的相信这会是最后一场战争。我们期待着成为一个团结的民族，遵循《圣经》中所阐述的法则，'爱人如爱己'。这样就不可能再有战争。我站在这里的目的是向你们介绍一个根本不需要介绍的人，他是和平之王，一个慈悲的人，对悲痛最熟悉的人，也是救世主耶稣基督降临以来最正义的人。我们把我们的自由交到了他的手中，他拯救了我们的国家，并且一直对敌人很仁慈。我们对他的感激之情永远也无法回报。现在我把你们委托给他，不管他会制定什么样的和平条约，美国政府都将认可和批准。现在我很荣幸地向你们介绍我们的最高指挥官罗伯特·戈登，接下来将由他向你们致辞。"

最高指挥官戈登站起来，尽量让人群安静下来。女人们都站起来了，男人们都在呐喊："向全世界最正义、最仁慈的人致敬。"然后人群疯狂地试图冲到台上与他握手。当人群都平静下来，秩序都恢复之后，最高指挥官戈登举起《圣经》说道：

"联合世界的兄弟姐妹们：

“这本书中所阐述的条款就是我向你们提出的和平条款。我打算向你们提出耶稣将与你们同在的条款。美国一直代表着自由。作为自由之邦，它必须像它以前一直所做的那样，为全世界树立一个和平与手足之情的榜样。这个国家从来没有为了一己私利参与过战争。在一战中，我们拒绝了任何赔偿。我们进行战斗是为了道义，而非金钱或是领土。

“今天，美国不会向任何一个国家提出任何要求。以后世界上将不再存在不同的国家，只有世界联合王国。美国将出于手足之情向世界宣布和平。我们不会索取任何领土，也不会要求任何赔偿。我们将继续保有世界上的黄金供应，但我们将听从耶稣基督的告诫‘喂养我的小羊’。我们将向任何一个需要帮助的国家伸出援助之手。你们要回到你们家人的身边，爱他们，把上帝的精神告诉他们。上帝是全能的，他能够毁灭；上帝也是永远仁慈的，正义的，他已经放你们生路，给你们自由。我们不会索取你们的金钱和领土，相反，我们只要求你们像我们对待你们一样，己所不欲，勿施于人。

“记住，星条旗从未倒下过，以后也不会倒下，因为宇宙之神创造这个国家不是用来让任何一个国家或是所有国家摧毁的。他把强大的力量放在了那些仅会用这种力量来正当自卫，而不会用这种力量来满足一己之私的人手中。当我准备好时，我就可以按下某个按钮，你们那些此时已经被俘虏的大型飞机就可以安全回国。当你们离开的时候，希望你们效法上帝，是他创造这个世界，也是他拯救了你们；同时也希望你们尊敬他，赞扬他，他不只能够摧毁财产，还能够摧毁灵魂和肉体。等到最终的条款制定，美国的领土按照‘以西结书’中的阐述被科学分配，我们将十分紧密地联系在一起，因此你们可以根据法律和平而和谐地相处。

“我要求和平条款由男性和女性同时签字。女性更有正义感，也更加的仁慈，未来她们将统治这个国家。既然女性一定会继续充当我们男性的母亲，那么她们就必须拥有决定自己的儿子是否应当被送上战场的权利。像‘以西结书’所概括的一样为各个城市和国家拟订计划还需要时间，我希望这些条款可以被接受，并且由每一个国家的优秀女性进行签字。

“你们都明白并且也同意，美国将继续保留我们现有的所有发明，以防战争的爆发。我警告你们，如果为了保卫世界的和平，需要建造一台机器，我将能够建造一台可以摧毁地球上的一切生物的机器。这种机器只要一个人就能从纽约进行控制，他完全不用离开纽约就可以完成摧毁工作。这只是一个警告，不是一个威胁。你们已经见过‘仁慈的玛丽天使号’所展现出来的力量，也已经见过我所表现出的仁慈。你们必须尊敬这种神律和神圣的力量。记住，这次胜利是在上帝计划之中的，是上帝的意愿。我不认为这是自己的功劳，而且除了要求你们与我们像手足一样共处，我和我的国家也别无所求。”

最高指挥官戈登完成讲话时，响起的掌声是有史以来最热烈的，掌声再次持续了一个多小时。当掌声平息之后，沃尔特·肯耐渥上将走上台说道：“接下来将由我向最高指挥官戈登致感谢词，这不仅是代表我们的国家，同时我手上还有一张官方文件，它已经由世界上所有国家的统治者签名，要求我替他们致感谢词。在开始致辞之前，我想邀请在场所有愿意接受最高指挥官戈登所阐述的和平条款的男女观众站起来。”一瞬间，在场的所有男女都站了起来，呐喊道：“向领袖致敬，愿上帝保佑他，愿他长存。”

当他们再次坐下时，肯耐渥上将继续，他面向最高指挥官戈登说道：

“最高指挥官罗伯特·戈登，我的伙伴与朋友，现在我非常荣幸地为你颁发美国所能授予的最高奖章，这是有史以来被授予过的最大的荣幸。这枚奖章象征着你的伟大研究和你对你的国家所表现出的责任和忠诚。它是由黄金制成的，上面带着由紫色、蓝色和金色这三种鲜亮的颜色组成的三角形。三角形的中间刻着‘我是上帝——爱’这几个字。三角形的周围分别刻着信任、希望和爱这三个词。你一直践行着所有这些，甚至更多。

“当我试图向你表达这个国家和这个世界的感激时，言语是空洞的。美国总统指示我向你表明，毫无疑问，美国所能提供的一切都是你的。此时其他所有的国家都对你俯首称臣，因为你已经证明你值得他们的尊敬，已经正确地运用了交到你手上的强大力量。常言说得好，上帝从来不会把责任交到一个不会正确运用责任的人手中。罗伯特·戈登，上帝选择让你作为和平之王没有错。美国以你为傲，整个世界都尊敬你，我们只能向你表示我们微薄的感激之情，给予你这个世界所能给予你的一切赞扬。请说出你想要什么作为奖赏，我们将把它奖赏给你。”

接下来掌声再次持续了很长一段时间。掌声平息之后，最高指挥官戈登站起来说道：“沃尔特·肯耐渥上将，我的伙伴与朋友，我们自很年轻的时候就彼此相识。你能站在这里致感谢词，感谢我为我挚爱的国家所尽的绵薄之力，我被深深地感动了。你问我，我们的国家和整个世界能够给予我什么，来回报我所取得的成就。

“全世界的兄弟姐妹们，我向你们表示深深的感谢。我不求自己获得什么荣誉，我把一切的功劳都归于上帝，是他通过爱指导我，激励我把最好的自己献给我的国家，带着荣誉的星条旗回来。我们的旗帜从未倒下过，也从未被无辜的妇女和孩子的血玷污过。

“最重要的是，我一直没有辜负过一个女人的信任，也希望有一天可以在一个女人的眼中看到一束新的爱情之光。没有什么比这更好的奖赏了，我一定会继续相信上帝并等待着。当其他所有人都怀疑她时，我一直忠诚于她。甚至当我的国家将我撤职时，我的信心都从未动摇过。当她消失时，我希望并祈祷她还活着，我现在仍然希望她还活着。我知道她信任我，爱我，也是这份爱的力量给了我摧毁世界的力量，但她的爱已经在我心中留下了仁慈，就因为这份爱，我才会用爱和仁慈来对待敌人。你们所能给予我的一切金钱、权力和荣誉都是虚无的，无法填补我内心因她而有的沉痛空虚之感。你们所能给予我的最好的礼物就是把她还给我，带着她 1927 年 6 月 5 日对我所持有的所有爱和信心。

“说到我对她的爱一直以来给我带来的鼓励，我想说，我一直忠实于我的母亲，我很尊敬她。是她教导我要忠于我的国家，就是因为她我才一直忠实于我的祖国的事业。

“最后，我请求其中一条和平条款是，纽约成为世界联合王国的首都；未来的计划要依据‘以西结书’中的阐述做出。《圣经》到处都涉及到了重生。耶稣说过，‘我将赐予他一个新的名字。’联合世界王国就会是新的名字。耶稣说过，‘我将会是他们的上帝，将不再有战争。’在‘以西结书’48：35 中，他的最后一个预言是‘从此以后，那座城市的名字将是耶和华的所在’。纽约将是世界联合王国的首都，它一直被认为是世界上最伟大的城市。现在它将是爱和自由之邦的首都，因为把世界团结到一起的胜利就是从那里开始赢得的。我把它命名为‘上帝之城’。希望你们能够如此践行，以便整个世界都可以通过这座伟大的城市的行为和正义，知道耶和华就在那里。感谢你们所有的人。”

当最高指挥官戈登完成了讲话时，几乎所有的观众眼中都噙满了泪水。他们从来不知道《圣经》中有如此奇妙的事情，所有这些特有的事件都被伟大的预言家以西结预言过。

接下来美国总统走上台，建议他们起立对最高指挥官罗伯特·戈登表示感谢，为他欢呼三声。欢呼过后，总统说道：“会议将在晚上结束，然后于明天再次召开，届时最高指挥官戈登将仔细讲述建立未来的手足之情的计划。如果你们愿意耐心等待几分钟，沃尔特·肯耐渥上将将致闭幕词，但与此同时，我想向你们介绍美国最优秀的女人，我们希望这个美国最优秀的女人会被选举为第一个统治世界联合王国的女人；她曾在战争时期做出了最大的牺牲，也曾为她的国家提供了最大的帮助。我要向你们介绍沃尔特·肯耐渥上将的夫人，最高指挥官罗伯特·戈登的助手，这个曾经挽救了位于华盛顿的美国国会大厦的女人——埃德娜·肯耐渥上将。”

当总统完成讲话，掌声平息之后，埃德娜·肯耐渥上将站起来说道：“总统先生，戈登最高指挥官，世界联合王国的兄弟姐妹们，没有什么荣誉是属于我的，我也不追求任何荣誉。我们把一切都归功于我们的最高指挥官罗伯特·戈登的天赋。我感谢我们尊敬的总统，以及全世界所有对我和我的丈夫沃尔特·肯耐渥上将表现出尊敬和感激的国家。我很高兴知道女人的事业获得了胜利，我们的最高指挥官为世界树立了一个榜样，表明了一个优秀女人的爱能够做到什么。我感谢你。”

在场的女人全部都站了起来，给予埃德娜有史以来没有女人所获得过的最热烈的掌声。此时夜色渐浓，沃尔特·肯耐渥上将走上讲台说道：“团结世界的兄弟姐妹们，我接下来对我们的最高指挥官罗伯特·戈登的个人致辞不会耽搁你们太长时间。”

接下来他面向最高指挥官说道：“我将不再把你当作最高指挥官罗伯特·戈登来向你致辞，而是把你当作我的朋友和伙伴。这是我有生以来最开心的时刻，我现在意识到了，正义、仁慈和忠诚一定会获得回报。你一直都是无私的，自写作了那首有名的赢得了玛丽的诗和《爱情的花园》那一天开始，你就一直信守诺言，慷慨无私。在国家需要你时，你首先想到的就是你的国家。你一直忠实于你的母亲，忠实于玛丽，现在我要把玛丽消失那天写给你的信给你读一遍。我知道你把这封信牢记在心，因为你已经看了上千遍，但我想要会上来自世界上所有国家的男女都知道，你是男人中的男人，你是万里挑一，你为世界树立了一个榜样，这个榜样将造就出更好的男人。这封信写道：

“‘最亲爱的罗伯特：

如果你信任我，我会回到你身边。爱总是会充满信任、理解和等待。时间证明一切。你会得到你想要的一切。我将在我最有意义以及你最需要爱的时候去找你。

玛丽’

“你极其有信心。你的爱给了你信心，你一直尽量理解。已经长达 5 年多过去了，你还没有收到任何来自玛丽的消息。在你今天的讲话中，你心中想的最主要的还是她的幸福与安全。这表明，时间的确证明一切。时间已经证明你对玛丽的爱、你的忠诚、你对一个女人的承诺的信心。玛丽是一个聪明的预言家。当她说‘你将得到你想要的一切’时，她比我们更加清楚地知道这一点。罗伯特·戈登，她的预言已经被实现了。你已经实现了你的抱负，得到了世界所能给予你的一切。除了其中一个，你所有的梦想都已经被实现了。你拥有了世界所能给予你的一切荣誉和感激，但是我知道，你的心还在痛，在你出色地完成了自己的职责，建立了世界和平之后，你将比以往任何时候都更加需要玛丽和她的爱。

“我不知道玛丽·斯坦顿写这封信并离开开往圣路易斯的火车那天晚上脑子里在想什么，但我知道在所有女人当中，她为这个国家做出了最大的贡献。不管她当时是否梦想过或是了解自己在做什么，都无关紧要。罗伯特·戈登，如果她当初前往圣路易斯嫁给你，你就会缺乏促使你成为这个世界上最伟大的发明家和和平之王的巨大动力。是对爱的巨大渴望和对玛丽的渴望刺激了你的抱负，让你胸中一直有希望，赋予了你征服这个世界上的敌人以及根据手足之情把世界和平团结在一起的力量。这所有的一切都是由玛丽·斯坦顿的行为带来的。她值得称赞，而最重要的是，你值得一个男人所能获得的最好的奖赏，那就是一个优秀女人的爱。

“她的信最后一句写道：‘我将在我最有意义以及你最需要爱的时候去找你。’罗伯特·戈登，是这最后一句承诺让你这些年坚持了下来。这个承诺是让你的灵魂坚定不移的支柱。你一直相信这个承诺，从未怀疑过。你尊敬生你的那片土地。你对玛丽·斯坦顿的爱与忠诚指引你取得了成功和胜利，因为那是一份无私的爱。伟大的上帝把他唯一的儿子派来拯救他所钟爱的世界，他一直留意着你和你对他的智慧的热爱。你以他的爱与仁慈为榜样。你一直相信他。你保住了你的国家的性命，至明的上帝有着智慧和仁慈，他也为你保住了玛丽·斯坦顿的性命。罗伯特·戈登，我的朋友与伙伴，我现在很荣幸地把你的玛丽·斯坦顿交给你。”

罗伯特·戈登似乎神情恍惚地从他的座位上跳起来。玛丽·斯坦顿喊着：“罗伯特！罗伯特！”然后扑到他的怀里。沃尔特·肯耐渥上将转向观众说道：

“这就是上帝的神圣计划的证据，这就是那些遵守上帝的律法的人所获得的奖赏。爱的确完全了律法。我或许不是像以西结或是我们的最高指挥官罗伯特·戈登那么伟大的预言家，但是我预测，我们明天开会时，将已经听说罗伯特·戈登与玛丽·斯坦顿之间举行的、联合世界王国的首都上帝之城这座新的城市的第一次婚礼。”

圣　语

序

每位作者都有其明确的目的或是宗旨。一些人写作是为了释放被压抑的情绪，一些人是为了经济获益，还有一些人是为了名望与抱负。但对读者及其自身做出最大贡献的作者，是诚心诚意想帮助他人的作者。我们能为他人所做的最大贡献就是，在他们准备好并且寻求帮助时向他们展示如何自助，并使其变得独立而不是依赖他人。能够为他人提供帮助的人就是一名成功人士，他可以通过把自己最好的东西给予他人而享受快乐和内心的宁静。

我写作《圣语》一书，目的就是向他人展示使用和遵循上帝的神圣法则，从而帮助他们发挥潜在的才能和上帝赋予他们的力量，因为这是他们能够获得健康、快乐和成功的唯一途径。

我写作的原因是因为我懂得自己通过运用《圣语》获得了许多神恩，同时也是为了感恩我已经获得的奖赏，并希望能从设法帮助他人的努力中获得奖赏。当他们通过这个《圣语》发现了通往实现期望和愿望的道路时，他们将感谢我为他们指引了正确的方向。我确信，成千上万的人将从阅读《圣语》中获益。

引　言

《圣经》教授了一条神圣法则，以及如何使用该神圣法则。这意味着两件事：遵守神圣法则获得奖赏，违背神圣法则受到惩罚。《圣经》并没有说你必须等到死后才能获得奖赏。在世的人们想要的是当下的健康、快乐和成功，而不是他们死后的某个承诺。这是一种实用的宗教，而耶和华这个《圣语》将教导你如何得到你当下所需要的！验证每件事，对了的就坚持。

太初有道，道与上帝同在，道就是上帝。
这道太初与上帝同在。
万物都是上帝借着他造的；凡被造的，没有一样不是借着他造的。
道是生命之源，而这生命为人们带来了光。
光照射在黑暗里，黑暗从未将其扑灭。
上帝差遣了一名使者，一个名叫约翰的人，
他来为光做见证，以使众人听见先知的道并相信。
他不是那光，乃是来为光做见证。
那光是真光，它来到世上照亮所有人。
道在世上，上帝借着他创造世界，而世人竟不认识他。——**约翰福音1：1～10**

《圣语》能为你做的

叫人活着的是灵，肉体是无益的。我对你们所说的话就是灵，就是生命。——**约翰福音　6：63**

这证明了**耶和华**这个词的力量。《圣经》说，上帝就是灵，而约翰说道就是灵，就是生命。**耶和华**这个词将赐予你生命，让你恢复能量和健康。

你们必晓得真理，真理必叫你们得以自由。——**约翰福音 8：32**

重要的是要懂得什么将使你得以自由。**耶和华**这个**圣语**就是真理。耶稣（对犹太人）说："你们若常常遵守我的道，就真是我的门徒。"因此，这个词就是使你得以自由并扫除所有疑虑和恐惧的东西。

他们回答说："我们不是为善事拿石头打你，是为你说僭妄的话！你不过是一个人，竟将自己当作神！"

耶稣说："你们自己的律法书上不是写着说'我曾说你们是神'吗？"

我们知道，《圣经》上的话是不能废的；对那些承受上帝的道的人，上帝尚且称他们为神。——**约翰福音 10：33～35**

耶稣的意思是，他们是上帝之子，如果他们守道，他们就是神，因为他们拥有**耶和华**这个**圣语**的力量。

你们不要自己欺哄自己，不要单单听道；相反，还要行道。

如果你只是听道而不行道，就像人对着镜子看自己本来的面目。

他们看过了就走开，随即便忘了自己的相貌如何。——**雅各书 1：22～24**

你必须把**耶和华**这个**圣语**付诸实践。知道这个词而不去实践不会得到结果。你必须不断地重复和专注于这个词语。

由此你可以看出，如此多的人以为自己远离并努力寻求的这个词，其实就在人的心里和嘴边。为了获得健康、快乐和财富，你所需要做的只是善用**耶和华**这个词语；诵读它，实践它，用它进行祈祷、冥想，专注于它。你必须学会在另外一章中所给出的时间和地点诵读耶和华**这个具有魔力**的词。如果你满怀信心地这样做了，你就一定会如《圣经》中所承诺的一样获得奖赏。

魔鬼对他说："你若是神的儿子，就命令这块石头变成食物。"

但耶稣回答说："经上记着说，人活着不能单靠食物。"——**路加福音 4：3～4**

这再一次证明如果你信奉上帝的圣语——**耶和华**活着并将其付诸实践，你将获得成功。

天地要废去，我的话却将永不废去。——**路加福音 4：3～4**

耶和华这个词，是上帝，意指明确而永恒的唯一上帝的唯一的圣语和唯一名字。它过去是强大并能创造奇迹，现在也一样是强大且可以创造奇迹，前提是你相信它并且实践它。你可以通过遵循《圣经》中所说的法则和规则自行测试与验证，然后获得结果，从而懂得它在今天依然发挥作用。

这个**圣语**将使你实现所有的愿望。

"你们必晓得真理，真理必叫你们得以自由。"

"请求，它就会给你；寻找，你就会找到；敲门，门就会为你敞开。"

本书的目的是依据《圣经》来证明这个圣语的价值，而不是给出作者的观点或是法则。你可以获得结果并向你自己证明这些神圣法则是可以发挥作用的。我的目的是向你证明这个神圣的名字和神奇的词是什么；向你提供证据，证明通过发音和唱诵能做到什么；并向你表明如何利用耶和华这个**圣语**来获得健康、快乐和成功。

在每一个主题下方，我们都引用了可以证明这个词的《圣经》的节选。在这个名字和词语下方，我们展示了《圣经》上关于耶和华这个圣语的证据。我们还对斋戒、康复、祈祷、发音、唱诵、思考和冥想给出了同样的证据。理由是为了向你证明：通过实践耶和华这个圣语，你可以利用《圣经》中的每样东西来达成所有的目标。

《圣经》中最值得读的是：诗篇、箴言和所罗门的雅各，但你也应当综合运用《圣经》，并且阅读信任、斋戒、爱、祈祷、灵魂、真理、和平、宽恕、愤怒、妒忌、怨恨、邪念、金钱、成功、牺牲、自私、自我否定、仁慈和耐性这些章节下面的所有内容。

《圣经》是有史以来最伟大的书籍，它包括了你所有问题的真相和解决方法。当你学习、理解、遵守并运用《圣经》中所揭示的法则时，你就能够克服你所有的问题，不管是身体上的还是金钱上的。让我们向这本伟大的书籍致敬，继续寻找将带领我们走出黑暗的光明，它将以“人无论种什么，也必收成什么”这条法则为基础，消除恐惧并给我们信念、希望和信心。

如何用真理和知识消除恐惧并使我们得以自由？当我们心中充满了恐惧、怀疑和焦虑时，我们会因为延迟和自我限制而浪费自己的能量。恐惧和焦虑源于我们的无知。当我们需要金钱时，我们会担心得不到；当我们生病时，我们会害怕无法恢复健康。但是，当我们懂得了神圣的供需法则，并知道了如何利用可以满足我们所有愿望的普遍法则时，我们就能从恐惧和焦虑当中解脱出来。因此，让我们继续以一种开放的心态去面对事实和寻求真理、神圣法则以及充满力量的**圣语**吧，让我们发现它并得以自由。

敲响知识的大门，相信它将向你敞开，不要停止寻求和敲击，直到你获得知识。这个**圣语**将教导你这一法则。遵循这条法则，就没有什么是不可能的。但是，不要忽略这样一个事实，即你不可能不劳而获，值得拥有的东西就值得祈祷和为之努力；该是你的你才会得到；获得之前你必须给予。如果你为之付出了代价，那么所有的一切都会是你的。在你懂得如何运用**这个圣语**之后，必须为你所希望达到的结果而努力。在没有信心以及不了解神圣法则和这个圣语的情况下，努力将得不到结果。你必须知道自己想要什么；知道凭借什么样的神圣法则你才能得到它，并且遵循这个法则；要有耐性并且为之努力，直到你成功。

在相信这个圣语具有无限的神奇力量的前提下，开始阅读这本指导课程吧，要认识到你是神圣的创造力的一部分，这样你就会发现你自己身上的主人。你的主人的声音将因为这个圣语而被听到。随后病痛、贫穷、怀疑、焦虑、恐惧、妒忌、猜忌和死亡都会消失。你将发现自己一直在寻求的东西。你的内心将充满欢乐，你的生活将因为光明和对这个圣语的运用而充满爱和幸福。

第一章 圣语（或是遗失的圣语）的历史

早在埃及金字塔建立之前，人们就在寻找“点金石”，一种可以把所有的金属变成黄金的魔法石。同样地，人们也曾寻找这个**遗失的词**，相信拥后将获得一切力量，并在生活中赐予所有美好的东西，以帮助他们获得金钱、快乐和财务自由。

在古代，人们普遍认为犹太人拥有这个**词语**，但他们因为某种原因将其遗失了。

德国的罗赫林曾对**这个遗失的词语**做过几乎穷尽一生的研究。意大利的皮可·德利亚·米隆多拉把他一生的时间都奉献给了对这个遗失的词语的研究。

参考**阿摩司书 8：12**——“人们从死海漂流到地中海，从北边到东边。他们到处奔走，要寻求耶和华的道，但却寻不着。”这进一步证明了存在着一个有一段时间不为人知的词语，那些没有正确方式使用它的人就不被允许知道它。

人们为了找到这个遗失的词语花费了如此长的一段时间，这一事实证明过去一定存在着一个**有法力的词语**。否则，人们不会穷尽一生试图找到它。如果历史上某种充分的证据可以证明有这样一个词语存在过，但却遗失了——很可能是因为人们的堕落或是不服从——那么这个词现在必定存在。如果它的确存在，它现在就拥有与遗失前一样巨大的法力。

《圣经》说明了这个有法力的圣语是什么。本书的目的就是向你展示如何找到并运用这个有法力的词语，或者说这个圣语。

某些地方分会和牧师已经被组织起来去寻找这个遗失的词语。现在许多牧师都有密码密语，并且经常使用这个主控词，同时也是诵语、律词和法语——这个口语词，这个法的词语，这个有力量的词语。

I
AM
GOD
LOVE
FAITH
JEHOVAH

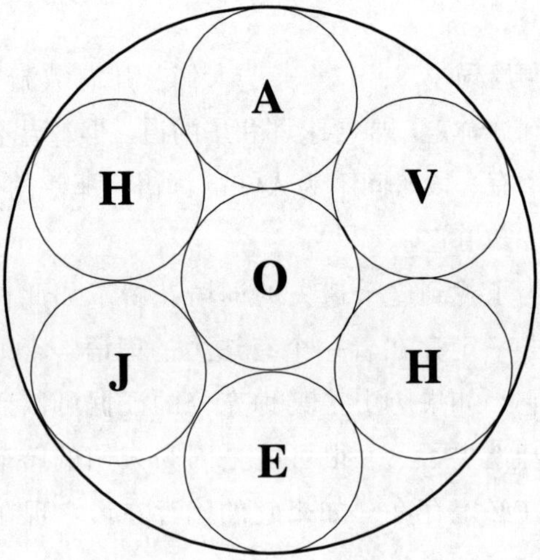
A
H
V
O
J
H
E

第二章　圣语——耶和华

在**诗篇 68：4** 中，我们被要求歌颂他的名字 Jah，并在他面前庆祝。Jah 这个名字是耶和华（Jehovah）的缩写，在使用或是发音时你可以用 Jah 这个名字代替耶和华（Jehovah）。某些情况下，你使用 Jah 跟你使用完整的名字 Jehovah 可能会获得一样好的结果，因为就像你使用耶稣、上帝、以色列或是以马内利这个名字都会获得结果一样，这完全取决于将在你体腔共鸣产生的主音、乐音或是音调。

这个词的发音是非常重要的。一些人无法通过对自己说出这个词来治愈自己，但当他们听到别人说出这个词时，他们又会向别人学习并且相信别人，尽管他们不相信自己。——**约翰福音 15：3**

如果你懂得这个**圣语**，并且心中有这个圣语，你就可以有求，而你也会得到你想要的。耶稣说过，爱的传递就是弘扬圣法。——**约翰福音 15：7**

耶稣再一次命令我们要彼此相爱，并且强调了遵守这个诫命时爱的价值。——**约翰福音 15：11、15：12、15：13**

再一次明确承诺，你以上帝的名义要求任何东西，你都会得到。——**约翰福音 16：23**

你再一次被告知，上帝可以用真理让你成圣，上帝的道就是真理。现在你理解耶稣为什么会说“你们必晓得真理，真理必叫你们得以自由”了吧？上帝的神名，即耶和华这个圣语，就是充满真理的神奇词语。在知晓真理并诵念这个词之后，你将不再怀疑、恐惧和怨恨，因为知晓真理并诵念这个词将会让你得以自由。——**约翰福音 17：17**

第九节说道：“因此你们要对着空中诵念。”这明确指示，你必须在放声诵念，你必须对着空中念出或是广播你的信息，以便你祈祷和祈愿言语或是信息可以反馈给你或是被实现，就像想要卖出东西的人会利用无线电广播信息一样，这就叫作“播送”。人们会听到信息，然后购买商品。因此，他们的祈祷或是信息通过被播送而得到了回应，而你则必须听从上帝的命令，对着空中把你的信息讲出来，然后在重复耶和华这个圣语之后，满怀信心地期待自己的祈愿得以实现。

在空中与主相遇，以便我们可以永远与主在一起，意思就是在空气中呼吸或是对着空中诵念，并且与主相遇，因为主（Lord）这个词指的就是耶和华（Jehovah）。然后当你重复耶和华这个圣语时，你的信息就进入到了空中，你就已经与主在空中相遇了。如果你继续对着空中诵念这个圣语，你就可以期待着圣语被实现，然后反馈与应验。

我们在上帝的话语[①]中读到，他将依据我们的工作来给予我们；他将庇护那些遵守他的诫命的人。他告诫我们要尊敬他的名字，要默默地祈祷，不要谈论得太多。当你谈论太多时，你就会泄露你的能量、你的力气和你的秘密。古人声称，你为自己所保留的东西必须被保存在你的内心。古语有云，被不断谈论的事情永远也不会发生。高谈阔论或是制订计划但却从不实施的人，不会获得任何结果。利用这个词语默默地努力并且遵循法则，你将会取得更大的成就。——**哥林多前书 14：8、14：9、14：10**

这句话的意思是，你会因口头诵念这个善语而受益。然而，私下默念而不是当众说，会带来最好的结果。——**哥林多前书 1：5**

这进一步证明了上帝的话语的力量，以及如果你愿意遵守和践行上帝的话，它将为你实现承诺。上帝的力量无所不能，当你学着充满信心地践行上帝的话时，你就可以实现一切。——**民数记 11：23**

这进一步证明，这个诵语或是正确的声息具有创造力。此外上帝还在诗篇中说道："他一说话，事情就成就；他一下令，一切就竖立起来。"

你可以学着利用耶和华这个圣语下命令，一切都将如你所愿。记住，你必须始终感谢你所获得的庇佑，同时在祈祷获得庇佑时要先行感谢。——**诗篇 33：6**

可以拯救你的词语是"我是耶和华"。这些词语是充满力量的圣语。——**使徒行传 11：14**

你必须先对这个**圣语**有信心，之后它才会为你产生结果。耶利米说过："你要把你的重担卸给耶和华，他必扶持你；他永远不会让义人受动摇。"——**路加福音 4：32**

这个**圣语**的治愈能力由此得到了证明，你可以诵念这个圣语而被治愈，但你必须遵守所有的法则。——**诗篇 30：2**

许多人常常去远方寻找一件近在咫尺的东西。这个**圣语**就在你的嘴

① 即《圣经》。

里，你的心中，但你必须把它付诸实践。你必须独自做这项工作。颂扬上帝这个圣语，信任它，对外界的事物和状况可能对你产生的影响毫不畏惧。这个词语将给你信心，让你禁受住诱惑。——**耶利米书5：15**

这个伟大的指令涵盖了一切和真爱。利用这个神圣的名字和“我是耶和华”，你可以获得永生。——**约翰福音3：23**

这是一句很积极的话，并且没有时间地点的限制。你所需要做的只是祈祷，满怀信心地请求，并诵念这个神圣的名字和耶和华，这样你的请求就会得到同意。——**约翰福音16：23**

人们为什么要用“上帝”来发誓？因为他们知道“上帝”是一个有法力的词汇，它比人类自身的词汇更有力量。人们为什么不用“史密斯”或是“琼斯”来发誓？诅咒或是谴责时为什么要说“该死的老天”？上帝这个词汇是法语。这句话的意思是，你不能利用这个神圣的名字去伤害他人，也不能将它用作自私的愿望，比如在没有给予相应价值的情况下觊觎他人的东西。当然，如果你对他人有爱，并且懂得“伤害他人时，其实更是在伤害你自己”这一法则，那么你使用上帝的名字就不会徒劳无功。对他人的妄念则会让你白白使用这个神圣的名字。我重复一遍，你必须遵守所有的法则才能获得回报。——**申命记5：11**

以马内利这一名字的意思就是上帝与我们同在，或者说教导、验证和成全律法的耶稣与人们同在世上。耶稣这个词的意思就是救世主，你可以重复“耶和华拯救我”（Jehovah Saves Me）这几个圣语一样重复“耶稣拯救我”（Jesus Saves Me）。重复或是全神贯注于这两个名字或词组中的任何一个都能获得结果。——**以赛亚书7：14**

名字约书亚（Joshua）或是耶书亚（Jeshua）是约书亚（Jehoshua）的缩写，它是“约书亚或救世主帮助”的希腊形式。请读**民数记13：16**。

这是另外一句积极的语句，句子中没有如果、可是、但是。它表明了耶和华这个**圣语**所表现出来的强大的神力。你是上帝之子，上帝说道：“我所做之事你也要做，并且要做更大的事。”上帝还说道，“天国就在你心中”，“你的身体就是永生的上帝的圣殿，上帝就在他的圣殿之中”。上帝就在他的圣殿之中，这给了你力量，让你通过重复耶和华这个圣语来请求上帝满足你的需求；当你的内心或是身体患病时，你应当1天3次，连续3天或是7天，重复以下语句：“我的身体是永生的上帝的圣殿。在上帝的圣殿中不可能有疾病，只有绝对的和谐、幸福和爱。”诵耶和华这个词就能达到这一点。此外再说：“天国就在我心中。在天国中，没有疾病和悲伤，只有绝对的健康、幸福和爱。”早上、中午和晚上都要重复这些语句，要有信心，相信事实的确如此，相信上帝会让你的身体好起来，让你的内心平静而从容。千万不要忘记重复以下语句：“平静，要缄默不语，要知道我是上帝。”要重复上帝的话：“坚信依赖我的，我必守护他平平安安，因为他信赖我。”——**路加福音 1：37**

在《圣经》中，我们到处都能发现要保持平静、要保持内心的宁静、要缄默不语这样的命令。当你在床上的时候，要保持平静，缄默不语，此时集中精力重复那个圣语将获得更好的结果。——**诗篇 4：4**

这两节的内容向你指示出了祈祷的时间，或是说耶和华这个圣语的时间。这两节清楚表明，你应当诵念这个词，而上帝会听见你声讯，会回应你的祈祷。《圣经》明确说明，万物皆有时。——**诗篇 5：3；诗篇 55：17**

毫无疑问，所有的事情都必须在适时而动才能得到最好的结果，而你祷告的合适时间当然就是在你需要的时候，但如果你遵循《圣经》中所阐述的上帝关于祷告的时间和地点的计划和规定，你就一定会获得更好的结果，因为这样你就是在遵循律法。——**诗篇 69：13**

这进一步证明，你可以通过保持平静和静坐得到最好的结果。集中精力于内心的宁静和平静会给予你力量，让你获得好的结果。——**以赛亚书 30：7**

你必须保持平静，集中精力、冥想、静静地重复耶和华这个圣语，或者说我，耶和华，同时重复说我就是耶和华，他听到了我的请求，会回应我的请求。——**以赛亚书 30：15**

通过耶和华这个圣语，上帝现在可以像过去一样好地让你的内心和身体恢复精力。

我们继续在《圣经》的各个地方发现了证据，证明现在与过去一样可能发生奇迹。上帝的律法是永恒的，它以前一直是，未来也会一直是。它过去一直在发挥作用，未来也会一直发挥作用。你有能力将耶和华这个圣语付诸实践并得到结果。——**耶利米哀歌 5：21**

要证明上帝是永恒的，其现在的力量与过去一样强大，就像耶稣刚刚来到这个世界上时，人们被这样的力量拯救和治愈，你今天也可以被拯救和治愈。——**路加福音 21：33**

7 个字母的词语：耶和华（JEHOVAH）、王国（KINGDOM）、仁慈（CHARITY）、祈祷（PRAYER）①、宽恕（FORGIVE）、以马内利（IMANUEL）、所罗门（SOLOMON）。

---

① PRAYER 是 6 个字母的词。

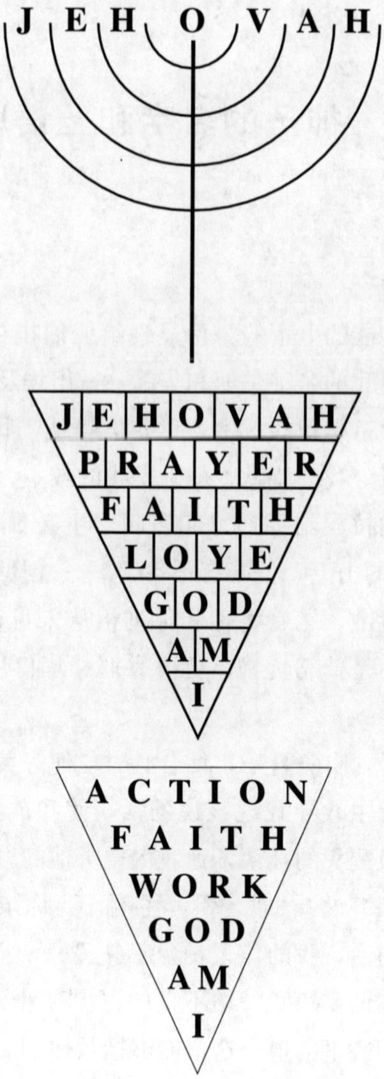

SEVEN LETTER WORDS

JEHOVAH KINGDOM

CHARITY PRAYER

FORGIVE IMANUEL

SOLOMON

第三章　神圣的名字和圣语耶和华

我曾以全能的上帝的身份显现给亚伯拉罕、以撒和雅各，但我却没有让他们晓得我的名字是耶和华。——**出埃及记 6：3**

看哪，上帝是我的救主；我要信赖他，我不惧怕；因为上主耶和华就是我的力量，我的诗歌，他确是我的救主。——**以赛亚书 12：2**

于是亚伯拉罕给那地方起名叫“主必预备”。甚至直到今日人们还说：“在上主的山上，他必有预备。”——**创世记 22：14**

他任你饥饿，然后将你和你列祖从未见过的吗哪①赐予你吃，使你知道人活着不是单靠食物，更要靠耶和华口里所出的一切话。——**申命记 8：3**

口善应对，自觉喜乐，话合其时，何等美好！——**箴言 15：23**

至高的上主教导我说该说的话，使我能够用言语去扶助疲乏的人；主每天清晨唤醒我的耳朵，让我渴望听他的教导。——**以赛亚书 50：4**

百夫长回答说：“哦，不，主啊，要你亲自到舍下来，实在不敢当。只要你说一句话，我的仆人就会痊愈。”——**马太福音 8：8**

所以，你们要挣脱一切不良的习惯和邪恶的行为，用顺服的心接受上帝种在你们心里的道，这道能够拯救你们的灵魂。

但你们要行道，不要单单听道，自己欺骗自己。——**雅各书 1：21～22**

你必须是耶和华这个圣语的践行者或使用者！

（上主的）使者问道：“你为什么想知道我的名呢？那是神奇的名。”——**士师记 13：18**

尽管人们曾穷其一生来寻找这个有法力的圣语，并且许多人并没有

① 古以色列人在经过荒野时所得的天赐食粮。

找到，其实《圣经》中清楚表明了圣语是什么。

这诫命不是悬在天上；你们不必问：谁要替我们上天把这诫命带到地上来，好让我们听见而实行呢？

这诫命也不是在海的彼岸；你们不必为：谁要替我们渡海把这诫命带来，好让我们听见而实行呢？

你必须在唯一一个地方献上你的祭品，那个地方是上主会选择的，位于你的其中一个部落领域中。你只能在那个地方献上将被焚烧的祭品，以及做其他所有我命令你做的事。——**申命记 30：12～14**

人们还没有找到这个密语的原因是，他们一直在远处寻找，而《圣经》说找到天堂的方法是在自己的内心寻找。《圣经》还进一步说明，圣语离得非常近，就在人的脑海和心中。你可以通过阅读《圣经》找到它和使用它的方法。这一点首先被透露给了摩西：从前我以全能的上帝的身份显现给亚伯拉罕、以撒和雅各，但我却没有让他们晓得我的名字是耶和华。——**出埃及记 6：3**

上帝把耶和华这个神圣的名字透露给摩西之前，没有把它透露给其他人，一定有他充足的理由。

这个圣语是耶和华。至于这个词的意思，我们就引用史密斯的圣经词典中对“耶和华”的解释：自有永有者；永生之人。《圣经》中对至高无上的神的称呼，被理解为代表出于自我和永生。犹太人小心翼翼地避免在任何一个地方提到上帝这个名字，在恰巧要写到这个名字时用别的词代替，或是用适当的元音点表示。这一习俗的起源备受保护，它是建立在**利未记 24：16** 的错误渲染之上的。人们根据**利未记 24：16** 的说法推测，这个名字的独立发音构成了一种死罪。按照犹太人的传统，这个名字一年只被诵念一次，由大祭司在他进入至圣所的赎罪日那一天诵念；但在这一点上还有一些疑问。当摩西被任命为以色列的使者时，万能的上帝出现在火焰中的荆棘中，把自己的名字告诉了他，上帝把这个作为他的使命的凭证：上帝对摩西说：“我是‘自有永有者（艾亚～亚瑟艾亚）’”又说，“你要对以色列人这样说，‘是那自有永有者派我到你们这里来。”正如希伯来书所理解的，这一段话是用来表明耶和华的存在的，未曾有人冒险怀疑过这一点。**民数记 16：22** 表明，当上帝用他的法力展示了他是物质世界的创造者和统治者时，耶和华这个名字就指定了他与人类相关时的本性，他是唯一万能的、真实的、理性的、神圣的存在，他是一种灵，是“万灵之父”；相对的还有**约翰福音 4：24**：“上帝是灵，所以敬拜他的必须用心灵和真诚敬拜他。”上帝把自己显示给了他的子民，与他的子民订立了圣约，变成了他们的律法制定者，因而所有的荣耀和敬拜都归给了他。

《圣经》中有大量证据表明，耶和华（JEHOVAH）这个词的意思就是永恒的上帝。亚伯拉罕和摩西建造了大殿，对它们进行命名并把它们献给了耶和华。查看**出埃及记 17：15**——摩西建造了一座祭坛，给它起名叫“耶和华尼西（Jehovah－nissi）”①；**士师记 6：24**——于是，基甸在那里为耶和华建造了一座祭坛，起名叫“耶和华沙龙”②。这坛至今仍然还在亚比以谢族的俄弗拉。

这座祭坛是对耶和华这个名字的一种尊敬，而“**耶和华沙龙**”这个名字的意思是，耶和华就是平安或是“耶和华就是平安之神”。**以赛亚书 12：2**——看哪，上帝是我的救主；我要信赖他，我不惧怕；因为上主耶和华就是我的力量，我的诗歌，他确是我的救主。再看以**赛亚书 26：4**——你们应当永远信赖上主；因为上主耶和华是永固的磐石。

诗篇 83：18——愿他们知道唯有你的名字是耶和华，你是全世界的至高主宰。

在《圣经》中，耶和华（Jehovah）这个名字被当成“上主（Lord）2000 多次，这表明了这个圣语的重要性。它的意思不仅仅是“耶稣”或“上帝”。

查看**出埃及记 3：13 和 3：15**——摩西对上帝说：“看哪，我到以色列人那里，对他们说，‘你们祖宗的上帝差遣我到你们这里来。’他们必问我，‘他叫什么名字？’我要对他们说什么呢？”——上帝又对摩西说：“你要对以色列人这样说，‘耶和华，你们祖宗的上帝，即亚伯拉罕的上帝、以撒的上帝、雅各的上帝，差遣我到你们这里来。’这就是我永久的名字，世世代代人都要这样称呼我。”再查看**以赛亚书 42：8**——我就是上主，这就是我的名字。我不会把自己的荣耀让给别人，也不会把我当受的赞美归给伪神——这进一步证明，“自有永有者”和“耶和华”是同一个意思，意思都是神圣的、永恒的。

我曾以全能的上帝的身份显现给亚伯拉罕、以撒和雅各，但我却没

---

① 即上帝是我的旗帜的意思。

② 就是“耶和华赐平安”的意思。

有让他们晓得我的名字是耶和华。——**出埃及记 6：3**

愿他们知道唯有你的名字是耶和华，你是全世界的至高主宰。——**诗篇 83：18**

看哪，上帝是我的救主；我要信赖他，我不惧怕；因为上主耶和华就是我的力量，我的诗歌，他确是我的救主。——**以赛亚书 12：2**

于是亚伯拉罕给那地方起名叫“耶和华以勒”。直至今日人们还说：“在上主的山上，他必有预备。”——**创世记 22：14**

摩西建造了一座祭坛，给它起名叫“耶和华尼西”。——**出埃及记 17：15**

于是，基甸在那里为耶和华建造了一座祭坛，起名叫“耶和华沙龙”。这坛至今仍然还在亚比以谢族的俄弗拉。——**士师记 6：24**

道

上主把自己的话传给巴兰，然后命令他回去向巴勒转达他的道。——**民数记 23：5**

我所吩咐你们的话，你们不可添加，也不可减少，好使你们遵行我吩咐你们的，也就是你们的上帝耶和华的诫命。——**申命记 4：2**

他任你饥饿，然后将你和你列祖从未见过的吗哪赐予你吃，使你知道人活着不是单靠食物，更要靠耶和华口里所出的一切话。——**申命记 8：3**

耶稣回答：“经上记着说，‘人活着，不是单靠食物，更要靠上帝口里所出的一切话。’”——**马太福音 4：4**

因为将来要凭你口中的话，来判断你是否有罪。——**马太福音12：37**

它所说的乃是：“上帝的道与你相近，在你口中，也在你心里。”这话就是我们所宣讲的关于信仰的道。——**罗马书 10：8**

因为上帝所应许的话是这样说的：“明年这个时候我会再来，你的妻子撒拉会生下一个儿子。”——**罗马书 9：9**

可见信仰是从听道而来的，而道又是从传扬基督而来的。——**罗马书 10：17**

主一发出命令，成群的妇女便结队前来报喜。——**诗篇 68：11**

求你急着向你仆人所应许的话，是你这话叫我有了盼望。——**诗**

篇 119：49

口善应对，自觉喜乐，话合其时，何等美好！——**箴言 15：23**

恶谋为上主所憎恶；良言则为上主所喜好。——**箴言 15：26**

贫穷人连亲戚都厌弃他；何况其朋友，岂不更疏远他。无论他有多努力地恳求他们，都是徒劳。——**箴言 19：7**

你所吃的那点儿食物必吐出来，你所说的甘言美语也必落空。——**箴言 23：8**

一句话说得合宜，就像一件金饰品镶在一件银器上。——**箴言25：11**

上帝信守他的每一个应许。他像盾牌，卫护所有投靠他的人。——**箴言 30：5**

毁谤别人的，干扰主持公道的，冤枉诚实人的，上帝都要歼灭。——**以赛亚书 29：21**

你们要这样回答他们：“要听从上帝的训诲！切不可听从巫师的话——他们所说的话无法让你远离烦恼。——**以赛亚书 8：20**

加入你彷徨在路上，偏左或偏右，他会在你身后对你说：“路在这里，踏上去吧。”——**以赛亚书 30：21**

是的，草必枯干，花必凋谢，唯有我们上帝的话永不改变。——**以赛亚书 40：8**

至高的上主教导我说该说的话，使我能够用言语去扶助疲乏的人；主每天清晨唤醒我的耳朵，让我渴望听他的教导。——**以赛亚书 50：4**

抬头看看天，低头看看地！天将像烟一样消失，地将像破旧的衣裳一样穿破，地上所有的子民将大批死亡。但我所带来的拯救将持续永远，我将取得最终的胜利。——**以赛亚书 51：16**①

我跟你们订立圣约：我已经把我的力量和教训赐予你们。从现在起，你们要服从我，也要教导你们的子孙世世代代都服从我。——**以赛亚书 59：21**

他们曾说：“先知不过是说空话，他们心里并没有来自于上主的道。”——**耶利米书 5：13**

全能的上帝，即上主对我说：“耶利米啊，这些人既然说这种话，我

① 此处不是以赛亚书 51：16 中的内容。

要让我的话在你口中成为火，使这群子民成为柴，这火将把他们烧毁。”——**耶利米书 5：14**

不要相信那些骗人的话：“我们是安全的！这是上主的圣殿，这是上主的圣殿，这是上主的圣殿！”——**耶利米书 7：4**

我们不会听从你以上主的名义对我们所说的话。——**耶利米书44：16**

百夫长回答说：“哦，不，主啊，要你亲自到舍下来，实在不敢当。只要你说一句话，我的仆人就会痊愈。”——**马太福音 8：8**

你们可以确定的是，在审判的日子，你们将供出自己所说过的每一句闲话。——**马太福音 12：36**

耶稣再次离开他们，第三次去祷告，说的话与以前一样。——**马太福音 26：44**

众人都很惊讶，彼此议论说：“这是什么话呢？这个人居然有权威和能力指挥邪灵，邪灵竟出来了！”——**路加福音 4：36**

耶稣问他们说：“什么事呢？”他们回答：“就是关于拿撒勒人耶稣的事啊！这个人是一个先知，在上帝和众人面前，说话做事都有力量。”——**路加福音 24：19**

众人都称赞他，对他所说那些动人的话大感惊奇。他们说：“这个人不是约瑟的儿子吗？”——**路加福音 4：22**

太初有道，道与上帝同在，道就是上帝。——**约翰福音 1：1**

西门彼得回答说：“主啊！你有永生之道，我们还要跟从谁呢？”——**约翰福音 6：68**

道成了肉身，充满着恩惠和真理，住在我们中间。我们曾见过他的荣光，正是天父独生子的荣光。——**约翰福音 1：14**

现在我对你们所讲的道已使你们洁净了。——**约翰福音 15：3**

你赐予我的话，我都传给了他们；他们也接受了；他们知道我确实是从你那里来的，也相信是你派遣了我。——**约翰福音 17：8**

同人弟兄们，亚伯拉罕的子孙们和你们中间敬畏上帝的人哪，这拯救之道是传给我们的。——**使徒行传 13：26**

摩西学习了埃及人的各种智慧，成了一个口齿伶俐、极有办事能力的人。——**使徒行传 7：22**

当地的人比贴撒罗尼迦的人开明。他们极其热心地倾听上主的道，

天天查考圣经，研究保罗的话是否真确。——**使徒行传 17：11**

如今我把你们托付于上帝和他的恩惠之道；这道能坚定你们的信心，把上帝赐予他所有子民的庇佑赐予你。——**使徒行传 20：32**

但既然所争论的都是关乎名词、语句上的斟酌，都是你们宗教律法上的琐事，你们自行解决吧，我不愿意审判这样的事。——**使徒行传18：15**

我凡事都给你们做榜样，让你们知道应当这样勤劳工作来帮助软弱的人。要记得上主耶稣亲自说过的话："施比受更为有福。"——**使徒行传 20：35**

保罗回答说："非斯都大人！我并没有发疯。我所说的都是真实、清醒的话。"——**使徒行传 26：25**

因为上帝的国不在乎言语，而在乎权能。——**哥林多前书 4：20**

我所说的话和讲的道，都不是用委婉动听的智言来传送，而是用圣灵的能力这有说服力的证据来传送。——**哥林多前书 2：4**

你们在基督真道上受教导的，应当和施教的人分享自己一切美好的东西。——**加拉太书 6：6**

基督曾用水，借着上帝的道，把教堂洗净，然后奉献给上帝。——**以弗所书 5：26**

当你们听见了真理之道，也就是听见了那使你们得救的福音时，你们也变成了上帝的子民。你们信了基督，上帝就把他所应允的圣灵赐予了你们，作为你们归属于他的印记。——**以弗所书 1：13**

你们一定要把基督的道谨记于心。要以各种智慧彼此教导，互相劝诫。要用诗篇、圣诗、灵歌，怀着感恩的心歌颂上帝。——**歌罗西书3：16**

你们无论做什么事、说什么话，都要奉上主耶稣的名而行，要借着他感谢天父上帝。——**歌罗西书 3：17**

起初，福音真道传到你们那里的时候，你们就听见了这福音所带来的盼望。因此，你们的信心和爱心都是以那为你们保存在天上的盼望为依据的。——**歌罗西书 1：5**

因为我们把这福音传给你们，不单是借着言语，也是借着全能，借着圣灵和对福音的确信。你们都知道，我们在你们那里时的生活是怎样的；一切无非是为了你们的好处。——**贴撒罗尼迦前书 1：5**

所以，你们当用这些话彼此劝慰。——**贴撒罗尼迦前书 4：18**

（愿上主）安慰你们，坚定你们，使你们可以继续有良善的言行。——**贴撒罗尼迦后书 2：17**

也许有人不肯服从我们在这封信上所吩咐的话；这样的人，你们要记下来，不要和他来往，好叫他觉得羞愧。——**贴撒罗尼迦后书 3：14**

那些善于治理教会的长老，尤其是那些在讲道和施教上劳苦的长老，应当得到加倍的敬奉。——**提摩太前书 5：17**

务要传道，不论顺境逆境，总要坚持不变；以百般的耐心去劝勉，去督责，去鼓励。——**提摩太后书 4：2**

你应当竭力讨上帝的喜悦，做一个无愧的工人，正确地讲解上帝的真理之道。——**提摩太后书 2：15**

你要坚守我教导给你的真道，作为你的规范，也要守住我们跟耶稣基督连结所得到的信心和爱心。——**提摩太后书 1：13**

他必须坚守那可靠的、符合教义的道。这样他才能够用正确的道理劝勉他人，也能够纠正那些反对的人的错误。——**提多书 1：9**

我们已经跟他们一样听见了福音。但他们听见了福音却没有得到益处，因为他们听见的时候没有用心去领受。——**希伯来书 4：2**

上帝的道是满有活力、满有生气的，而且锋利无比，胜过两刃的利剑，甚至能够刺入剖开灵与魂、关节与骨髓间的隙缝，也能识辨人的一切思想和动机。——**希伯来书 4：12**

凡是吃奶的都还是个孩子，还不会辨别是非。——**希伯来书 5：13**

弟兄姊妹们，我求你们耐心领受这劝勉的话，因为我并没有把这封信写得太长。——**希伯来书 13：22**

他们已经体验到了上帝的话是佳美的，也感受到了来世的人的权能。——**希伯来书 6：5**

他按照自己的旨意，借着真理之道创造了我们，使我们在他所创造的万物中居首位。——**雅各书 1：18**

所以，你们要挣脱一切不良的习惯和邪恶的行为，用顺服的心接受上帝种在你们心里的道，这道能够拯救你们的灵魂。

但你们要行道，不要单单听道，自己欺骗自己。——**雅各书 1：21～22**

我们众人都常常犯错误。如果有人在言语上没有过失，他就是一个

完人，也必能够控制整个自己。——**雅各书 3：2**

唯有上主的道永远长存。这道就是所传给你们的福音。——**彼得前书 1：25**

这样，我们对先知们所说的话就更加确信了。你们要好好地留意这些话；因为它像一盏灯照耀黑暗的地方，直到天亮，直到晨星在你们心中发出光辉的那一天。——**彼得后书 1：19**

我们把从太初就存在的生命之道写给你们。我们曾听过这道，也曾亲眼见过；是的，我们曾见过，也曾亲手摸过。——**约翰一书 1：1**

可以做见证的有三样。——**约翰一书 5：7**

因为你遵守了我的坚忍之道，当人类受磨炼的时候，我必保守你，使你幸免于难。——**启示录 3：10**

我知道你的行为；我知道你有一点儿能力；你遵守了我的教训，也对我忠诚。因此我已经在你面前开了一扇门，这门是没有人能关上的。——**启示录 3：8**

读这本书的人都是有福的，听见这预言并遵守书中所记载的人也是有福的。因为这一切事实现的日子就要到了。——**启示录 1：3**

坐在宝座上的那一位对我说："现在我把一切都更新了！"他又说，"你要写下来，因为这些话都是真实可靠的。"——**启示录 21：5**

我们的弟兄已经借着羔羊的血和他们所宣布的真理胜过了戾龙；他们甚至愿意牺牲自己的生命。——**启示录 12：11**

他身穿一件染满了血的衣服。他的名字是"上帝的道"。——**启示录 19：13**

我约翰郑重警告那些听见了这书上预言的人：如果有人在这些预言上增添什么，上帝必将这书上所写的灾难加在他身上。——**启示录22：18**

这位上帝——他的作为多么完善！他的话多么可靠！他像一面盾牌保护所有投靠他的人。——**诗篇 18：30**

上主的话是真实的；他的一切作为都是可靠的。——**诗篇 33：4**

求你叫真理的话总不离开我口，因我仰望你的典章。

上主，我心渴望你的救恩；我信赖你的话语。——**诗篇 119：43、81**

我将你的律法藏在心里，免得我得罪你。

你的应许给了我生命，即使在患难中，我也因此获得了安慰。

你的话是指引我的灯，是我路上的光。

你的应许如此可靠！我是如此爱它！——**诗篇 119：11、50、105、140**

你的教诲何等甘美——甚至比蜜更甜！

我趁天未亮请求你的帮助；我仰望你的应许。

你话的总纲是真实的，你一切公义的典章是永远长存的。——**诗篇 119：103、147、160**

我要向你的圣殿敬拜，我要因你的慈爱和信实称谢你的名；因为你表明了你的名字和你的命令超越一切。——**诗篇 138：2**

你拒绝让我纠正你；你拒绝我的命令。——**诗篇 50：17**

我迫切等候上主的帮助；我信靠他的话。——**诗篇 130：5**

倘若我说："我不再提起上主，也不再奉他的名宣讲。"你的话就像火在我心中焚烧。我竭力坚忍下去，却不能抑制。——**耶利米书 20：9**

你对我说话，句句我都留心听。主啊，万能的上帝，我是属于你的；你的话使我心里充满了喜乐。——**耶利米书 15：16**

你们没有把他的话存在心里，因为你们不信他所差来的那一位。——**约翰福音 5：38**

我知道你们是亚伯拉罕的子孙，你们却想要杀我，因为你们心里容不下我的道。——**约翰福音 8：37**

你们为什么不明白我的话呢？无非是因你们不能听我的道。——**约翰福音 8：43**

你从世上赐予我的人，我已将你的名显明给他们了。他们原属于你，你把他们赐予了我，而他们都遵守了你的道。

求你用真理使他们把自己奉献给你；你的话就是真理。——**约翰福音 17：6、17**

许多人领受了他的道，并接受了洗礼；那一天信徒约增加了 3000 人。——**使徒行传 2：41**

这样，你们等于是借着传授给别人的传统，把上帝的道废弃了。你们还做了许多类似的事。——**马可福音 7：13**

在这个物欲横流、罪恶充斥的时代，如果有人以我和我的教训为耻，人子在他的天父的荣耀中与众天使一起来临时，也必以那人为耻。——**马**

可福音 8：38

所有人都将因我而憎恨你。忍耐到底的人必然得救。——**马可福音 13：31**①

此外，你们还有些事情是我们一直在感谢上帝的。那就是我们向你们传讲上帝的道的时候，你们听见了，也领受了，你们并没有把它当作是人的话来接受，而是正确地认定了这是上帝的道，其实这的的确确就是上帝的道，而且在你们这些信者的心里已经发生了作用。——**贴撒罗尼迦前书 2：13**

希西家以为这话是指他在有生之日，将得以享受和平安全，所以他回答："你所宣布给我的来自上主的话很好。"——**列王纪下 20：19**

借着真理之道和上帝的权能（来表明我们是上帝的仆人），我们以正义做武器，攻击敌人，也保卫自己。——**哥林多后书 6：7**

我时时刻刻遵守上帝的命令；我跟从他的旨意，而不是自己的欲望。——**约伯记 23：12**

聪明人的话带来荣誉；愚蠢人的话自招祸患。——**传道书 10：12**

传道者费尽心思寻求激励人心的话，但他所写下的话就是真诚的。——**传道书 12：10**

智慧人的话有督责的功效，好像牧羊人手中那带着刺的牧杖，而他编纂的格言坚定不移，有如钉得牢固的钉子。它们都是人类的大牧者上帝所赐的。——**传道书 12：11**

你开口以前要先想一想，不要轻率地向上帝许愿。他在天上，你在地下，所以你用不着喋喋不休。——**传道书 5：2**

他将口出狂言，敌对至尊的上帝，并且迫害上帝的子民。他将图谋更改他们的宗教法律和节期。上帝的子民将受他统治 3 年半。——**但以理书 7：25**

你们要回到上主这里，向他忏悔说："求你赦免我们一切的罪过，垂听我们的祷告，好叫我们能够照所许的愿颂赞你。"——**何西阿书 14：2**

上帝用安慰的话回答（那与我说话的）天使。——**撒迦利亚书1：13**

于是我的子民蜂拥而来，要听你说的话。他们听了，却不实行。他们把你的话当作耳边风，仍旧过着贪婪的生活。——**以西结书 33：31**

① 此句不是马可福音 13：31 的内容。

难道以色列人会受咒诅吗？上主已经不耐烦了吗？他真的会做这种事吗？他对行为正直的人不说仁慈的话吗？——**弥迦书 2：7**

这就是我给你们的命令：你们要彼此相爱。——**约翰福音 15：7**

我把这些事告诉了你们，好让我的喜乐存在你们心里，并且使你们的喜乐满溢。

我的命令就是：你们要彼此相爱，就像我爱你们一样。

一个人为朋友牺牲自己的性命，人间的爱没有比这更伟大的了。——**约翰福音 15：11、12、13**

到那一天，你们就不会向我求什么了。我郑重地告诉你们：你们奉我的名，无论向父亲求什么，他都一定会赐予你们。——**约翰福音16：23**

要是吹号的吹不出准确的音，谁能准备打仗呢？

同样，你们所讲的话若不清楚，谁能明白里头的信息呢？这样你们就是向空气说话罢了！

世界上有很多种不同的语言，可是却没有一种是不表达意思的。——**哥林多前书 14：8、9、10**

接着，我们这些还活着的人都要跟他们一起被提到云里，在空中跟上主相会。从此，我们就永远跟上主在一起了。——**贴撒罗尼迦前书4：17**

因为借着基督，你们已经在一切事上，在一切言论和知识上，变得富有。——**哥林多前书 1：5**

上主回答："我的能力有限吗？你很快就会看见我说得话是不是会实现！"——**民数记 11：23**

诸天由上主的命令造成；日、月、星辰也由他的话造成。——**诗篇33：6**

天使有话要对你说，这话将使你和你的全家得救。——**使徒行传11：14**

听见他教训的人都很惊奇，因为他的话满有权威。——**路加福音4：32**

上帝从美丽绝伦的锡安城发射光辉。——**诗篇 50：2**

上帝的命令就是：我们必须信他的儿子耶稣基督，并且按照基督的吩咐彼此相爱。——**约翰一书 3：23**

到那一天，你们就不会向我求什么了。我郑重地告诉你们：你们奉我的名，无论向父亲求什么，他都一定会赐予你们。——**约翰福音16：23**

你们不可滥用我的名，凡滥用我名的人，我——上主、你的上帝，必将惩罚他。——**申命记 5：11**

然后主会亲自给你们一个征兆：将有一位年轻女士怀孕生子，并给儿子起名叫以马内利。——**以赛亚书 7：14**

因为没有一件事是上帝做不到的。——**路加福音 1：37**

你们当战战兢兢，不再犯罪；躺在床上寂静无声的时候，要沉思默想。——**诗篇 4：4**

（上主啊!）早晨你要听我的声音；太阳一出我就要向你祈祷，静候你的回音。——**诗篇 5：3**

无论早晨、中午、晚上，我都要向他悲叹申诉；他一定会垂听我的声音。——**诗篇 55：17**

上主啊，至于我，我要向你祈求；上帝啊，因着你永恒的大爱，因着你应许要拯救，求你照你所定的时间应答我。——**诗篇 69：13**

埃及的帮助无济于事。因此，我给埃及起了一个绰号，叫它“不中用的怪兽”。——**以赛亚书 30：7**

至高的上主——以色列神圣的上帝对他的子民说：“回来吧，安心信靠我，你们就得安全；镇静等待我，你们就有力量。”但是你们不愿意。——**以赛亚书 30：15**

上主啊，求你使我们回心转意，归向你！求你恢复我们昔日的光荣。——**耶利米哀歌 5：21**

他将成为雅各的后代永远的王；他的王国将永存不灭。——**路加福音 21：33**

F O R G I V E

P R A Y E R

F A I T H

W O R D

G O D

A M

I

第四章 《圣经》教导了什么

"没有什么比听见我的孩子们按真理行事更让我快乐的了。"

《圣经》是一本法则之书，是关于身体、自然、心理、精神和时间的法则。

如果正确理解，《圣经》是简单的。它教导神的法则，以及法则的用途和危害。《圣经》中说得很清楚，不管一条法则是神性的还是自然的，如果你违背法则，就必将付出代价，如果你服从或遵循法则，就必将获得回报。

《圣经》并没有说你死后才能获得回报，而是承诺你在世时就能获得回报或是收获。耶稣说过："你既已播种，就必收获。"他说的不是"死后"，说的是此时此刻。有太多的人曾宣扬，我们此时活在世上应当不断牺牲，等到死后才能获得回报。这不是人们想要的。人们想要的是一些实际的东西。人们希望自己在世时获得回报。如果他们正确地付出了努力，他们就期望在世时会获得回报。

所有的自然法则都教导和证明，我们的确可以在世时就获得回报。约伯服从了法则，于是在世时所得到的就相当于他从前所有的东西的两倍。《圣经》中没有说这些法则今天将不再发挥作用，而我也将利用《圣经》证明这些法则今天仍然发挥作用。

播种与收获

人类的法则不是自然法则，也不是神的法则。

当你种植或者说播种时，你是先栽培后收割。例如，你播种小麦种子，给它们浇水，让它们获得阳光，随后当种子发芽时，你就栽培成功了；接下来小麦生长，最后你收割的是小麦，而不是玉米。这是一条自然法则，但这也是一条神的法则，因为你无法改变这一法则。它过去一直在发挥作用，未来也会一直发挥作用。

同样的法则支配着你的行为和思想。你专注于什么，或者说你想的是什么，你就会因你所想的收获什么。如果你专注于金钱并努力去获得，你就会获得金钱。

你们不要自欺，也不要欺骗上帝。一个人种什么，就收什么。——**加拉太书6：7**

《圣经》中没有什么比这一点更显而易见。这是一条因果自然法则——种什么因得什么果。如果你所想的是正确的，所做的也是正确的，你就一定会获得回报。如果你打破诫命和法则，为非作歹，你就一定会受到惩罚。

于是地上长出了各种各样的植物，上帝看见这些很满意。——**创世记1：12**

这里我们再一次发现了一向明确表明种什么因得什么果的语句。种瓜得瓜，种豆得豆。因此，同样的道理，你必须预期你播种的是什么样的思想和行为，你收获的也会是这些思想和行为导致的结果。

如今，我把祝福和诅咒放在你们面前，由你们自己选择。如果你们听从上主——你们的上帝的诫命，即我今天吩咐你们的，你们就会受到祝福；但如果你们不听从这些诫命，反而转向你们从未敬拜过的神明，去敬拜它们，你们就会受到诅咒。——**申命记11：26～28**

这再一次清晰表明，你的每一次善行都会获得回报，不管这善行有多小。神的法则从来不会让你不能获得回报。你会发现，仔细阅读《圣经》中所有关于播种与收获的语录是有帮助的。

道的力量

太初有道，道与上帝同在，道就是上帝。——**约翰书1：1**

诸天借着耶和华的话而造，天上的万象借着他口中的气而成。因为他一发言，万有造成，他一出命，各物生成。——**诗篇33：6、9**

《圣经》教导，道有法力。上帝吩咐说“让世上有光吧”，于是世上便有了光。

《圣经》说，我们被道所救——因此当你学习道和如何使用道时，你就会拥有无限的力量。

第五章　如何利用神的法则解决你的问题

想象

上主说："看哪，他们现在同属一个民族，同操一种语言；他们一开始就干出这种事情来，岂不是很快就可以为所欲为了！"——**创世记11：6**

《圣经》明确说明，你想象什么就能做到什么。如果你不能在脑子里想象出一件事物的样子，你就不能创造出这件事物。每一件被完成的事物都必须经历三个阶段。当一名伟大的画家开始作画时，他首先必须想象出他打算画的东西。他必须真实地看见已完成的画作。然后他取来原料开始作画，这画将是他的想象力的具体化。

当一名建筑师准备绘制一张建筑平面图时，他首先要在脑子里想象出这座建筑的样子。接下来，他再为这座建筑绘图。第三步才是工人们开始建造这座建筑。当这一步完成时，最初的想象就变成了现实。

如果你能把自己想象得病倒，你也能同样轻松地把自己想象得完全康复。一个人的想象力越丰富，他所能取得的成就越大。人们经常被称作梦想家，但如果你能想象出一件事物，你就能让梦想成真。这就是为什么冥想并集中精力于你想解决的任何问题上是如此重要的原因。如果你无法看到自己快乐、健康和成功，那么你就无法变得快乐、健康和成功。

阅读《圣经》中所有讲述想象的内容，你就会发现关于在心里想象出自己想要的东西的样子的智慧。

后来，上主说："现在那些人已经跟我们中的一个相似，已经能分辨善恶。如今不要让他们摘取生命树上的果子，吃了活到永远。"——**创世记 3：22**

现在你去，我会帮助你说话，指教你该说什么。——**出埃及记4：12**

上主对摩西说："现在我要把食物从天上降给你们所有人。人们必须每天出去收取当天所需的食粮。这样，我就可以考验他们，看他们会不会遵守我的指示。"

摩西说："上主命令我们留下一点儿吗哪给我们的子孙，好让他们看到上主从埃及领我们出来时，在旷野中所赐予我们的食物。"——**出埃及记16：4、32**

他要在神圣的场所沐浴，穿上自己的衣服。然后出来把自己的燔祭和民众的燔祭献上，为自己和民众赎罪。——**利未记16：24**

你们不可把自己的子女当作祭物献给邪神摩洛，因为这将亵渎上主，即上帝的名。——**利未记18：21**

主所恨恶而不能容忍的事有7件：高傲的眼睛、撒谎的舌头、杀害无辜的手、诡计多端的心、疾行作恶的腿、谎话连篇的假见证、挑拨弟兄掀起争端的人。——**箴言6：16～19**

智慧与灵的力量

嫩的儿子约书亚充满智慧，因为摩西曾委派他做继承人。以色列人民听从约书亚，遵行上主借着摩西颁给他们的诫命。——**申命记34：9**

你要吩咐抬约柜的祭司们，在到达约旦河边的时候，他们要走进河里，靠岸边站着。

于是约书亚对人们说："你们走近这里来，来听上主——你们的上帝要讲的话。"——**约书亚记3：8～9**

上帝的灵把我举起，提我到圣殿的东门。我在东门附近看见25个人，其中有两个民间领袖——押朔的儿子雅撒尼亚和比拿雅的儿子比拉提。——**以西结书11：1**

我要赐予你们新的心、新的灵。我要替你们换心，把像石头一样坚硬的心除掉，换上一颗有血有肉、肯服从的心。——**以西结书36：26**

于是他回答我说："这是上主对所罗巴伯所说的话，'万军之主耶和华说，不是倚靠武力，也不是倚靠权势，而是倚靠我的灵，才会成功。'"——**撒迦利亚书4：6**

天使回答我："这是四风①；他们刚刚从普天下之主的面前下

① "风"也可作"灵"。

来。”——**撒迦利亚书 6：5**

他伸出一只像手的东西，抓住我的头发。接着，在异象中，上帝的灵把我提升到空中，带我到耶路撒冷。他领我到圣殿北门内院的进口处。那里有一尊触怒上帝的神像。——**以西结书 8：3**

愤怒

你们若发脾气，不可因这脾气而犯罪，也不可生一整天的气。——**以弗所书 4：26**

恐惧

我所害怕的事都一一发生在了我的身上。——**约伯记 3：25**

恐惧从周围袭击他们，步步紧跟着他们。——**约伯记 18：11**

我们经历了灾难和破灭，在危险恐惧中过日子。——**耶利米哀歌3：47**

于是耶稣对他的门徒说：“你们为什么这样害怕呢？你们还没有信心吗?”——**马可福音 4：40**

耶稣对她说：“孩子，你的信心救治了你。平安地回去吧，你的病痛消除了。”——**马可福音 5：34**

爱里是没有恐惧的；完全的爱驱除一切的恐惧。所以，那些有恐惧的人就没有完全的爱，因为恐惧和惩罚是相关连的。

我们爱上帝，因为上帝先爱我们。——**约翰一书 4：18～19**

战胜死亡

他要擦干他们的眼泪。城中再没有死亡、忧伤、哭泣和痛苦。以往的事都已经过去了。——**启示录 21：4**

透过心灵恢复身体

有些人认为某一天比其他天重要，有些人则认为所有的日子都同样重要。每一个人都应该有他自己的见解。——**罗马书 14：5**

你们要把心灵更换一新；

要穿上“新我”；这新我是照着上帝的形象，在公义和真实的圣洁里创造的。

所以你们不要再撒谎，要与邻人说实话：因为我们互为肢体。——**以**

弗所书 4：23～25

上主啊，求你使我们回心转意，归向你。求你恢复我们昔日的光荣。——耶利米哀歌 5：21

一心一意

心怀二意的人，在他的一切道路上都摇摆不定。——雅各书 1：8

安静与沉思

约伯啊，留心听吧！请安静片刻，想想上帝奇妙的作为。——约伯记 37：14

相反，他们乐意遵行上帝的旨意，并且昼夜研究他的律法。——诗篇 1：2

他说："要停止战争，承认我是上帝！我必定备受世上列国的尊崇！"——诗篇 46：10

你们当战战兢兢，不再犯罪；躺在床上寂静无声的时候，要沉思默想。——诗篇 4：4

吃一块硬饼干而心安理得，胜过满桌酒肉而吵闹相争。——箴言17：1

心存善念

他说："来吧，请吃，请喝。"可是言不由衷。——箴言 23：7

竭力行善，受人敬重；追寻邪恶，祸患临头。——箴言 11：27

挖坑害人，必自陷其中；滚动石头的，反遭石头所压。——箴言26：27

音乐或声音疗法

所以请下令让我们去找一个弹竖琴的能手来。然后当邪灵来到你身上的时候，那人一弹竖琴，你就好了。——撒母耳记上 16：16

你自己的错误

纵使我错了，我的错误自己承当。——约伯记 19：4

"我们要怎样来折磨他？"你们竟敢随意给我加罪名，不断地压迫我！——约伯记 19：28

他粉碎狡猾之徒的奸计，将计就计，使他们的计谋一无成就。——**约伯记 5：12**

金箴

你们要别人怎样待你，你们就要怎样待别人。——**路加福音 6：31**

天国在你心中

上帝的圣殿和假神怎能并立呢？我们是永生上帝的圣殿。正如上帝所说："我要跟我的子民同住，在他们当中往来。我要做他们的上帝，他们要做我的子民。"——**哥林多后书 6：16**

没有人能说："看哪！天国在这里或那里！"因为天国就在你们心中。——**路加福音 17：21**

满怀信心地请求并获得

所以我告诉你们，你们祈求，就得到；寻找，就找到；敲门，就给你们开门。

因为祈求的，必然得着；寻找的，终必寻见；敲门的，一定给他开门。——**路加福音 11：9、10**

妄自尊大

你的骄傲欺骗了你自己。你的京城是岩石造的堡垒；你的家在高山上。因此你对自己说："谁能把我拉下来。"

纵使你把家安置得像老鹰的巢穴一样高，让它看起来像是在星宿之间，我仍然要把你拉下来。——**俄巴底亚书 1：3～4**

证明律法

不要以为我来的目的是要废除摩西的法律和先知的教训。我不是来废除，而是来成全它们的真义。——**马太福音 5：17**

记住，只要天地存在，律法的一点一画都不会废掉，而且必定要一一实现。——**马太福音 5：18**

爱，最基本的律法

耶稣回答说："你要全心、全情、全意爱上主——你的上帝。"

这是最大的，也是最重要的诫命。

第二重要的诫命与此相似："爱人如爱己。"

摩西全部的法律和先知的教训都是以这两条诫命为根据的。——**马太福音 22：37～40**

不可奸淫；不可杀人；不可盗窃；不可觊觎他人的东西。所有这些诫命以及其他所有诫命，都包括在"爱人如爱己"这一条诫命里面了。——**罗马书 13：9**

一个爱别人的人，不会做出伤害他人的事。所以，爱就是要遵守全部的律法。——**罗马书 13：10**

相反，我们每一个人都应当为他人的利益着想，来建立他们的信心生活。

因为基督也不只是满足自己，反而像《圣经》所说："那些辱骂你的人发出的辱骂都落在了我身上。"——**罗马书 15：2、3**

《圣经》论爱

不可复仇，也不可怀恨在心，而应当爱人如爱己。我是上主。——**利未记 19：18**

你们要全心、全情、全力爱上主——你们的上帝。——**申命记 6：5**

上主的忠贞子民哪，要敬爱上主！上主卫护忠信的子民，却严厉惩罚骄傲的人。——**诗篇 31：23**

上主爱那些憎恨邪恶的人；他保护他子民的生命，拯救他们脱离邪恶人的手。——**诗篇 97：10**

他保护所有爱他的人，但他要消灭邪恶的人。——**诗篇 145：20**

我爱上主，因为他垂听我；他垂听我的祷告。——**诗篇 116：1**

上主啊，你是我的守卫者！我多么敬爱你！——**诗篇 18：1**

我何等爱慕你的律法，终日不住地思想。——**诗篇 119：97**

心怀二意的人为我所恨；但你的律法为我所爱。——**诗篇 119：113**

你是我的守卫者，我的保护人；我仰望你的应许。——**诗篇119：114**

凡地上的恶人，你除掉他，好像除掉渣滓，因此我爱你的训诲。——**诗篇 119：119**

我爱你的诫命胜于金子，更胜于精金。——**诗篇 119：127**

所以上主啊，我是多么爱你的训诲。你的爱永不改变，所以拯救我

吧。——**诗篇 119：159**

你的律法的总纲是真实的，你一切公义的典章都永远长存。——**诗篇 119：160**

我憎恨一切谎言，但我却爱你的律法。**诗篇 119：163**

我遵守你的教导；这教导我全心喜爱。——**诗篇 119：167**

上主公义，他喜爱正直的行为；正直的人得以朝见他。——**诗篇11：7**

上主与我同在，我不会惧怕；人能把我怎么样呢？——**诗篇 118：6**

上主管教他所爱的人，正如父母管教自已以为傲的孩子一样。——**箴言 3：12**

恨能引起争端；爱能饶恕一切过错。——**箴言 10：12**

我的愁苦将变成安宁；你救我的命，脱离一切危难。你饶恕我一切的罪过。——**以赛亚书 38：17**

我从遥远的地方向他们显现。以色列人哪，我一向疼爱你们，我仍要以信实不变的爱爱你们。——**耶利米书 31：3**

我用慈绳爱索牵引他们。我怀抱他们，偎贴在自已的面颊上；我俯下身子，喂养他们。——**何西阿书 11：4**

不！上主已经指示我们什么是善。他要求我们的是：伸张正义，实行不变的爱，谦卑地与我们的上帝同行。——**弥迦书 6：8**

上主——你的上帝跟你同在；他的大能使你得胜。他要因你而欢悦；他的慈爱要赐你新生命。他要因你而喜乐歌唱。——**西番雅书 3：17**

在第四、第五、第七、第十月举行的禁食，要成为犹大人民欢喜快乐的节期。你们要喜爱真理与和平。——**撒迦利亚书 8：19**

因为邪恶泛滥，许多人的爱心会渐渐冷淡了。——**马太福音 24：12**

要孝敬父母，并且爱人如爱已。——**马太福音 19：19**

耶稣回答说："你要全心、全情、全意爱上主——你的上帝。"——**马太福音 22：37**

我告诉你，她所表示深厚的爱证明她许许多多的罪都已经蒙赦免了。那少得赦免的，所表示的爱也少。——**路加福音 7：47**

我给你们一条新命令：你们要彼此相爱；我怎样爱你们，你们也要怎样彼此相爱。——**约翰福音 13：34**

父亲爱他的儿子，已经把一切交在他手中。——**约翰福音 3：35**

你们要彼此相爱；这就是我给你们的命令。——**约翰福音 15：17**

因为父亲自己爱你们。他爱你们，因为你们爱我，并且信我是从上帝那里来的。——**约翰福音 16：27**

上帝深深爱世人，甚至连自己的独子也赐予他们，叫一切相信他的，不至灭亡，反得永生。——**约翰福音 3：16**

他们被定罪的原因是：光来到世上，但世人却因为自己的行为邪恶，不爱光而爱黑暗。——**约翰福音 3：19**

于是犹太人说："你看！他是多么爱他啊！"——**约翰福音 11：36**

他们爱人的赞许胜过爱上帝的赞许。——**约翰福音 12：43**

然后向他们吹一口气，说："领受圣灵吧！"——**约翰福音 20：22**

凡接受我命令并且遵守的，就是爱我的人。爱我的，我父亲必定爱他；我也爱他，并且向他显现我自己。——**约翰福音 14：21**

你们听见我对你们说过："我去了，但是还要回来。"如果你们爱我，你们会因着我回到父亲那里去而欢喜，因为他比我大。——**约翰福音14：28**

我像父亲爱我一样地爱你们；你们会常生活在我的爱中。——**约翰福音 15：9**

你们若遵守我的命令，就会常生活在我的爱中，正像我遵守我父亲的命令，而常生活在他的爱中一样。——**约翰福音 15：10**

我的命令就是：你们要彼此相爱，就像我爱你们一样。——**约翰福音 15：12**

基督的爱支配着我们，因为我们明白，一个人为众人死了，也就意味着众人都死了。——**哥林多后书 5：14**

所以，你们每一个人都应该按照自己的心愿捐助，不犹豫，不勉强，因为上帝喜欢乐意奉献的人。——**哥林多后书 9：7**

至于我们呢？我们所盼望的，是上帝会使我们跟他有合宜的关系；这是圣灵的力量借着我们的信心达成的，我们等待着。——**加拉太书5：5**

至于你们，我的弟兄姊妹们，你们蒙召得了自由，但千万不要以这自由为借口，乘机放纵情欲。相反，要本着爱心，互相服侍。——**加拉太书 5：13**

因为全部的律法，都包括在"爱人如爱己"这一条诫命之中了。——**加拉太书 5：14**

相反的，圣灵所结的果子则是：仁爱、喜乐、和平、忍耐、慈悲、

良善、信实、温柔、节制。像这些德行，从来没有什么律法会禁止。——**加拉太书 5：22～23**

早在创造世界以前，上帝已经因为基督的缘故选中我们，要使我们在他面前成为圣洁、没有丝毫缺点的人。——**以弗所书 1：4**

但是，上帝的怜悯是如此的丰富，他对我们的爱是如此的伟大。因为他爱我们。——**以弗所书 2：4**

我又祈求基督借着你们的信心，住在你们心里，使你们的爱心有根基，不会动摇。——**以弗所书 3：17**

你们的生活要处处表现爱心，正如基督爱我们，为我们舍命，作为馨香的供物和祭品献给上帝。——**以弗所书 5：2**

做丈夫的，你们要爱自己的妻子，就像基督爱教会，为教会舍命一样。——**以弗所书 5：25**

上帝是公道的。他不会忘记你们为他所做的工作，和你们通过继续不断地帮助其他的信徒所表现出来的对他的爱。——**希伯来书 6：10**

你们要一直像基督徒那样彼此相爱。——**希伯来书 13：1**

要记得接待异乡人到你们家里。曾经有人这样做，竟在无意间接待了天使。——**希伯来书 13：2**

你们若遵从《圣经》上所记载的“爱人如爱己”这条至尊的律法，那就做对了。——**雅各书 2：8**

你们虽然没有见过他，却爱他；虽然现在看不见他，却信他。所以你们有言语所不能表达的无限的、充满光荣的喜乐。——**彼得前书 1：8**

上帝让先知们知道，他们的工作并不是为自己，而是为你们。他们所说的这些事，现在已经借着福音的使者们，靠着从天上来的圣灵的能力，传给你们了。这些事连天使们也希望看个明白呢？——**彼得前书1：12**

但如果我们遵守他的道，我们对上帝的爱就的确达到完全了。这样，我们就有把握说我们是真的基督徒了。——**约翰一书 2：5**

基督为我们牺牲生命，从这一点，我们知道什么是爱。那么，我们也应该为他人牺牲生命。——**约翰一书 3：16**

因为上帝差遣他的儿子到世上来，不是要定世人的罪，而是要借着他来拯救世人。——**约翰福音 3：17**

亲爱的朋友们，我们要彼此相爱，因为爱是从上帝来的。那有爱的，是上帝的儿女，也认识上帝。——**约翰一书 4：7**

这就是爱：不是我们爱上帝，而是上帝爱我们，差了他的儿子，为我们牺牲，赎了我们的罪。——**约翰一书4：10**

上帝差他的独子到世上来，使我们借着他得到生命；上帝用这方法显示他爱我们。——**约翰一书4：9**

亲爱的朋友们，既然上帝那么爱我们，我们也应该彼此相爱。——**约翰一书4：11**

从来没有人看见过上帝，但如果我们彼此相爱，上帝就住在我们里面，而他的爱也在我们里面得到完全了。——**约翰一书4：12**

我们爱，因为上帝先爱我们。——**约翰一书4：19**

基督这样命令我们：那爱上帝的，也必须爱他的弟兄。——**约翰一书4：21**

遵守上帝的命令就是爱上帝；他的命令并不难于遵守。——**约翰一书5：3**

在我们的天父上帝面前，记念你们怎样把所信的实行出来，怎样以爱心辛劳工作，又怎样坚守对上主耶稣基督的盼望。——**贴撒罗尼迦前书1：3**

愿上主使你们有彼此相爱和爱人类的心，并且日益增长，增长到就像我们爱你们一样的伟大。——**贴撒罗尼迦前书3：12**

为了他们的工作，你们应该用最大的敬意和爱心对待他们。你们自己也要和睦相处。——**贴撒罗尼迦前书5：13**

对那些将要灭亡的人使用各种诡计。他们将要灭亡是因为他们不接受、不喜爱那会使他们得救的真理。——**贴撒罗尼迦后书2：10**

上帝爱我们，由于他的恩典，他赐予我们永恒的毅力和美好的盼望。愿我们的上主耶稣基督（激励你们，使你们有勇气来宣传和实行一切美善的事）[①]。——**贴撒罗尼迦后书2：16**

愿主引导你们，使你们对上帝的爱有更深的体验，并且有基督所赐的耐心。——**贴撒罗尼迦后书3：5**

现在，那胜利的奖赏在等着我；那按照公义施行审判的主，要在他再来的日子，把公义的华冠赐予我，不但赐予我，也赐予所有爱慕等候他显现的人。——**提摩太后书4：8**

马贪爱现世，离开我到贴撒罗尼迦去了。革勒士到加拉太去了，提

① 括号中的内容是译者根据《圣经》添加上去的，否则内容不完整。

多到挞马太去了。——**提摩太后书 4：10**

我这样做是为了使他们得到鼓励，以爱心团结起来，以至有那从真知灼见所产生的充足信心，来认识上帝的奥秘；这奥秘就是基督本身。——**歌罗西书 2：2**

做丈夫的，要爱你们的妻子，不可苦待她们。——**歌罗西书 3：19**

他必须要热情好客，喜欢做好事。他必须要自律、正直、圣洁，能管束自己。——**提多书 1：8**

一个爱别人的人，不会做出伤害他人的事。所以，爱成全了全部的律法。——**罗马书 13：10**

爱

爱情是世界上最光亮的的火花，超过宇宙间的真理。真理蕴于爱情当中，为了实践真理，你必须让爱变成真理，因为你要记住，若是正确理解，哪怕只是一次友好的握手或是一个天真的孩子的吻和爱，都比最激烈、最聪明的辩论更加能够使灵魂发光。

爱无处不在，没有任何思维能够超出爱的界限。爱是自由的预言，它那美妙的歌曲即使在大海的涛声中也能被听到。

空中的鸟，海里的鱼，陆地上的动物，都是爱的证明。在它们生存的过程当中，爱曾经说过："我生我就养。"因此在所有你能想到的有形状或是无形状的、和谐的或是不和谐的事物当中，都能证明有爱的存在。

爱是每种植物、每个日落、每个灵魂的生命。它是快乐心灵的灵动，是我们受到诱惑时提醒我们的声音。

爱是一切智慧的基础，它超越了所有的理智，因为它是最伟大的实践。

爱给予世界万物信任，因为爱就是信。

爱象征着永恒，因为它鼓舞你开始，它那美妙的光辉色彩点缀着每一次日出日落。

爱是吹散疑云的微风，绘成因快乐而光芒四射的灵魂的画卷。每颗心都与爱的韵律同步，心心相映。

爱无形，给予世界以生命。生命让爱所绘成的画卷流光溢彩。

因为全部的律法都包括在了"爱人如爱己"这一条诫命当中了。——**加拉太书 5：14**

当你真地爱那神圣的立法者，并且愿意遵守他的诫命时，你就会爱他，就会爱其他所有人。当你心中充满了爱时，你就无法憎恨他人了，因为爱会驱走仇恨。当你爱他人，并且了解了耶和华这个圣语的时候，你就不会再怀疑。当你爱他人时，你就不会自私、妒忌或是猜疑。

保罗说："信心、希望和爱。其中最伟大的是爱。"

治愈与信任

耶稣听见了这话就说："健康的人用不着医生，有病的人才用得着。"——**马太福音 9：12**

耶稣进了屋子，两个盲人来到他面前，他问他们："你们相信我能治愈你们吗？"他们回答："主啊，我们相信！"——**马太福音 9：28**

于是他们的视觉恢复了。耶稣郑重地吩咐他们："不要把这件事告诉任何人！"——**马太福音 9：30**

所以，不要怕他们。一切隐藏的事都会被张扬出来，秘密的事也会被泄露。——**马太福音 10：26**

我在暗中所告诉你们的，你们要在光天化日之下说出来；你们私下听到的话，也要当众宣布。——**马太福音 10：27**

他们到了耶稣那里，就说："施洗者约翰差我们来问你，'你就是他所说的将要来临的那一位，还是我们得等待另一位呢？'"

刚好在那时候耶稣治好了许多患病、患疫症，和被邪灵附身的人，并且使许多瞎眼的重见光明。

凡没有对我心存怀疑的人多么有福啊。——**路加福音 7：20、21、23**

起死回生的神词

可是他接到拉撒路害病的消息之后，继续在所住的地方逗留了两天。

耶稣到达伯大尼的时候，得知拉撒路已经下葬 4 天了。

伯大尼距离耶路撒冷不到 2 公里[①]；但是我知道，即使现在，你无论向上帝祈求什么，他都一定会赐予你的。

马太说完这话就回家，悄悄地把她的妹妹马利亚叫来，说："老师来了，他叫你出去。"

说完这话，他就大声喊："拉撒路，出来！"——**约翰福音 11：6、17、18、22、28、43**

---

① 实际上各个版本的《圣经》都说的是 3 公里。

逾越节前 6 天，耶稣到了伯大尼，就是拉撒路住的地方；耶稣曾在这里使拉撒路复活。——**约翰福音 12：1**

上帝是什么?

上帝是灵，人们必须借着他的灵的力量才能敬拜真正的他。——**约翰福音 4：24**

耶稣对他们说："大卫和跟他一起的人在饥饿缺食的时候所做的，你们没有念过吗?"——**马太福音 2：25**

祷告与斋戒

他说："你去告诉这地方的人民和祭司，已往 70 年来，他们在第五月和第七月禁食哀哭，都不是为了尊敬我。"——**撒迦利亚书 7：5**

耶稣进了屋子，门徒私下问他说："为什么我们不能把那鬼赶走呢?"

耶稣回答："只有靠祷告才能赶走这种鬼，此外没有别的办法。"——**马太福音 9：28～29**

我郑重地告诉你们，你们若对这座山说"起来，把自己投到海里去"，只要心里不怀疑，确信所说的一定会实现，此事就一定会为你们实现。

因此，我告诉你们，你们祷告和祈求的时候，相信你们已经得到了，你们就会得到你们所求的。

你们站着祷告的时候，先要饶恕得罪了你们的人；这样，你们的天父也会饶恕你们的过错。——**马太福音 11：23～25**

有些法利赛人和属于他们一派的经学教师向耶稣的门徒埋怨说："你们为什么跟税吏和坏人一起吃喝呢?"

耶稣回答说："健康的人用不着医生，有病的人才用得着。我来的目的不是要叫好人悔改，而是要叫坏人悔改。"有人对耶稣说："约翰的门徒常常禁食祷告，法利赛人的门徒也是一样，只有你的门徒又吃又喝。"

耶稣回答说："新郎还在婚宴上的时候，你能叫贺喜的客人禁食吗?当然不能!"——**路加福音 5：30～34**

得到回应的祷告

以利亚和我们是性情相同的人；他恳切祷告，求上帝不下雨，果然有 3 年半之久没有下雨。

后来他再祷告下雨，天就下了大雨，地上也长出农作物来了。——**雅各书 5：17、18**

要把你自己交托给上主；信靠他，他会帮助你。——**诗篇 37：5**

上帝三番五次地为人做这些事。——**约伯记 33：29**

清晨你听见我的声音；太阳一出我便向你祷告，静候你的回音。——**诗篇 5：3**

给予和得到祝福

你们要把当纳的 1/10 送到圣殿，使圣殿里有丰富的食物（我是上主—万军的统帅）；试试我，你们就会看见我打开天上的窗户，把各样好东西丰丰富富地倾倒给你们。——**玛拉基书 3：10**

相反，要为自己积聚财富在天上；那里没有虫子蛀，不会生锈，也没有盗贼进来偷窃。——**马太福音 6：20**

因为你的财富在哪里，你的心也会在哪里。——**马太福音 6：21**

聆听圣灵的声音并战胜邪恶

圣灵向各教会所说的话，有耳朵可听的，都听吧！那得胜的人，我要赐他们权利，让他们可以吃上帝园中那生命树的果子。

圣灵向各教会所说的话，有耳朵可听的，都听吧！那得胜的人绝不会受第二次死亡的迫害。

圣灵向各教会所说的话，有耳朵可听的，都听吧！那得胜的人，我要赐予他们一些隐藏着的吗哪。我也要赐予他们每人一块白石，史上刻着一个新的名字；这名字，除了接受的人，别人都不知道。——**启示录 2：7、11、17**

那得胜的人，我要使他们成为我上帝圣殿中的柱子；他们永远不再离开。我要在他们身上刻我上帝的名和我上帝之城的名——就是那要从天上我上帝那里降下的新耶路撒冷；我还要在他们身上刻上我的新名。

那得胜的人，我要赐特权给他们，让他们在我的宝座上跟我同坐，正如我已经得胜，现在跟我父亲同坐在他的宝座上一样。——**启示录3：12、21**

恐惧和怀疑

绝大多数人的问题或者说烦恼都是由恐惧和怀疑引起的。当恐惧被消除时，多数的烦恼也就会消失。恐惧是猜忌、自私、愤怒、仇恨、怨恨和错误的思想之父。当你不再恐惧时，这些邪念绝大部分都会消失。

在遇到问题或是任何一种烦恼时，你首先应该做的就是战胜恐惧和怀疑。你必须通过使用耶和华这个圣语，用信心和希望代替恐惧。你必须用积极的想法代替消极的想法。想一些好的、令人愉快的事情和想一些错误的事情一样容易。想象并集中精力于信心和爱，通过振动①、歌唱或是诵唱这个圣语去工作，这将让你准备好借助上帝的帮助、用上帝希望你使用的方法去解决自己的问题。

要有信心，知道耶和华是一个神圣的圣语，它可以让你得以自由。

利用耶和华这个圣语解决你的问题。上帝没有创造恐惧、怀疑或任何邪恶的事物。他不会把病痛、忧伤或其他烦恼带到你的身上。你的烦恼是你自身错误想法和行为的结果。你违反了某些律法，否则你不会有任何烦恼或是严重的问题。

金钱

这是许多人不得不与之斗争的一个问题。对金钱的需要通常是支出大于收入的结果。当你需要金钱时，你应当集中精力，振动、歌唱或是诵唱耶和华这个圣语；同时要意识到，有充足的金钱可以提供给每一个人，如果你遵从神的法则而生活，你就有权得到你所需要的。当你祈求获得金钱时要有信心，要相信你会获得。去工作，去做一些事情来得到它。你诵念这个圣语，并且请求得到你想要的之后，你应当在脑子里想象出即将到手的金钱的样子。

病痛

如果你生病了，希望好起来，你首先应当想象你自己是完全健康的，同时意识到身体健康是再正常不过的事情。你必须感觉上帝没有把病痛带给你，但他已经准备好，而且也愿意借着这个圣语让你恢复健康。不要谈论病痛，要谈论健康和感觉健康。开始那样做，相信你正享受着健康，这样你就会获得健康。

---

① 按照江恩的说法，Jehovah 这个词的发音具有悦耳、悦心、悦脑、悦五脏六腑和全身细胞的作用，或者说它的音频与身体器官的频率可以达到和谐共振，从而具有强身壮体、健脑益智、清心顺气的功效，因而有“振动”这一说法。

帮助其他病人

当你遇到这个问题时，你必须为那些生病的人祈祷，并且想象他们健康的样子。说出耶和华这个圣语，当你为其他人说话时，要把它诵念出来，并且要朝着空中诵念，它将在空中触及到神力的来源之地，治愈你为之祈祷的那些人。当某人生病时，设法让他说出这个圣语，同时让他在相信自己的祈祷会得到回应的情况下请求获得健康。

敌人

当你因敌人或对手而忧虑时，解决这个问题的方法是：祝福他们，祈祷一些好事发生在他们身上；如果可以的话，为他们提供一些帮助。爱你的敌人，说出这个圣语，祈祷敌人最终能够理解和意识到，为每个人做好事将获得回报。当你学会爱敌人时，敌人很快就会消失。然后你便会发现，敌人变成了你的朋友。

家庭问题

这是绝大多数人迟早都会遇到的一个问题，它们是由恐惧、怀疑和误解引起的。这些问题可以通过耶和华这个圣语得到解决。如果你愿意诚恳地为谅解你自己而祈祷，歌唱和诵唱这个圣语，并且请求你家中那些遇到问题的人被给予一定的理解，那么你的问题就会消失。做耶稣将做的，并且祈祷："天父宽恕他们吧，因为他们不知道自己在做什么。"

买与卖

当你打算卖掉一座房屋或是购买一座房屋时，你应当祝福即将从你手中购买房屋的人，祈祷他会快乐，会对这座房屋十分满意。说出这个圣语，祈求只有那些会喜欢这座房屋的人会来看房，然后买下并住得开心。不管你卖的是什么都要这样。当你打算购买某种东西时，要祝福卖家，并且祈祷他会拥有你想要的，你们双方都会对这次交易很满意。记住，错误的想法吸引错误的人。如果你使用耶和华这个圣语并祈祷，你就会吸引正确的人。

寻找新的职位

当你失业了，打算得到一个新的职位时，要借助耶和华这个圣语播送你的信息，并且提供良好的服务。祝福即将雇佣你的单位，先行感谢（你将获得的）职位，因为如果你抱有正确的信念，你就知道你一定会得到一个好的职位。坚信你会在新的职位上干得开心，坚信有人就像你非常需要这个职位一样，非常需要你的服务。神的法则告诉我们，总会有一个位置留给那些提供良好服务的人。

新家和改变

这是人们经常遇到的一个问题：各种条件迫使他们必须卖掉或是离开老宅，做一些彻底的改变。我曾拥有过许多房屋；我曾拥有过很漂亮的房屋，我很喜欢，也很享受住在里面，但是当必须搬迁，必须卖掉房子时，我毫不后悔地卖掉并搬迁，感觉神的力量会带给我一座新的房屋，我会更喜欢它，而几乎每一次我都得到了比卖掉的房屋更好的一座房屋。我祈祷购买了我以前的房屋的人会像我住在里面时一样开心。我为房屋祝福，带着爱离开它，带着爱期待新的房屋。

当你发现必须做出改变时，要振动这个圣语，并且祈祷这样是最好的，上帝的旨意会实现，而不是你的。抱有信心并满怀信心地期待着是最好的选择。当你拥有适当的信心时，你就可以致力于想象你的问题，并且借着耶和华这个圣语解决问题。

忧虑

忧虑来源于恐惧、怀疑和缺乏信心。你从未通过忧虑解决过问题，并且你永远也不会通过忧虑解决问题。忧虑会带走你的能量。做你所知道的应当做的所有事来战胜忧虑。不要想着会出现最坏的情况，而要想着爱、信心和所有好的事情，同时说出这个圣语，相信你可以通过积极的想法、满怀希望的态度来解决你的问题。想一些积极的事情与想一些会带来忧虑的消极的事情一样容易。

如何创造和谐

身与心的和谐都很重要，你必须与无穷的力量保持和谐。根据多年的经验，我认为，耶和华这个圣语将获得比其他任何词都要好的结果，当然，有许多其他的词和声音会对不同的人有帮助。你可以振动、唱诵、歌唱或是哼唱噢噢（OH HO）、啊哈（AH HA）、嗯嗯（AUM OM）、妈妈（MOM）、爱（LOVE）、活力（LIVE）、神（ELOHIM）、耶和华

(JAH）或是哆来咪（DO RE MI)。所有这些能让你找到节拍并创造和谐的词都可以使用。你必须找到你自己的和弦或是基调，这将使你的身心都和谐。找到你喜欢的音乐类型，找一些唱片来听。能够让你平静下来并进入睡眠的音乐类型对你来说就是最好的。在你安静下来并感觉自己能够入睡时，说出耶和华这个圣语，这样你就会获得好的结果。

工作

许多人不知道，当他们遇到麻烦或是不幸时，如果他们去做某件事，问题很快就会得到解决，麻烦就会消失。你可以通过在工作时把这个圣语付诸实践，来帮助解决自己的问题。通常来说，致力于某件你不喜欢的事情，或是完成一件困难的工作，都会对你有所帮助，因为这会舒缓你的情绪。心灵就像身体一样，必须保持自由和纯净，以便能够积极主动，最好地发挥其功能。

为你所需要的祈祷

许多人不知道如何祈祷。他们为自己想要的东西祈祷，而不仅仅是为自己所需要的东西祈祷，上帝知道得最清楚，会把你所需要的赐予你。你或许会认为自己想要某种东西，但上帝可能会认为这种东西对你来说不是最好的。我认识一个人，他在每月的工资核算日到来时，让自己的妻子同意只购买他们所需要的，而不是他们想要的所有东西，这样他便解决了自己所有的财务问题。结果就是，他把债务都还清了，并且还积累了大量的财富，拥有了一份足以满足他和妻子所有需要的收入。他对我说："我的妻子和我本可以每月都把我所有的工资用来购买我们想要的所有东西，但其实我们没有这些东西也能继续生活。如果我们把所有的工资都用来购买我们想要的东西了，我们就永远也还不清债务。"

我认识华尔街的一个人，他通过努力工作、学习并运用正确的法则，在股市上挣到了100多万美元。尽管他并不需要自己所挣到的那100万，但他却认为自己想要200万或是300万。结果就是，在设法挣到更多他并不需要的钱的过程中，他连自己已经获得的100万也失去了。于是他不得不出去工作，从头开始。然后他发现，当他只购买自己所需要的东西时，他没有那100万也可以继续生活。如果他曾经没有试图过于快速地挣钱，如果他曾使用自然法则，遵循神的法则，练习耶和华这个圣语，他就会发现平静、快乐和满足。

固执己见

许多人都因为坚持要走自己的路而毁掉了自己的生活，给自己带来了失败和不幸。这是固执，应当克服。你怎么知道自己所走的路就是正确的路呢？要遵循神的法则，用上帝的方法做事。我认识两姐妹，她们继承了一幢价值 30 多万的房子。这幢房子太大了，她们根本不需要这么大的房子，她们拿着它也没有用处，并且她们也没有钱来供养这么大的房子。这幢房子对绝大多数家庭来说都太大了，没有一家人愿意买它来用于居住。一家机构出价 12.5 万向她们购买这幢房子。她们不愿意卖。后来她们急需卖出，接到了一份 7.5 万的报价，她们还是不愿意卖，因为她们曾经接到过 12.5 万的报价，因此说除非能拿到 12.5 万，否则不卖。她们决定按照自己的方式处理，不接受他人已经提出的报价。多年以后，她们没有能力支付税款了，于是这幢房子被卖掉了，她们被赶了出去，从而失去了这幢房子，原因就是她们想要一个合她们心意的价格。如果她们当时祈祷神的指引，神就会向她们发出信息，让她们以 12.5 万的价格卖掉房子，因为她们既不能使用也无法保养这幢房子。

我曾与许多男士和女士交谈过。他们告诉我，他们试图坚持走自己的路时发生在他们身上的事。在随后的几年他们发现自己的路是错误的路，但已经太迟了，他们已经遭遇了失望和不幸。我们最常听到人们在某人已经对他们造成伤害之后才说："哪怕要花费我一生的时间，我也要报复那个人。"这就是坚持走自己的路，他们在设法报复的多年间遭受着痛苦，在这期间饶恕和以德报怨本可以给他们带来快乐，省去许多烦恼和焦虑。神的法则是完美的，遵循这些法则你就不会犯错。改变你的想法，改变你的道路。歌唱并说出耶和华这个圣语，它将让你的身与心都达到和谐，带给你安宁和快乐。

回首过去

有人说过，回首过去只会带来悔恨。如果你曾有过不幸和失望，回想它们对你没有好处。基督说过："让死去的往昔将一切埋葬。"他这句话的意思是，不要把你过去的错误和不幸拽到未来。带着信心和希望面向未来，忘记过去，你就可以解决自己的问题。记住罗得的妻子发生了什么事，她回头一看就变成了一根盐柱。这意味着她活在过去，因而没有取得进步，她前进的距离不大于一根盐柱圣语所能前进的距离。你对过去无能为力，但你一定能够通过使用这个圣语和神的法则，使未来比过去更好，以此照顾好未来。

怨恨、愤怒、猜忌、怀疑和敌视

所有这些情绪都会阻碍你的进步，并且永远也不会对你有任何好处。

你越快消除它们，就会越快意识到你已经解决了自己的问题，并且你的问题将会得到解决。去读一读《圣经》中关于所有这些情绪，以及这些情绪是如何阻碍你的进步和快乐的内容。《圣经》中说："神要使谁灭亡，必先使谁疯狂。"一个愤怒中的人判断力很差，他会做错事，会做有损于他自身最佳利益的事情。《圣经》说："不要让愤怒的情绪高涨，不可到日落西山时，还是愤愤不平。"其原因是：晚上在没有宽恕那个你认为让自己受了委屈的人的情况下去睡觉，会增加你内心的负担，这将使你睡不安稳，干扰你各方面的进步。在完全理解了神的法则之后，你就会用爱代替怨恨、愤怒、猜忌、怀疑和敌视。这就履行了律法，将帮助你生活在和谐之中。除非你把所有妨碍进步的情绪从脑海中和心中抹去，否则你就别指望获得安宁和快乐，也无法心想事成。同样，除非你拥有一种纯净的脑子、一颗纯洁的心和一个干净的身体之前，否则运用耶和华这个圣语，唱诵它或是歌唱它都毫无用处。

爱

查阅《圣经》中的用语索引，阅读所有关于爱的内容。你将了解到，爱是生命当中最重要的东西。如果你爱自己的邻人和同胞，你就会发现快乐。爱的确是世界上最伟大的东西。上帝对他子民伟大的爱促使他牺牲了自己的独子，以便他的子民可以知道并理解爱的律法，并以他为榜样。爱是世界上最强大的力量。人类因为爱自己的国家而奔赴战场失去生命。一位母亲愿意为了一个不成器的败家子，牺牲自己在这个世界上所拥有的一切，因为她爱他。《圣经》为什么会说要爱那些恨你的人，要以德报怨？因为以德报怨是遵从了神的法则，这样你一定会获得回报。曾有人因为恨某人而获得回报吗？当你能够以德报怨时，你就到达了能够让这个神圣的圣语发挥作用、解决你所有的问题，以及达成你所有愿望的阶段。当你借助爱的律法处于绝对的和谐之中时，所有好事都会随之发生在你身上。

宽恕

《圣经》明确说明，如果我们自己希望得到宽恕，我们就必须宽恕他人。每一天晚上睡觉之前，你都应当为自己可能已经加注在他人身上的委屈祈求宽恕，以及为那些你认为委屈了你的人祈福。如果你能做到这一点，爱就正流淌在你的脑中和心中，你就在正确的道路上。许多男女都因为无法宽恕和忘记而毁了自己的生活。即使他人是错误的，立即宽恕并祝福他不是好得更多吗？这样可以为你带来自由和快乐。

忏悔

《圣经》强烈要求你为自己的罪过和过错忏悔。如果口头忏悔你将取得更大的进步。如果你没有人可以倾诉，就去一个开阔的、安静的地方，在心里默念，为自己的错误忏悔。让这些错误远离你的身体。另外一个好的办法是，在纸上写下你所犯下的所有错误，或是任何正在让你烦恼的事情。然后烧掉这张纸，你就解脱了。在这之后，重复这个圣语，并进行祷告。这样做了之后你就会睡得更好，身体会更健康，并且会发现你的问题很快就会得到解决。

心灵和身体的短路

你是否经常在扭开一盏灯时按下按扭，结果却发现灯没有亮？在检查中，如果你发现电路是通的，你就知道在连接灯泡的电路上出现了短路。短路排除之后，电灯就亮了。这就是当你有错误的想法（例如仇恨、愤怒、猜忌、怀疑和敌视）时，你的心灵所发生的事情。这会导致你心灵的短路，从而影响到身体。在排除短路之前，你都不会健康、快乐或是成功。你可以通过正确的想法，并用爱和好的想法来代替那些邪恶的想法来排除短路。你可以通过将好的想法付诸行动，为他人做一些好事，让自己的心灵和身体恢复和谐，这样短路就消失了。通过歌唱、唱诵和哼唱耶和华这个圣语，你可以在心灵和身体中创造和谐。

困惑与专心

冥想和精神图景

你应当常常在不受干扰的地方独自安静地冥想。想一想你想要的和你需要的。祈求观点和指引。

试着想象你祈求东西的具体样子，想象你所祈求的事情实现的情景。假如你需要金钱，你已经祈求得到金钱，你就要祝福即将到手的金钱，并且先行感谢。想象金钱已经到了你的手上并祝福它。

当你花钱时或是把它送给别人时，要祝福它。即使你不是自愿送出的，也要祝福这些钱会对收到这些钱的人有帮助，这样比你不给要好。当你打算把某样东西送给某个人时，不要说："我很愿意给你，但是我给不起。"既然给了，就要慷慨欣然地给。给完之后说："我知道神的供应是无限的，我所需要的会在适当的时候到我这里来。"

感恩和施与

跟随清教徒先祖所树立的榜样，因此我们每年都会留出一天来向万能上帝的祝福表示感谢。这样很棒，就应当这样。如果我们每天都对已经得到的和即将得到的表示感谢，我们的生活将会更加美好和快乐。我们越是经常表示感谢和送出祝福，就越会有好的东西回馈给我们。当你沮丧时，认为自己遇到了很多烦恼和不幸时，坐下来写出你生命当中所收到过的所有的祝福。这些祝福将远远超过你那些看似烦恼的烦恼，看似不幸的不幸，这样你就会想要表示感谢，而不是自怨自艾，为自己的境况感到悲哀。许多所谓的不幸其实是伪装了的恩典。我已经在我的人生中多次证明了这一点。

表达谢意

《圣经》教导我们要日夜表示感谢。你应当为自己已经获得的一切表示感谢，祝福曾帮助过你的每一个人，并且在你祈祷获得任何东西时，都先行表示感谢。你要说："上主耶和华，神圣的力量，我满怀感激，因为我知道我的祈祷将得到回应。"这是在表明你的信心，然后如果你按照神的法则行事和工作，你的祈祷就会得到回应。阅读《圣经》"赞美和感恩"里面的所有内容，你就会了解到这有多重要。无论他人为你提供的帮助有多小，都要通过谢谢他们来表达你的感激。这样你会感觉更好，他们也会感觉更好。我曾听人们说，我已经为他为我做的支付了多少多少钱，所以我不需要再向他道谢了。拒绝对他人表示感谢和祝福他人是在伤害自己，是在推开可能会来到自己这里的好处。我一生当中有过许多雇员，我始终认为，如果他们的工作令我满意的话，在付给他们薪水之后，我仍然需要感谢他们。在雇员为我提供了优质而令人满意的服务之后，我会给他们发奖金，也会赠送礼物给他们。我总是因为这样做而受益，发现雇员们总是准备好了，并且也愿意为我提供超出我所支付的薪水的服务。

上帝以神秘的方式让他的奇迹发生。我们可能只需要花费一点点时间，就能明白为什么已发生的就是最好的。为他人服务，或者说任何形式的善举，是每一个人在为自己解决问题。《圣经》上说，你收入的10%是你应得的。在获得好处之后，你无疑应当对上主和上主的事业表示感谢。你应当常常设法帮助那些正在努力自助的人。要为那些有需要的人服务，而不是为那些只是因为想要就祈求获得的人服务。不要施舍东西给乞讨者，因为你这是在鼓励他们继续设法不劳而获。一个人曾经因为饿了而请求安德鲁·卡内基给他25美分。卡内基回答说："我从未把钱给过乞讨者，但如果你真的愿意为金钱而工作，我愿意给你提供一个工作。”于是那个人去为卡内基工作了，并且取得了巨大的成功。当你把钱给一个酒鬼时，你是在害他，是在浪费你的钱。《圣经》上说：“不要把珍珠扔在卑贱之人面前。”你必须知道如何赠送好的礼物，以及如何把礼物赠送给那些对的、值得的人。

不管是政府还是个人，都没有义务帮助任何男人女人的生活。所有人都应当祈求或是期待有机会自助。如果你给了他们机会，你的义务就尽到了，你已经给了他们一个好礼物。

《圣经》上说过，给予的人比得到的人更有福；但它同样说过，你的礼物必须是为有价值的事业或是值得你付出的目的。

许多人对如何找到上帝或者说去哪里找到上帝持有错误的观点。神的力量始终在你心中，在你所呼吸的空气中。耶和华这个圣语始终与你同在，能在任何时间、任何地点帮助你。不管你是在水面上还是在水底的潜水艇中，上帝都能够帮助你。他能够在地下的隧道中触及到你。当你在远离地面 5 英里的飞机上时，他也能够触及到你。不管你在哪里，处于什么样的境况，他都能够回应你的祈祷。如果上帝做不到这一点，他就不是上帝了，他的力量也就不会是永恒而神圣的了。一些人认为，他们只能在教堂里找到上帝。这种观点是错误的。无论你在哪里，上帝都能够，并且也会听到你的祈祷，回应你的祈祷。只要你处于和谐之中，并且遵从了神的法则，神的力量就不受限制，它将在任何时间、任何地点为你发挥作用。你是上帝的一个孩子，你是因生你的人的想象和模样而生的，你有权通过遵从神的法则来得到你所需要的一切。你所需要学习的只是如何工作，如何把耶和华这个神圣的圣语付诸实践，这样你的祈祷就会得到回应。

第六章　世界问题

几千年以来，各个国家都曾参与战争，很多时候战争都只是因为某个统治者对权力的贪婪，希望增加自己的权力而发动战争。统治者从来不考虑生命的丧失和他人财产的损失。政治领袖们、国王们和独裁者们先是因为犯下了错误和滥用了人们的钱财，使自己的国家处于糟糕的经济状况，然后便挑起战争，最后再试图把人们所有的不幸都归咎于战争。这是一个众所周知的事实。这个国家的目的是谋取世界支配权。英国挑起战争是为了得到更多的领土，它曾经几乎控制了世界上所有的贸易。德国所参与的每一场战争都是为了扩大贸易利益和寻求支配权。希特勒对波兰发动战争并不是因为波兰做了什么他不喜欢的事情。他发动战争是为了占领波兰和其他一些国家，并控制世界的商业贸易。如果不是这样，那么当他成功打败波兰之后，就应该放弃了。如果希特勒当时成功战胜了苏联，他就会越过（英吉利）海峡去打败英国；如果他在英国取得了胜利，他就会对付美国；如果他在美国取得了胜利，他就会袭击他的盟国日本，因为他的整个目标是控制世界的商业。当统治者们认为自己需要另外一个国家的商业时，他们就总是会找到挑起战争的借口。战争从未解决过问题。如果解决了，战争也就不会每 20 年或 30 年爆发一次了。战争从未带来过什么（好处）。胜利者也是失败的，因为人力、物力和财力的耗费大于任何潜在的利益。如果过去 200 年耗费在战争上的财力被用于建设，那么任何一个国家都不用征税就可以取得任何成就，每一片沙漠都将变为绿洲，像玫瑰一样绽放，被用于战争的数万亿美元也就可以用在战胜所有疾病的研究上。人们将更加快乐、健康，以及在一片富足的土地上安居乐业，贫穷也就不会存在。

如果世界上的每一个国家都像备战那样努力地工作和为维持和平做准备，就不会有战争。如果世界上所有国家的统治者都信仰上帝的神圣法则，并且愿意遵从箴言，那么所有的问题都可以不用依靠战争就解决了。

1945 年，第二次世界大战一结束，美国立即开始耗费数十亿美元来为下一场战争做准备。如果我们加入这场最后的战争是为了结束所有的战争，是为了让世界安全地享受民主，那我们为什么还需要开始为下一场战争做准备呢？这就证明了战争并不能解决任何问题。

美国从未带着谋取领土的目的参与过战争。如果我们不想要其他国家的领土和任何东西，那么我们为什么要加入战争呢？我们为什么要研发原子弹和氢弹来对抗苏联呢？我们的国家正在清楚地表明，我们正在为对抗苏联做准备。有人能够指责苏联为对抗这个威胁，而做准备吗？政客们和政治领袖们为了维护对他们来说最重要的地位，恐吓纳税人，同意让他们征税来发动下一场战争。他们利用恐惧来统治人们。如果他们用爱和理解来进行统治，就不会有战争。这是美国和世界上其他国家能够解决这个问题并带来世界和平的唯一途径。我们必须停止谈论战争和为战争做准备。我们必须为和平而努力，要祈求和平，遵从神圣的诫命：爱人如爱己。爱那些仇恨我们的人，设法帮助他们，而不是对抗他们。有了科学上的进步和现代化的战争武器，世界承受不起第三次世界大战。

文明将被彻底摧毁。我们所见过的最聪明的人们知道，这将是一个事实。人们必须被唤醒，我们必须促使人们意识到，他们不能支持和遵从政治领袖们——他们的目的是把我们整个国家都引进战争，以便维护他们自己的地位。纳税人应当自愿缴税，用以带来世界和平，而不是用以发动下一场战争。即使我们能够赢得战争，也解决不了问题。如果人们获准为是否进行战争投票，就不会再有战争。如果由女性来投票决定是否进行下一场战争，她们不会投票同意送她们的儿子去被杀。爱的神圣法则迟早必须得到遵从。美国应当带头发起争取世界和平的行动，让世界知道美国不想战斗，战争永远也无法永久地解决任何问题。如果我们这样做，我们就能期待一个更美好的世界和世界和平。

I
AM
GOD
LOVE
TRUTH
PRAYER
CHARITY
KINDNESS

GODLINESS
KINDNESS
CHARITY
HONEST
FAITH
LOVE
GOD
AM
I

GIVE and FORGIVE
WORK and WAIT
LOVE THE WORD
JEHOVAH

第七章　广播你的祈祷

《圣经》中的无线电设备和无线广播。[1]

你不可咒诅君王，也不可心怀此念，在你卧房也不可咒诅富户，因为空中的鸟必传扬这声音，有翅膀的也必述说这事。——**传道书 10：20**

这一节中空中的鸟指的是飞机。该飞机装备有无线电设备，可以在没有电线或只声波联系方式的情况下在空中飞行，它能发送无线电信息，并且能够把信息发送到任何一个地方，不管是在空中飞行的其他飞机，无线电台，还是海上的轮船。难道这还没有证明耶稣所说的话吗？——“你们当做比我所做的更伟大的事。”这是世界上最伟大的发明之一——无线电设备——它已经被证明是对人类最有益的发明。

无线电设备没有线怎么工作，怎么把信息传扬到四面八方？

无线电设备是借助声波来工作的，该声波一旦被发动起来就会持续不断地运动，它可以通过被调到了相同波长的无线电接收装置来获得。你看不到这些声波，但你知道它们在工作。人类不再需要电线来传送消息了。你可以收听不同波长的不同频道。你可以中断或是关掉你不想要的频道。在无线电设备被发明以前，声波就已经被发现了，也有许多人知道一些关于声波如何传播的知识，但他们当时还不知道如何记录和接收声波，直到他们发现了无线电设备。这再次证明了《圣经》上所说的：“一个人能想到什么，就能做什么。”发明无线电设备的那个人想象自己能做到，他就真的做到了。这最有力地证明了，看不见的力量是最强大的。你看不到无线电波和声波，但你能听到，你知道它们在工作。你看

① 此处原文中用的是 Radio and Wireless Forecast，译者根据本章标题和内容推测应当是 Broadcast 错打成了 Forecast。

不到空中的神圣力量，但它就在那里，无所不能；如果你愿意抱有信心并把信心付诸行动，它将为你创造奇迹。

朝着空中说出你的话

如果你朝着空中说话，说出耶和华这个圣语，那么当你说“我就是爱，我就是耶和华”时，或是通过朝着空中说出这个圣语来向耶和华提出你的要求时，你就是在广播你的祈祷和愿望。当你说出这个圣语时，你将获得更好的结果。这个圣语将促使快乐、成功和健康的波浪涌向你。你朝着空中说出这个圣语时所发出的祈求也将回馈给你。记住，恐惧和怀疑是唯一能导致你的心灵和身体短路的东西，它将阻止所有好的事物流向你。你必须用信心代替恐惧，有了爱和耶和华这个圣语，以及这个圣语的神圣力量，就会有希望，你就会得到你所祈求的东西，就会在天国中和这地球上发现快乐。

《圣经》简单又清晰，但对于那些没有正确理解它的人，它就复杂而神秘。如果你正确阅读它并接受其中的内容，它就很简单。

神的力量来自哪里

它并不是与你分离的，而是在你的心中，是你的一部分。神的力量就是绝大多数人所说的上帝。它无处不在，就像空气无处不在一样。没有空气，你不可能生存；没有创造生命的神的力量，你也无法生存。因此你可以说：“上帝就在空气中。”这是正确的。空气是最重要的东西，因为当上帝把空气注入亚当的身体时，亚当就变成了一个活人。当你说出耶和华这个圣语时，你就是在吸入圣语的力量。吸入空气并深呼吸会给予你神的力量。难道这还没有证明上帝为什么说你看不到上帝，没有人曾见过上帝吗？你看不到空气，但你能感觉到，你知道它有巨大的力量，可以建设或是摧毁，具体取决于你如何使用它。眼睛具有欺骗性，因此当我们根据所看到的东西来推理时，我们经常出错。魔术师证明了手比眼睛快，我们相信眼睛所看到的，但这常常是错误的。你可以向自己证明这一点。低头看着铁轨，直到你看到两条铁轨重合在一起。你的眼睛感觉这是真的，铁轨的确重合在一起了，但这是一种视错觉。铁轨并没有重合在一起。

要跟随你内心微小的声音，或是俯瞰中的眼睛。内心的眼睛，它与神的力量联系在一起，它总是正确的。一个女人的直觉也总是正确的，她可以依赖于自己的直觉；但当她根据自己所看到的进行推理时，她却是错误的。我们所有人都应当听从来自神的力量的声音，并且跟随这声音。

你为什么想去天堂

人们想要去天堂是为了找到和平、宁静和快乐。由于他们自己的过错和未能理解这个神圣的名字以及这个圣语，他们没有在这个世界上找到这些东西。让我来明确说明。如果你无法在这个世界上找到快乐和满足，你来世也不会找到，因为《圣经》教导过，播种什么就收获什么，你将去的那个天堂将根据你在这个世界上的行为来决定。

他人无法向你表明去人间天堂的路，他们也无法为你找到。你必须靠自己。我或许可以告诉你找到快乐的正确途径，但你必须有信心，必须自己去做这项工作。绝大多数人的问题就是，他们期待别人替他做这项工作。耶和华这个神圣的圣语，从未承诺过这一点。你必须学习真理，并且把真理教导的东西用于实践。利用这个圣语来工作。说出耶和华这个圣语，这就是从空中获得神的力量并让自己的祈祷得到回应的方法。这就是为什么耶稣会说："祈求，你就会得到；敲门，门就会为你打开。"《圣经》把浅显的道理告诉了你，你必须毫不怀疑地接受，相信它，然后通过遵守法则和耶和华这个圣语向你自己证明这个道理。

第八章　诵念、诵唱和歌唱

恐怖的声音常在他耳中，他以为安全的时候盗贼来到。——**约伯记15：21**

上帝在欢呼声中登上宝座；上主在号角齐鸣中升上王位。——**诗篇47：5**

用诗歌敬拜你的人多么有福啊！他们生活在你慈爱的亮光中。——**诗篇89：15**

你们唱新编的歌，用竖琴伴奏，像大卫一样。——**阿摩司书6：5**

因为，上帝所赐予我们的灵不会使我们胆怯；相反，他的灵使我们充满力量、爱心和自制。——**提摩太后书1：7**

他必须坚守那可靠、符合教义的教训。这样，他就能够用健全的教义来感化别人，同时纠正那些反对的人的错误。——**提多书1：9**

言语要恰当，让人家没有批评的余地。这样，那些敌对的人，因为找不到我们的错处，就无话可说而觉得惭愧。——**提多书2：8**

我的心为摩押忧伤，为吉珥·哈列设难过。——**以赛亚书16：11**

上主啊，求你从天上看顾我们，从你那神圣、荣耀的居所俯视。你的热心在哪里呢？你的大能在哪里呢？你的慈爱怜悯在哪里呢？求你别不理我们。——**以赛亚书63：15**

要颂赞在锡安统治的上主！要向万国宣扬他的作为！——**诗篇9：11**

上主啊，我要向你歌唱，因为你施恩厚待我。——**诗篇13：6**

因此，我要胜过周围的仇敌。我要在他的圣殿里欢呼献祭；我要歌唱赞美上主。——**诗篇27：6**

上主的忠贞子民哪，你们要颂赞上主；你们要记住并感谢至圣者的作为！

所以我不缄默，我要歌唱颂赞你；上主——我的上帝啊，我要永远

感谢你！——**诗篇 30：4、12**

你是我的藏身之所；你一定会救我脱离灾难。我高声歌颂你的拯救，因为你卫护我。——**诗篇 32：7**

要向他唱新歌，在欢呼声中熟练地弹奏竖琴。——**诗篇 33：3**

他教我唱新歌，唱颂赞上帝的歌。许多看见的人都肃然起敬，愿意信靠上主。——**诗篇 40：3**

白天耶和华赐下他的慈爱；夜间我要向他歌颂，向赐我生命的上帝祷告。——**诗篇 42：8**

你们要歌颂，歌颂上帝；你们要歌颂，歌颂我们的王。

因为上帝是全世界的王；你们要用悟性来歌颂他。——**诗篇 47：6、7**

但我要歌颂你的力量；每天早晨我要高唱你的恩慈，因为你一直是保护我的堡垒，是我患难时的避难所。——**诗篇 59：16**

要向上帝歌唱，歌颂他的名；为那位驾云的预备道路。他的名是耶和华；你们要在他面前欢跃。

世上万国啊，要向上帝歌唱；你们要颂扬主。西拉[①]。——**诗篇68：4、32**

他们在街头巷尾谈论我，连酒徒也作歌戏弄我。——**诗篇 69：12**

但是，我要永远宣扬雅各的上帝；我要不断地歌颂赞美他。——**诗篇 75：9**

我整夜沉思；我默默自问。——**诗篇 77：6**

要向上帝——我们的力量大声歌唱；要向雅各的上帝大声欢呼。——**诗篇 81：1**

上主啊，向你献上感谢是多么美好！至高者啊，歌颂你是多么美好。——**诗篇 92：1**

来吧，我们来颂赞上主！来向拯救我们的保护者欢呼！——**诗篇95：1**

要向上主唱新歌！全世界都要歌颂上主。

要向上主唱歌，赞美他的名；每一天都要宣扬他的救恩。——**诗篇 96：1～2**

你们要向耶和华唱新歌，因为他行了奇妙的事；他的右手和他的圣

① 诗篇中一个意义不明的希伯来词，大约是咏唱时指明休止的语气用语。

臂，为他赢得了胜利。——**诗篇98：1**

我要歌颂你的慈爱和公正；上主啊，我要颂扬你。——**诗篇101：1**

我要一生一世歌颂上主；我有生之日都要歌颂赞美我的上帝。——**诗篇104：33**

耶和华是我的力量，是我的诗歌，他也成了我的拯救。——**诗篇118：14**

我在世寄居，素来以你的律例为诗歌。——**诗篇119：54**

要赞美上主，因为上主是良善的；要歌颂他的名，因为他的名是美好的。——**诗篇135：3**

因为在那里，掳掠我们的人要我们唱歌，苦待我们的人要我们娱乐他们；他们说："为我们唱一首锡安歌吧！"——**诗篇137：3**

上帝啊，我要向你唱新歌；我要十弦琴颂赞你。——**诗篇144：9**

他们要广传你可记念的至善，要歌颂你的公义。——**诗篇145：7**

我要一生一世歌颂上主；我有生之日都要歌颂赞美我的上帝。——**诗篇146：2**

要赞美上主！因为唱歌颂赞我们的上帝是美善的；赞美他是愉快的，合宜的。——**诗篇147：1**

要赞美上主！要向上主唱一首新歌；要在他忠贞子民的聚会上颂赞他。

愿他们一边跳舞，一边颂赞他的名；愿他们击鼓弹琴歌颂他。——**诗篇149：1、3**

听我为你们唱一首歌，一首关于我的朋友和他的葡萄园的歌：我的朋友在肥沃的小山上有一个葡萄园。——**以赛亚书5：1**

要向上主歌唱，因为他成就了大事；要让全世界听到这消息。——**以赛亚书12：5**

但是上帝的子民——你们将欢乐歌唱，像朝圣者在过节的晚上那样。你们将兴奋得像那些在箫笛声中进到保卫以色列的上主的圣殿的人一样。——**以赛亚书30：29**

要向上主唱一首新歌；全世界都要颂赞他！海洋和其中的一切生物，海岛和岛上的所有居民都要颂扬他！——**以赛亚书42：10**

耶路撒冷的废墟呀，大声欢呼歌唱吧！上主要拯救他的城，要安慰他的子民。——**以赛亚书52：9**

上主对耶路撒冷说：外族人要来替你造城墙；他们的国王要服侍你。

我曾在发怒的时候惩罚你，但我现在要赐予你恩惠慈爱。——**以赛亚书 60：10**

我的子民哪，外族人要来替你们放羊；他们要来耕种你们的土地，看顾你们的葡萄园。——**以赛亚书 61：5**

他们要换新歌唱，你们却要因心碎而哭泣。——**以赛亚书 65：14**

那么这怎么办呢？我要用心灵祷告，也要用理智祷告；我要用心灵歌唱，也要用理智歌唱。——**哥林多前书 14：15**

摩西和以色列人民向上主歌唱：我要歌颂上主，因为他赢得了光荣的胜利；他把战马和骑兵扔进了海里。

上主是我坚强的保护者；他拯救了我。他是我的上帝，我要颂赞他；他是我祖先的上帝，我要歌颂他。——**出埃及记 15：1～2**

美莉安领她们歌唱：要歌颂上主，因为他赢得了光荣的胜利；他把战马和骑兵扔进了海里。——**出埃及记 15：21**

那时，以色列人唱了这样一首歌：井啊，涌出水来；我们要唱歌庆贺。——**民数记 21：17**

如今，这些人来嘲笑我；在他们眼中，我只是笑柄。——**约伯记30：9**

但他们却不晓得转向他们的创造主——那在黑暗中赐予他们希望的上帝。——**约伯记 35：10**

用诗篇、圣诗、灵歌对唱；要从心底发出音乐，颂赞主，向他歌唱。——**以弗所书 5：19**

这 14.4 万人站在宝座和 4 个活物以及长老们前面，唱了一首新歌；这首歌只有他们会唱。他们是唯一一批从地上拯救出来的人。——**启示录 14：3**

唱上帝仆人摩西的歌和羔羊的歌：主——全能的上帝啊，你的作为多么的宏伟奇妙！万国的王啊，你的道路多么的公平正直。——**启示录 15：3**

他们唱着一首新歌：唯有你配接受那书卷，揭开上面的印；因为你曾被杀！由于你的牺牲流血，你从各部落、各语言、各民族、各国家把人赎回来，归给了上帝。——**启示录 5：9**

第九章　斋　戒

所有以色列人都到伯特利哀哭。他们坐在上主面前，一直到晚上都不吃东西。他们在上主面前献上平安祭和烧化祭。——**士师记 20：26**

然后，他们把骸骨葬在城里的柳树下，并且禁食 7 天。——**撒母耳记上 31：13**

他们悲哀哭泣，为扫罗、约拿单，和上主的子民以色列同胞禁食到晚上，因为很多人在战场上丧命。——**撒母耳记下 1：12**

大卫祈求上帝让孩子康复。他不吃东西，每天晚上进自己的房间，整夜躺在地上。——**撒母耳记下 12：16**

他的臣仆问他："我们真不明白，孩子活着的时候，你为他哀哭，不吃东西；孩子死了，你倒起来吃喝！"——**撒母耳记 12：21**

信上说："要宣告禁食一天，召集民众，请拿伯坐上位。"

他们宣告禁食一天，召集民众在一起，请拿伯坐上位。

以利亚说完了话，亚哈就撕裂衣服，脱下来，穿上麻衣。他不吃东西，穿着麻衣睡觉，又垂头丧气地走来走去。——**列王记 21：9、12、27**

当地最勇敢的人就出发，去夺回扫罗和他儿子们的尸体，把它们带到雅比。他们把尸体葬在那里的一棵橡树下，并且禁食 7 天。——**历代记上 10：12**

在亚哈瓦河边，我命令大家禁食，在我们上帝面前谦卑，求他在旅程中引导我们，保护我们和我们的儿女，以及我们所有的财物。

因此，我们禁食，祈求上帝保护我们；他回应了我们的祷告。——**以斯拉记 8：21、23**

同月的 24 日，以色列人聚集在一起禁食，为他们的罪表示懊悔。他们已经跟所有的外族人隔离了。他们穿着麻衣，把尘土撒在头上，表示悲伤。然后站起来承认他们和他们祖先所犯下的罪。——**尼希米记9：1**

王的通告无论传到哪一省，那里的犹太人都悲痛哀号。他们禁食、哭泣、悲喊；大多数人披上麻衣，躺在灰土里。——**以斯帖记 4：3**

并且指示他们和他们的后代要照规定按时遵守普珥节，像他们遵守禁食和哀哭的规定一样。这是末底改和王后以斯帖共同发出的命令。——**以斯帖记 9：31**

你去召集书珊城所有的犹太人，叫他们为我禁食祷告，3 天 3 夜不吃不喝；我和我的宫女也要照样做。然后，我就去见王；虽然这是违法的，但我还是要去。要是我这样做不免一死，我也情愿。——**以斯帖记4：16**

但是，他们害病的时候，我穿上麻衣为他们悲伤，我禁食，低床头为他们祷告。——**诗篇 35：13**

我以禁食克制自己，他们倒羞辱我。——**诗篇 69：10**

禁食使我双腿发软，叫我形容枯槁，瘦弱不堪。——**诗篇 109：24**

以色列人问："假如上主不注意我们，我们何必禁食呢？假如他不察看我们，我们何必自讨苦吃呢？"上主对他们说："你们一边禁食，一边做自己想做的事，而且欺压工人。"

你们的禁食使你们更凶暴，以致吵闹、打架。你们以为这样的禁食会使我听你们的祷告吗？

你们禁食的时候，虐待自己，垂头丧气，像快凋谢的花朵。你们在地上铺麻布，撒灰，然后睡在上面。这就是禁食吗？你们以为我会喜欢这样的禁食吗？

我所要求的禁食是：解除那欺压的锁链和不公正的轭；释放受压迫的人。——**以赛亚书 58：3、4、5、6**

约雅敬做犹太王的第 5 年 9 月，人民为要取悦上主，宣布禁食。所有耶路撒冷人和从犹太各地来的人都遵守禁食的日子。——**耶利米书36：9**

王回到宫里，整夜睡不着，不吃东西，也无心作乐。——**但以理书 6：18**

我禁食，穿上麻衣，坐在灰尘里，面向主上帝恳切地向他祈祷。——**但以理书 9：3**

你们要宣布禁食，召开聚会！要召集长老和所有犹太居民进入你们的至高上主的圣殿，向他呼求！——**约珥书 1：14**

上主说："即使现在，你们仍然可以禁食、哭泣、哀号，诚心悔改，归向我。”

在锡安山吹号吧！宣布禁食，召开聚会！——**约珥书2：12、15**

尼尼微城的人相信了上帝的话。所以他们决定每一个人都要禁食；城里所有的人，无论大小，都披上麻布表示痛悔。——**约拿书3：5**

他说：“你去告诉这地方的人民和祭司，已往70年来，他们在第5月和第7月禁食哀伤，都不是为了尊敬我。”——**撒迦利亚书7：5**

在第4、第5、第7、第10月举行的禁食，要成为犹太人民欢喜快乐的节期。你们要喜爱真理与和平。——**撒迦利亚书8：19**

禁食40昼夜之后，耶稣饿了。——**马太福音4：2**

你们禁食的时候，不可像伪善的人；他们装出一副苦相，故意蓬头垢面，好让别人看出他们正在禁食。我告诉你们，他们所得的酬报，不过是这样了。

不要让别人看出你是在禁食，只有你那位在隐密中的天父知道；看得见你在隐密中做事的天父一定会奖赏你。——**马太福音6：16、18**

有一次，施洗者约翰的门徒来问耶稣：“我们和法利赛人常常禁食，你的门徒却都不禁食，为什么呢?”

耶稣回答：“新郎还在婚宴的时候，贺喜的客人会悲伤吗?当然不会。可是日子将要来到，新郎会从他们当中被带走，那时候他们就要禁食了。”——**马太福音9：14、15**

耶稣叫门徒来，对他们说：“我很替这一群人担心，他们跟我在一起已经3天，现在没有什么可吃的了。我不愿意叫他们饿着回去，恐怕他们会在路上晕倒。”——**马太福音15：32**

至于这一种鬼，只有靠禁食和祷告才赶得出去。——**马太福音17：21**

耶稣回答说：“只有靠祷告才能够赶走这种鬼，此外没有别的方法。”——**马太福音9：29**

有一个女先知，名叫安娜，是亚设支族法内力的女儿。她已经老了，曾结过婚，跟丈夫一起生活了7年，之后寡居，现在已经84岁。她没有离开过圣殿，日夜敬拜上帝，禁食、祷告。——**路加福音2：36～37**

我每周禁食两次，奉献全部收入的1/10。——**路加福音18：12**

哥尼流说：“3天前，大约下午3点钟的时候，我在家里祷告。忽然有一个穿着光亮衣服的人站在我面前，说，‘哥尼流！上帝垂听了你的祷告，也注意到了你的善行。’”——**使徒行传10：30、31**

当他们在敬拜主、禁食的时候，圣灵对他们说：“你们要为我指派巴拿巴和扫罗，去做我呼召他们来担任的工作。”

于是他们为此禁食祷告，为巴拿巴和扫罗按手祝福，然后送他们俩启程。——**使徒行传 13：2、3**

两人又为各教会按立长老，祷告和禁食后，把他们交托给他们所信靠的上主。——**使徒行传 14：23**

夫妻不可忽略对方的需求，除非为了要专心祷告，双方才可以同意暂时分房。以后仍要同房，免得撒旦趁着你们情不自禁的时候诱惑你们。——**哥林多前书 7：5**

我们曾遭受鞭打，监禁，暴民的骚扰；我们劳苦，失眠，和挨饿。——**哥林多后书 6：5**

我又有工作上的劳碌困苦，常常彻夜不眠，忍受饥渴，缺乏食物，没有住处，衣不蔽体。——**哥林多后书 11：27**

第十章　治　愈

你最宝贵的财产

当被问及什么是他们最宝贵的财产时，绝大多数人会回答说是金钱。这是错误的。你最宝贵的财产是时间。你用时间来换金钱或是其他你所需要的东西。你第二贵重的财产是健康。因此，你应当花一些时间来保持健康。

所罗门被认为是有史以来最有智慧的人。他把知识和悟性看得比其他一切都重要。如果你把时间用在获取知识上，你就是在最好地利用时间。金钱总是来源于知识。没有健康，你就无法让知识得到运用。许多人都有残疾，但他们克服了身体的缺陷并能够谋生，因为他们学会了如何在身体有缺陷的情况下去做事。如果你把耶和华这个圣语运用到你所有的问题当中，你就会拥有健康，得到知识，积累财富。

我们经常在逆境中学到东西。人们几乎不会在自己顺利的时候去学习。自然界经常通过让你躺在床上给你一个教训，让你懂得健康的价值。要在遭遇了病痛的折磨之后，你才能学会保重自己的身体。我们必须从过去的错误中吸取教训，不要在未来重复过去的错误。使用圣语，祈求获得克服错误的力量，这样你就会取得成功。

正确深呼吸的重要性

既然空气是让我们活着的最重要的因素，那么正确的深呼吸对我们的健康来说就是必不可少的。你随时随地都可以进行呼吸练习，但放松和平静下来之后在床上做呼吸练习能让你获得最好的结果。

呼吸 12 次

你身体的每一个部位都可以通过正确的深呼吸得到刺激和帮助。印度教教徒使用的是呼吸 3 次和呼吸 7 次，或者是先呼吸 3 次，随后停下来，然后再呼吸 3 次，这样连续不断地重复 3 次，共呼吸 9 次。

呼吸 12 次是最有用的，因为身体有 12 个器官，每一个器官都需要通过适当的呼吸来得到刺激和加强。在进行这些呼吸时，你应当集中于这些器官，它们分别是：

1. 你的眼睛、耳朵和鼻子所在的头部。在进行第 1 次吸气和呼气来刺激头部和大脑时，要集中于这几个器官。头部是身体中用来获取知识、健康和其他所有东西的最重要部位。

2. 喉咙和其他呼吸器官。这一次呼吸应当用来刺激这些器官。

3. 肺部。这一次呼吸是最重要的，因为这一次是印度教教徒用来刺激肺部、肩膀和手臂的。

4. 胃部。第 4 次呼吸是为了刺激胃部，帮助它彻底地消化食物。

5. 心脏。当你练习这次呼吸时，要集中于强心并使心脏得到休息，同时还要集中精力进行非常深的呼吸，以便对你的整个循环系统产生影响，因为良好的血液循环和分布都依赖于心脏的正常工作。

6. 肠。集中精力让你的肠保持强健，让它们保持活跃，以便把毒素排出你的体内。

7. 背部和腰部。从第 6 次呼吸开始，要考虑到腹腔神经丛。当腹腔神经丛受到刺激并适当活动时，它可以供养连接到身体其他所有部位的神经，因为它是一个很大的神经组，充当了你身体的接收站。这一次呼吸应当很流畅，因为如果这里出现了短路，就会阻碍你融合神的力量来治愈你的心灵和身体，以及祈求你的一切需要。

8. 生殖器。用呼吸来使这些器官强健，以便身体得到休养或是加强。性的力量不应当过度耗损，而应当被保存起来建立一个强壮的体魄。

9. 臀部和大腿。第 9 次呼吸应当集中于这些部位。

10. 膝盖。这一次你应当非常深的呼吸，努力想象你是在把呼吸牵引到膝盖。强壮的膝盖能使一个人行走——最受欢迎的锻炼方式。

11. 小腿，即腿部膝盖与脚踝之间的部分，必须好好保护，以防止动脉硬化。

12. 脚部。神经中枢结束于脚底，那里血液到达最末端并开始回流到心脏。很少有人意识到锻炼脚部和经常泡脚有多重要。如果你愿意阅读《圣经》中“脚部”的所有内容，你就会发现好好照顾脚部有多重要。你皮肤上的每一个毛孔都是用来呼吸的，而脚底有你的皮肤用来呼吸的最多的毛孔。因此，你应当尽可能经常脱下鞋子，让你的脚获得大量的新鲜空气，但让它们保持干净是最重要的。

健康日光浴

《圣经》告诉我们，上帝创造了太阳来在白天发光，创造了月亮来在晚上发光。古人崇拜太阳，为太阳和月亮修建金字塔和纪念塔。他们认为太阳就是上帝，是生命的给予者。

太阳赐予植物、动物和人类以生命。没有太阳任何东西都无法存活。当热量离开身体时身体就死了，就不会再活动了。拿有轨电车来做比喻，只要电流是通的，电车就可以运行，但是一旦电流被切断，有轨电车也就会停下来，不会再运行，直到电流重新被接通。

植物需要三样东西才能生长，这三样东西是：太阳、水、泥土。

太阳或者说热量是最重要的，因为即使你播种了，浇水了，没有热量植物也不会生长，而这热量是由太阳来提供的。

通过在户外进行裸体日光浴，你的皮肤会受到刺激，因为它吸收了从太阳中发出的自然力量来强健你的体魄。电热和各种各样的电动操作的灯具都能对你的身体和皮肤有益，但这些人工方式无法与太阳照在人体上的有益健康的各种射线相比。你可以在海滨上呼吸到带着咸味的空气，海滨上的日光浴大有益处。落日日光浴总是会有帮助的，因为此时皮肤上所有的毛孔都暴露在了空气中，这样所有的毛孔都可以呼吸。在户外和在阳光下进行的深呼吸练习将让你更加受益。

关于治愈的引证

他说："如果你们完全服从我，做我认为对的事，遵守我的命令，我就不用那惩罚埃及人的疾病惩罚你们。我是医治你们的上主。"——**出埃及记 15：26**

于是摩西向上主呼求："上帝啊，求你医治她！"——**民数记 12：13**

"唯有我是上帝，我以外没有别的神。我使人死，也使人活；我打伤人，也医治人。没有人能脱离我的掌握。"——**申命记 32：39**

圣灵显现在各人的身上，为的是让大家都得到好处。

圣灵把充满智慧的话赐予一个人，同一位圣灵又把充满知识的话赐予另一个人。

同一位圣灵把信心赐予一个人，同时又把治病的能力赐予另一个人。——**哥林多前书 12：7、8、9**

只要他们向我祷告，并且悔改，远离自己所做的坏事，我就会从天

上垂听他们，赦免他们的罪，重新使他们的土地繁荣起来。——**历代志下 7：14**

上主垂听希西家的祷告，饶恕了他们，没有处罚他们。——**历代志下 30：20**

主啊，可怜我吧，因为我已疲惫不堪！求你给我力量，因为我已精力耗尽。——**诗篇 6：2**

我曾祈求说："上主啊，我得罪了你；求你怜悯、医治我！"——**诗篇 41：4**

我为什么这样悲伤？我为什么这样烦躁？我将仰望上帝，还要再颂赞他；他是我的救援，我的上帝。——**诗篇 43：5**

你曾使大地震动，又使它裂开；现在求你修补它的裂缝，因为它就要崩溃瓦解了。——**诗篇 60：2**

好使全世界知道你的旨意，万国知道你的救恩。——**诗篇 67：2**

他赦免我所有的罪；他治好我一切的疾病。——**诗篇 103：3**

他以自己的话治好了他们的疾病，救他们脱离了死亡。——**诗篇 107：20**

他医治了心灵破碎的人，包扎了他们的伤口。——**诗篇 147：3**

引证：腹腔神经丛

这样做，它就会像良药，能够医治你的创伤，减轻你的疼痛。——**箴言 3：8**

出言不慎，有如利剑伤人；智者之言，却能医治创伤。——**箴言12：18**

接着，他对我说："让这些人头脑糊涂，耳朵重听，眼目昏花，以至于看不见，听不懂，想不通；否则，他们就会回心转意地归向我，而得到医治。"——**以赛亚书 6：10**

月亮要像太阳那样光亮；太阳的光要比以前明亮 7 倍，好像 7 天的光在一天放射出来！在上主包扎他给他子民的伤口、医治他们的病患时，这些事都要发生。——**以赛亚书 30：26**

为了我们的罪恶，他被刺伤；为了我们的过犯，他挨毒打。因他受责罚，我们得痊愈；因他受鞭打，我们得医治。——**以赛亚书 53：5**

离弃上主的人哪，你们回来吧！他要医治你们，使你们不再背叛。你们回答："是！我们要回到上主那里，因为他是我们的上帝。"——**耶利米书 3：22**

他们表面医治了我子民的损伤，说： “都好了。”但其实并没有好。——**耶利米书 8：11**

我们期待和平，希望得到医治，却没有效果，反而饱受惊慌。——**耶利米书 8：15**

为什么我的痛苦长久不止呢？为什么我的创伤无法医治，不能痊愈呢？难道你打算像夏日干涸的小溪一样让我失望吗？——**耶利米书15：18**

没有人会照顾你们，替你们裹伤，没有药物能够使你的伤口得以痊愈。——**耶利米书 30：13**

虽然你们的敌人说：“锡安被人遗弃，没有人关心。”但我要医治你们的创伤，要使你们康复。上主我这样宣布了。——**耶利米书 30：17**

以色列人说：“让我们归向上主吧！他虽然撕裂了我们，但他也会医治我们；他虽然打伤了我们，但他也会包扎我们，不是吗？”——**何西阿书 6：1**

商住说，我要让我的子民归向我。我要全心全意爱他们，不再向他们发怒。——**何西阿书 14：4**

引证：耶和华，充满力量的神圣的词

可是对你们这些服从我的人，我拯救的力量将像太阳一样照耀你们，它的光线有医治的功能。你们将像从牛栏里放出来的牛犊一样自由、快乐。——**玛拉基书 4：2**

耶稣走遍加利利全境，在各地方的犹太教堂里教导人，宣讲天国的福音，治好民间各样的疾病。

他的名声传遍了叙利亚，因此那里的居民把患各种病症、经历各样痛苦的人：例如被鬼附身的、癫痫的、瘫痪的，都带到他跟前来，他一一治好了他们。——**马太福音 4：23～24**

耶稣听到了这个消息，就离开那里，一大群人跟着他。他治好了他们所有人的疾病。——**马太福音 12：15**

耶稣上了岸，看见这一大群人，动了恻隐的心，治好了他们的疾病。——**马太福音 14：14**

主的灵临到我，因为他拣选了我，要我为贫穷人带去福音。他差遣我宣告：被掳的，得释放；瞎眼的，得光明；受欺压的，得自由。——**路加福音 4：18**

引证：遵从律法与疗愈自己

耶稣对他们说："我确定你们会引用这句俗语对我说，'医生，治好你自己吧。'你们还会要我在我的家乡这里行你们听说的我在迦百农所行的事。"——**路加福音 4：23**

上帝使他们的眼睛瞎了，使他们的心智麻木了，免得他们的眼睛看见，他们的心智领悟。所以上帝说，他们不会转向我，让我治好他们。——**约翰福音 12：40**

要时常走在笔直的路上，使跛了的脚不至于完全残废，反而重新得到痊愈。——**希伯来书 12：13**

所以你们要彼此认罪，互相代祷，好叫你们得到医治。义人祈祷所发出的力量，是大有功效的。——**雅各书 5：16**

兽的一个头似乎受过致命重伤，可是那伤已经好了。全世界都很惊奇，跟在那兽的背后。——**启示录 13：3**

通过城中心的街道，河的两边有生命树，每年结果子 12 次，每月一次；树的叶子能够医治万国。——**启示录 22：2**

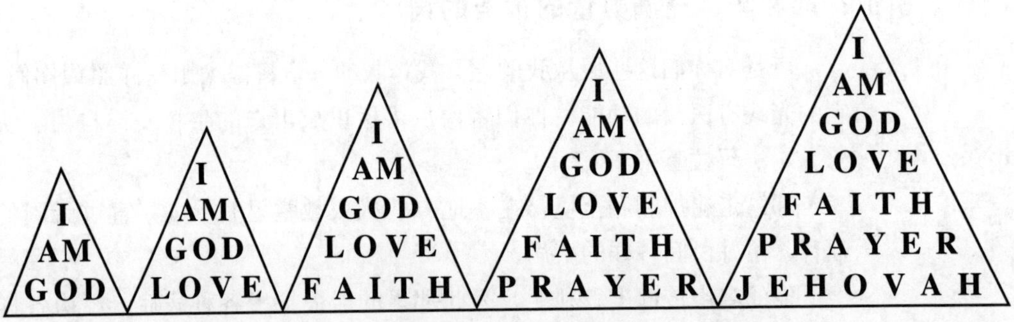

LIVE—LOVE—WORK—WAIT ON WORD

DO NOT THINK EVTL—

CHANGE EVTL TO LIVE—LOVE

第十一章　祈祷和祷告

你的祷告可以通过说出、诵唱或是哼唱和振动耶和华这个圣语得到回应。你可以通过在一个和平安静的地方集中精力冥想来让你的祷告得到回应。你的祷告是因为积极的想法和话语得到回应的，而不是因为消极的想法和行为。

当你想要身体健康时，就要谈论身体健康，想象身体健康。记住，你自己的想法和言语会回到你身上[①]，你不想生病，那为什么要谈论病痛呢?

我曾认识一些人，他们不断地谈论自己的疾病和烦恼，在这过程中他们一直专注在这些事情上。获得健康的方式就是乐观积极；想象健康，谈论健康；只抱有好的想法，说每一个人的好话。当你祈祷并使用圣语时，你肯定不会祈求病痛，你会祈求身体健康。当你的确感觉有一点儿不舒服的时候，为什么不祈求你想要的健康呢？遵从库艾的法则，要说："每一天我都会在各个方面变得越来越好。"每天都对着镜子里的自己说，我看起来会更好，感觉也会更好，然后看起来更好。保持这样的状态，你很快就会看到结果。当你祷告并说出耶和华这个圣语时，要祈求你想要的和需要的。不要想象或是谈论你不想要的。《圣经》上说："一个人心中想的是什么，他就会成为什么样的人。"俗话说得好，一个人喜欢什么，他就会变成什么；如果他喜欢上帝，他就会变成上帝，如果他喜欢尘土，他就会变成尘土。

如果你不希望他人批评你，对你吹毛求疵，那么你就不要批评他人，对他们吹毛求疵。你自己的想法和言语将回到你自己身上。

如果你想得到爱，你就必须付出爱，想象爱，谈论爱。你不可能因

① 即你心里想了什么，嘴上说了什么，会应验在你身上。

为仇恨和想象仇恨他人而获得爱。要积极乐观地考虑问题，不要有消极的想法。

当你想得到金钱时，就要把精力集中于金钱之上。不要谈论或是想象贫穷。永远不要说我是穷人。这是在自招不幸。说话要积极，要说我充分享有上帝的爱，借助这个神圣的圣语的力量，我在金钱上也会很富有。神圣的力量是无限的，我所需要的金钱和一切都会流向我。

怀恨在心

这是任何人所能做的最糟糕的事情之一。它会毒害心灵和身体，造成短路。只要你怀恨在心，你的祷告就不能得到回应，这就是《圣经》告诉你要以德报怨的原因。由于某人曾对你造成过看似伤害的伤害而设法报复某人，是你所能做的最糟糕的事情。你能报复并为自己得到一份回报的唯一方式，就是为他人做一些好事。这样你就一定会得到回报。《圣经》上要你通过更新你的思想来改造你的身体。当你把所有的邪念都清除，然后学会给予和宽恕，你的思想就得到了更新。这样你的祷告就会得到回应。

晚上睡觉时，你要重复耶和华这个圣语，并且说道：当我睡觉时，这个神圣的词正在发挥作用；它正在使我的心灵和身体达到完美。大量的睡眠和休息对健康、快乐和成功来说都是必不可少的。

当你睡觉时，神的力量正在让你的心灵向你所需要的一切无限制的供应敞开，如果你集中精力，神的力量会降临到你身上，你的祷告会得到回应。

就在你要睡着之前，先说：耶和华这个圣语的力量将向我表明应该做什么，以及如何得到我所需要的一切。然后再重复：耶和华这个圣语现在就在拯救我、保护我。耶和华这个圣语正在医治我。

圣语耶和华创造奇迹

如果你像我一样，像成千上万的其他人一样，对这个圣语进行了检验和证明，你就会知道，它的确可以创造奇迹。

当你对着空中说出耶和华这个圣语，并且祈求你所需要的东西时，声波会将你的话语传遍全世界。你与之协调一致的看不见的强大力量会传送你的话语，你的话语会被其他与你步调一致的人接收到。这为你开辟了道路，让你借助信心得到你所需要的一切，同时让你的祈祷得到回应。当你遇到任何难题的时候，都必须祈祷自己会得到神示，指引你如何解决，以及做什么来让你的祈祷得到回应。

你应当重复：上帝借着口语词耶和华的发音创造了一切，我也一样能做到。耶和华这个圣语是上帝，是上帝的力量的表现。这种力量永远不会变弱，因为上帝是永恒的，永久存在的。如果这个世界曾有一次使这种力量发挥了作用，这个世界现在就拥有这种力量，因为上帝已经明确表明，这种力量是永久存在的，不会改变。当你按照神的法则来生活时，你的祈祷就会得到回应。

祈祷和祷告的引证

撒母耳召集所有以色列人到米斯巴，对他们说："我要在那里为你们向上主祷告。"——**撒母耳记上 7：5**

他们对撒母耳说："请为我们向上主——你的上帝祷告，免得我们死亡。现在我们知道了，我们要求立王是罪上加罪。"——**撒母耳记上12：19**

万军之主、以色列的上帝啊！我大胆在你面前这样祷告；因为你把这一切向我——你的仆人启示出来，告诉我你要立我的后代做王。——**撒母耳记下 7：27**

上主——我的上帝啊，我是你的仆人；求你垂听我的祷告，答应我今天在你面前的祈求。

求你垂听他们的祷告。假如你的以色列子民中有人从内心发出忧伤，伸出双手向这圣殿祷告，求你垂听他们。求你从天上垂听他们的祈祷，使他们得胜。——**列王记 8：28、38、45**

祭司和利未人祈求上主赐福人民。上帝从他天上的家垂听他们的祷告，接受了他们的祈求。——**历代志下 30：27**

上主啊，正当我日夜为你的仆人以色列人民呼求的时候，请看看我，听听我的祷告！我承认我们以色列人犯了罪；我的祖先和我都犯了罪。——**尼希米记 1：6**

但是我们向我们的上帝祷告，并且派人日夜守卫，防备他们。——**尼希米记 4：9**

如果你这样做了，就没有人会敬畏上帝，也没有会向上帝祷告了。——**约伯记 15：4**

但是我并没有犯暴力的罪，我向上帝的祷告也是真诚的。——**约伯记 16：17**

他们以为不必侍奉上帝，向他祷告并没有益处。——**约伯记 21：15**

你向他祷告，他会答应你的请求，而你也要履行对他所立的誓言。——**约伯记 22：27**

我的王，我的上帝啊，求你听我求助的呼喊。上主啊，我要向你祈求。

清晨你会听见我的声音；太阳一出我就向你倾诉，静候你的回音。——**诗篇 5：2、3**

他垂听了我求助的呼喊；他会答允我的祷告。——**诗篇 6：9**

上主啊，求你垂听我要求公道的呼声！求你留意我的哀求；求你倾听我诚心的祷告。——**诗篇 17：1**

但是，他们害病的时候，我穿上麻衣为他们悲伤，我禁食，低床头为他们祷告。——**诗篇 35：13**

无论早晨、中午、晚上，我要向他悲叹申诉；他一定会垂听我的声音。——**诗篇 55：17**

因为你回应祈求，各个地方的人都会来找你。——**诗篇 65：2**

我赞美上帝，因为他没有拒绝我的祷告，也没有收回他永恒的爱。——**诗篇 66：20**

耶西的儿子大卫的祷告完毕。——**诗篇 72：20**

求你垂听我的祷告；求你垂听我求助的呼声！——**诗篇 88：2**

他将垂听凄凉之人，垂听他们的祷告。——**诗篇 102：17**

要为耶路撒冷求和平："愿爱你的人都兴旺！"——**诗篇 122：6**

恶人献祭，为耶和华所憎恶；义人祈祷，为他所喜悦。

义人祷告，上主垂听；恶人祷告，他忽视。——**箴言 15：8、29**

你若不遵守律法，上帝必厌恶你的祷告。——**箴言 28：9**

你们举手祷告，我必掩目不看；不管你们有多少祷告，我都不会听；因为你们双手沾满了鲜血。——**以赛亚书 1：15**

上主啊，你曾惩罚你的子民；在痛苦中他们向你祷告。——**以赛亚书 26：16**

亚述皇帝差他的大将来侮辱永生的上帝。愿上主——你的上帝听见了这些亵渎的话，惩罚说这话的人。请你求告上主——你的上帝，来看顾我们这些残存的人民。——**以赛亚书 37：4**

我要带你们到我的圣山锡安，在我祷告的殿中赐予你们喜乐，并接受你们在祭坛上所献的祭品。我的圣殿将称为万民祷告的殿。——**以赛**

亚书 56：7

上主对我说："不要请求我帮助这些人。"——**耶利米书 14：11**

我高声呼救，但上帝不听。——**耶利米哀歌 3：8**

你用密云遮蔽，使我们的祷告不能上达。——**耶利米哀歌 3：44**

我禁食，穿上麻衣，坐在灰尘里，面向主上帝恳切地向他祈祷。——**但以理书 9：3**

我继续祷告，承认我和我以色列同胞的罪，并且为修复上帝的圣山向上主——我的上帝恳求。——**但以理书 9：20**

当我感到自己的生命快溜走的时候，上主啊！我向你祈求；你在圣殿里垂听了我的祷告。——**约拿书 2：7**

许多民族和强大的国家都要来耶路撒冷敬拜上主——万军的统帅，祈求他赐福。　**撒迦利亚书 8：22**

至于这一种鬼，只有靠禁食、祷告才赶得出去。——**马太福音17：21**

你们这班伪善的经学教师和法利赛人要遭殃了！你们吞没寡妇们的家产，却在人面前表演长篇的祷告，所以你们一定会受遭到更严厉的惩罚。——**马太福音 23：14**

所以，我告诉你们，你们祷告有所求的时候，相信你们已经得着了，就会得到你们所求的。——**马太福音 11：24**

所有人都将因为我而恨你。但坚持到最后的将得救。——**马太福音 13：33**

你将多么的欢喜快乐；其他许多人也将因他的诞生而喜乐。——**路加福音 1：14**

那时耶稣到山上祷告，在那里整夜向上帝祈祷。——**路加福音6：12**

有一天，耶稣在一个地方祷告。祷告完了，有一个门徒对他说："主啊，请教导我们祷告，像约翰教导他的门徒一样。"——**路加福音 11：1**

然后耶稣又向他的门徒讲了一个比喻，教导他们要常常祷告，不可灰心。——**路加福音 18：1**

你们要时刻警醒，不断地祷告，使你们有力量安全度过一切要发生的事，得以站在人子面前。——**路加福音 21：36**

但是西门，我已经为你祈求，使你不至于失掉信心。你再回转归我以后，就要坚固你弟兄们的信心。

在极度伤痛中，耶稣更恳切地祷告，他的汗珠像大滴的血滴落在地

上。——**路加福音 22：32、44**

我为他们祈求；我不为世人祈求，而是为你所赐予我的人祈求，因为他们是属于你的。

我不但为他们祈求，也为那些因接受他们的信息而信我的人祈求。——**约翰福音 17：9、20**

有一天，下午 3 点祷告的时间，彼得和约翰到圣殿去。——**使徒行传 3：1**

至于我们，我们将专心于祷告和传道的事。——**使徒行传 6：4**

所以，你要悔改，离弃邪恶，祈求主赦免你心中这种意念。

西门对彼得和约翰说："请你们为我向主祈求，使你们所说的这事不至于发生在我身上。"——**使徒行传 8：22、24**

上主对他说："你立刻到直街去，在犹太家里找一个大数字人，名叫扫罗。他正在祷告。"——**使徒行传 9：11**

他是一个敬虔的人；他跟他一家人都敬畏上帝，常常慷慨地周济贫穷的犹太人，又时常热心向上帝祷告。

哥尼流注目看着天使，非常惊惶，说："主啊，什么事?"天使说："上帝对你的祷告和善行很满意，已经准备好回应你的祷告。"

第二天，他们赶路快要到达约帕时，约在中午，彼得上到屋顶去祷告。

哥尼流说："3 天前，大约下午 3 点钟的时候，我在家里祷告。忽然有一个穿着光亮衣服的人站在我面前。"

因此，他吩咐他们奉耶稣基督的名领受洗礼。他们又要求彼得跟他们一起多住几天。——**使徒行传 10：2、4、9、30、48**

因此，彼得就被看管在监狱中，而教会的兄弟姊妹们正在恳切地为他向上帝祷告。——**使徒行传 12：5**

安息日，我们出城到了河边，心里想，那里可能有一个犹太人祷告的地方。我们坐下，向聚集在那里的妇女们讲道。——**使徒行传 16：13**

在盼望中要常存喜乐，在患难中要忍耐，祷告要恒切。——**罗马书 12：12**

夫妻不可忽略对方的需求，除非为了要专心祷告，双方才可以同意暂时分房。以后仍要同房，免得撒旦趁着你们情不自禁的时候诱惑你们。——**哥林多前书 7：5**

男人在公共场所祷告或宣讲上帝信息的时候，要是把头蒙着就是羞

辱基督。——**哥林多前书 11：4**

因为你们通过为我们祷告来帮助我们，这样为我们所做的许多祷告都将得到回应，上帝将祝福我们，将来将有许多人会替我们感谢上帝。——**哥林多后书 1：11**

因此，我们现在代表基督讲话。上帝亲自借着我们劝勉你们。我们替基督请求你们，让上帝改变你们，使你们得以跟他和好！——**哥林多后书 5：20**

你们要在祷告中祈求上帝的帮助，常常随从圣灵的带领祷告。因此要事事警醒，不可放松；要不断地为信徒们祷告。——**以弗所书 6：18**

因此，自从听到了有关你们的消息，我们就不断地为你们祷告，求上帝使你们从圣灵那里得到各样的智慧和理解力，能够充分地认识他的旨意。——**歌罗西书 1：9**

你们祷告要恒切，且要警醒，要对上帝表示感谢。——**歌罗西书4：2**

我们日夜向他恳切祈求，让我们能够亲自去看你们，来补足你们在信心上的需要。——**贴撒罗尼迦前书 3：10**

要不间断地祷告。——**贴撒罗尼迦前书 5：17**

弟兄们，请为我们祷告。——**贴撒罗尼迦前书 5：25**

末了，弟兄们，请为我们祷告，好使主的信息快快传开，并且得到尊重，好像在你们中间被传开，得到尊重一样。——**贴撒罗尼迦后书3：1**

首先，我劝你，要为所有人向上帝请愿、祷告、请求、感恩。——**提摩太前书 2：1**

在各地方的教堂聚会，我希望那些献身于上帝的男人祷告，虔诚地举起手来祷告，不发怒，不争论。——**提摩太前书 2：8**

因为上帝的话和人的祈祷使这些食物为上帝所接受了。——**提摩太前书 4：5**

（腓利门弟兄啊！）我每次祷告的时候都提到你们，常常为你感谢我的上帝。——**腓利门书 1：4**

请不断地替我们祷告。我们自信有清白的良心，因为我们时时都愿意走正直的道。——**希伯来书 13：18**

你们当中有遭遇痛苦的吗？他应该祷告；有喜乐的吗？他应该歌颂。

你们当中有害病的吗？他应该请教会的长老替他祷告，奉主的名在他身上抹油。

这祷告若是出于信心，就能够治好病人；上主会恢复他的健康；病人所犯的罪会得到赦免。

所以，你们要互相认罪，彼此代祷，使你们得医治。义人的祷告有很大的功效。

以利亚和我们是同样的人；他恳切祷告，求上帝不下雨，果然有 3 年半之久没有下雨。

后来他再祈祷求雨，天就下了大雨，地也长出农作物来。——**雅各书 5：13～18**

同样，做丈夫的，你们也必须跟妻子一同生活，体贴她们在性别上比较软弱。要尊重她们，因为她们跟你们一样都要领受上帝所赐的新生命。能够这样，你们的祷告就不至于受阻碍。

因为上帝看顾义人，垂听他们的祷告；但他却敌视作恶的人。——**彼得前书 3：7、12**

宇宙万物的尽头就要到了。你们要谨慎自律，警醒祷告。——**彼得前书 4：7**

至于你们，我的朋友们，你们应该始终坚立在至圣的信仰上，借着圣灵的力量祷告。——**犹太书 1：20**

他这样做的时候，4 个活物和 24 个长老就俯伏在羔羊面前。每一个长老都拿着竖琴和盛满着香的金炉；这香就是信徒们的祷告。——**启示录 5：8**

另外有一个天使出来，拿着金香炉，站在祭坛前。他接受了许多香，就连同信徒们的祷告一起献在宝座前的金祭坛上。——**启示录 8：3**

第十二章 如何使用圣语耶和华

许多人不了解这个诵语[①]的力量和价值，也不知道通过朝着空中振动这个圣语，它会回到他们身边，会带着（对他们的祈祷的）回应，他们将得到他们所祈求的。《圣经》中到处都是证据，证明耶稣的确借着这个诵语医治了（很多人），上帝也借着这个圣语创造了万物。也有证据证明，这个圣语曾遗失过，后来又被找到了。你或许也曾遗失过它，或者可能从未找到过它，但你可以学习如何使用它，而且假如你只把它用到好的地方，无论如何也不用它来伤害他人，你就能够获得健康、快乐和成功。耶和华这个圣语必须用来祝福，不能用于诅咒。

遗失的圣语

你对我说话，句句我都留心听。主啊，全能的上帝，我是属于你的；你的话使我心里充满喜乐。——**耶利米书 15：16**

这个词所创造的东西：诸天由上主的命令造成；日、月、星辰也由他的话造成。——**诗篇 33：6**

他一发言就有世界；他一命令就有万象。——**诗篇 33：9**

由于信心，我们知道宇宙是借着上帝的话造成的；所以，那看得见的是从那看不见的造出来的。

由于信心，以诺得以不死。他被提升到上帝那里去，没有人能找到他，因为上帝接了他去。《圣经》上说，他被提升以前已经得到了上帝的欢心。——**希伯来书 11：3、5**

因为没有一件事是上帝做不到的。——**路加福音 1：37**

因为我们得救是根据盼望；但如果我们看得见所盼望的，那就不算

① 指耶和华（Jehovah）的发音。

是真的盼望。谁还盼望他所看得见的呢？

如果我们盼望那看不见的，我们就会忍耐等候。

同样，我们软弱时有圣灵帮助。我们原不知道该怎样祷告；可是圣灵亲自用言语所不能表达的叹息为我们向上帝祈求。

既然这样，我们还可以说什么呢？只要上帝在我们这一边，谁能敌对我们呢？——**罗马书 8：24、25、26、31**

上帝为什么不照我祈求的赐予我呢？他为什么不回应我的祷告？

我究竟有什么力量好活下去？既然毫无盼望，为什么还活下去？

难道我是石头做的？难道我的身体是铁打的？

我一点儿自救的力量都没有；我没有可求援的地方。[①] ——**约伯记 6:8、11、12、13**

已有之事后必再有；已行之事后必再行。整个世界没有新鲜事。

有哪一件事人能说："看吧，这是新鲜事？"不可能！它很早以前就发生过了，在我们出生以前早已经有了。——**传道书 1：9、10**

天下万事都有定期，天下万物都有定时：

生有时，死有时；栽种有时，拔除有时；

杀戮有时，医治有时；拆毁有时，建造有时；

悲伤有时，欢乐有时；哀恸有时，舞蹈有时；

抛石有时，堆石有时；拥抱有时，戒避拥抱亦有时；

得有时，失有时；保存有时，舍弃有时；

撕裂有时，缝补有时；缄默有时，言谈有时；

爱有时，恨有时；战争有时，和平有时。——**传道书 3：1～8**

我们无论向他求什么，他都会赐予我们；因为我们遵从他的命令，做他所喜欢的事。

他的命令就是：我们必须信他的儿子耶稣基督，而且照基督的命令彼此相爱。

那些遵行上帝命令的人，就住在上帝里面，上帝也住在他里面。我们所以知道上帝住在我们里面，是由于他所赐予我们的圣灵。——**约翰一书 3：22～24**

综上所述，你从上帝在《圣经》中的言语获得了证据，证明这个圣语具有力量。什么都没有改变，已有的事后必再有，已行的事后必再行。

---

① 此句才是约伯记 6：13 的内容，原文中这一句的英文与约伯记 6：11 的英文相同。

耶稣说过："你们将做比这更伟大的事。"如果上帝借着这个圣语进行了创造，你也可以通过使用这个圣语来进行创造，你可以借助耶和华这个圣语触及到宇宙的能量，也可以得到你所需要的一切来满足你想要的和需要的。凡事各有其时间和地点。《圣经》中阐明了一条法则，有许多内容都提到了要去山上祷告，找一个安静、隐秘、和平的地方进行祈祷。你最好的选择就是跟随《圣经》中的榜样。

《圣经》告诉我们，上帝是一个灵，你会在空中见到上帝。这就是你必须使用这个诵语并朝着空中广播你的祷告或是话语的原因。在人类了解所有需要了解的、从宇宙中神的供应那里得到他所需要的一切。在这一过程中，关键存在于人的心中。你通过朝着空中说出你的话，借着这个口语词收到这一来源并收到供应，与你的心灵协调一致的神圣的、宇宙的心灵将收到你的信息。全世界其他与你协调一致的男性和女性也会收到你的信息并帮助你。你不需要任何电线或是电话来朝着空中说出你的信息或是这个诵语，以便它能到达全世界。你知道的，无线电设备没有使用电线，你也知道所有被调到相同波长的无线电设备将收到相同的信息。这是为什么你不能口头说出负面的词语和抱有错误想法的一个充分的理由，因为这些词语和想法将被那些与你协调一致的人收到，并且会返回到你身上。这就是法则：你播种什么就收获什么。你给予或是发出了什么，就会收到什么。始终带着祝福和对他人的爱进行祷告并说出耶和华这个圣语将使你获得回报。这个回报就是你希望返回到你身上的东西。《圣经》告诉我们，从人嘴里进去的东西不会使人不洁净；从人嘴里出来的才会使人不洁净。因此，对他人说话时你必须斟字酌句；不要批评、谴责他人或是对他人吹毛求疵，因为《圣经》上说："你衡量你的邻人时，他也会衡量你。"《圣经》还说："不要去评判，免得你们自己被评判。你有什么权利去评判你的邻人或是同胞呢？他的行为是他和上帝之间的行为。上主说，报复是我的事，我必定会报复。"当你了解了你发出什么就会收到什么时，你就会明白自己为什么无法承担仇恨或是抱有邪念，因为这些邪念将返回到你身上。为了你自身的利益和回报，你必须总是想着爱，必须做好事，而不是做伤害他人的事。记住，你无法打败、逃避或是欺骗神的法则，你播种什么就会收获什么。现在是时候开始正确播种并使用耶和华这个圣语了，以便为你自己和他人带来好的事情。

圣语耶和华

这是一个三音节的词语，应当被用于三音节诵唱。除了神的数字 7，数字 3 在《圣经》中被提及的次数是最多的。耶和华这个词语包含了 7 个字母，它是伟大而神圣的词语。通过诵唱、歌唱和振动耶和华这个词语所得到的结果，将比你使用其他任何词语所得到的结果都要好。

如果你拿 7 个便士或是 7 个小圆圈，把一个圆圈放在中心，6 个圆圈放在它的周围，你就可以在 6 个圆圈的边缘画一个完美的圆，组成神圣的 7。把耶和华（Jehovah）这个词的字母 O 放在中心的圆圈，其余的字母均衡地环绕这个中心，组成神圣的圆。这就是这个神圣而充满力量的圣语。以前，人们遗失了使用它的方法。但这个词从来没有遗失。它一直存在着，而且也会一直存在下去。它是上帝和神力的象征。

众所周知，印度教教徒所练习的深呼吸对健康有益处，他们借助这个诵语的力量和深呼吸创造了奇迹。因此，如果你不断地在正确的时间、地点，以正确的方式使用耶和华这个圣语的合适的振动频率，它将为你带来令人难以置信的结果。

你应当一天重复 3 次圣语耶和华，至少连续重复 7 天，如果你一天重复 3 次，连续重复 7 天或是 21 天会得到更好的结果。

重复圣语耶和华的时间

根据《圣经》中所阐述的法则，最佳祷告时间是早晨、中午和晚上，这也是使用耶和华这个圣语的最佳时间。然而，你任何时间、任何地点都可以使用这个词。如果你在按照律法生活，那么在紧急情况下，你在任何时候请求上帝给予帮助，他都会赐予你祝福。你应当用三个独立的音节振动、诵唱和歌唱这个圣语。

首先，振动 JE（尽可能地拉长），以便振动可以到达你的胃部和肠，刺激腹腔神经丛，促使它活动起来。腹腔神经丛是你最高级的头脑。它使你与所有看不见的力量和最高的神的力量协调一致。腹腔神经丛在你睡觉时工作，医治你的心灵和身体。第二，振动 HO（歌唱或是唱诵）并且尽可能地拉长这个声振动，直到你的胃部和肠感觉到。HO 这个词和 OH 创造了强有力的声音，刺激了腹腔神经丛。因此，你应当经常使用和重复这个词。第三，振动 VAH（歌唱或是诵唱）并且尽可能地拉长，直到你的心窝和肠感觉到振动。完成对耶和华这个圣语的歌唱或诵唱之后，现在是时候祈求你想要的或是需要的了。朝着空中发出你的信息，然后感谢上帝，感谢神的力量，之后你就会收到你所祈求的东西。这是在证明你对神的力量和这个圣语的信心。

你还应当重复和振动以下词语：我是上帝，爱（I AM GOD, LOVE），这包含了10个字母，10是完美数字之一。GOD中的O、LOVE中的O和Jehovah中的O都表示上帝（God），因为圆就是全部，包含了一切。它无始无终，连续不断，代表神的存在。O或者圆，包含了世界和世界上的一切，因为它做圆周振动，包容了一切。

犹太人为上帝取的名字是YOD HE VAU HE，这是4个音节的词，包含了10个字母，是完美数字之一。这个词可以和耶和华（Jehovah）这个词一样使用或是振动。在古代时期，人们不仅懂得使用三维空间上的东西，还懂得使用四维空间中的东西，这是犹太人使用这个包含4个音节的名字，而不使用3个音节的名字的原因之一。

GOD这个词包含了3个字母，I AM包含了3个字母。AUM这个词也包含了3个字母，这是印度人或印度教教徒们重复得最多的词，但IAM是万能的上帝着重强调的词："然后告诉他们是I AM派遣了你们。"当你重复I AM时，歌唱或是唱诵它时，你会吸引或是唤醒神的力量，它会对你有益。当你重复I AM JEHOVAH（我是耶和华）时，你是在声明你作为上帝的孩子的权利，如果你遵从所有的神的法则，你就有权得到所有的好处。除非你行动、工作、给予和表达了所有好的东西，否则你不能期待获得所有好的东西。记住，你播种什么，就一定会收获什么！

重复

通过日复一日地重复耶和华这个圣语，歌唱、唱诵或是振动这个词，将使你的心灵和身体都与神的力量协调一致，你将增加自己的希望和信心，你所祈求的也会实现。不要以为你祷告一天或是一次就可以期待获得结果。你必须遵从《圣经》中的这条法则或是律法："不停地祷告。"要经常重复："神的力量正日夜在我的心灵和身体中发挥作用，将完美我的心灵，治愈我的身体，让我的祷告得到回应。"工作并有信心！当你完成一次祷告时，一定要重复耶和华这个词来结束祷告。

晚上进行祷告的最佳时间是就在睡觉之前。此时你正趋向于平和与安静，这对获得最好的结果更加有利。在睡前考虑他人并为他人祈祷和送出祝福，将有助于为你带来祝福和益处。

心灵与身体

不要被这世界的道德伦理标准同化，要让上帝改造你们，彻底更新你们的心思意念。这样，你们就能觉察什么是他的旨意，知道什么是良善的、可取悦他的、完美的。——**罗马书 12：2**

心灵对身体有着巨大的影响。医生们发现，许多认为自己有疾病的人其实身体上没有问题，只是心灵上出了问题。这通常全是因为臆想。精神病医生发现，他们能够通过让人们承认或是仔细回想他们过去的历史，找出问题所在，而这问题实际上是心灵上的短路。当你宽恕他人并请求自己得到宽恕时，你就更新了你的思想，洁净了你的心灵。

这样，你就通过会影响你身体的心灵活动扫除了所有的负担和障碍。当你的思想得到了更新，清除了所有邪念和妄念时，身体就会开始痊愈，并且得到改造，因为心灵已经得到了完善。也有可能身体因疾病变得虚弱，进而影响心灵。但大多数情况下，主要的问题还是在心灵上，当心灵借助神的力量或是耶和华这个圣语正确发挥作用时，身体就会痊愈。人们生病时，他们会因为自己相信自己会康复而康复。除非自己同意，否则人永远也不会死亡。只要他有信心，不断坚持，并且相信这个神圣圣语的力量，他就能够延长自己的生命。身体健康是一种正常状态。它因遵从所有神的法则和自然法则而产生。共有三种法则，每种法则有三种用法。你必须把精神法则用于精神上的事情；把自然法则或是身体法则用于身体和健康；把经济法则用于经济事务。

你或许会遵守精神法则，但同时却违背健康法则。这样你的心灵可能会得到放松，但你的身体会患病。同样的，你或许遵守了精神法则和身体法则，获得了心灵的平静和身体健康，但如果你违背了经济法则，你将遭受损失。严格遵守所有的法则才能带来回报。

音乐和声音

《圣经》中充满了证据，证明了声音的力量和口语词的力量。以色列的子民被命令 7 天内绕着耶利哥的城墙行走 7 次，然后吹响号角。他们遵从了这条律法或者说命令，当他们在第 7 天吹响号角时，城墙倒塌了。这是声音的自然法则的结果，声音能够组织或是建造，也能够瓦解和拆毁。一名伟大的小提琴演奏家曾经说过，如果他能够拿到去布鲁克林大桥的钥匙，他就能够借助小提琴的声音将它拆毁。这是事实。玻璃可以被声律的振动打碎，人的身体也能够因令人不快的声音而变得紊乱。身体可以借助和谐的音乐或是声音来得到锻炼和医治。哥伦比亚大学正在教授如何借助音乐或声音来治愈疾病。任何一个曾听过美洲豹吼叫的人都知道，声音可以让我们全身打寒战，可以让头发立起来。这是因为声音扰乱了神经中枢。鸣角鸮的声音是如此地令人不安，以至于在听得见其叫声的地方就难以入睡。

每一个人的身体都包含了一种和谐的主音，当他发现了什么样的音乐能够让他平静下来时，他就应当尽可能经常听、诵唱或是歌唱这种音乐。这将使身体得到和谐，让心灵得到平静和满足。

上一次战争期间，德国人知道如何从飞机上制造声音来在敌军中制造恐惧，他们几乎让敌军的神经瘫痪，以至于敌军无法战斗。

有人说过，音乐将驯服最残暴的野兽。我们知道，印度的印度教教徒能够通过诵唱来驯服最可怕的蛇类中眼镜蛇。当眼镜蛇处于音乐所制造的完美的和谐之中时，它不会进行攻击。既然了解了声音和和谐音乐的力量，你就能够明白当你诵唱、歌唱或是振动耶和华这个圣语时，你的身体和心灵一定会出现什么样的结果了。它将产生和谐，而不是冲突。以下列出了《圣经》中关于声音和歌唱的一些引言。

你们喜欢写作新歌，并且用竖琴伴奏，像大卫一样。——**阿摩司书6：5**

恐惧

因为，上帝所赐予我们的灵不会使我们胆怯；相反，他的灵使我们充满力量、爱心和自制。——**提摩太后书1：7**

这清楚表明，你产生恐惧是因为你不了解上帝或是不懂得神的法则。当你懂得了这些法则时，你就自由了，你就不会恐惧了。恐惧比这个世界上的任何东西都更能导致烦恼和不幸。约伯说过："我有一个巨大的恐惧，于是它临到了我身上。"这证明，错误的想法会带来错误的结果。你必须用希望和信心代替恐惧。要学会如何使用耶和华这个圣语，它能把恐惧从你心中消除。恐惧会导致心灵和身体的短路，除非所有的恐惧都被消除，否则你无法利用耶和华这个圣语取得进步。

我的心为摩押忧伤，为吉珥·哈列设难过。——**以赛亚书16：11**

上主啊，求你从天上看顾我们；求你从神圣、荣耀的居所关怀我们。

你的大能在哪里呢？你的慈爱怜悯在哪里呢？求你别不理我们。——**以赛亚书 63：15**

许多人不明白这句话是什么意思："内脏的声音。"这是指深呼吸或耶和华这个圣语的振动，它会刺激腹腔神经丛，这反过来又会影响胃部和内脏。如果你能把这个圣语的 3 个音节中每一个音节都诵唱一分钟，你所祈求的一切都会得到更好的结果。

时间

我夜间沉思；我默默自问。——**诗篇 77：6**

要向卫护我们的上帝欢呼！要歌颂雅各的上帝！——**诗篇 81：1**

清晨你听见我的声音；太阳一出我就向你祷告，静候你的回音。——**诗篇 5：3**

上主（耶和华）是我的力量，是我的诗歌，他也成了我的拯救。——**诗篇 118：14**

上述引文告诉你，早晨、中午或是晚上歌唱或诵唱，大声歌唱或诵唱比较好。这也表示要大声歌唱或诵唱这个圣语。

健康和疗愈

把歌唱、诵唱和振动耶和华这个圣语的法则运用到医治身体上。参考用语索引，并阅读《圣经》中关于斋戒、呼吸、进食、锻炼、思考、饮水和沐浴的所有内容。

维持生命的三种需求是：进食、饮水和呼吸。你曾停下来想过哪一种需求最重要以及为什么吗？人类曾连续 30～40 天斋戒或者说不进食，之后仍然活着并且康复了。一个人几乎不能在没有水的情况下活过 4 天。因此，水比食物更加必不可少。不呼吸你活不过 4 分钟。试一试屏住呼吸一分钟，看看会发生什么事。这证明正确的呼吸对你的健康和心灵是最重要的。通过振动耶和华这个圣语，你可以把空气送入腹腔神经丛和内脏，从而让身体达到完美的和谐。这种呼吸应当一天练习 3 次；如果可能的话，要在早晨、中午和晚上练习。不过，你也可以通过在任何时候练习来获得结果。我的经验一直是，就在睡觉前和早晨刚刚醒过来时练习能获得最佳效果。进行 7 次深呼吸，吸气、呼气，然后中途休息几分钟，接着再进行 7 次深呼吸。连续这样做 3 次，一共呼吸 21 次。不过，一次呼吸 7 次也能带来好的结果。每次练习深呼吸时，都要连续 3

次振动耶和华这个圣语的3个音节，并且说道："我正在把耶和华这个圣语的力量送入我的腿部和胃部（不管疼痛在什么地方）。"借助耶和华这个圣语，控制神的力量进入到烦恼所在的地方并清除烦恼。要有信心，要相信烦恼能够被清除，这样它就会被清除。

进食

不同的人在进食方面有不同的问题。《圣经》上说，一个人的食物可能是另外一个人的毒药。你们每一个人都必须从自己的经验中了解你吃什么最好。进食有所节制是比较可取的。绝大多数人都吃得太多了。阅读《圣经》中"进食"的所有内容。

水

水的重要性仅次于呼吸。绝大多数人都没有饮用足够多的水。你一天至少应当饮水3次，早晨、中午和晚上。如果可能的话，你可以每小时都饮水，这将对你有所帮助。身体中有70%以上都是水分，你因为出汗和排泄不断地流失水分，而流失的必须得到补给。

停滞即是死亡，活动即是生命。尽可能多地在户外锻炼是必要的。散步通常被认为是最好的锻炼方式之一。正确的呼吸和在床上进行锻炼也很好。每个人都能够找到对他有帮助的、最适合他的锻炼方式。

斋戒

我们已经给出了很多《圣经》中所教授的关于斋戒的引文。每一个人都应当进行斋戒，既是为了身体健康，也是为了精神状态。斋戒应当随着季节的变化每年至少进行4次。斋戒的时间应当是3～7天不等。如果一周斋戒一次，绝大多数人都将更加健康，并且是健康得多。禁食不会对你有害，尤其是有时间限制的禁食，但你必须始终引用大量的水，并且正确地呼吸。斋戒时，你让胃部和内脏得以休息，清除所有的不洁之物。这会消除身体和心灵的短路，大有益处。许多所谓的慢性疾病都可以通过斋戒来治愈。

祷告和斋戒

当门徒们询问耶稣，他们为什么不能像耶稣一样创造所谓的奇迹时，耶稣回答他们说："这种事情只能通过祷告和斋戒来实现。"这证明了你或许祈求了身体健康或是某种疾病得到医治，但如果你没有正确的进食或是斋戒，你也不会获得结果，因为你没有遵守身体法则。

1943 年，我患上了严重的坐骨神经痛。我曾试过很多医生和治疗方法，但病情不但没有好转，反而不断恶化。我一直祈祷恢复健康，也使用了耶和华这个圣语，但仍然没有改善。

于是我开始阅读《圣经》，想找出什么地方出了问题，以及我应当怎么做。一天，我正在阅读马太福音，无意中发现了这些内容：

耶稣一进到屋子里，门徒们就暗地问他："为什么我们不能把那鬼赶走呢？"

耶稣说："只有靠祷告才能够赶走这种鬼，此外没有别的方法。"——**马太福音 9：28、29**

阅读了这些内容之后，我意识到自己很可能是因为没有斋戒和清除身体中所有的毒素而犯了错误。于是我立即斋戒了 9 天，期间不吃任何东西，只饮用大量的水和果汁。9 天结束后，我就彻底好了，感觉比之前很多个月都要好。我的心灵和身体都被治愈了。然后我便意识到，如果我遵守身体法则和精神法则，我就再也不会患上坐骨神经痛了。之后我的坐骨神经痛再也没有复发。在这之后不久，就是 1943 年，我开始写作《圣语》这本书，但是由于战争导致我缺少帮助，我没能完成写作。从繁忙的生意上退休之后，我认为自己有责任告诉他人我从《圣经》中所了解到的真理的价值，也有责任设法在使用神的力量上指导他人。我已经发现在使用时，神的力量对我有效。我认识好几百个人都遵循了这条法则，使用了这个圣语，并且从中获得了巨大的好处。如果你严格使用这条法则，并且遵从《圣经》这本伟大的书籍中所阐述的所有诫命，你也会获益。

为带来结果要做的事

要把你自己交托给上主；信靠他，他会帮助你。

不要生气，不要发怒；因为这对你有害无益。——**诗篇 37：5、8**

他说："要停止战争，承认我是上帝！我在万国中被尊崇，在全地上被尊崇。"——**诗篇 46：10**

无论早晨、中午、晚上，我要向他悲叹申诉；他一定会垂听我的声音。——**诗篇 55：17**

上主啊，至于我，我要向你祈求；上帝啊，因着你永恒的大爱，因

着你应许要拯救，求你照你所定的时间应答我。——**诗篇 69：13**

愿他们知道只有你的名是耶和华，唯有你是掌管全地的至高者——**诗篇 83：18**

求你记得向你的仆人我所应许的话；它叫我有所盼望。

即使在患难中，我也得了安慰，因为你的应许给了我生命。

我因你公义的典章，半夜起来称谢你。

我因你公义的典章，一天 7 次赞美你。

爱你律法的人有大平安，什么都不能使他们摔倒。

我遵从了你的教导；我全心全意爱这教导。——**诗篇 119：49、50、62、164、165、167**

记住，当你学习如何使用耶和华这个圣语，以及遵从《圣经》中所有将给予你健康、快乐和成功的法则和诫命时，你最需要抵御的唯一一件东西就是错误的言语和想法。如果你能够克服会带来其他所有（坏情绪）的障碍，即恐惧，你就能够通过遵从神的法则和使用耶和华这个圣语来获得《圣经》所许诺过的所有结果。

耶和华是我的牧者，我必不至缺乏。

他使我躺卧在青草地上，领我在可安歇的水边。

他使我的灵魂苏醒，为自己的名引导我走义路。

我虽然行过死荫的幽谷，也不怕遭害，因为你与我同在；你的杖，你的竿，都安慰我。——**诗篇 23：1～4**

然而，信心、盼望和爱这三样是永存的，而其中最重要的是爱。——**哥林多前书 13：13**

“我若能投出一道光照亮他人黑暗的道路；

“我若能帮助某个灵魂更加清晰生命和责任，进而祝福我的弟兄；

“我若能拭去任何人脸颊上的一滴泪珠；

“我将不虚此生。”

耶稣走近他们，对他们说：“上帝已经把天上和人间所有的权柄都赐予我了。”

所以，你们要往世界各地的各个民族去，使所有的人都做我的门徒；奉父、子、圣灵的名给他们施洗，且教导他们遵守我所给你们的一切命令。记住！我要常跟你们同在，直到世界的末日。——**马太福音 28：18～20**

为了让自己受益，你不能只是把这本书读一遍就放到一边。要在 3

周之内至少读 3 遍。如果你愿意每月读一遍，并且遵从关于如何使用圣语耶和华的指示，也就是诵唱、哼唱或是说出这个词，(你一定会受益)。

心脏病——人类最大的敌人

医学报告表明，心脏病每年所夺去的男性和女性的生命，几乎比其他任何疾病所夺去的生命都要多。发行《圣语》这本书所获得的资金的一部分将被捐赠出去，用以教授如何通过使用耶和华这个圣语和正确的呼吸来治愈心脏病。所有的疾病都可以被神的力量治愈。《圣经》十分清晰地表明了这一点。上帝的力量是最强大的，耶和华的方法是正确的、最好的方法。试一试，向你自己证明这一点。

作者威廉 D. 江恩此时 72 岁，但身体健康，积极年轻，所能承担的工作量与 30 岁时所能承担的工作量一样大。作者把自己的健康和成功归功于神的力量和使用耶和华这个圣语。